अंधश्रद्धा की गुत्थी

अंधश्रद्धा की गुत्थी

डॉ. नरेंद्र दाभोलकर

प्रधान संपादक
डॉ. सुनीलकुमार लवटे

समन्वयक
डॉ. चंदा सोनकर

अनुवादक
विलास शेंडगे

अनुवाद संपादक
डॉ. गिरीश काशिद

स

सार्थक
राजकमल प्रकाशन का उपक्रम

मूल मराठी ग्रंथ 'अंधश्रद्धा विनाशाय' का हिंदी अनुवाद

ISBN : 978-81-19835-82-9

मूल्य : ₹299

पहला संस्करण : 2023

सार्थक राजकमल प्रकाशन का उपक्रम

प्रकाशक
राजकमल प्रकाशन प्रा. लि.
1-बी, नेताजी सुभाष मार्ग, दरियागंज
नई दिल्ली-110 002

शाखाएँ
अशोक राजपथ, साइंस कॉलेज के सामने, पटना-800 006
पहली मंजिल, दरबारी बिल्डिंग, महात्मा गांधी मार्ग, प्रयागराज-211 001
1, अनमोल सोराबजी संतुक लेन, धोबी तलाव, मरीन लाइंस, मुम्बई-400 002
वेबसाइट : www.rajkamalprakashan.com
ई-मेल : info@rajkamalprakashan.com

मुद्रक
विकास कंप्यूटर एंड प्रिंटर्स
ट्रॉनिका सिटी-201 102

ANDHSHRADDHA KI GUTTHI
by Dr. Narendra Dabholkar

आन्दोलन के सभी साथियों को

क्रम

भूमिका *9*

बोलता पत्थर 17
लंगर का चमत्कार 53
टोना-टोटका 58
छोटी बच्चियों के बड़े टोने-टोटके 72
जहर उतारनेवाली दुआ 82
'कमरअली दरवेश' की पुकार 90
मीरावली बाबा के दरगाह का कबूली जवाब 95
झाँसी की रानी का पुनर्जन्म 104
गुमशुदा मिल गया 117
मरता क्या नहीं करता 125
अनुराधादेवी की बन्द मुट्ठी और खुला चमत्कार 144
निर्मला माता का हिंसक अध्यात्म 159
मन्नत की बलि या ग्रामीण अन्धविश्वास का शिकंजा 175
दौड़ भैरवनाथ की, तलाश भूत की 192
जटा उन्मूलन की कथा और व्यथा 205
टक्कर खत्म करने की मुहिम 215

भूमिका

इस पुस्तक में अन्धविश्वास उन्मूलन आन्दोलन का परिचय कराने का प्रयास किया है। आन्दोलन के इस पड़ाव में इसकी विशेष जरूरत है।

महाराष्ट्र में आन्दोलन तेजी से बढ़ रहा है, लोकमानस में फैल रहा है। आलोचना और प्रशंसा दोनों को स्वीकार करते हुए आगे बढ़ रहा है। यह विषय ही ऐसा है कि इसमें यह अटल रूप से घटित होगा ही। फिर भी दो प्रश्न जोर-शोर से सामने आते हैं तथा बार-बार पूछे जाते हैं :

1. अन्धविश्वास उन्मूलन के नाम पर क्या आप लोगों की श्रद्धा-विश्वास उखाड़ने चले हैं?
2. आपका सारा हमला हिन्दू धर्म पर ही क्यों? जरा मुस्लिम, ईसाई धर्म के बारे में भी बात करो ना।

प्रश्न पूछनेवाले कई बार मतलबी होते हैं, आन्दोलन के बारे में आशंका फैलाना ही उनका उद्‌देश्य होता है। कुछ लोग अज्ञानवश भी पूछते हैं। कारण जो भी हो, दोनों से आन्दोलन के बारे में जनसमूह का मन भ्रमित करने का काम होता है।

वैसे देखा जाए तो इन दोनों प्रश्नों के उत्तर मैंने अपनी पुस्तक 'अन्धविश्वास : प्रश्नचिह्न और पूर्णविराम' में दिए हैं। प्रसंगानुरूप, महाराष्ट्र के प्रमुख अखबारों में भी मैंने अपने लेखों में इसकी चर्चा की है परन्तु उन प्रश्नों का आन्दोलन से सीधा सम्बन्ध होने के कारण और पुस्तक के आन्दोलन पर होने के कारण उस बारे में संक्षेप में लिख रहा हूँ।

विश्वास और अन्धविश्वास में भेद करते समय मूल दिक्कत आती है कि एक समय में जो विश्वास सराहा जाता है वह दूसरे समय अन्धविश्वास बन जाता है। एकाध समूह को जो अन्धविश्वास लगता है वह दूसरे समूह को पवित्र लगता है। सती प्रथा और मेलों में दी जानेवाली बलि का उदाहरण देखिए। लॉर्ड बेंटिक ने सती प्रथा बन्द की। उस समय भारत के शास्त्री-पंडित अपनी श्रद्धा-विश्वास और धर्म पर हमला हो गया मानकर इलाहाबाद की उच्च अदालत में गए थे तो इस समय राजस्थान में एक स्त्री के सती हो जाने से पूरे देश में विरोध की इतनी खलबली मची कि संसद को

कानून कड़ा करना पड़ा। एक सदी पूर्व का यह विश्वास आज नृशंस अन्धविश्वास सिद्ध हो गया। एक काल में एक ही घटना के बारे में जनसमूह की प्रतिक्रियाएँ काफी भिन्न होती हैं। महाराष्ट्र में आज भी हर साल देवी-देवता की मन्नत पूरी करने के लिए लाखों प्राणियों की बलि भक्ति-भाव, श्रद्धा से दी जाती है। एक कट्टर हिन्दुत्ववादी संगठन ने हाल ही में संगठन के बड़े मेले में घोषणा की थी कि यह हत्या हिन्दू धर्म पर कलंक सिद्ध होनेवाला अन्धविश्वास ही है और उसे रोकने के लिए प्राणियों के बदले हम अपनी गरदन आगे करेंगे। मतलब संघर्ष आ ही गया।

इसीलिए विश्वासों की जाँच करनी पड़ती है। विज्ञान के विकास का इतिहास ऐसे श्रद्धा-विश्वासों की जाँच करने का इतिहास है। पृथ्वी पर मनुष्य के लिए आसमान के दयालु बाप ने दिन में प्रकाश मिले इसलिए सूर्य और रात में शीतल चाँदनी मिले इसलिए चन्द्र, ये दो झूमर आसमान में लटकाए हैं। कॉपर्निकस, गैलीलियो ने इन विश्वासों को जाँचा, यातनाएँ सहीं। इसी कारण आधुनिक खगोलशास्त्र का जन्म हुआ। क्या समाज सुधार का इतिहास भी ऐसा ही नहीं है? स्त्री शिक्षा न ले, मासिक धर्म में वह अपवित्र हो जाती है, पति की मृत्यु के बाद केश-वपन (बाल काटना) करे, विधवा विवाह न करे। ये सारे बन्धन क्या धार्मिक विश्वास का ही हिस्सा नहीं थे? इन सभी बातों को त्याज्य और गलत माननेवाला आज का तैयारशुदा जनमत इन विश्वासों को जाँचे बिना कैसे सम्भव हो जाता? इस पर गौर करें तो हम इस निष्कर्ष पर पहुँचते हैं कि श्रद्धा-विश्वास की जाँच करने और जिन्हें वह विश्वास सामाजिक जीवन के लिए अनिष्ट, अनुचित लगता है उन्हें उन विश्वासों के खिलाफ शान्तिपूर्ण तरीके से उचित तौर पर विरोध संगठित करने की आजादी देना ही उचित और इष्ट है। अन्धश्रद्धा निर्मूलन समिति की भूमिका भी यही है।

मानव जीवन में श्रद्धा-विश्वास का स्थान जरूर होता है क्योंकि हर मनुष्य का व्यक्तित्व विचार और भावना से ही बनता है और विश्वास जाँचे हुए विचारों का भावना में परिणित हुआ रूप है। वह मनुष्य को उसकी जाति, धर्म, पन्थ, क्षुद्रता, स्वार्थ, ईर्ष्या, दुश्मनी से परे लाकर उसे इनसान के रूप में मूल्यात्मक आशय देता है। और किसी का ऐसा मत हो कि यह अन्धविश्वास, अन्धश्रद्धा और छोटे विचारों में, क्रोध-लोभ में संकीर्ण बनाता है तो विरोध का भी कुछ कारण नहीं है। किन्तु भलाई की जाँच पर एतराज जताने का भी कोई कारण नहीं है। उस जाँच से वह ज्यादा ही निखरेगी। जाँचने के लिए इनकार के हठवाद को अन्धविश्वास का ही हिस्सा मानना पड़ेगा।

अन्धविश्वास उन्मूलन आन्दोलन हिन्दू धर्म पर ही हमला क्यों करता है? यह प्रश्न गलत विचारों पर और गलत जानकारी पर आधारित है। वास्तविक स्थिति क्या है?

इस पुस्तक में वर्णित हुईं, मीरावली बाबा की दरगाह पर भूत उतारने के तरीके बन्द करना, कटगूण की दरगाह में जहरी नागदंश पर मंत्र देने की दुआ की रोकथाम,

कमरअली दरगाह या लंगर के चमत्कार के खिलाफ आन्दोलन आदि घटनाएँ क्या दर्शाती हैं? पुणे के शेखबाबा, डोंबिवली के कादरीबाबा का विरोध करना, पागल कुत्ते के काटने से रोग न होने की दवाई देनेवाले रमजान गुंड शेख के खिलाफ मुकदमा दायर करना आदि किस बात की मिसाल हैं? प्रार्थना से गूँगे बोलने लगते हैं, अन्धे देख सकते हैं, अपाहिज चल सकते हैं, जैसा विज्ञापन करके लोगों को प्रार्थना के लिए इकट्ठा करनेवाले स्विट्जरलैंड से आए ईसाई धर्मोपदेशकों का कार्यक्रम नारेबाजी करके समिति ने रोका है। बौद्ध समाज की 'पत्थर से सर टकराने' की रूढ़ि के खिलाफ सत्याग्रह तो पुस्तक में है ही। सवाल धर्म का नहीं है। हम मानते हैं कि गुमराह करनेवाला किसी भी धर्म का अन्धविश्वास त्याज्य ही है।

इसके साथ ही एक वास्तविकता की ओर ध्यान देना होगा कि सहिष्णुता का कितना भी बोलबाला किया जाए फिर भी हमारे समाज में एक जाति द्वारा दूसरी जाति के दोषों के बारे में बात करना हजम नहीं होता। फिर तो एक धर्म का व्यक्ति दूसरे धर्म के दोष दिखाए यह दूर की बात है। हमारे किसी भी अन्धविश्वास के बारे में, जैसे देवदासी के बारे में मुस्लिम समाज आन्दोलन करे तो यह बात क्या हिन्दुओं को जँचेगी? इसका सही उत्तर है, 'नहीं'। इस बात पर दूसरी ओर से गौर करें तो क्या दिखाई देता है? इस देश में अस्सी प्रतिशत हिन्दू हैं। इससे कम-से-कम अस्सी प्रतिशत अन्धविश्वास हिन्दुओं में होना और कार्यकर्ता भी अस्सी प्रतिशत हिन्दू ही होना स्वाभाविक है। इसलिए आन्दोलन हिन्दू समाज में ज्यादा दिखाई देगा।

इसके साथ ही एक और सच्चाई की ओर ध्यान देना होगा। हिन्दू धर्म पाँच-साढ़े पाँच हजार वर्ष पुराना है। उसमें अनेक जाति, पन्थ, देवी-देवता, उपासना पद्धति, ग्रन्थ आदि हैं। स्वाभाविक ही एक ग्रन्थ, एक देवता और केवल डेढ़-दो हजार वर्षों का इतिहास रखनेवाले मुस्लिम या ईसाई धर्म से ज्यादा अन्धविश्वास हिन्दू धर्म में है, जिसके साथ ही उसके प्रभावी खंडनकर्त्ताओं यथा, चार्वाक, बुद्ध, फुले, आंबेडकर, आगरकर, सावरकर आदि की परम्परा भी सशक्त है।

परन्तु सबसे महत्त्वपूर्ण बात यह है कि अन्धविश्वास उन्मूलन का यह कार्य इष्ट है या अनिष्ट? उचित है या अनुचित? समाज के लिए हितकर है या समाज हित के खिलाफ? एक ओर यह कहना कि अन्धविश्वास उन्मूलन की जरूरत है और दूसरी ओर इस तरह चिल्लाना 'यह कार्य सिर्फ हिन्दुओं में ही क्यों कर रहे हैं?' निरर्थक है, बहानेबाजी है।

यह कार्य समाज हेतु लाभदायक और जरूरी क्यों है? मुझे लगता है कि इस प्रश्न का उत्तर आप जैसे-जैसे पुस्तक पढ़ते जाएँगे वैसे-वैसे अपने-आप मिलता जाएगा। मैंने जिन्दगी के कुछ साल 'एक गाँव एक पनघट' आन्दोलन में बिताए हैं। उसका अनुभव याद आता है। जिस स्थान पर जानवर पानी को मुँह लगाते हैं उस स्थान पर मनुष्य के पानी को छू लेने से छूत लगती है। महाराष्ट्र की 1970-75

की यह वास्तविकता लोगों को अन्दर से हिलानेवाली, सोचने पर मजबूर करनेवाली लगती थी। मुझे यकीन है कि सन 1990 के प्रगतिशील महाराष्ट्र में अन्धविश्वास की मौजूदा स्थिति का इसका इस पुस्तक में किया हुआ वर्णन पाठकों को ऐसे ही बेचैन करनेवाला लगेगा।

यह विषय ही ऐसा है कि इसके बारे में आनेवाले अध्यायों में सरस होने की सम्भावना निहित हो जाती है। लेकिन यह लेखन इस उद्देश्य से नहीं किया है। यह समाज कैसा है? कैसे अन्धविश्वास हैं? ऐसा उद्वेग लाना भी इस लेखन का प्रयोजन नहीं है। यह ध्यान में लाना चाहिए कि इस तरह के खुले अन्धविश्वासों के खिलाफ संघर्ष करते समय उस समाज से, उस धर्म से विरोध ही हुआ। समाज की यह मानसिकता समझ लेनी चाहिए क्योंकि उसे समझे बगैर उसे कैसे बदला जाएगा? भारत में परिवर्तन किसी भी बन्द किताबी विचार पद्धति से नहीं हो सकता। उसके लिए यहाँ की वास्तविकता, समाज के मानस का ताना-बाना समझ लेना चाहिए। इस मानसिकता के कुछ सन्दर्भ मेरे लेखन से हाथ आ जाएँ तो मैं उसे आन्दोलन की सार्थकता समझूँगा।

अन्धविश्वास की यह मानसिकता सुरक्षा और आक्रमण इन दोनों जिम्मेदारियों को निभाती है। अज्ञान से लड़ना आसान होता है। ज्ञान के प्रकाश में वह नष्ट हो जाता है। अन्धविश्वास जटिल हो चुका अज्ञान होता है। उसमें व्यक्ति की भावनाओं का बल, परम्पराओं का सामर्थ्य होता है। उसे धार्मिक विचारों का पावित्र्य प्राप्त होता है। वह किसी की नजर में भले ही अन्धविश्वास हो, उस व्यक्ति या समाज में वह उनके अस्तित्व का ही हिस्सा होता है। उसके बारे में बात भी नहीं कर सकते। फिर उसके खिलाफ व्यवहार करने से क्रोध उमड़ आए तो इसमें ताज्जुब कैसा? अन्यथा विद्या का मायका कहलानेवाले और राष्ट्रीय भावना हेतु तिलक जी द्वारा गणेशोत्सव शुरू करने की विरासत रखनेवाले पुणे शहर में तो अब गणेशोत्सव में एक लाख उत्तम मोदकों की अग्नि में आहुति दी जाती है और उसका उत्सव मनाया जाता है, इसको क्या कहेंगे? क्या इस समय शहर के अनगिनत भूखे बन्धु दिखाई नहीं देते? बल्कि यह भी नहीं जँचता कि उनकी याद दिलाई जाए।

एकाध शिक्षा संस्था के हीरक महोत्सव के समय रामकहानी से भरी, छुआछूत का समर्थन करनेवाली और इधर सौ-सवा सौ वर्षों में ही मुस्लिम पीरों से हिन्दू धर्म में आई सत्यनारायण पूजा की श्रद्धा में आने की बात कैसे सिद्ध हो जाती है? और उसका विरोध करने पर लोग होड़ करते हुए 108 के बदले 111 सत्यनारायण की पूजा कैसे करते हैं?

अन्धविश्वास-उन्मूलन के बारे में सुजान लोग एक सलाह देते हैं कि एतराज जताओ, विरोध मत करो। नवजागरण के महत्त्व को स्वीकार करते हुए आन्दोलन चलाना हो तो इस मर्यादा को नकारना पड़ता है। 'गलत है' यह बताना जरूरी है

पर जब वह गलती होने लगती है तब वहाँ जाकर उसके खिलाफ खड़े होना भी ज्यादा जरूरी हो जाता है। सभी स्थानों पर इस तरह विरोध का प्रयास हमने किया है और उसकी कीमत भी चुकाई है। बदनामी के लेख, धमकी भरे पत्र, इरादतन फैलाई गई गलतफहमी आदि सब अटल हैं और वह हमने सहा है।

यह बताने का कारण यही है कि अन्धविश्वास की इन लड़ाइयों की असलियत भले ही पन्नों पर उतरी हो फिर भी उस समय जनसमूह में उठी तीव्र प्रक्षोभक परन्तु सुप्त खलबली कथानक में लाना नामुमकिन है। इस कारण पढ़ते समय महसूस होनेवाली आन्दोलन की परिस्थिति वास्तविकता में जटिल होती है। प्रवाह के विरुद्ध तैरने के कारण साँस उखड़ जाती है।

इस मानसिकता के साथ ही अन्धविश्वास उन्मूलन के कार्य में अन्य बाधाएँ भी हैं। नवजागरण, संवाद, संगठन और संघर्ष के तरीकों से आन्दोलन को आगे बढ़ाने की हमारी कोशिश है। परन्तु इन सभी स्तरों पर बाधाएँ काफी हैं। कई बार सुननेवालों को नवजागरण हजम नहीं होता, नाराज हो जाते हैं। संवाद स्थापित करते समय प्रक्षुब्धता होती है। रचनात्मक कार्य अनेक हैं। उनमें से कुछ ठोस कार्य तो शासन से सम्बन्धित हैं। खुलेआम, अमानवीय, विनाशकारी, जानलेवा अन्धविश्वासों के खिलाफ आज भी कानून नहीं है। आँखों के सामने ठगी शुरू होते हुए भी व्यवसाय स्वातंत्र्य कहकर वह ठगी खुलेआम चलती रहती है। विज्ञान से असंगत बातें खुलेआम मत्थे मार दी जाती हैं। इसके चाहे जितने उदाहरण ले सकते हैं। ऐसी बातों के लिए तो अन्धविश्वास विरोधी कानून की जरूरत है। आन्दोलन ने वह कानून बनाकर शासन को दिया भी है। आज जो परिस्थिति है उसमें भी, ऐसे कानून के न होते हुए भी, पुलिस अधिकारी अन्धविश्वास के बारे में काफी कुछ कर सकते हैं। परन्तु वे स्वयं ही अन्धविश्वास की बलि होते हैं। उनके प्रशिक्षण में ही इस संवेदना का समावेश करें तो तसवीर बदलने में मदद हो जाएगी। इसके बारे में भी उचित सूचनाएँ शिक्षा विभाग तक पहुँचाई गई हैं कि स्कूली और महाविद्यालयीन शिक्षा से वैज्ञानिक दृष्टि की जड़ें कैसे जमाई जा सकती हैं? सत्यशोध के एहसास के संस्कार कैसे किए जा सकते हैं? इसके लिए सांस्कृतिक विभाग कला माध्यम का प्रभावी प्रयोग कैसे कर सकता है? यह टिप्पणी भी सांस्कृतिक विभाग को भेजी गई है। शासन व्यवहारशीलता से यह विचार अपना ले तो हमेशा संघर्ष में होनेवाली दौड़धूप टल सकती है। लगातार जनसंचार माध्यम सकारात्मक भूमिका ले, संगठन के लिए अर्थसहायता का प्रबन्ध हो तो आन्दोलन को अधिक प्रभावी ढंग से आगे ले जा सकते हैं।

फिर भी आज जो सीमाएँ हैं उनको स्वीकार करके अन्धविश्वास के खिलाफ आन्दोलन जारी है। उसका प्रतिबिम्ब इस पुस्तक में दिखाई देगा। मैं इनमें से अधिकांश संघर्षों में व्यक्तिगत रूप में एक बड़ी इकाई के रूप में मौजूद रहा। उस

कारण अनुभव कथन का वैसा रूप आया है। अर्थात, सफलता आन्दोलन की है, कई कार्यकर्ताओं के परिश्रम की है। आन्दोलन वैयक्तिक नहीं है और होना भी नहीं चाहिए। कोई भी विवेकी कार्यकर्ता निश्चय और समझदारी से खड़ा हो जाए तो अन्धविश्वासों के प्रकार खुल जाते हैं, रोके जाते हैं। इसकी गवाही के लिए देहाती कार्यकर्ता सम्पत गायकवाड़ द्वारा भंडाफोड़ किए हुए एक मामले को इरादतन दिया है। इनमें से कुछ हकीकतें प्रसंगानुसार लेख के रूप में उस समय आ गईं परन्तु उसका पुनर्लेखन भी पूरा कालखंड आँखों के सामने रखकर किया है।

आन्दोलन के विचारों की नींव महाराष्ट्र में फुले, आगरकर, सावरकर, आंबेडकर, गाडगे महाराज जैसे अनेक सुधारकों ने डाली है। हम नया कुछ भी नहीं बता रहे हैं। समाजसुधारकों के विचार प्रत्यक्ष आ जाएँ यही आन्दोलन का हेतु है। यह समझ सकते हैं कि केंचुली फेंके बिना साँप भी जी नहीं सकता तो फिर हजारों वर्षों की रूढ़ि, प्रथा, परम्परा, कर्मकांड, अन्धविश्वास की केंचुली फेंके बगैर हमारा समाज कैसे जी सकेगा? फिर भी लड़ाई कठिन ही है। आजादी की लड़ाई में विदेशी दुश्मन से सामना करना था। दुश्मन परकीय था इसलिए उसके साथ मुकाबला करना एक तरह से आसान था। मानसिक गुलामी की लड़ाई स्वकीयों से है, खुद से भी है इसलिए अधिक मुश्किल है। पर वह उतनी ही जरूरी भी है क्योंकि वह इस देश की दूसरी आजादी की लड़ाई हैं।

—डॉ. नरेंद्र दाभोलकर

अन्धश्रद्धा की गुत्थी

बोलता पत्थर

"झुकती है दुनिया, झुकानेवाला चाहिए।" हो सकता है यह उक्ति सार्वकालिक सत्य हो। आँखों के इशारे से काँटे-चम्मच मोड़नेवाले और बन्द घड़ियों को शुरू करनेवाले युरी गेलर ने दुनिया के बड़े-बड़े वैज्ञानिकों को बेवकूफ बनाया। खुद का जन्म चमत्कार का अवतार बतानेवाले श्री सत्यसाईं बाबा के बारे में उनके भक्त बताते हैं कि वे खाली हाथ हवा में घुमाकर भभूत, शिवलिंग, सोने की अँगूठी, नेकलेस, रत्नों के हार निकालकर भक्तों में बाँटते हैं। देश के शिक्षा मंत्री से लेकर विश्वविद्यालय के कुलपति तक सब लोग उनके पैरों के पास बैठकर आशीर्वाद लेते हैं।

बुद्धिवाद की सौ-डेढ़ सौ वर्षों की परम्परा रखनेवाले महाराष्ट्र में बड़ौदा का कोई मधुसूदन पटवर्धन आता है और अमोल भाग्यरत्न कहकर कौड़ी के मोल के काँच के कंकड़ बेचकर करोड़-दो करोड़ रुपए कमाता है। किन्तु अन्त में वह भाग्यरत्न औरों का छोड़िए, अपना भाग्य भी नहीं चमका पाया : नागपुर-कोल्हापुर पुलिस की गिरफ्तारी से उसे बचा नहीं पाया, जलगाँव के न्यायमूर्ति का बिक्री की पाबन्दी का हुक्म रोक नहीं पाया, सेल जब चालू थी तब अपनी पत्नी की मुत्यु रोक नहीं पाया। हाल ही की अन्धविश्वास उन्मूलन की लड़ाई के सामर्थ्य, परिस्थिति और कानून के कारण उसकी सीमाओं को उजागर करनेवाली कहानी चमत्कारिक अरबी कहानियों-जैसी रसदार है।

दैनिक अखबारों के विज्ञापन के रेट अधिक होते हैं। अखबार की कीमत में तो कागज का खर्चा तक नहीं निकलता। इस कारण उनका विज्ञापन पर निर्भर रहना स्वभाविक ही है। इससे जिला स्तर के अखबार में भी पूरा पन्ना विज्ञापन करना हो तो दो-तीन हजार रुपए देने पड़ते हैं। कई बार उससे भी अधिक। इतना बड़ा विज्ञापन करना हो तो धंधा भी वैसा ही होना चाहिए। सातारा के *दैनिक ऐक्य* में पटवर्धन का रोज पूरा पन्ना विज्ञापन काफी जोर-शोर से रोज आने लगा :

चिन्ता खत्म हो गई, दुख दूर हो गया
अमोल भाग्यरत्न 'बोलता पत्थर'

'पटवर्धन एस्ट्रोलॉजिकल इंस्टीट्यूट', बड़ौदा की ज्योतिषशास्त्र में एक अनमोल खोज। दुनिया के सभी लोगों को एक ही चिन्ता सताती है कि आगे हमारा क्या होगा? दुनिया के शक्तिशाली राष्ट्रों, रूस और अमेरिका जैसे प्रगत राष्ट्रों को भी चिन्ता है कि आगे क्या होगा? हमें-आपको यही चिन्ता हमेशा परेशान कर रही है कि आगे क्या होगा? आगे जो होना है वही होगा परन्तु भविष्य में आनेवाली आफतों से आपको अपनी रक्षा करनी हो तो बड़ौदा की 'पटवर्धन एस्ट्रोलॉजिकल संस्था' ने एक कवच बनाया है, जिसका नाम है 'बोलता पत्थर'। कर्ण को इन्द्र ने ऐसे कवच-कुंडल दिए थे जिसके कारण कर्ण अजेय बन गया था। 'बोलता पत्थर' एक ऐसा कवच है जो आपकी संकटों से, दुखों से, पीड़ाओं से रक्षा करता है।

महादेव के माथे पर तीसरी आँख थी जिसके कारण वे भविष्य जानते थे। 'बोलता पत्थर' कर्ण के कवच और महादेव की तीसरी आँख की तरह है। वह माँ के समान प्यार करता है, पिता की तरह रक्षा करता है और दोस्त की तरह मुसीबत में मदद करता है। कुछ लोग समझते हैं कि अपने पास पैसा हो, सत्ता हो तो हम सुखी हो जाएँगे परन्तु अनगिनत पैसा पाकर भी अनेक लक्ष्मीपुत्र पानी से बाहर आई मछली की भाँति तड़पते रहते हैं। उन्हें चिन्ता होती है कि एक करोड़ रुपए हैं, उसके दस करोड़ कब बन पाएँगे? अचानक बैंक का दिवाला निकलने से हमारा खजाना खाली तो नहीं होगा? सत्ता पाकर भी सभी लोग सुखी नहीं बन पाते। 'दुनिया में जीतने जैसा कुछ नहीं है', कहनेवाला सिकन्दर हाय-हाय करते हुए मर गया। इंग्लैंड-जैसे छोटे टापू को जीतने के लालच में नेपोलियन ने अपना साम्राज्य और पद गँवाया। अर्थात, पैसा और सत्ता होकर भी ग्रह बदल जाने पर आप आपत्तियों के समन्दर में डूब सकते हैं। मनुष्य को सच्चा सुख-सन्तोष तभी मिल सकता है जब उस पर ग्रहों की वक्र दृष्टि नहीं होती। ऐसी वक्र दृष्टि हो जाए तो उससे रक्षा करनेवाला एक ही साधन है—'बोलता पत्थर'। हर इनसान की राशि में कभी-न-कभी शनि सताता है। उसकी साढ़ेसाती मनुष्य को जर्जर बनाती है। साढ़ेसाती में इनसान को क्या नहीं होता? अमीरों-साहूकारों को दाने-दाने का मोहताज होना पड़ता है, गरीब-दुर्बलों को कटोरा लेकर घूमना पड़ता है। कोर्ट-दरबार में, व्यापार में, उद्योग में, नौकरी-धंधे में असफलता आ जाती है, अपमान सहना पड़ता है। हमारी राशि में मंगल आ जाए तो वह भी हमें बेहद परेशान करता है। राहु-केतु तो अशुभ ग्रहों का अर्क ही हैं। इनसान को वे भयानक दुख देते हैं। बुध, शुक्र, गुरु ये शुभ ग्रह

हैं पर वे भी हमेशा कल्याणकारी होते हैं ऐसा नहीं है। इसलिए ग्रहों की अवकृपा से बचने के लिए कुछ तो उपाय पाना ही चाहिए। इस पर उपाय है—'बोलता पत्थर'।

कोई कहता है कि देव, धर्म, ज्योतिष, राग, अनुराग ये सब मूर्खों को ठगाने के मार्ग हैं। ऐसे नास्तिकों से एक प्रश्न पूछें कि आप देव, धर्म, ज्योतिष नहीं मानते परन्तु भविष्यकाल तो मानते हैं ना? आज के बाद कल आएगा यह मानते हैं ना? आज की पूरी दुनिया खत्म होनेवाली है ऐसा तो नहीं मानते ना? कल अपनी जिन्दगी में कैसा मोड़ आएगा इस बारे में आप सोचते हैं ना? कल के बारे में सोचना ही ज्योतिषशास्त्र है। आस्तिक हो या नास्तिक उसे यह मानना ही पड़ता है। फिर ऐसा प्रश्न किस आधार पर पूछा जाता है कि ये मुसीबतें ग्रहों की कृपा से या अवकृपा से आती हैं? इस पृथ्वी पर दिन-रात का चक्र चलता रहता है। ऋतुचक्र भी चलता रहता है। समन्दर में ज्वार-भाटा आता रहता है। जो सत्ताधीश होते हैं वे अचानक दरिद्रता की खाई में जाकर गिरते हैं। कुछ सन्त-महात्माओं को हत्यारों के शस्त्रों की बलि चढ़ना पड़ता है। ये सब घटनाएँ ग्रहों की अच्छी-बुरी दृष्टि के कारण होती हैं यह बात सिद्ध हो चुकी है। अपनी जिन्दगी पर ग्रहों का अनिष्ट असर न हो इसलिए बड़ौदा के 'पटवर्धन एस्ट्रोलॉजिकल इंस्टीट्यूट' ने इस 'बोलते पत्थर' का आविष्कार किया है।

श्री मधुसूदन विश्वनाथ पटवर्धन बड़ौदा के रहनेवाले हैं। वे शुरू में मोती बेचने का धंधा करते थे। वे स्वतंत्रता सेनानी भी हैं। व्यवसाय करते समय एक बात उनकी समझ में आई कि ग्रहों के बुरे असर न हों इसलिए लोग शनि, मंगल, गुरु आदि ग्रहों के पत्थरों का प्रयोग करते हैं। परन्तु ग्रह घूमते रहते हैं। इसलिए आज उपयुक्त सिद्ध होनेवाला पत्थर ग्रह का स्थान बदल जाने पर बेअसर हो जाता है। फिर उन्होंने कई साल चिन्तन, अन्वेषण करके राशि पर आधारित पत्थर की खोज की। मनुष्य की राशि कभी भी न बदलने के कारण वे राशि के पत्थर का प्रयोग जिन्दगी भर कर सकते हैं। 1975 से उन्होंने राशि पर आधारित पत्थर का वितरण शुरू किया। उन्होंने अब तक अनगिनत पत्थर नाममात्र कीमत में ग्राहकों को दिए हैं। ये पत्थर अधिकांश लोगों को लाभदायक सिद्ध हुए हैं। उन पत्थरों की माँग निरन्तर बढ़ रही है। श्री पटवर्धन पत्थर के वितरण के लिए प्रदर्शनी के साथ हमेशा घूमते रहते हैं। श्री और श्रीमती पटवर्धन का 'बोलता पत्थर' आज लोकप्रियता के शिखर पर है। सुखकर्ता, दुखहर्ता यह पत्थर आपको होटल रजताद्री पर मिल सकता है। तो तुरन्त चलो 'बोलता पत्थर पवेलियन' की ओर!

‘बोलता पत्थर’ में अगर धोखाधड़ी होती तो पन्द्रह वर्ष हम खुले बाजार में इसका वितरण नहीं करते क्योंकि धोखाधड़ी हमेशा अँधेरे में की जाती है। बड़े-बड़े शहरों में लगनेवाली प्रदर्शनी में हम पवेलियन बनाकर यह अनमोल खोज बीस रुपए लेकर ग्राहकों को देते हैं। हमारी खोज अगर झूठी होती तो क्या हम जनता के सामने सीना तानकर खड़े हो पाते? जिन्हें इस पत्थर से लाभ नहीं होगा, उनके पैसे वापस दिए जाएँगे ऐसा भी हमने जाहिर किया है।

यह बताना जरूरी है कि इस पत्थर में जादू, टोना-टोटका, दैवी शक्ति कुछ नहीं है। यह ज्योतिषशास्त्र पर प्रमाणित एक अन्वेषण है। अपने बदन पर बाँधने पर वह एक छत्र बन जाता है, जिसके कारण आपकी जिन्दगी पर बुरे ग्रहों का कोई असर नहीं होता। गृहस्थी में आप सुखी-सन्तुष्ट रहते हैं। बेकारी खत्म हो जाती है। नौकरी मिलती है। धंधे में उन्नति होती है। आपके शत्रु आपके खिलाफ दाँवपेंच करते हैं तो उन्हें कामयाबी नहीं मिलती। संक्षेप में, मुसीबतें दूर करनेवाला, सन्तोष और समृद्धि देनेवाला ‘बोलता पत्थर’ आपका जीवन साथी सिद्ध हो जाता है।

19 सितम्बर से पितृपक्ष शुरू हुआ है। अनेक अड़चनों, आफतों, यातनाओं से परेशान हुए लोगों को यह एक सुनहरा मौका मिला है। क्योंकि इसी समय आदमी भोज का आयोजन करता है। उस बहाने ब्राह्मण के रूप में अपने पूर्वजों को भोजन के लिए आमंत्रित कर उनके आशीर्वाद लेता है। सभी पूर्वजों के आशीर्वाद मिलनेवाली यह शुभ घड़ी अपनी राशि का ‘बोलता पत्थर’ लेने के लिए अति उत्तम है। ‘बोलता पत्थर’ को विश्व मान्यता मिली है और यू.एन.आई. वृत्तसंस्था ने श्री पटवर्धन द्वारा अन्वेषित ‘बोलता पत्थर’ का वार्तापत्र टेलीप्रिंटर पर दिया है। उसके बाद देश के साथ-साथ विदेशों के प्रमुख अखबारों ने इस अन्वेषण को छापा है। *धर्मयुग* पाक्षिक ने दि. 10.8.1980 के अंक में श्री पटवर्धन के साक्षात्कार को और उनके अन्वेषण को विस्तार से छापा है।

किस आधार पर कहते हो कि ‘बोलता पत्थर’ सच्चा है? जैसा सवाल अकसर पूछा जाता है। इसका जवाब है कि आज दस लाख से ज्यादा लोगों के पास यह पत्थर है। उनमें से कम-से-कम दस हजार लोगों ने हमें सूचित किया है कि इस पत्थर के कारण उनका जीवन सुखी और सन्तोषी बन गया है। उनके इस अनुभव से ही ‘बोलता पत्थर’ की सत्यता सिद्ध हो जाती है।

सार यह कि
‘बोलता पत्थर’—बोलती बातें

'बोलता-पत्थर' यह आपकी जन्मराशि का भाग्यरत्न है। विज्ञान-शास्त्रीय अन्वेषण होने के कारण उसे धर्म, पन्थ, जाति आदि का कोई बन्धन नहीं है।

उसकी पूजा नहीं करनी पड़ती। मंत्र नहीं, तंत्र नहीं, जाप नहीं।

धार्मिक बातों से सम्बन्ध न होने के कारण महिलाएँ मासिक धर्म के समय भी प्रयोग कर सकती हैं।

जन्म राशि पर निर्भर होने के कारण एक बार लिए हुए लकी स्टोन का प्रयोग जिन्दगी भर कर सकते हैं।

यह एक तरह का सुरक्षा कवच है जो बुरे ग्रहों से आपकी रक्षा करता है।

इस पत्थर से ग्रह रत्नों जैसी कोई भी तकलीफ नहीं होती बल्कि लाभ ही होता है।

जन्म तिथि के अनुसार पंचांग से आपकी अचूक राशि निकाली जाती है जिसके कारण गलती की सम्भावना नहीं रहती। यह सब होकर भी किसी को तीस दिन के अन्दर लाभ नहीं हुआ तो उसके पैसे वापस दिए जाएँगे।

अन्धश्रद्धा निर्मूलन समिति (अनिस) के कार्य में हमने अनुशासनकार्य के तौर पर एक रूपरेखा बनाई है :

किसी की आकर दी हुई सूचना, अखबार की खबर, कही-सुनी बातें, अन्धश्रद्धा निर्मूलन समिति को चुनौती देनेवाले खत आदि के सहारे कभी भी आन्दोलन शुरू नहीं करना। अच्छी तरह से जानकारी लेना, जाँचना, खुद देखना फिर व्यवहार करना आदि।

सातारा की अन्धश्रद्धा निर्मूलन समिति की साप्ताहिक बैठक थी (हर गुरुवार को शाम को होती है।) पटवर्धन का अखबार में आया हुआ विज्ञापन पढ़ा गया। चर्चा शुरू हो गई कि इस बारे में क्या कर सकते हैं? स्वाभाविक ही उस समय विज्ञापन जारी करनेवाले 'पटवर्धन पवेलियन' की ओर जाना तय हो गया। सातारा में पटवर्धन का धंधा शुरू हुए पन्द्रह दिन बीत गए थे किन्तु छोटा-सा मजाक हो गया था। पटवर्धन ने पहले होटल रजताद्री में स्टॉल लगाया। पटवर्धन के कमरे के पास कमरा लेकर किसी ने 'लकी स्टोन' नाम से बिक्री शुरू की थी। पटवर्धन के विज्ञापन के कारण लोग होटल की सीढ़ियाँ चढ़ते थे और ऊपर जाने के बाद उनमें से कुछ लोग असमंजस से लकी स्टोनवाले के कमरे में 'बोलता पत्थर' समझकर घुसते थे और उसे खरीद भी लेते थे। उस कारण पटवर्धन ने गाँव के बीच में मोती चौक के अम्बिका लॉज में अपना डेरा डाला था।

अम्बिका लॉज के वैसे ही पुराना होने के कारण बीचोबीच होकर भी उसमें ग्राहक कम ही आते थे। बाजू के एक कोने में बोलता पत्थर का पवेलियन उर्फ स्टॉल लगा था। कमरे के बाहर अटारी में बोलते पत्थर का कपड़े का फलक ऐसे लगाया था कि रास्ते से सहज दिखाई दे। दस गुणा दस के कमरे में दो चारपाई, बाजू में एक टेबल, उस पर बारह खानोंवाली छोटी खड़ी रैक। सभी खानों पर एक-एक राशि का नाम लिखा था। उसमें अलग-अलग रंगों के चिकने-चपटे पत्थर थे। बाजू में पुराने पंचांगों की गठरी थी तो दूसरी गठरी छोटे पत्रकों की थी। 'पटवर्धन एस्ट्रोलॉजिकल इंस्टीट्यूट', 'लकी स्टोन स्पेशलिस्ट का वैज्ञानिक क्षेत्र में एक जबर्दस्त उपक्रम' जैसे बड़े-बड़े अक्षर छापे थे। आगे छोटे अक्षरों में मजमून था। उनमें से कुछ वाक्य अधोरेखित किए हुए थे। टेबल के पीछे दो व्यक्ति बैठे थे। एक इकहरे बदन का युवक, उम्र लगभग 25 तो दूसरा प्रौढ़। पीछे की दीवार पर कुछ तसवीरें लगाई हुई। हमारे अन्दर जाने से पहले ही दो-तीन लोग अन्दर गए थे। कार्यकर्ताओं ने दरवाजे से देखा। अन्दर आए हुए लोगों ने राशि बताई। टेबल के पीछे के युवक ने खाने में से उस राशि का 'बोलता पत्थर' झट से उठाया और छोटे पत्रक की गठरी से एक पत्रक उठाकर उसमें लपेटा। वह पुड़िया लिफाफे में डाल दी और उस व्यक्ति के हाथ पर रख दी। उसके बाद वह दूसरे व्यक्ति की तरफ मुड़ गया।

पूछताछ नहीं, प्रश्न नहीं, चर्चा नहीं। लिफाफा लेकर वह व्यक्ति बाहर निकल गया। हमारे कार्यकर्ता ने विनती कर उससे वह पत्रक लिया। विज्ञापन का मजमून उसमें था। उसके साथ ही स्टोन (पत्थर) के इस्तेमाल के बारे में हिदायतें थीं :

> स्टोन मिलने पर सोमवार अथवा गुरुवार ऐसे पवित्र दिन पर नहाने के बाद उसे दूध-पानी से धोकर, उसके सामने अगरबत्ती जलाकर उसे जेब में खुला रखें या सूती झीने कपड़े में बाँधकर वह पत्थर 24 घंटे बदन को छूता रहे इस तरह बाँध दें। स्टोन जेब में रखते समय मन एकाग्र करके इच्छित कामनाओं का दृढ़ संकल्प करें और उसे बाह्य मन से अन्तर्मन में प्रविष्ट होने दें। अन्तर्मन के अमोल और असामान्य गुणधर्म और तेज किरणों के कारण उसका प्रभाव आपको रोजमर्रा की जिन्दगी में दिखाई देगा। आपकी जिन्दगी में नया चैतन्य और भाग्यलक्ष्मी की कृपा दिखाई देगी। आपकी एक-दो नहीं तो सभी समस्याएँ दूर हो जाएँगी। पूरी श्रद्धा के साथ प्रयोग करें। निश्चित लाभ होता है।

अन्दर के तीनों ग्राहक पाँच मिनट में बाहर निकल गए। अधिकांश लोग अपनी राशि जानते ही हैं इसलिए पंचांग देखने की जरूरत ही नहीं पड़ती। काम कैसे फटाफट हो गया।

हमारे पन्द्रह-बीस कार्यकर्ता अन्दर गए। काफी ग्राहक देखकर उसे हुई खुशी ज्यादा देर नहीं टिक पाई।

"पटवर्धन कहाँ हैं?"

"औरंगाबाद गए हैं, वहाँ स्टॉल लगा है।"

"आप कौन हैं?"

"हम नौकर हैं। हमें पत्थर बेचने के लिए रखा गया है।"

"इस पत्थर के कारण ढेर सारे लाभ होते हैं ऐसा आप छापते हैं। इसका कोई सबूत आपके पास है?"

"यह है।"

हमारी तरफ पत्रों की कुछ फाइलें बढ़ा दी गईं। हमने उनकी तरफ देखे बिना ही पूछा :

"आपने दस लाख पत्थर बेचे हैं और ये सौ-पाँच सौ खत यानी दरिया में खसखस। क्या आपके पत्थर से लाभ होता है? हमें इसकी जाँच करनी है। सातारा में पत्थर बेचे गए व्यक्तियों के नाम और पते दे दो, हम उन लोगों से मिलेंगे।"

"हम नाम, पता नहीं रखते।"

"फिर कौन-सा रिकॉर्ड रखते हैं?"

"ये नम्बरोंवाली रसीद बुक। बीस रुपए लेने के बाद रसीद देते हैं। यही रिकॉर्ड है।"

"फिर दस लाख लोगों को पत्थर दिए, अधिकांश लोगों को फायदा हुआ यह किस आधार पर छापते हो? उसकी जाँच कैसे करें?"

"अधिकांश लोगों ने पैसे वापस नहीं माँगे, यही आधार है।"

"क्या आपके पास पैसे वापस माँगनेवालों लोगों का रिकॉर्ड है?"

"नहीं। परन्तु बहुत कम लोग पैसे वापस माँगते हैं।"

"अधिकांश लोग पत्थर रख लेते हैं यानी दस लाख पत्थर बेचने से दो करोड़ रुपयों का धंधा हो गया। क्या उसका आयकर भरा है?"

"मालूम नहीं, मालिक से पूछो।"

कार्यकर्ताओं ने कहा "उन्हें फौरन औरंगाबाद से बुला लो। हमें उनसे बात करनी है।"

उसने कहा, "ठीक है। आज रात को ही अर्जेन्ट फोन करता हूँ।"

दो दिन बीत गए। दो दिन और बीत गए। स्टॉल भी शुरू नहीं हुआ। हमें लगा शायद धंधा बन्द किया होगा। पर पटवर्धन ऐसे भागनेवाले नहीं थे। चार दिन बाद वे औरंगाबाद से आ गए। वे सीधे मेरे घर मिलने आ गए। मैं दूसरे गाँव में था इसलिए हमारे प्रमुख कार्यकर्ता प्रो. प.रा. आर्डे जी के पास गए। आर्डे जी ने कहा "आपका दावा है कि पत्थर से किरण बाहर निकलती है। क्या आप यह सिद्ध कर

सकते हैं?" पटवर्धन ने कहा, "किरण बाहर निकलती है यह बात सच है और ये किरण यानी कॉस्मिक किरण..." आर्डे जी ने फिर सवाल किया, "मैं भौतिकशास्त्र का प्राध्यापक हूँ। क्या आप कॉस्मिक किरण का मतलब जानते हैं? अनन्त आकाश में तारों से यह किरण निकलती हैं। पृथ्वी पर से निकलना नामुमकिन ही है और अगर निकलती है तो सिद्ध करो।" पटवर्धन हँसे। उनकी राय जैसे साफ थी। हम अन्धविश्वास उन्मूलन का बहुत अच्छा काम कर रहे थे। उन्हें इस काम के प्रति काफी आदर था। इस काम के लिए काफी मदद करने की उनकी इच्छा थी। सिर्फ बोलते पत्थर के बारे में हम अपनी गलतफहमी दूर करें और उनके इस अच्छे कार्य के लिए हम मान्यता दें इतनी ही उनकी (सीमित) इच्छा थी। इसलिए हमने उनसे कुछ प्रश्न पूछे और वे जवाब, स्पष्टीकरण दें इन बातों का सवाल ही नहीं था। आर्डे जी ने स्पष्ट कहा "यह नामुमकिन है।" फिर भी पटवर्धन के चक्कर जारी ही रहे।

उन्होंने 'साम' नहीं तो व्यक्तिगत 'दाम' का तीर भी चलाकर देखा। हमारा दाम पूछा।

हम मात्र खुश थे। पटवर्धन के किसी भी ऑफर का हम पर कोई असर होना नामुमकिन था। पटवर्धन ने स्टॉल बन्द किया था और वे फिर से उसे शुरू भी नहीं करनेवाले थे। "महाराष्ट्र में सर्वत्र आपकी शाखाएँ हैं। हर स्थान पर आप यह आफत मुझ पर न लाएँ।" इतनी ही विनती करने के लिए वे चक्कर लगाते रहे। हम जीतने की खुशी में थे। परन्तु पटवर्धन मँझे हुए खिलाड़ी निकले। दस दिन विज्ञापन रुके थे और ग्यारहवें दिन अखबार में पटवर्धन का विज्ञापन आ गया। मजमून का आशय इस प्रकार था :

> श्री मधुसूदन पटवर्धन ने व्यवसाय के प्रचार के लिए सातारा के अम्बिका लॉज में ऑफिस खोला। स्थानीय अखबारों में निवेदन दिए। लोगों से अच्छा प्रतिसाद मिला। हजारों लोगों ने उसका फायदा उठाया। भारत के सभी भाषाओं के अखबारों ने सत्यासत्य का निर्णय कर उसकी प्रशंसा की है। प्रमुख अखबारों ने प्रशंसा की है। मुद्दई के खिलाफ किसी ने भी पुलिस में या अदालत में मुकदमा दायर नहीं किया है। भारतीय संविधान के अनुसार किसी भी व्यक्ति को भारत के किसी भी क्षेत्र में जाकर व्यवसाय करने की इजाजत है। वैध मार्ग से गुजारा करनेवाले व्यक्ति को उसके व्यवसाय और कार्य से वंचित करना अनुचित है। ऐसी स्थिति में प्रतिवादी ने दि. 09.10.1986 को अम्बिका लॉज के मुद्दई के ऑफिस में घुसकर मुद्दई को सातारा छोड़ने के लिए धमकाया और व्यवसाय बन्द करने की कोशिश की। प्रतिवादी का यह कार्य गैरकानूनी है। प्रतिवादी या उनकी अन्धश्रद्धा निर्मूलन समिति के अन्य पदाधिकारी,

> सदस्य, नौकर, एजेंट या उनकी तरफ से अन्य कोई मुद्दई के कार्य और व्यवसाय को एतराज न जताए ऐसी हमेशा के लिए हिदायत देने के लिए श्री पटवर्धन ने सातारा के सीनियर डिवीजन साहब की अदालत में मुकदमा दायर किया है और उनपर अदालत ने फिलहाल पाबन्दी हुक्म दिया है। अदालत के इस फैसले के कारण फिर से बोलते पत्थर की बिक्री अम्बिका लॉज में धड़ल्ले से शुरू हो रही है। मुद्दई की प्रतिवादी ने आर्थिक नुकसान और बदनामी की है। इसलिए दस हजार रुपए हर्जाना भी माँगा जा रहा है...

प्रतिवादी थे—मैं, प्रो. प.रा. आर्डे और सातारा शाखा के कार्याध्यक्ष श्री एस.एस. पांगे। कुछ दिनों में ही हमारे पास नोटिस आ गया। मामला अदालत में गया था। बोलते पत्थर की बिक्री आगे जारी रही तो सभा करना, पर्चे बाँटना, नारेबाजी करना, पत्थर खरीदने के लिए जानेवाले लोगों को समझाकर परावृत्त करनेवाला नवजागरण-सत्याग्रह जैसे कुछ कार्यक्रम हमारे सामने थे। परन्तु हमें अदालत ने अस्थायी पाबन्दी हुक्म दिया था। अदालत के फैसले से स्पष्ट नहीं हो रहा था कि यह पाबन्दी नारेबाजी के लिए थी या सभा करने, पर्चे बाँटने आदि जाग्रति के प्रकारों को भी थी। हम तीनों को छोड़कर दूसरे लोगों ने आन्दोलन चलाया तो चलेगा या नहीं? हमारे किसी भी व्यवहार से 'मेरे व्यवसाय में रुकावट आ गई' जैसी झूठी शिकायत पटवर्धन कर सकते थे और उसका मतलब यह लगाना मुश्किल नहीं है कि अदालत के पाबन्दी हुक्म का अवमान किया। इसलिए हमने सुनवाई होने तक आहिस्ते कदम रखना तय किया।

हमारे आन्दोलन को हमेशा मदद करनेवाले सातारा जिले के मशहूर एडवोकेट मनोहरपंत भागवत जी को हमने वह नोटिस दिया। उस नोटिस को एक तीखा जवाब देना था और भागवत जी की राय उसके साथ ही पत्थर के पृथक्करण की रिपोर्ट का प्रतिज्ञापत्र भी दर्ज करने की बनी। प्रो. आर्डे सातारा के 'यशवंतराव चव्हाण इन्स्टिट्यूट ऑफ साइंस' में भौतिकशास्त्र (Physics) विषय के प्रोफेसर थे। उन्होंने भौतिक और रासायनिक परीक्षण के बाद प्राप्त निष्कर्ष प्रतिज्ञापत्र में दर्ज किए : "एक्स किरण, अल्ट्रावायलेट, इन्फ्रारेड जैसी कई तरह की किरणों का परीक्षण प्रयोगशाला में किया। पत्थर से कोई भी किरण बाहर नहीं निकली। पत्थर की रासायनिक जाँच में उसमें सिलिकेट और कैल्सियम पदार्थ मिले। ये पदार्थ चकमक-जैसे पत्थरों में पाए जाते हैं। 'बोलता पत्थर' उसके जैसा ही एक पत्थर है। मेरी प्रामाणिक राय है कि जो ग्राहक पैसे देकर पत्थर खरीद लेते हैं उनके लिए नौकरी मिलना, शादी तय होना, सन्तान प्राप्ति होना, अदालत के काम होना, आर्थिक चिन्ता खत्म होना आदि बातों पर असर करनेवाला कोई भी गुणधर्म उस पत्थर में नहीं है।"

नोटिस का उत्तर तैयार करने के लिए हम भागवत जी के साथ बैठ गए। एक बात समझ में आ गई कि सीधे और तर्कसंगति से, सहजता से जो ठगी दिखाई देती है वह अदालत की भाषा में ठगी होती ही है ऐसा नहीं है। अदालत में की जानेवाली लड़ाई की बातें अलग होती हैं। कार्यकर्ता के रूप में हमारा पक्ष और नोटिस का कानूनी पक्ष इन दोनों को मद्‌देनजर रखते हुए भागवत जी ने जवाब तैयार किया। जो इस प्रकार था :

> मुद्‌दई के आवेदन में की हुई सभी बातें झूठी और गैरकानूनी हैं। मुद्‌दई के आवेदन से और मुद्‌दई की ओर से अदालत के सामने जो रिप्रेजेंटेशन हुआ है उससे और अदालत के दि. 18.10.1986 को दिए हुए हुक्म से ऐसा स्पष्ट दिखाई देता है कि मुद्‌दई संस्था इंडियन पार्टनरशिप एक्ट के अनुसार साझी होगी। परन्तु प्रस्तुत साझीदारी कानून के अनुसार उसका पंजीकरण नहीं हुआ है। इसलिए मुद्‌दई का हाल का दावा और आवेदन साझेदारी कानून के अनुसार ठहरता (टेनेबल) नहीं है।
>
> "मुद्‌दई ने अपने मुकदमे में संस्था के पंजीकरण का जिक्र किया है परन्तु पंजीकरण के बारे में कोई सबूत नहीं दिया। कानून के अनुसार इस बारे में कोई भी सबूत नहीं है। ऐसी संस्था की घटना मुद्‌दई को मुकदमा दायर करने का अधिकार देती है कि यह सिद्ध किए बगैर इस तरह का मुकदमा अकेला आदमी संस्था की ओर से अदालत में दायर कर सकता है, मुद्‌दई की माँग के अनुसार हिदायत देने का अधिकार फिलहाल इस अदालत को प्राप्त नहीं हो सकता। मुद्‌दई के किसी भी कानूनी हक पर या करार पर प्रतिवादी ने कोई एतराज नहीं जताया था या हानि नहीं की थी। इसलिए मुद्‌दई का आवेदन और उसके आधार पर दिया हुआ हुक्म तुरन्त रद्‌द किया जाए। मुद्‌दई ने किस तारीख को, कहाँ, कैसे धमकाया अथवा कैसे एतराज जताया इसका ब्यौरा जानबूझकर आवेदन में या मुकदमे में नहीं दिया है। प्रतिवादियों में से कोई भी दि. 09.10.1986 को अम्बिका लॉज के मुद्‌दई के ऑफिस में नहीं घुसा या किसी को धमकाया भी नहीं था। प्रतिवादी की जानकारी के अनुसार मुद्‌दई दि. 09.10.1986 को सातारा में नहीं था। उस दिन वह औरंगाबाद में था। मुद्‌दई ने अपने बोलते पत्थर के बारे में कई दावे किए हैं परन्तु उसके बारे में कोई सबूत नहीं दिया है। प्रतिवादी का स्पष्ट कहना है कि मुद्‌दई लोगों को विशेषत: सातारा की भोली जनता को जो पत्थर बेचता है वह ठगी का मामला है। केवल खुद को पैसे मिलने के लिए ग्राहकों को जानबूझकर गुमराह कर उनसे पैसे ऐंठने के लिए पत्थर बेचा जाता

है। पटवर्धन खुद के फायदे के लिए लोगों को ठगते हैं। भारतीय संविधान में उल्लिखित मार्गदर्शक तत्त्वों के अनुसार वैज्ञानिक और विशेषत: आर्टिकल 19, 25 और 51ए में उल्लिखित अनुबन्ध के अनुसार वैज्ञानिक वृत्ति और विचार बढ़ाना, उसका प्रसार करना, उसके लिए संगठन की स्थापना करना प्रतिवादी का कानूनी हक है। प्रतिवादी का कहना है कि ये जरूरी कर्तव्य करने पर प्रतिबन्ध लगाने का अथवा वैसा न करने के बारे में प्रतिवादी को कोई भी अस्थायी या स्थायी हिदायतें देने की माँग करने का हक मुद्दई को नहीं है और न ही था और वैसा हुक्म देने का अधिकार इस अदालत को भी नहीं है।

हमने अपना पक्ष अदालत में प्रस्तुत किया। वैसे तो चार-आठ दिनों में सुनवाई होकर हम पर लगाए गए अस्थायी पाबन्दी हुक्म के बारे में फैसला होना चाहिए था। पर किसी-न-किसी कारण विलम्ब होता रहा। पटवर्धन के लिए वह सुविधाजनक था क्योंकि उतने दिन उनका धंधा निर्विघ्न चलनेवाला था। उनका धंधा कम हुआ था मगर चालू था ही। हर दिन 200-250 लोग पत्थर लेने आते थे, वह मात्रा कम हो गई थी। जोर-शोर से विज्ञापन आ रहा था। उसमें बीच-बीच में हमारा जिक्र भी होता था। 'मैं ही (पटवर्धन) कैसे अन्धविश्वास उन्मूलन करनेवाला हूँ और इस अन्धश्रद्धा निर्मूलन समिति को ही यह कैसे समझ में नहीं आ रहा है कि अन्धविश्वास क्या है?' ऐसा शान से प्रचार कर रहा था।

जनमानस से प्रतिक्रिया आ रही थी। चर्चा जारी थी। लॉज के सामने के ही कोने पर बैठकर मोची का काम करनेवाले 19-20 साल के नौजवान ने एक बार मुझे रास्ते में रोका। पत्थर लिए उसे डेढ़ महीना हो चुका था मगर कोई लाभ नहीं हुआ। वह परेशान होकर पैसे वापस लेकर आया था। यह मामला ठगी का है इस पर उसे पूरा यकीन हो गया था। इसलिए पटवर्धन के लोगों के सामने वह बड़े उत्साह से वह मुझे बता रहा था कि पत्थर पैरों तले कुचलकर उन्हें कैसे वापस किया था। दूसरी ओर सातारा के *महाराष्ट्र मित्र* अखबार ने बोलते पत्थर के बारे में मोर्चा खोल दिया। सातारा के अन्य अखबार भी हमारे और हमारे आन्दोलन के मित्र थे पर वे मौन ही थे। हँसते-हँसते हमें ही बताते थे, "डॉक्टर, वह हर महीने तीस-चालीस हजार रुपए विज्ञापन का बिल देता है वह भी नगद। हमें थोड़ा धंधा करने दीजिए। एक बार पटवर्धन को सातारा छोड़ने दीजिए। फिर आप हैं और हम हैं। जो भी देंगे वह छापेंगे पर फिलहाल आग्रह ना करें।"

महाराष्ट्र मित्र का युवा सम्पादक संजय कोल्हटकर सावरकरवादी, विज्ञाननिष्ठा का आग्रह धरनेवाला था। उसमें और हममें अन्य बातों में वैचारिक मतभेद थे किन्तु अन्धविश्वास उन्मूलन आन्दोलन में उसकी कलम और वाणी ज्यादातर आन्दोलन के पक्ष में चलती थी। उसने तुरन्त 'कानूनी लड़ाई' नामक अग्रलेख लिखा।

बोलते पत्थर का मामला अब अदालत में दाखिल हो गया है। यह अच्छा ही हो गया क्योंकि अदालत का पाबन्दी हुक्म सीमित है। उससे जैसे अन्धश्रद्धा निर्मूलन समिति को अपना पक्ष प्रस्तुत करने का मौका मिलनेवाला था, वैसे ही बोलते पत्थरवाले पटवर्धन को भी कि यह सिद्ध करना पड़ेगा कि विज्ञापन में किए गए दावे सच हैं। इस देश की जनता में मूलत: विज्ञाननिष्ठा का अभाव है। साथ ही बिना परिश्रम किए सुखी और सम्पन्न होने के जितने शॉर्टकट हैं, वे सब आजमाकर देखने की हमारी मानसिक तैयारी है और यह बार-बार सिद्ध होने पर भी कि ये सब शॉर्टकट ठगनेवाले होते हैं उससे कोई भी सीख लेने को हम तैयार नहीं हैं।

पटवर्धन अभी भी अपने कौड़ी के मोल वाले पत्थर के दैवी गुणों की गवाही दे रहे हैं। लेकिन यह एक सफेद झूठ है और वैज्ञानिक या ज्योतिषशास्त्र की कसौटी पर भी पटवर्धन का कहना नहीं टिक पाएगा इसका हमें पूरा यकीन है।

अकेले पटवर्धन ने दस-पाँच लाख कमाए, इसके लिए बुरा मानने का कोई कारण नहीं है। इस देश के हर नागरिक को अपना व्यवसाय चुनने का और वह करने का अधिकार है। सिर्फ वह लोकहित को बाधा पहुँचानेवाला नहीं होना चाहिए।

कल व्यवसाय-स्वतंत्रता के नाम पर कोई ऐसा प्रतिपादन करें कि जेब काटना मेरा उद्योग है तो वह मंजूर नहीं होगा क्योंकि वह व्यवसाय समाजहित के खिलाफ है, ऐसा हमारा मानना है। अब विज्ञापन में जो बताया गया है उसके अनुसार पत्थर से स्पन्दन लहरें निकलती हैं और तेज प्रकट होता है यह पटवर्धन को सिद्ध करना पड़ेगा। इनमें से तेजोवलय वाला मामला समझ में न आनेवाला है। फिर भी स्पन्दन लहरें यंत्र द्वारा दिखा सकते हैं।

पटवर्धन ने फर्म का पंजीकरण भी कराया होगा पर किसी भी कागज में पंजीकरण नम्बर डालना वे भूल गए थे। सेल टैक्स के सन्दर्भ में भी कोई जिक्र उनकी रसीद पर नहीं है। रसीद पुस्तक कहाँ, कब छपी थी इसका जिक्र नहीं है। उस कारण पटवर्धन राज्य और केन्द्र का टैक्स भरते हैं या नहीं यह स्पष्ट नहीं हो रहा है। शासकीय अधिकारियों द्वारा इसकी सत्यता का निर्णय करना जरूरी है। हमारी जानकारी के मुताबिक पटवर्धन 'बोलता पत्थर' नामक भाग्यरत्न बेचते हैं। धाँगढ़ लोगों का धंधा पत्थर का और उससे गिट्टी बनाने का है। इसलिए उनकी सहायता के लिए पत्थर की चुंगी नगरपालिका नहीं लेती। गिट्टी पर बिक्री कर नहीं

होता। पटवर्धन के 'बोलता पत्थर' कहने के पीछे यह रियायत पाने के लिए बहाना ढूँढ़ने की कोशिश तो नहीं है?

पटवर्धन पत्थर बेचने का धंधा कर सके इसलिए यह धंधा बन्द कराने की कोशिश के विरुद्ध अन्धश्रद्धा निर्मूलन समिति पर अदालत ने अस्थाई पाबन्दी हुक्म लगाया था। परन्तु यह बताने की अदालत की कोई पाबन्दी नहीं थी कि पटवर्धन कैसे झूठ बोलते हैं इसलिए यह कार्य लगातार करना होगा।

अस्थायी पाबन्दी के हुक्म को महीना हो गया। हमारी बात रखकर और एडवोकेट भागवत द्वारा हमारा पक्ष प्रस्तुत कर देने पर भी फैसला नहीं हो रहा था। यह बात पटवर्धन के लिए फायदेमन्द थी। आखिर फैसला हो गया। फैसले के दिन मैं दूसरे गाँव में था। अदालत में अफवाह फैल गई थी कि फैसला पटवर्धन के पक्ष में जाएगा और हमें दस हजार जुर्माना भरना पड़ेगा। प्रत्यक्ष में फैसला उम्मीद के अनुसार आ गया। अदालत के नियम के अनुसार पटवर्धन अपना धंधा करें (जनतंत्र का हक होने कारण) और लोग उन्हें जो चाहिए उसको स्वीकार करें (वह उनका हक)।

दस हजार के जुर्माने का क्या हुआ? उसकी बाद में स्वतंत्र सुनवाई होगी। (बीच में तो अदालत ने मुद्दई के पक्ष से कोई हाजिर न होने के कारण मुकदमा ही खारिज किया था। पटवर्धन ने अपील करके फिर वह मुकदमा दायर किया।) अदालत का फैसला हो गया और हम गाँव के प्रमुख चौक में पटवर्धन के पत्थर का पंचनामा करनेवाले बोर्ड लिखने लगे। राष्ट्रसेवा दल, छात्रभारती और जन स्वतंत्र संगठन ने मिलकर एक संयुक्त सभा का आयोजन भी किया। मैं, इन संगठनों के प्रतिनिधि, एड. भागवत, संजय कोल्हटकर आदि ने भाषण दिया। सभा में तीन प्रस्ताव मंजूर हो गए। पहला प्रस्ताव इस बारे में था कि पटवर्धन जो लोगों को ठगने का काम कर रहे हैं उस पर सरकार कानूनी तौर पर कार्रवाई करे। दूसरा पटवर्धन के पैसों का हिसाब, आयकर, बिक्री कर आदि की जाँच करनेवाला था और तीसरा थोड़ा मजाकिया था, "महाराष्ट्र सरकार सिर्फ बीस लाख रुपए खर्च करके पटवर्धन के पत्थर ले और उद्योग विनिमय केन्द्र में नौकरी के लिए नाम दर्ज किए हुए एक लाख युवकों को दे। इससे सभी को नौकरी मिल जाए तो इस पत्थर को बेकारी उन्मूलन का सक्रिय प्रभावी साधन मानकर पटवर्धन का सम्मान करें। अगर युवकों को नौकरी नहीं मिली तो पटवर्धन से बीस लाख रुपए वापस आनेवाले हैं। इसमें सरकार का घाटा नहीं है और वास्तविकता लोगों के सामने अपने-आप ही आ जाएगी।"

काफी भीड़ थी। काफी जोर-शोर से सभा हो गई। लोगों की प्रतिक्रिया से इसका एहसास हो रहा था कि लोगों को सोचने के लिए प्रवृत्त करने की कोशिश सफल हो रही है। पटवर्धन को भी इसका एहसास हुआ होगा। उन्होंने सातारा छोड़ दिया।

कुछ दिनों बाद नासिक में पटवर्धन का 'बोलता पत्थर' चमक गया। फिर वही तंत्र। वही अनुभव। खूब विज्ञापन। उसमें काफी दावे। उसके साथ ही अन्धश्रद्धा निर्मूलन समिति की आलोचना। दूसरी तरफ विज्ञापन के मोटे बिलों के कारण चार पंक्तियों को भी स्थान न देनेवाले अखबारवाले। फिर भी नासिक की अन्धश्रद्धा निर्मूलन समिति और छात्रभारती ने दृढ़ता से लड़ाई जारी रखी।

इतने में एक मजेदार वाकया हो गया।

तड़के समय एक आदमी मेरे घर (सातारा में) आ गया। मैं सामाजिक कृतज्ञता निधि के लिए खेले जानेवाले नाटक के तैयारी दौरे पर था। मेरी पत्नी शैला ने दरवाजा खोला। उस आदमी ने कहा, "मैं गुजरात से आपके लिए पत्थर लेकर आया हूँ।" शैला को कुछ समझ नहीं आया। उन्होंने थैली से पत्थर निकाले। "यही पत्थर पटवर्धन बेचते हैं। आप समझ पाएँ इसलिए दिखाने के लिए लाया हूँ और यह उस पत्थर का कोटेशन। दोनों अपने पास रख लो।" अब भी शैला की समझ में कुछ भी नहीं आ रहा था। इसका मतलब क्या है? यह पटवर्धन की कोई चाल तो नहीं? पत्थर लेने चाहिए या नहीं? फिर वह आदमी बैठ गया और विस्तार से बताने लगा :

गुजरात के डोंगरे महाराज बड़े आदरणीय हैं। उनके प्रवचन सुनने के लिए लाखों लोग आते हैं। पटवर्धन ने विज्ञापन किया : 'डोंगरे महाराज जी का बोलते पत्थर को आशीर्वाद'। डोंगरे महाराज के शिष्यों ने महाराज से पूछा। उन्होंने साफ इनकार किया। फिर महाराज के नाम का अनुचित प्रयोग करने के जुर्म में पटवर्धन को अदालत में खड़ा किया। पटवर्धन ने माफी माँगी। अदालत के सामने कबूल किया, फिर ऐसा नहीं करूँगा। परन्तु उन्हें वह संयम नहीं रहा। फिर विज्ञापन में महाराज का नाम आ गया। अब महाराज के साथ धोखा और अदालत के सामने किया हुआ वादा तोड़ दिया इसलिए अदालत की बदनामी का दोष पटवर्धन पर आ गया। भक्तों ने सोचा अब पटवर्धन को अच्छा सबक सिखाना होगा। वे सातारा के आन्दोलन से परिचित हो चुके थे। उन्होंने पटवर्धन जहाँ से पत्थर खरीदते थे उस शेख अब्दुल हाकिम अब्दुल कादर अफीकवाला से जानकारी ली। वह अॅगेट के पत्थर थोक में बेचनेवाला खम्बाट का व्यापारी था। उसने अन्धश्रद्धा निर्मूलन समिति के नाम से कोटेशन दिया, 'हम काला, पीला, दूधिया, फीका लाल, घना लाल जैसे विविध रंगों के पत्थर बीस रुपए सैकड़ा के हिसाब से आपको देंगे।' 'बड़ौदा के एस्ट्रोलॉजिकल इंस्टीट्यूट के पटवर्धन को भी हम इसी भाव से पत्थर देते हैं' ऐसा कोटेशन के नीचे स्वहस्ताक्षर में लिखकर दिया था। पटवर्धन नाम के जयपुर के एक कारोबारी का भी उल्लेख था कि उन्हें देते हैं, आपको भी देंगे। सीधा मामला था। हमारी सुविधा के लिए इस कोटेशन के साथ सात सौ पत्थर लेकर वह आदमी आया था।

बीस पैसे का पत्थर बीस रुपयों में यानी सौ गुना फायदा और वह भी किसी भी खतरे के बिना कमानेवाले पटवर्धन की तारीफ ही करनी चाहिए। खर्चा था केवल भारी विज्ञापन का। फिर भी धंधा काफी किफायत-शिआर था।

पटवर्धन यह मुनाफे का धंधा क्यों बन्द करेंगे? इस देश में मुसीबतों में फँसे, अड़चन में उलझे, परेशान, कोई दैवी शक्ति हमारा कल्याण करेगी ऐसा माननेवाले काफी लोगों के होते हुए पटवर्धन को ग्राहकों की कमी क्यों होगी? इस कारण पटवर्धन का धंधा जारी रखना तय था और महाराष्ट्र में वे जहाँ-जहाँ जाएँगे वहाँ-वहाँ उनका भंडाफोड करना अब जरूरी हो गया था। पटवर्धन ने नासिक में अपना डेरा डाला। स्थानीय *गावकरी* समाचार-पत्र और अन्य अखबारों में विज्ञापन देना शुरू किया। उसके पहले ही मैंने महाराष्ट्र के संगठन के सभी केन्द्रों को खत भेजा था जिसमें आन्दोलन का हमारा अनुभव, पटवर्धन का विज्ञापन तंत्र, वास्तविक स्थिति, उन्हें कौन-से नियमों का पालन करना होगा आदि का विस्तार से जिक्र किया था :

> बड़ौदा के मधुसूदन पटवर्धन 'बोलता पत्थर' नामक पत्थर बेचकर बेबस लोगों को लूट रहे हैं। इस मामले से लोग ठगे न जाएँ इसलिए सातारा की अन्धश्रद्धा निर्मूलन समिति ने पिछले दो महीनों से नवजागरण अभियान चलाया है। पटवर्धन अदालत में गए हैं। खुद के विज्ञापन में वे विपर्यस्त प्रचार करते रहते हैं। सभी लोगों को वास्तविक स्थिति मालूम हो जाए इसलिए हम जोरदार मुहिम खोल रहे हैं।
>
> पटवर्धन क्या कहते हैं :
>
> 1. 'बोलता पत्थर' मौलिक वैज्ञानिक अनुसन्धान है। इस पत्थर से इनसान सभी चिन्ताओं से मुक्त होता है और उसे मनचाही बात प्राप्त होती है।
> 2. पत्थर से बाहर आनेवाले दैवी तेज किरणों के कारण यह होता है। दस लाख लोगों के बारे में यह घटित हुआ है। (पटवर्धन का साक्षात्कार *धर्मयुग,* अगस्त, 1986) ।
> 3. पत्थर से लाभ नहीं हुआ तो रुपए वापस। इसमें धोखा नहीं है।
> 4. मेरी बड़ौदा की 'एस्ट्रोलॉजिकल रिसर्च इन्स्टिट्यूट' संस्था पंजीकृत है।
> 5. मैं आयकर भरता हूँ।
> 6. अन्धश्रद्धा निर्मूलन समिति को मेरे खिलाफ आन्दोलन न करने की हिदायत दी है।
> 7. अन्धश्रद्धा निर्मूलन समिति की एक लाख रुपयों की चुनौती को मैंने स्वीकार किया है।

असलियत क्या है?

हमारे संगठन के इस मामले के खिलाफ खोले अभियान को पूरे महाराष्ट्र से लोगों का उत्स्फूर्त समर्थन मिल रहा है। वैसे खत आ रहे हैं। पटवर्धन का धंधा कम हो गया है। पुणे के *सकाल* ने इस बारे में अच्छी खबर दी है। कोल्हापुर, धुले में प्रेस-कॉन्फ्रेंस की बैठक हो गई है। *किर्लोस्कर* मासिक कवर स्टोरी बना रहा है। पटवर्धन सभी तरीकों से हमारी समिति के खिलाफ भड़कावा कर रहे हैं। उसका कारण है हमारा वैचारिक और व्यावहारिक पक्ष। जो इस प्रकार है :

1. भविष्यवाणी अवैज्ञानिक है परन्तु वह अन्दाज बताती है। पटवर्धन तो सिर्फ बीस रुपयों में भविष्य ही बदल देने की गवाही देते हैं, अपनी राशि का पत्थर ले लो। यह कितना पाखंड है, अलग से बताने की जरूरत नहीं है।
2. पटवर्धन बताते हैं दस लाख लोगों ने पत्थर लिया। उनके नाम, पूरा पता, किसलिए पत्थर लिया, लाभ हो जाने का सबूत जैसा कोई रिकॉर्ड उन्होंने नहीं रखा है। वे सिर्फ बताते हैं कि उन्हें दस हजार लोगों के खत आए हैं, जिन्हें पत्थर से लाभ हुआ है। इसे सच मान लें तो एक प्रतिशत लाभ हुआ। इससे पटवर्धन का वैज्ञानिकता का दावा झूठ है, यह सहज ही समझ में आता है।
3. संस्था का पंजीयन किया; यानी धोखाधड़ी को इजाजत मिली है ऐसा नहीं बताते। पटवर्धन का धंधा बिलकुल धोखाधड़ी का है।
4. पैसे वापस देता हूँ, यह पटवर्धन का दावा एक चालाकी है। पत्थर लेने के दिन से 30 से 45 दिनों में और वह भी बड़ौदा के मुख्य ऑफिस को वी.पी.पी. से पत्थर भेजने पर पैसे वापस मिलते हैं। उसका खर्चा सात रुपए आता है। बीस रुपयों के लिए डाक में समय और यातायात कौन करता है? कई बातें अदालत, दफ्तर, पुरानी बीमारी, परीक्षाफल, सन्तति आदि स्वरूप की होती हैं, जिनका फैसला डेढ़ महीने में हो ही नहीं सकता। इससे लोग पैसे वापस नहीं माँगते। पत्थर लिया ही है तो और प्रयोग करके देखते हैं, ऐसा मानव स्वभाव होता है। उस कारण डेढ़ महीने से ज्यादा समय भी उसे रखा जाता है। कई कारणों से पैसे वापस नहीं माँगे जाते। यह कोई पत्थर से लाभ होने का सबूत नहीं है। सबूत सकारात्मक (पॉजिटिव) होना चाहिए।
5. किसी भी तरह के अन्धविश्वास के खिलाफ उचित प्रचार अभियान चलाने का समिति का हक अदालत ने अपने फैसले में मंजूर किया है। अन्धश्रद्धा निर्मूलन समिति ने बोलते पत्थर की बिक्री में जिस्मानी रुकावट डाली ऐसा अदालत ने अपने फैसले में बिलकुल नहीं कहा।

6. पटवर्धन का यह कहना झूठ है कि उन्हें दी गई एक लाख की चुनौती को उन्होंने स्वीकार किया है। चुनौती स्वीकारने का पत्र उन्हें रजिस्टर्ड डाक से भेजा था। किन्तु उनका कोई जबाव नहीं मिला।

आगे की लड़ाई की दिशा

उपर्युक्त निवेदन के आधार पर खबर, लेख इत्यादि स्थानीय, मंडलीय समाचार-पत्र, साप्ताहिक आदि में दें। बोर्ड लगाएँ। बैठक, आम सभाएँ लें, पटवर्धन का ठगी का मामला और व्यापार की तहकीकात की माँग का प्रस्ताव शासन, बिक्रीकर और आयकर विभाग आदि को भेज दें।

स्थानीय अखबारों में अपने आन्दोलन के बारे में प्रतिकूल खबर आ जाए तो उसका प्रतिवाद करें। पटवर्धन आन्दोलन पर सातारा की तरह स्टे न लाए इसलिए पहले ही अदालत में कैवेट दाखिल करें। आन्दोलन के लिए वकील मित्र ढूँढ़ें। कैवेट के लिए साढ़े बारह रुपए खर्चा आता है। बिक्री के खिलाफ गाँव के प्रतिष्ठित लोगों की ओर से पत्रक निकालें। महाविद्यालयीन छात्रों में प्रचार अभियान चलाएँ। एक लाख रुपयों की चुनौती के हैंडबिल बाँटें। जिस स्थान पर पत्थर की बिक्री जारी है उस स्थान पर सभा लें, नारेबाजी करें। पुलिस को पहले से जानकारी दें। उसकी एक कॉपी अपने पास रखें अन्यथा पटवर्धन द्वारा झूठे मुकदमे दायर करने की सम्भावना है।

बिक्री के स्थान पर प्रबोधन, सत्याग्रह करें। सम्बन्धित जगह के बाहर टेबल-कुर्सी लगाकर पत्थर लेने आनेवाले लोगों का मत परिवर्तन करें। यह पत्थर लेनेवाले लोगों की मानसिक, शारीरिक हानि होने की शिकायतें आ रही हैं। ऐसे लोगों के हस्ताक्षर के पत्रक छापकर बाँटें अथवा उन्हें शारीरिक, मानसिक परेशानी के लिए हर्जाना मिलने हेतु कानूनी बातों का विचार करें।

सम्पूर्ण जनजागरण अभियान प्रखरता से, शान्ति से, उचित मार्ग से चलाने के संगठन के अनुशासन का पालन करें। किसी भी अड़चन, जानकारी के बारे में सम्पर्क करें। जरूरी हो तो प्रत्यक्ष आने के लिए सूचित करें।

हमारे अन्य आन्दोलनों में हमेशा आनेवाली चुनौती की बात पटवर्धन ने विज्ञापनों में और खबरों में उठाई है। यह चुनौती प्रक्रिया समझ लेनी होगी। अपने जिस्मानी चमत्कार का, शक्ति का, मंत्र की सामर्थ्य का, अपने पास की वस्तु अद्‌भुत होने का दावा इस समाज में कई बार किया जाता है और देखते-देखते उसका काफी बोलबाला हो जाता है। सोलापुर की कोई अनुराधादेवी सोमनाथ की कृपा से खाली हाथ से शिवलिंग और भभूत निकालती है, कटगूण की दरगाह का कोई बाबा जहरीले नाग से रक्षा करनेवाला मंत्र देता है तो कोई पटवर्धन हमें पत्थर के दैवी कृपाप्रसाद का वैज्ञानिक भरोसा देता है। ये सब एक ही थैली के चट्‌टेबट्‌टे, बदमाश

होते हैं। लोग वह बदमाशी तत्काल समझ पाएँ इसलिए अन्धश्रद्धा निर्मूलन समिति ऐसे मामलों को एक लाख रुपयों की बख्शीश घोषित करती है। चुनौती होती है 'चमत्कार सिद्ध करो और एक लाख रुपए ले जाओ'। इस आक्रामकता के कारण लोगों का कौतूहल बढ़ जाता है। लोग सम्बन्धित लोगों को छेड़ने लगते हैं। चमत्कार करनेवाले पर भी दबाव आता है। ऐसा नहीं कि वह रुक जाता है पर सहम जाता है।

हमने पटवर्धन को ऐसी चुनौती दी थी : यदि आपका वैज्ञानिक अनुसन्धान है तो फिर अपने विज्ञापन में किए हुए दावे साबित कीजिए :

- इस पत्थर से दैवी किरणें बाहर निकलती हैं।
- ये दैवी किरणें मनुष्य का भविष्य बदल देती हैं।
- अब तक दस लाख लोगों ने पत्थर लिए हैं। उनमें से अधिकांश लोगों को उसका लाभ हुआ है।

वैसे इन दावों की जाँच करना आसान है :

1. पत्थर से किरणें कैसे बाहर निकलती हैं इसकी जाँच कर सकते हैं और क्या विज्ञान की ज्ञात किरणों से परे दैवी गुण उसमें है? इसका आसानी से पता चल जाएगा।
2. मनुष्य का भविष्य बदल देने और उसे इच्छा के अनुसार फल प्राप्ति के दावे की जाँच करना तो उससे भी आसान है। सौ मधुमेह के लोग, सौ निःसन्तान महिलाएँ, सौ टी.बी. के मरीज पटवर्धन को दिए जाएँगे। सौ बेकार लोग भी देंगे। सभी को पत्थर खरीदकर देने की जिम्मेदारी हमारी। डेढ़ महीने में प्रश्नों का फैसला हो जाएगा। नौकरी मिल गई और औरतों के पाँव भारी हो गए तो पटवर्धन जो कहेंगे वह मंजूर!
3. जिन दस लाख लोगों ने पत्थर लिए हैं उनके आँकड़े वे दें। संख्या वैज्ञानिक द्वारा रैंडम सैंपल सर्वे करके उन्हें लाभ हुआ है या नहीं इसकी जाँच कर सकते हैं।

पटवर्धन ये तीनों बातें सिद्ध कर पाए तो हम उन्हें एक लाख रुपए देंगे। जनता से और पटवर्धन से सरेआम माफी माँगेंगे। अपना अन्धविश्वास निर्मूलन का कार्य बन्द करेंगे।

परन्तु, पटवर्धन पहुँचे हुए व्यक्ति थे। उन्होंने चालाकी से जवाब दिया, "मैं अन्धश्रद्धा निर्मूलन समिति की चुनौती स्वीकारने के लिए तैयार हूँ। वे एक लाख रुपए अदालत में जमा करें। अदालत उचित निर्णय करेगी।"

लोगों को लगता कि पटवर्धन तो तैयार ही हैं। सभी में निष्पक्ष अदालत ही है। उसके सामने ही हो जाने दो फैसला! उनके ध्यान में यह बात नहीं आती कि दोनों

पक्षों की चुनौती, प्रतिचुनौती यह अदालत के दायरे का विषय ही नहीं है। इसीलिए हमने प्रतिवाद किया :

> आप हमें सातारा या दूसरी किसी भी अदालत से अनुमति-पत्र लाकर दिखाएँ कि "अन्धश्रद्धा निर्मूलन समिति की चुनौती-शर्तों के अनुसार पदार्थ-विज्ञान विशेषज्ञ समिति के सामने यह अदालत चुनौती प्रक्रिया पूरी करने के लिए तैयार है। अन्धश्रद्धा निर्मूलन समिति एक लाख रुपए अदालत में जमा करे।" हम तुरन्त पैसे जमा करेंगे।
>
> अन्धश्रद्धा निर्मूलन समिति की चुनौती पद्धति ऐसी होती है: बाद में किसी को कोई भी बहाना बनाने का मौका न रहे इसलिए चुनौती प्रक्रिया दो बार पूरी की जाती है। पटवर्धन सिर्फ एक हजार रुपए अमानत के तौर पर समिति के पास जमा करें। पटवर्धन दोनों बार सफल हो जाएँ तो उन्हें परीक्षण खत्म होने के बाद 24 घंटों के अन्दर एक लाख रुपए दे दिए जाएँगे। दोनों परीक्षणों में पटवर्धन असफल रहे तो उनके एक हजार रुपए जब्त किए जाएँगे। महाराष्ट्र के ख्यातिलब्ध वैज्ञानिक, संख्या वैज्ञानिक तथा हाईकोर्ट के अवकाशप्राप्त न्यायमूर्ति आदि की समिति बनाने को हम तैयार हैं। अगर एक महीने के अन्दर पटवर्धन ने चुनौती स्वीकार नहीं की तो हम समझेंगे कि पटवर्धन डर गए।
>
> हम जानते हैं कि पटवर्धन महोदय चुनौती का स्वीकार नहीं करेंगे। वे कुछ तो बहाना बनाकर चुनौती से हार मान लेंगे। लोगो! अगर ऐसा हो गया तो आप पटवर्धन की और उनके 'बोलते पत्थर' की सामर्थ्य समझ लो और उन्हें उचित सबक सिखाओ।

इस आशय का रजिस्टर्ड पत्र भी पटवर्धन को भेजा गया। दो महीने बीत गए, जबाब नहीं मिला। फिर रत्नागिरी के दैनिकों में उनका विज्ञापन आया : चुनौती को स्वीकार किया है। तफसील, मात्र शून्य!

फिर हमने पटवर्धन को एक मजमून ही भेज दिया।

चुनौती को स्वीकार किए जाने का मन्तव्य जाहिर करनेवाला एक प्रारूप भेज दिया और उस पर उनके दस्तखत की माँग की :

> मैं मधुसूदन पटवर्धन कबूल करता हूँ कि 'बोलता पत्थर' वैज्ञानिक अनुसन्धान है। यह साबित करने के लिए मैं तैयार हूँ। इसके लिए मैं जो दावा कर रहा हूँ उसके अनुसार (1) इससे दैवी किरणें बाहर निकलती हैं। (2) बाहर निकली इन किरणों के कारण मनुष्य के अनेक कार्य यकीनन हो जाते हैं। (3) अब तक दस लाख लोगों ने पत्थर लिए हैं

और अधिकांश लोगों को फायदा हुआ है। ये तीनों बातें विशेषज्ञ समिति के सामने और संख्याशास्त्र की दृष्टि से साबित करने को मैं तैयार हूँ। मैं इसके लिए जरूरी प्राथमिक परीक्षण दूँगा।

प्राथमिक परीक्षण में असफल हो जाने पर मुझे अन्तिम परीक्षण देने का अधिकार रहेगा। इन दोनों परीक्षणों में असफल हो गया तो मैं मान लूँगा कि मैंने इसे वैज्ञानिक अनुसन्धान बताकर लोगों को गुमराह किया है, और यह धंधा बन्द कर लोगों के पैसे वापस करूँगा; यह मेरे द्वारा चुनौती स्वीकारने का मन्तव्य है।

हस्ताक्षर

मधुसूदन पटवर्धन

इस बारे में पटवर्धन ने आज तक कुछ सूचित नहीं किया है।

पटवर्धन के धंधे की एक रूपरेखा थी। आदमी नियुक्त करना और महाराष्ट्र में तीन अलग-अलग क्षेत्रों में एक साथ ही बिक्री शुरू करना। प्रचार के विज्ञापनों की स्थानीय समाचार-पत्रों में आतिशबाजी करना। उस विज्ञापन से ही भीड़ जमा होती थी। उनके पास अकुशल नौकर मंडली काफी होती थी। पटवर्धन हमेशा घूमते रहते थे।

सातारा छोड़ने के बाद उन्होंने कोंकण और नासिक में अपनी दुकान शुरू की। विज्ञापन का मजमून साधारणत: वही था परन्तु उसमें अन्धश्रद्धा निर्मूलन समिति पर किए जानेवाले हमले की वृद्धि हो गई थी।

विज्ञापन के मूल्य में ही मजमून छाप दिए जाने से तो आलोचना और प्रति-प्रचार करना सहज सम्भव होता। परन्तु इस दरमियान दो बातें हो गईं। पहली बात, *किर्लोस्कर* मासिक ने 'बोलते पत्थर' पर बनाई कवर स्टोरी और दूसरी नासिक के 'अनिस' के कार्यकर्ताओं का किया हुआ संघर्ष।

मुझे मालूम नहीं *किर्लोस्कर* मासिक की खपत कितनी है। परन्तु यह सच है कि वह महाराष्ट्र के मध्य वर्ग में काफी दूर पहुँच गई है। *किर्लोस्कर* के तत्कालीन सम्पादक प्रवीण वालिंबे एक दिन सातारा आ गए। उन्होंने मेरा और प्रो. आर्डे जी का विस्तृत साक्षात्कार लिया। उन्होंने हमारे वकील एड. भागवत से भी बात की और अन्य कुछ कार्यकर्ताओं से भी बातें कीं। नासिक में स्टॉल पर पटवर्धन से मिलने की कोशिश की। पर पटवर्धन के बड़ौदा में होने का मालूम हो जाने पर वे बड़ौदा गए। दोनों पक्ष विस्तार से रखने का उनका मकसद था। उसके साथ ही उन्होंने ग्रह-राशि के पत्थर के बारे में ज्योतिषी और सुनारों से भी बातचीत की। इस एकत्रित लेख से सभी बातें लोगों के सामने एक साथ आ गईं।

वालिम्बे के लेख का सार इस तरह था :

बड़ौदा के चौराहे पर शास्त्रीबाड़ा नामक काफी पुरानी परन्तु भव्य इमारत में पहली-दूसरी मंजिल पर पटवर्धन का घर और ऑफिस है। पटवर्धन ने सम्पादक महोदय को साक्षात्कार टेप करने को साफ मना किया। अपने मुँह का टेप शुरू किया जो इस प्रकार है :

पटवर्धन का जन्म 11 अप्रैल, 1923 को हुआ था। उनका खानदान एक समय सरदार था पर जन्म के समय अत्यन्त दरिद्र हालत। सन 1947 से उन्होंने मोतियों का व्यापार करनेवाले अपने चाचा के यहाँ मैनेजर के रूप में काम किया। सन 1949 से मोतियों का स्वतंत्र धंधा शुरू किया। उन्हें 1945 से पत्थर और ज्योतिष का शौक था। तब से उनके मन में कल्पना थी कि ग्रहों के पत्थर भारी कीमत के कारण लोगों को महँगे मिलते हैं। इसलिए कोई सस्ता विकल्प ढूँढ़ना चाहिए। इस कल्पना से उन्होंने अनुसन्धान शुरू किया। यह अनुसन्धान दरअसल क्या है? मनुष्य की जन्म-कुंडली उसकी जन्मतिथि और जन्म समय के आधार पर बनाई जाती है। उसमें ग्रहों की स्थिति के मुताबिक मनुष्य का स्वभाव, बनावट (कॉन्स्टिट्यूशन) आदि तय होता है। ज्योतिषी इस कुंडली के बुरे ग्रहों के प्रभाव से बचने के लिए ग्रहों के पत्थर का प्रयोग करने की सलाह देते हैं। पटवर्धन का कहना है कि उनकी खासियत यहीं है। मनुष्य के जन्म के समय के ग्रह रोज बदलते रहते हैं। इसलिए जन्म के समय जो ग्रह बुरा था वह आज भी बुरा ही होने की वजह क्या है? सब कुंडलियों में एक ही बात ऐसी है जो जन्म से लेकर मृत्यु तक नहीं बदलती। वह बात है उसकी चन्द्रराशि। इस चन्द्रराशि पर जब-जब ग्रहों का आक्रमण होता है तब-तब उस ग्रह के पत्थर का प्रयोग करना पड़ता है। किन्तु वह ग्रह चला जाए और दूसरे ग्रह का आक्रमण शुरू हो जाए तो नए आनेवाले ग्रह के पत्थर का प्रयोग करना पड़ता है और पहले ग्रह का पत्थर निकालना पड़ता है। इस प्रकार मनुष्य को नौ ग्रहों के पत्थर अपने पास रखने चाहिए और उसकी कीमत पाँच से छः हजार रुपए होती है। हमारी इस नई खोज के मुताबिक अगर चन्द्र राशि के पत्थर का प्रयोग किया जाए तो किसी भी ग्रह के आक्रमण से वह आपकी रक्षा कर सकता है। कहते हैं कि पटवर्धन ने 1965 से 1974 तक लाखों लोगों को ऐसे लकी स्टोन (भाग्यरत्न पत्थर) मुफ्त में दिए और यकीन हो गया कि अस्सी प्रतिशत लोगों को लाभ हो जाता है। फिर सीधे 'पटवर्धन एस्ट्रोलॉजिकल इन्स्टिट्यूट' की स्थापना हो गई। यह अनुसन्धान होने के कारण औद्योगिक प्रदर्शनी में 'बोलते पत्थर' के स्टॉल लगाना शुरू हो गया। महाराष्ट्र, कर्नाटक, केरल, तमिलनाडु, आन्ध्र प्रदेश, गुजरात,

मध्य प्रदेश में प्रचार शुरू हो गया। प्रचार के पीछे रुपए कमाने का उद्देश्य न होकर लोगों के काम आना ही उद्देश्य है। इसके लिए हमें प्रदर्शनी के पैवेलियन का खूब किराया देना पड़ता है। मद्रास में हमने सात दिन के लिए चालीस हजार रुपए किराया दिया। खूब विज्ञापन करना पड़ता है। स्टाफ की तनख्वाह भी भारी होती है। यह पत्थर यानी ॲगेट मिनरल के रत्न या उपरत्न हैं। जिसकी कीमत ज्यादा होती है उसे रत्न कहते हैं तो जिसकी कीमत कम होती है उसे उपरत्न कहते हैं। पत्थर लेने के बाद उसमें सिलेक्शन भी करना पड़ता है। उसमें रिजेक्शन भी बहुत ज्यादा होता है। इन सब बातों का विचार करें तो हम फिलहाल में कम ही कीमत लेते हैं।

ग्रहराशि के पत्थर, रत्नों के बारे में *किर्लोस्कर* ने ज्योतिषियों और उस क्षेत्र के विशेषज्ञों से जो चर्चा की वह पटवर्धन के खिलाफ ही जानेवाली थी। श्री अ. जकातदार, वि.गो. कर्वे, मधुकर अष्टीकर, अरविन्द सहस्त्रबुद्धे, मोतीवाले सुनार जैसे कई लोगों के साक्षात्कार लिए गए थे। इन सभी के कहने का सार यह था कि पत्थर और रत्नों में अन्तर होता है। रत्नों में माणिक, पाचू, पुष्कराज, हीरा, लसण्या, नील, प्रवाल, नीलम जैसे अनेक प्रकार होते हैं। रत्न से निश्चित किस कारण फायदा होता है इस विषय पर अधिक शोध की जरूरत है। राशि के आधार पर एकाध मनुष्य को एकाध रत्न प्रयोग के लिए देना स्थूल और गलत पद्धति है। असंख्य लोग एक ही राशि के होते हैं। सभी की अड़चनों पर एक ही इलाज कैसे हो सकता है? मोतीवाले सुनार का कहना था कि 'बोलता पत्थर' यह रत्न ही नहीं है और उससे कुछ लाभ हो जाता तो हम खुद ही लखपति बन जाते क्योंकि ऐसे टोकरी भर पत्थर हमारे पास हैं।

किर्लोस्कर का अंक फरवरी में प्रकाशित हो गया। उस समय सामाजिक निधि के लिए मैं पूरे महाराष्ट्र में घूम रहा था। मेरी समझ में आया कि *किर्लोस्कर* के कारण यह विषय लोगों तक अचूकता से जा भिड़ा है। विषय लोगों से भिड़ जाए तो भी आन्दोलन जरूरी होता ही है। उसका दूसरा प्रक्षोभ उछल पड़ा नासिक में!

पटवर्धन ने नासिक में स्टॉल लगाया। अपना धंधा तेजी में चले इसलिए धड़ल्ले से विज्ञापन देना शुरू किया। साथ ही सातारा की अदालत के फैसले का उलट अर्थ करके विज्ञापन 'अन्धश्रद्धा निर्मूलन समिति हार गई', 'बोलते पत्थर को अदालत ने कानूनन मान्यता दी' छापना शुरू कर दिया।

पूरे पन्ने पर आनेवाले इस विज्ञापन के कारण उत्तर महाराष्ट्र के कार्यकर्ता बेचैन हो गए। नासिक की स्थानीय समिति के नेतृत्व के तहत कुछ कार्यकर्ता

डॉ. रवीन्द्र जोशी के नेतृत्व में पटवर्धन महोदय से मिले। उन्होंने हमेशा की तरह टालमटोल की।

इस समय अकोला में शिविर चल रहा था। अन्धश्रद्धा निर्मूलन समिति के कार्यवाहक अशोक परदेशी ने आग्रह किया कि पटवर्धन को सबक सिखाना ही होगा। शिविर खत्म करके विजय भारती, शाम मानव, अशोक परदेशी नासिक आ गए जहाँ 24 दिसम्बर, 1986 को बैठक हुई। बैठक में छात्रभारती के साथ-साथ दलित पैंथर, शिवसेना के कार्यकर्ता भी आए थे। प्रथम दो दिन पटवर्धन के स्टॉल के सामने नारेबाजी, फिर आगे के दो दिनों में चौक में सभा और अन्त में नासिक शहर में गधा मोर्चा निकालने का निर्णय बैठक में निश्चित हो गया। शाम मानव ने दो दिन मेहनत करके अलग-अलग तीन पत्रक बनाए।

दूसरी ओर पटवर्धन द्वारा अदालत से स्टे ऑर्डर लाने की खबरें भी अखबारों में झलक रही थीं। बड़े-बड़े विज्ञापन देना और उसके बदले में मनमुताबिक खबरें छपाकर लाना और विपक्ष की खबरों का दमन करना यह पटवर्धन का बनाया हुआ तंत्र था। इसी कारण पहले दो दिनों में अखबारों ने नारेबाजी की ओर ध्यान ही नहीं दिया। फिर भी कार्यकर्ताओं ने दृढ़ता से नारेबाजी और गाँव में चौक सभा शुरू की। शाम मानव, अशोक परदेशी, सन्दीप भावसार, श्रीकांत सोनवणे, विश्वास कुरहाड़े, सुषमा मिसाल आदि ने सभाओं में जोरदार प्रचार शुरू किया।

लोग बड़ी संख्या में घंटा-घंटा-भर चौक में रुककर सभा सुनने और काफी समर्थन देने लगे। नासिक शहर के अधिकांश प्रमुख चौकों में सभाएँ हो गईं। अन्धश्रद्धा निर्मूलन समिति के कार्य पर अदालत से स्टे लाने की पृष्ठभूमि पर ये प्रभावी सभाएँ शुरू हो जाने से लोगों में चर्चा शुरू हो गई। उसके साथ के पर्चों और सभाओं के कारण माहौल हिल गया था। उनमें से एक पर्चा अद्‌भुत और ठेठ भिड़ने वाला था।

राजीव गांधी, 'बोलता पत्थर' लो। देश का भला करो!
नहीं तो पटवर्धन जैसे रक्तपिपासु खटमलों को सबक सिखाओ!

मा. प्रधानमंत्री राजीव गांधी,

सप्रेम नमस्कार।

देश अत्यन्त प्रतिकूल परिस्थिति से गुजर रहा है। पंजाब की जानलेवा समस्या, देश की बेरोजगारी, महँगाई, बीमारी, भ्रष्टाचार, अकाल, धार्मिक संघर्ष जैसे कई प्रश्न देश के सामने खड़े हैं। ऐसी परिस्थिति में आप पूरे देश को वैज्ञानिक दुनिया की नई इक्कीसवीं सदी की ओर ले जाना चाहते हैं। भारत जैसे अशिक्षित और अन्धविश्वास से पीड़ित देश के लिए

यह अत्यन्त जरूरी बात आप कैसे पूरी करेंगे? इसकी हमें आज तक फिक्र थी, सन्देह था, आपकी सुरक्षा की भी चिन्ता थी। परन्तु आपको और देश को इन सारी समस्याओं से छुटकारा देनेवाला एक तारणहार हमारे महाराष्ट्र में है। यह अखबारों के पूरे पन्ने पर आनेवाले विज्ञापनों से हमें मालूम हुआ। तब से यह रामबाण उपाय आप तक पहुँचाने के लिए हम कोशिश कर रहे हैं।

कृपया आप अपने सभी महत्त्वपूर्ण कार्य किनारे में रखकर नासिक आएँ। महाराष्ट्र की एक महान हस्ती की सामर्थ्य से देश के प्रश्नों का झट से हल निकालिए।

इस अवतारी पुरुष का नाम है मधुसूदन पटवर्धन। उसने अभूतपूर्व अन्वेषण करके 'बोलते पत्थर' की खोज कर देश की जनता पर काफी एहसान किया है। पटवर्धन का दिया हुआ राशि का पत्थर शरीर पर धारण करें तो उस पत्थर से बाहर निकलनेवाली किरणों का एक कवच बदन के चारों ओर तैयार हो जाता है। सब प्रकार की आफतों से जान की रक्षा होती है। सब कुछ इच्छानुसार हो जाता है।

मा. प्रधानमंत्री राजीव गांधी जी, आप यह 'बोलता पत्थर' धारण करें ताकि उसके अलौकिक कवच के कारण आपकी पूरी रक्षा हो जाए और आपकी चिन्ता के कारण व्यथित लोगों को काफी राहत मिले। भारत सरकार यह पत्थर खरीद ले और उसे पंजाब और दिल्ली के प्रत्येक नागरिक में बाँटे। इससे वहाँ के कत्लेआम तुरन्त रुक जाएँगे।

राजीव जी, बेरोजगारी देश की बहुत जानलेवा समस्या है, यह आप जानते ही हैं। आप आदेश निकाल कर रोजगार केन्द्र के प्रत्येक बेरोजगार को पटवर्धन का पत्थर देकर इस देश की बेरोजगारी दूर करें। आज भी सरकार की सस्ती दवाई योजना आम जनता तक पहुँच नहीं पाई है। पटवर्धन का पत्थर तो असाध्य बीमारी भी दूर करता है। अत: इस देश के सभी मेडिकल कॉलेज, अस्पताल बन्द करें और उससे बचे हुए पैसों से तमाम जनता में एक ही बार में पटवर्धन के पत्थर बाँटें तो देश में कोई भी बीमार नहीं पड़ेगा। प्रधानमंत्री जी, आप अरबों रुपए खर्च करके देश में विविध योजनाएँ क्यों बना रहे हैं? 80 करोड़ के इस देश में सिर्फ 1600 करोड़ रुपयों में बच्चे के जन्म से लेकर (सच में तो हर दम्पती को लड़का ही होने से लेकर) उसकी मृत्यु तक की सभी समस्याओं का समाधान इस महान अवतारी पुरुष से मिला है।

राजीव जी, आप इस देश की जनता के हितैषी प्रधानमंत्री हैं। अत: आप पटवर्धन के बोलते पत्थर की मदद लेकर इस देश की समस्याओं

का झट से समाधान करें अथवा आपके वैज्ञानिक मन को यह सारा मामला बदमाशी का लग रहा हो तो पहले से भोले-भाले समाज को और भी खुलेआम लूटनेवाले इस मधुसूदन पटवर्धन को सबक सिखाकर सलाखों के पीछे भेज दो। नहीं तो आपका नारा 'वैज्ञानिक युग में उड़ान' नारा ही रह जाएगा और पटवर्धन जैसे खटमल इस देश की जनता का खून पीते रहेंगे।

इस देश में आपके जैसे वैज्ञानिक दृष्टि रखनेवाले प्रधानमंत्री के होते हुए एकाध बदमाश व्यक्ति अखबारों में भारी मात्रा में विज्ञापन देकर, अन्धविश्वासों का लाभ उठाकर लोगों को लूटने का धंधा करता है। क्या यह आपका और इस देश के कानून का अवमान नहीं है? क्या ऐसे व्यक्ति को सलाखों के पीछे बन्द करने का काम पुलिस का नहीं है? क्या इस तरह के बदमाशों को सबक सिखाने के लिए पुलिस प्रबन्ध में एकाध विभाग निर्मित नहीं करना चाहिए? क्या आप धोखाधड़ी के लिए खुलेआम मदद करनेवाले विज्ञापनों के बारे में कानूनी बन्धन या आचार संहिता नहीं बना सकते?

राजीव जी, हमें आपसे उम्मीद है कि वह प्रश्न सिर्फ अकेले पटवर्धन का नहीं है। यह तो अन्धविश्वास का फायदा उठाकर समाज का खून चूसनेवाली जोंकों को हमेशा के लिए सबक सिखाने के लिए प्रबन्ध करने का और वैज्ञानिक दृष्टि अंकुरित करने का है। इस कार्य के लिए कोशिश करनेवाले हमारे जैसे स्वयंसेवी संगठनों को आप सक्रिय मदद करें, यही विनती है।

भवदीय,

डॉ. नरेन्द्र दाभोलकर
अ. भा. अन्धश्रद्धा निर्मूलन समिति

शाम मानव,
कार्याध्यक्ष (महाराष्ट्र) संगठक

अशोक परदेशी
संगठक (महाराष्ट्र)

डॉ. रवीन्द्र जोशी
अध्यक्ष (नासिक जिला)

अखबारों ने नारेबाजी की खबर की ओर ध्यान ही नहीं दिया परन्तु सभाओं के कारण माहौल काफी गर्म हो गया था। गधा मोर्चा के लिए अनुकूल माहौल बन गया।

इस मोर्चे के बारे में पुलिस ने काफी उलटे-सीधे कुलाँचे लगाए। मोर्चे के पहले दिन अनुमति दी परन्तु प्रत्यक्ष में मोर्चे के दिन 2 जनवरी को मोर्चे को मना कर दिया। कॉलेज के गेट पर सुबह से मीटिंग चालू थी। पुलिस ने वहीं लाउडस्पीकर रोक दिया। रिक्शेवाले को धमकाया, लाउडस्पीकर और साधन जब्त करेंगे। शायद पटवर्धन का 'बोलता पत्थर' पुलिस के साथ उनकी पसन्दीदा भाषा में बोला होगा।

कुछ अनिश्चितता का माहौल था। समिति में काफी कार्यकर्ता नौकरीपेशा थे। उनके सामने सवाल था कि मोर्चे के समय गिरफ्तार हो गए तो क्या होगा? पर मोर्चा निकालने का निर्णय पक्का था। दोपहर के तीन बजे नासिक के चौक से मोर्चा निकलनेवाला था। गधों को लाया गया था। वे बीच में ही भाग गए। फिर कार्यकर्ता जमा हो गए। पुलिस ने भी मोर्चे को अनुमति देने का पत्र हाथ में रख दिया। फिर गधों को पकड़कर लाया गया। श्रीकांत सोनवणे, अशोक परदेशी आदि के बनाए कल्पक पोस्टरों से गधों को सजाया गया। चौक में मोर्चे के पहले का भाषण शुरू हो गया। बीच में ही लाउडस्पीकर बन्द पड़ गया। फिर भागदौड़ जिसमें आधा घंटा बीत गया। लाउडस्पीकर आ गया। जोरदार नारेबाजी हुई। मोर्चा शुरू होने ही वाला था। इतने में पुलिस ने गधों को मोर्चे में शामिल करने को मना किया। कुछ जिम्मेदार कार्यकर्ताओं ने कबूल किया था कि गधों के बिना मोर्चा निकालेंगे, यही कारण पुलिस ने सामने किया; कार्यकर्ताओं के नाम गुलदस्ते में।

आखिरकार गधों के लिए बनाए पोस्टर्स कार्यकर्ताओं ने खुद के बदन पर लगाए। मोर्चा शुरू हो गया। साथ ही राजीव गांधी जी को लिखा हुआ पर्चा बाँटा जा रहा था। इस मोर्चे के दरमियान नासिक के मुख्य चौक में एक नुक्कड़ सभा हो गई और घूमते हुए पूरे तीन घंटे हो जाने पर रविवार कारंजा चौक में एक जोरदार सभा से मोर्चे का समापन हुआ।

अखबारों ने इस मोर्चे का नोटिस लिया। तब तक सातारा में आए 'बीस पैसे भाव के बोलते पत्थर' नासिक पहुँच चुके थे। 3 जनवरी की प्रेस-कॉन्फ्रेंस में यह विविध रंगों के आठ-दस पत्थर और उनकी खरीद की रसीद पत्रकारों में बाँटी गई। पत्रकार श्री करहाड़े ने 'शाम मानव से मुलाकात कराने के लिए पटवर्धन एक हजार रुपए देना चाहते थे।' इस प्रकार खलबली मचानेवाला राज खोल दिया जिससे प्रेस-कॉन्फ्रेंस का माहौल ही बदल गया। सभी पत्रकारों ने आन्दोलन की तफसील में रुचि ली। किन्तु दूसरे दिन के अखबारों में ज्यादा खबरें नहीं आईं।

उसके बाद समिति ने नासिक के प्रमुख चौक में पटवर्धन का बोलता पत्थर तीस नये पैसों में बेच दिया। लोग कौतूहल से जमा हो गए। पत्थर देखकर पटवर्धन की ठगी की चर्चा करने लगे। इस आन्दोलन में डॉ. रवीन्द्र जोशी, मदन पारेख, सुषमा मिसाल, विश्वास करहाड़े, जयप्रकाश पवार, प्रकाश वैद्य आदि अनेक कार्यकर्ताओं ने काफी भागदौड़ की।

प्रेस-कॉन्फ्रेंस अच्छी होती है परन्तु अखबारों में खबरें नहीं आतीं, इसका अनुभव पुणे में भी आ गया। पुणे में जनवरी के चौथे सप्ताह में 'बोलता पत्थर' बिक्री के लिए आ गया। *दैनिक सकाल* ऐसे विज्ञापन लेता नहीं परन्तु अन्य अखबारों में आधा पन्ना भरकर 'बोलते पत्थर' के विज्ञापन चमकने लगे। वैसे तो हमारी सामाजिक कृतज्ञता निधि के लिए पूरे महाराष्ट्र में दौरे की तैयारी जारी थी। काफी दौड़धूप

चल रही थी। मैं अत्यन्त कार्यव्यस्त था। पुणे में आन्दोलन मुमकिन नहीं था परन्तु एतराज जताना जरूरी था।

फरवरी की पाँच तारीख को कृतज्ञता निधि के लिए खेले जानेवाले 'शादी की हथकड़ी' नाटक का पहला प्रयोग पुणे में था। उसी जल्दबाजी में पाँच तारीख को सुबह बुद्धि-प्रमाणवादी मंच और अन्धश्रद्धा निर्मूलन समिति की ओर से होटल पूनम में पत्रकार-वार्ता की गई। मैं, डॉ. रत्नाकर महाजन, कृष्णराव लंके आदि उपस्थित थे। प्रेस-कॉन्फ्रेंस में काफी भीड़ थी। मराठी और अंग्रेजी दोनों समाचार-पत्रों के प्रतिनिधि उपस्थित थे। चर्चा उन्हें प्रभावित करनेवाली रही मगर प्रत्यक्ष अखबारों में खबरें काफी कम। पुणे में दूसरी तरफ से हमारी एक मर्यादा थी। कुछ पत्रकारों का कहना था, "आप कुछ काम तो कीजिए, फिर हमारे लिए खबर छापना सम्भव होगा।" नवजागरण सत्याग्रह का कार्यक्रम भी मैंने घोषित किया था। विचार यह था कि पत्थर लेने आनेवाले लोगों को स्टॉल पर पहुँचने से पहले ही रोकना और उनके साथ बात करना, अपना पक्ष रखनेवाला हैंडबिल उनके हाथ में देंगे और उनकी आँखें खोलने की कोशिश करना। परन्तु उस समय अन्धश्रद्धा निर्मूलन समिति की शाखा पुणे में नहीं थी। मैं भी कृतज्ञता निधि हेतु नाटक के दौरे पर पुणे से बाहर गया था। अन्य संगठनों ने भी कुछ सक्रियता नहीं दिखाई। लकी स्टोनवाले को अपना लक आजमाने का मौका मिल गया।

'बोलता पत्थर' मार्च में नागपुर आ गया। नागपुर में कस्तूरचन्द पार्क की हैंडलूम प्रदर्शनी में सात नम्बर पर करीने से दुकान लगाई। रंगबिरंगे पत्थर की बिक्री शुरू हो गई। नागपुर में अन्धविश्वास निर्मूलन आन्दोलन का केन्द्र सक्रिय था। इसलिए आक्रमण ही बचाव का सर्वोत्तम तरीका है इस लिहाज से पटवर्धन ने पहले से ही समिति के खिलाफ हमला बोल दिया।

'मैं अन्धश्रद्धा निर्मूलन समिति की चुनौती को स्वीकार करके नागपुर आया हूँ।' 'मंत्र नहीं, तंत्र नहीं, नहीं टोना-टोटका; रविकिरणों से भरा अमूल्य नजराना... रत्नचिकित्सा से साकार अमूल्य वैज्ञानिक अन्वेषण' पूरे पन्ने भरकर ऐसे विज्ञापन आ गए। नागपुर की अन्धश्रद्धा निर्मूलन समिति के शाम मानव, हरीश देशमुख, डी.एम. आलशी, *नया खून* के सम्पादक उमेश चौबे, *बहुजन प्रकाश* संस्था के विजय मेटकर आदि ने बैठक लेकर नागपुर में बोलते पत्थर के खिलाफ जनजागरण करना तय किया। अखबार में भी छोटी खबर आ गई, 'बोलते पत्थर पर तूफान, अन्धश्रद्धा निर्मूलन समिति आन्दोलन छेड़नेवाली है।' हर रोज मीटिंग होने लगी। उसमें पटवर्धन का एक आदमी कार्यकर्ता बनकर आता था और वह पटवर्धन को सूचना देता था। सातारा की तरह अदालत से एकतरफा स्टे न लाया जाए इसलिए कैवेट दाखिल करके आन्दोलन शुरू करना तय हो गया। तभी *तरुण भारत* में 'बोलते पत्थर' के मामले में 'अन्धश्रद्धा निर्मूलन समिति को नोटिस' इस शीर्षक

से खबर आई और समिति को 26 मार्च तक उसका जवाब देना था। अन्धश्रद्धा निर्मूलन समिति, शाम मानव और पुलिस आयुक्त इन तीनों को नोटिस आ गया था। उसमें कहा गया था, "नासिक और सातारा की तरह यहाँ भी आन्दोलन होगा... धंधा करना मेरा मूलभूत हक है।"

इसके चलते नागपुर की मंडली पुलिस आयुक्त, क्राईम ब्रांच आदि से मिल रही थी। पत्थर के झूठ का आसानी से पता चल जाता है पर यह सफेद झूठ होते हुए भी इसके बारे में कोई कानून न होने के कारण 'हम कुछ नहीं कर सकते' इस प्रकार का जवाब मिला। नोटिस को उचित जवाब देना जरूरी था। नागपुर के ख्यातनाम एडवोकेट सुबोध धर्माधिकारी जी ने इस बारे में बिना मूल्य सहायता करना मंजूर किया। अन्धश्रद्धा निर्मूलन समिति पर जो आक्षेप किए थे उनका जवाब तैयार किया। कंज्यूमर एक्ट के उपबन्ध के मुताबिक विस्तार से देख लिया। कानून की किताबें पलटते समय ही एडवोकेट धर्माधिकारी के सहयोगी एड. रोहित देव को ड्रग एंड मैजिक रेमिडीज प्रोपोगेंडा प्रिवेन्शन एक्ट 1974 कानून मिल गया। इस कानून के तहत शिकायत करते ही पुलिस गिरफ्तार करेगी, उन्होंने दृढ़तापूर्वक कहा।

फौरन विधिवत शिकायत की। नागपुर *तरुण भारत* में आए विज्ञापन की कतरनें उसमें जोड़ दीं। उसमें 'पत्थर के कारण रोगमुक्ति' होने का जिक्र था और वह काफी महत्त्वपूर्ण था। कार्यकर्ता क्राइम ब्रांच के पुलिस उपायुक्त विजय कांबले से मिले। उन्हें कानून की फोटोस्टेट प्रति दे दी। तत्सम्बन्धी पुस्तकें दिखाईं। उन्होंने कहा, "मैं अध्ययन करता हूँ और देख लेता हूँ।"

(इस कानून की खोज का काम वास्तव में काबिलेतारीफ था। क्योंकि आगे इस और अन्य मामलों में जिन-जिन स्थानों पर यह कानून हमने पुलिस को दिखाया हर उस स्थान पर सिर्फ पुलिस को ही नहीं बल्कि पुलिस प्रॉसिक्यूटर को भी यह कानून मालूम नहीं था। हम उन्हें उसकी फोटोस्टेट प्रति देते थे।)

इधर *नागपुर तरुण भारत, नागपुर पत्रिका, नागपुर टाइम्स, दिनवाद, नवभारत* आदि समाचार-पत्रों में पूरे पन्नेभर विज्ञापन आ ही रहे थे। उसमें 'अनिस' पर अंगार उगालना, विश्वास-अन्धविश्वास पर लेख, बोलते पत्थर की उपयुक्तता पर नागपुर के लोगों के सबूत, यह सब चालू था। 'मैंने चुनौती को स्वीकार किया है पर अन्धश्रद्धावाले भाग रहे हैं' जैसे झूठे आरोप, ''अनिस' के आन्दोलन के गुब्बारे की हवा निकल गई' आदि।

कार्यकर्तागण सम्पादक, विज्ञापन विभाग प्रमुख आदि से मिले। उन्होंने बताया कि आपत्तिजनक विज्ञापन गुनाह है फिर भी हम अच्छा ग्राहक नहीं गँवाएँगे! काफी रोकड़ा मिलता है पर हम नहीं बिकेंगे! जनता का भी पक्ष रखेंगे। यदि आपने हम पर मुकदमा दायर किया और फैसला हमारे खिलाफ गया तो ही हम 'बोलते पत्थर' का विज्ञापन बन्द करेंगे।

पटवर्धन के हाथ में पैसों से खरीदा हुआ विज्ञापन का हथियार था। उसमें भी 'ये अन्धश्रद्धा निर्मूलन समिति वाले ज्योतिषशास्त्र के खिलाफ बोलते हैं। देवताओं के बारे में बोलते हैं। हिम्मत है तो दरगाह और अल्लाह के बारे में बोलो।' जैसा लोगों के मन दूषित करने के लिए असत्य और स्वार्थ हेतु अंगार उगलना जारी था। छोटे-बड़े लेख, पाठकों का पत्राचार आदि मार्गों से कार्यकर्ता अपनी सामर्थ्य के अनुसार यह लड़ाई लड़ रहे थे।

इसी दरमियान नागपुर विश्वविद्यालय के डॉ. जी.एन. नवनीत ने पत्थर का परीक्षण किया। श्री नवनीत विश्वविद्यालय के रिजनल सोफिस्टिकेटेड इन्स्ट्रुमेंट सेंटर के संचालक हैं। उन्होंने घोषित किया कि यह सादा चकमक का पत्थर है और इसमें से कोई किरण बाहर नहीं निकलती।

अखबार में फिर नवनीत पर तोपें चलाई गईं, 'इन्हें क्या मालूम है? ये वैज्ञानिक पत्थर हैं।' पटवर्धन ने नागपुर के छोटे समाचार-पत्रों को भी विज्ञापन अस्त्र से वश में कर लिया। अन्धश्रद्धा निर्मूलन समिति के कार्यालय में कुछ धमकी के खत भी आ गए। अर्थात यह बात अलग है कि उससे कोई भी कार्यकर्ता प्रभावित नहीं हुआ। किसी राष्ट्रीय विचार मंच के दिनेश शर्मा ने पत्रक निकाला कि शाम मानव के घर पर मोर्चा निकालेंगे। धीरे-धीरे आन्दोलन तीव्र होता गया। पत्थर वापस करके समिति को धन्यवाद देनेवाले लोगों की मात्रा बढ़ गई। ज्योतिषशास्त्र के बारे में भी चुनौती दी गई। नागपुर का दलित संगठन, बहुजन प्रकाशन आदि; गर्मी के दिन होते हुए भी लड़के, लड़कियाँ, नागरिकों का सहयोग मिला और कुछ मात्रा में समाचार-पत्र भी सत्य खबरें देने लगे।

नागपुर के प्रमुख चौक में पहले चौक सभा और बाद में प्रदर्शनी के स्थान के सामने नारेबाजी का कार्यक्रम तय हुआ। रिजर्व बैंक चौक, भेकरे और अस्पताल चौक, अंजनी चौक, धनवटे रंगमन्दिर, गोकुलपेठ चौक, सदर चौक इन स्थानों पर जोरदार प्रचार सभाएँ शुरू हो गईं। 'बोलते पत्थर से सावधान' ऐसे पर्चे बाँटे जाने लगे। पटवर्धन जहाँ से पत्थर खरीद लाते थे उसी खम्बात (गुजरात) से लाए हुए वही बोलते पत्थर बीस पैसे में बेचना शुरू हो गया। भाषण के लिए जमा होनेवाले लोगों की प्रतिक्रियाएँ लिखित रूप में ली जाने लगीं। कार्यकर्ता नागपुर की कड़ी गर्मी में यह कार्य जोश से कर रहे थे। पहले दिन तो खुद पटवर्धन ने ही एक पर्चा लिया और एक समाचार-पत्र को बताया, "मुझे गिरफ्तार करते वक्त पुलिस को सोचना होगा। मैं गुनहगार नहीं हूँ।" अखबारी विज्ञापन में पटवर्धन ने नागपुर के एक डॉक्टर के नाम से समाचार-पत्र में विज्ञापन में प्रकाशित किया, "मैंने 'बोलता पत्थर' लिया और बीमारी ठीक हो गई।" कार्यकर्ताओं ने बड़ा बैनर बनाया और उस डॉक्टर के अस्पताल के सामने लगाया, 'डॉक्टर ×××, रोगियों की जाँच करना बन्द करो और मरीजों को 'बोलता पत्थर' बाँट दो।' पहले धमकाया

गया। फिर चर्चा करने आ गए। गलती कबूल की और माफी माँगी। उसके बाद ही बैनर निकाला गया।

इसी दरमियान नागपुर के 'राष्ट्रीय एकता विचार मंच' ने 'बोलता पत्थर चमत्कारी है, किरनें निकालता है।' ऐसा पर्चा निकालकर बोलते पत्थर को समर्थन घोषित किया। नीचे पहलवानों के दस्तखत थे! वे पुलिस कमिश्नर से भी मिले। परन्तु पटवर्धन स्वयं कहते हैं, "यह चमत्कार नहीं है" और उनके समर्थक चमत्कार का दावा करते हैं, यह क्या है? जैसा सवाल कार्यकर्ताओं ने उपस्थित करना शुरू किया।

इंस्पेक्टर विजय गव्हाणे ने 'ड्रग एंड मैजिक रेमिडीज एक्ट' के तहत गुनाह दर्ज किया और तहकीकात प्रारम्भ की। प्रदर्शनी में जाकर पत्थर, विज्ञापन और अन्य जानकारी इकट्ठा की। उन्हें पुलिस सब-इंस्पेक्टर चव्हाण को समाचार-पत्रों के कार्यालय में भेजकर जमा किए गए अप्रैल के विज्ञापन में गुनाह दर्ज करने योग्य मजमून उन्हें मिल गया। इस कानून का सम्बन्धित महत्त्वपूर्ण हिस्सा इस तरह है : औषधि का विज्ञापन नियंत्रित करने के लिए, चमत्कारी गुणों का समावेश जैसे जिक्रवाले विज्ञापनों की रोकथाम के लिए, उससे जुड़े विषय का लेखा-जोखा लेने के लिए कुछ नियम बनाए गए हैं। उन अधिनियमों का संक्षिप्त नाम है, 'औषधि और चमत्कारी चिकित्सा' (आपत्तिजनक विज्ञापन) अधिनियम 1954 (Drugs and Magic Remedies (Objectionable Advertisement) Act, 1954).

उसमें जिक्र है कि 'चमत्कारी चिकित्सा यानी ऐसा तालिस्मा (Talisman) कवच, मंत्र और किसी भी प्रकार का टोना-टोटका जिसमें मनुष्य अथवा पशु के रोग की जाँच के लिए, रोग मुक्ति के लिए, रोग कम करने के लिए, रोग की चिकित्सा के लिए अथवा रोग दूर करने के लिए या मनुष्य अथवा पशु की शरीर संरचना (Structure) या किसी भी अंगक्रिया को (Organic Function of the Body) प्रभावित करने के लिए या उस पर असर करने की अद्भुत शक्ति है।'

स्वाभाविक ही बोलते पत्थर से बीमारी से मुक्ति मिलती है, बीमारी नहीं होती, नैराश्य टलता है, सन्तान प्राप्ति होती है, जैसा प्रचार करना गम्भीर गुनाह सिद्ध हो गया।

कार्यकर्ताओं की शिकायतें, कानून की सहायता और जनजागरण के कारण 8 अप्रैल, 1987 को रात के नौ बजे पटवर्धन को गिरफ्तार किया गया। कार्यकर्ताओं की नारेबाजी जारी थी। पुलिस आई और पटवर्धन को पवेलियन से गिरफ्तार करके वैन में ले गई। दूसरे दिन नागपुर के मराठी और हिन्दी अखबारों में पहले पन्ने पर खबरें आ गईं।

'आखिर लकी स्टोन भी उन्हें नहीं बचा पाया', 'बोलते पत्थरवाले पटवर्धन पुलिस द्वारा गिरफ्तार', 'बोलते पत्थर द्वारा जनता को गुमराह करना अपराध है', 'बोलते पत्थरवाले पटवर्धन गिरफ्तार, जमानत पर रिहाई', नागपुर में इन खबरों का अच्छा स्वागत हुआ। लोगों की अनुकूल प्रतिक्रियाएँ आईं।

दूसरे ही दिन पटवर्धन को और एक झटका लगा। मेडिकल प्रैक्टिशनर एक्ट 1961 के मुताबिक पटवर्धन कानून की अवज्ञा कर रहे हैं, ऐसी शिकायत शाम मानव ने दर्ज की थी। पटवर्धन के विज्ञापन का ठाठ ऐसा था कि 'बोलता पत्थर' मानो पटवर्धन के हाथ की रोग दूर करने की महान शक्ति है। माना जाता है कि रोग निदान और इलाज के बारे में ऐसा दावा करनेवाला व्यक्ति मेडिकल प्रैक्टिशनर एक्ट अनुबन्ध छह के अनुसार वैद्यकीय व्यवसाय करता है और फिर स्वाभाविक ही यह व्यवसाय करने की उसकी योग्यता जाँची जाती है। पटवर्धन के पास वह थी ही नहीं। इसलिए नागपुर पुलिस ने शाम मानव की शिकायत दर्ज कर ली थी। नागपुर क्राइम ब्रांच के डी.सी.पी. विजय कांबले के मार्गदर्शन में सी.आई.डी. ब्रांच के पी.एस.आई. श्री रूडी ने तहकीकात की और पटवर्धन को गिरफ्तार किया और जमानत पर छोड़ दिया।

नागपुर में खलबली मची थी। उसी समय धनवरे रंगमन्दिर के गढ़करी सभागार में पोलखोल पंचायत की ओर से उमेश चौबे ने परिसंवाद किया। उसमें पटवर्धन को भी बुलाया था पर वे नहीं आए। परिसंवाद में काफी भीड़ थी। दूसरे दिन अखिल भारतीय अन्धश्रद्धा निर्मूलन समिति की ओर से भी परिसंवाद हो गया। 'बोलते पत्थरवाले बोलते बनो।' हॉल खचाखच भर गया।

पटवर्धन ने अखबार में खबर दी कि 'गिरफ्तारी हो गई यानी पुलिस ने कानून के मुताबिक कार्य किया। गुनाह सिद्ध नहीं हुआ।' विज्ञापन भी दिया कि 'अन्धश्रद्धा निर्मूलन समिति की शरारत पर जिन्हें यकीन हैं वे पैसे वापस ले जाएँ।' नकाब सुरक्षित रखने के लिए उनका कोशिश करना जरूरी था। किन्तु कुछ ही दिनों में अमरावती की कृषि प्रदर्शनी में उन्हें अपना डेरा समेटना पड़ा और विज्ञापन भी काफी कम हो गया। फिर पत्थर से दैवी किरणें निकलने का दावा भी नहीं किया।

पटवर्धन की नागपुर के पुलिस आयुक्त, अखिल भारतीय अन्धश्रद्धा निर्मूलन समिति, शाम मानव आदि पर मुम्बई उच्च अदालत के नागपुर खंडपीठ में दर्ज की हुई याचिका 13 जुलाई को सुनवाई के लिए आ गई। न्यायमूर्ति मेहता और न्यायमूर्ति सांबरे की खंडपीठ के सामने सुनवाई हो गई। समिति की तरफ से एड. सुबोध धर्माधिकारी और शाम मानव की तरफ से नामी कानूनविद एड. श्रीहरी अणे ने बिना मूल्य काम किया।

दोनों पक्षों की दलील सुनने के बाद जबानी आदेश से ही याचिका खारिज की गई। बल्कि स्पष्ट भी किया कि जैसे मुद्दई को धंधा करने का अधिकार है वैसे ही प्रतिवादियों को भी एतराज जताने का अधिकार है। पटवर्धन ने सुप्रीम कोर्ट में जाने की अनुमति माँगी। वह भी खारिज की गई।

इसके चार महीने बाद कोल्हापुर के पटवर्धन के धंधे (!) के स्टॉल के खिलाफ जोंरदार नारेबाजी हो गई। सभा की गई। कोल्हापुर के विज्ञान प्रबोधिनी के कार्यकर्ताओं

ने उसमें पहल की। डॉ. सुभाष आठल्ये जैसे नामी सर्जन ने शिकायत दर्ज की। पुलिस ने ड्रग एंड मैजिक रेमिडीज एक्ट 1954 के साथ ही धोखाधड़ी की कलम दफ़ा 420 भी लगाई। पूरा स्टॉल, उस पर का सामान, लगभग दस हजार पत्थर जब्त किए।

जनवरी-फरवरी, 1988 में जलगाँव में लायन्स क्लब ने एक बड़े आनन्द उत्सव का आयोजन किया था। मेले में अलग-अलग 60-70 स्टॉल थे। एक स्टॉल पटवर्धन का भी था। जलगाँव के कार्यकर्ताओं को इसका पता चला। शेखर सोनालकर, डॉ. राम आपटे संयोजक से मिले। अन्धश्रद्धा निर्मूलन समिति की ओर से एतराज जताया। संयोजक लायन्स क्लब के थे पर आयोजन करनेवाला ठेकेदार उत्तर प्रदेश का था। उसने लायन्स के सदस्यों को कहा "जुए को मना किया, कैबरे को ना कहा वह मैंने मान लिया। यह आपने मुझे पहले ही क्यों नहीं बताया? पटवर्धन मेरा हमेशा का ग्राहक है। ऐन मौके पर मैं उन्हें इनकार करूँ तो वह अदालत में जाएगा। पटवर्धन खुद के लिए पन्नाभर विज्ञापन देता है। इससे प्रदर्शनी का विज्ञापन अपने आप मुफ्त में हो जाता है। उसका धंधा बन्द करना मुझे पुसाएगा नहीं।" लायन्स सदस्यों में दो गुट बन गए। जिन व्यापारियों को प्रदर्शनी में महत्त्वपूर्ण स्थानों पर स्टॉल मिले थे वे ठेकेदार के पक्ष में गए। बाकी लोगों को सदस्यों का कहना जँच गया। किन्तु निर्णय नहीं हो रहा था।

पटवर्धन डॉ. आपटे के पास गए। "आप आपटे, मैं पटवर्धन" सजातीय परिचय देने की कोशिश की। डॉ. आपटे राष्ट्रसेवा दल के संस्कारों में पले-बढ़े थे। इस कारण पटवर्धन की दाल गलना नामुमकिन था। फिर हमेशा की चाल चली गई। वे सोनालकर, आपटे और अन्धश्रद्धा निर्मूलन समिति पर अदालत से आन्दोलन न करने का पाबन्दी आदेश ले आए।

रोक प्रदर्शनी के परिवेश में जाने को थी। प्रदर्शनी के प्रवेश द्वार के बाहर काम करना तय हुआ। रोजाना शाम को हैंडबिल बाँटना, नुक्कड़, प्रचार सभा ऐसा कार्यक्रम शुरू हो गया। धीरे-धीरे जनमत तैयार होता गया। *लोकमत* जलगाँव का प्रभावी दैनिक था। उसमें बोलते पत्थर के बड़े-बड़े विज्ञापन आ रहे थे फिर भी यह विशेष बोलते पत्थर के खिलाफ उन्होंने लेख छापे। इस कारण मदद हो गई। इतने में और एक मजेदार घटना घटित हुई। पटवर्धन अपनी पत्नी की कुंडली लेकर कुलकर्णी नामक ज्योतिषी को दिखाने गए। उनकी पत्नी बहुत बीमार थी। उसके बारे में उन्हें ज्योतिषी से पूछना था।

सोनालकर खुद चार्टर्ड अकाउंटेंट थे। कुलकर्णी उनके ऑफिस के कर्मचारी के ससुर थे। वह आदमी मुँहतोड़ जवाब देनेवाला, स्पष्टवक्ता था। उन्होंने *लोकमत* को साक्षात्कार दिया। "मेरे खयाल से पटवर्धन के पत्थर झूठे हैं। ये पत्थर व्यक्तिनिहाय अलग देने पड़ते हैं। वे महँगे होते हैं। एक राशि के सभी लोगों को एक ही पत्थर देना शुद्ध धोखाधड़ी है।" शेखर उनसे मिला। उन्होंने बताया, "पटवर्धन जो 'बोलता पत्थर'

देते हैं वह ॲगेट नाम का पत्थर है और वह केतु का है।" शेखर को दोनों अच्छे कारण मिल गए। समिति ने जोर-शोर से प्रचार शुरू किया, "सावधान! खुद की पत्नी के लिए दूसरे ज्योतिषी के पास जानेवाले पटवर्धन का 'बोलता पत्थर' आपको कैसे बचा पाएगा?"

"जो यकीन से 'बोलता पत्थर' ले रहे हैं उनके लिए खतरे की सूचना। आप भाग्यरत्न का प्रकार मानते होंगे तो ध्यान में ले लो। बोलता पत्थर ॲगेट जाति का पत्थर है और वह केतु का है। किसी अलग बात का बेहूदा उपाय करके मत फँसो ।"

इसके साथ ही अदालत की लड़ाई भी शुरू हो गई। पटवर्धन का विज्ञापन का तरीका, अत्यधिक लाभ, दैववाद पोसनेवाली मनोवृत्ति निर्मित करने की कोशिश आदि इल्जाम पटवर्धन पर लगाए गए। मुकदमा सुनवाई के लिए आया तब इस पर अदालत ने कुछ प्रश्न प्रस्तुत किए, "विज्ञापन कई बार अतिशयोक्ति करके ही किया जाता है। वह संस्थागत व्यवस्था ही है। इसमें एतराज जैसा क्या है? 'सिर्फ' विज्ञापन करता है : 'It washes whiter than the whitest'. अब 'सबसे ज्यादा सफेद' से भी 'ज्यादा सफेद' क्या होता है? परन्तु उसके बारे में कहाँ शिकायत होती है? बीस पैसे का 'बोलता पत्थर' बीस रुपयों में बेचा जा रहा होगा पर मुनाफा कितना लेना चाहिए इस पर कहाँ बन्धन है? अगर सरकार खुद ही लॉटरी चलाती है तब दैववाद के प्रसार को एतराज कैसे?"

जो बातें खुलेआम धोखाधड़ी की होती हैं वे बातें कानून के दायरे में आती ही हैं ऐसा नहीं है और ऐसा भी नहीं है कि कानून की भाषा में बैठती हैं। फिर समिति के वकील ने और दलील की। उन्होंने ग्राहक रक्षा कानून और मैजिक ड्रग्ज एंड रेमिडीज एक्ट का सहारा लिया। भूमिका ली कि इस प्रकार के धंधे को व्यवसाय-स्वतंत्रता के हक के लिए सुरक्षा न मिले। बताया कि फायदा होने का कोई भी अधिकृत हवाला न देते हुए प्रतिष्ठित व्यक्तियों का प्रयोग करके वैसा दावा विज्ञापन में करना एतराज जताने लायक है। विज्ञापन में सबसे धोखाधड़ी वाली बात की ओर अदालत का ध्यान खिंचा। विज्ञापन में कहा था, 'बोलता पत्थर ले लो, अदालत में फैसला आपकी इच्छानुसार होगा।' हमारे वकील ने कहा, "न्यायमूर्ति वास्तविक स्थिति और सबूत-गवाहों के सहारे फैसला करने के बजाय मुद्दई या आरोपी में से किसके पास 'बोलता पत्थर' है यह देखकर फैसला करते हैं, ऐसा उसका मतलब हो जाता है। यह बात गम्भीर है।" उन्होंने माँग की कि पटवर्धन के इन सब प्रकारों पर तत्काल पाबन्दी लगाई जाए।

न्यायमूर्ति ने फैसला किया; उस फैसले में सम्पत्ति मिलेगी, लड़का ही होगा, विदेश गमन का योग, कोर्ट का फैसला इच्छानुसार होगा इस तरह का प्रचार करने से मना किया गया। न्यायमूर्ति टूसू ने पत्थर का इस्तेमाल करने से किसी भी तरह का फायदा हो जाता है ऐसा लिखित या मौखिक विज्ञापन करने पर रोक लगाई। पटवर्धन

के धंधे की रीढ़ विज्ञापन था। उसका औचित्य ही अदालत के फैसले से खत्म हो जाने पर धीरे-धीरे धंधे की बुरी हालत हो गई। तब तक गाँव में लायन्स की समूची प्रदर्शनी के लोगों को लूटनेवाली, महँगी होने की चर्चा शुरू हो गई। कुछ सदस्य उससे परेशान हो गए थे। उन्होंने अदालत के इस फैसले पर गौर किया और निर्णय लिया कि 'पटवर्धन का स्टॉल बन्द करेंगे। अदालत के फैसले का आदर करेंगे।'

इतने में पटवर्धन की बीमार पत्नी गुजर गई। वे बड़ौदा चले गए। पर आदमी महाकंजूस! अपने बेटे को धंधे के लिए रखके खुद बड़ौदा चला गया। बेटा डॉ. आपटे के पास गया और उसने आजिजी के स्वर में कहा, "माँ का देहान्त हो गया इसलिए पिताजी बड़ौदा गए हैं। वे तीन-चार दिनों में वापस आ जाएँगे तब तक स्टॉल रहने दीजिए। तुरन्त सामान समेटने को न कहिए।" डॉ. आपटे भले आदमी। पिघल गए। लायन्स क्लब को चिट्ठी भेजी। लायन्स क्लबवाले स्टॉल उठानेवाले ही थे पर डॉ. आपटे की चिठ्ठी के कारण रुक गए। पटवर्धन के बेटे ने स्टॉल रहने दीजिए का सुविधाजनक अर्थ 'धंधा शुरू रहने दीजिए' लगाकर 'बोलते पत्थर' की बिक्री शुरू की। शेखर सोनवलकर को इसका पता चलने पर वह बौखलाया। खुद की माँ की मृत्यु के बाद खुद स्टॉल बन्द करना छोड़कर सामान रखने की अनुमति लेकर प्रत्यक्ष में खुलेआम धंधा करता है यह तो साफ ठगी हो गई। फिर दुगुने जोश से सत्याग्रह शुरू हो गया। अपनी भलाई का पटवर्धन ने फायदा उठाया यह देखकर आपटे भी बौखला गए। तीन दिन खत्म हो जाने पर पुलिस इंस्पेक्टर से कुछ अवधि बढ़ाने को लेकर मिलने की कोशिश हुई। फिर बीच-बचाव। दो दिनों की अवधि। शेखर ने जिला पुलिस प्रमुख को ही फटकारा, "आपके इंस्पेक्टर ऐसा कैसे बरताव करते हैं। उनका सम्बन्ध क्या है? अधिकार क्या है?"

दूसरी तरफ मजमून बदलकर बोलते पत्थर का विज्ञापन शुरू ही था। पर उसका पहले जैसा असर नहीं हो रहा था। बीच में ही एक विज्ञापन में मजमून आ गया, कोर्ट के आदेश से असंगत। कोर्ट के आदेश की बदनामी शुरू हो गई। इस अवधि में आनन्द मेले का सारा धंधा चौपट हो गया। बोलते पत्थर का तो पूरा ही चौपट हो गया। ग्राहक स्टॉल की तरफ आते ही नहीं थे। फिर इस या उस कारण से अवधि बढ़ाने का मतलब भी नहीं रहा। समिति के लोगों से ठेकेदार मिले और वादा किया, इसके आगे किसी भी स्थान पर पटवर्धन का स्टॉल नहीं लगाएँगे।

भाग्यरत्न का भाग्य चारों ओर से बाधित हो जाने पर पटवर्धन पन्द्रह दिन पहले ही भाग गए।

इस लड़ाई में अन्धविश्वास उन्मूलन आन्दोलन के कई प्रश्न तीव्रता से सामने आ गए। "पटवर्धन का आपने इतना विरोध किया, क्या फायदा हुआ? अभी भी उनका धंधा शुरू ही है ना?" इस तरह के सवाल पूछनेवाले भी मिलते हैं और वे मिलते ही रहेंगे। आन्दोलन का मर्म ही उनकी समझ में नहीं आता।

अपने समाज के अधिकांश लोगों का जीवन आज अनियंत्रित, असुरक्षित परिस्थिति से घिरा हुआ है। व्यक्तिगत कौशल, बुद्धि, श्रम आदि से सफलता पाना मुश्किल हो गया है। एक तरफ लापरवाह बनी सामाजिक शक्ति और दूसरी तरफ मुनाफा, बेकारी से पार पाने में आम आदमी बेबस हो गया है। इसी से दैववाद बढ़ जाता है। अपनी मुसीबतें, दुख, चिन्ता दूर करने के लिए मनुष्य को कोई बाबा, बुवा, मंत्र-तंत्र, पत्थर, भभूत, धूप नजदीकी लगने लगते हैं। उसमें भी कुछ लोग ज्यादा होशियारी करते हैं।

पुरानी पद्धति के धंधे के दिन खत्म हो गए इसका नोटिस चालाक लोग लेते हैं। विज्ञानशास्त्रीय भाषा, प्रचारों की आधुनिक पद्धतियों के सहारे नई चाल चलते हैं। पटवर्धन उनमें से एक है। इस कारण बीस पैसे कीमत के पत्थर को वे आधुनिक पहनावा चढ़ाते हैं, अनमोल वैज्ञानिक अन्वेषण के नाम से हजारों, लाखों रुपयों के विज्ञापन करते हुए उसका ढिंढोरा पीटते हैं।

बेचारा व्यक्ति अपने प्रश्नों के उत्तर तलाशता रहता है। व्यक्ति को भविष्य की अनिश्चितता की त्रिकालबाधित सुरक्षा मिलने के प्रबन्ध जितना समाधान अन्य किस बात में मिलेगा? यह उत्तर कभी 'बोलता पत्थर' होता है तो कभी और कुछ। परन्तु वे इनसान की इनसानियत ही खत्म कर देते हैं। घटित होनेवाली घटनाएँ पूर्वनियोजित होती हैं और उनकी चपेट से बचने के लिए वैसे ही किसी का तो सहारा लेना चाहिए, यह नियतिवाद पोसते हैं। प्रयत्नवाद का सहारा छोड़कर सहज रीति से सहारा देनेवाले दैववाद की ओर झुकना मनुष्य को पसन्द आता है। अपने सब दुख, आफतें, परेशानी किसी के तो सामर्थ्य से दूर होगी यह भोली आशा उसे लुभाती है। अपना दारिद्रय, बेरोजगारी, विषमता, धार्मिक अत्याचार, जातीय शोषण, अपमान इन सभी का कारण हमारे वर्ग और जाति पर खड़ी और बुनी हुई समाज रचना है, इसका एहसास नहीं होता; और हो गया तो यह विश्वास कभी भी नहीं रहता कि वह मानवी प्रयत्नों से दूर किया जा सकता है।

लोगों में परिस्थिति का सम्यक आकलन करने का एहसास जगाना और सम्भव हो तो उसके सहारे उसे परिस्थिति बदलने के लिए व्यवहारकुशल बनाना अन्धश्रद्धा निर्मूलन समिति का सच्चा मूलभूत कार्य है। इस अन्तिम उद्देश्य की ओर ले जानेवाली राह के पड़ाव मानकर हम बोलते पत्थर, अन्य आन्दोलनों की ओर देखते हैं। हम अनागत कल के युग की अनिवार्य भाषा बोलते हैं इसलिए हमारा धारणा है कि देर से सही पर हमारी जीत का विकल्प नहीं है।

फिर भी प्रत्यक्ष लड़ाई में व्यवहार का ध्यान रखना जरूरी होता है। लोगों के समर्थन के विविध नमूने देखे। अपने ठग लिए जाने का पता चलने पर पटवर्धन के सामने पत्थर पैरों तले कुचलने की इच्छा रखनेवाला रास्ते के किनारे का मोचीराम, अन्धश्रद्धा निर्मूलन समिति की चुनौती की एक लाख की रकम जुटाने करने के लिए

अपना योगदान देने के लिए खुद सामने आनेवाले कई लोग हैं, वैसे ही दूसरी तरफ अजीबोगरीब अनुभव भी आए। पटवर्धन का मुकाबला करते समय हम बीस पैसे में पत्थर बेच रहे थे। कुछ लोगों ने क्या किया? पटवर्धन का पत्थर लेते थे। अपने पास रखते थे। हमारे पास आते थे और बीस पैसे का पत्थर लेते थे। दोनों पत्थर रंग-रूप में एक-जैसे ही थे। लाभ नहीं हुआ तो पटवर्धन पत्थर लेकर पैसे वापस देता था जिसका ये मंडली चालाकी से फायदा उठाती थी। पटवर्धन को हमारे पास से लिया हुआ पत्थर देती थी और बीस रुपए वापस लेती थी। 'बोलता पत्थर' भी अपने पास रहा और पैसे भी वापस मिल गए। उस्तादों के उस्ताद!

इस आन्दोलन में अन्धविश्वास उन्मूलन के लिए स्थापित कानून का अधूरापन तीव्रता से प्रतीत होता है। यह खुलेआम ठगी है। यह अखबारों, नामी वकील, न्यायमूर्ति इन सभी ने औपचारिक चर्चा में कई बार कबूल किया। परन्तु पटवर्धन पर हमेशा के लिए प्रभावी कार्रवाई नहीं हो पाई। हर स्थान पर हमें वहाँ की परिस्थिति देखकर कई तरीके अपनाने पड़े और उसमें कम-ज्यादा सफलता भी मिली। पर ठोस मार्गदर्शक कानून न होने के कारण अखबार, अदालत इन सभी स्तरों पर दिक्कतें आईं। (आन्दोलन ऐसे मामलों के बारे में कानून बनाने की कोशिश कर रहा है।) यदि कानून बन जाए तो आन्दोलन को प्रभावी हथियार मिल जाएगा।

पटवर्धन की लड़ाकू वृत्ति को मानना होगा। सभी आन्दोलनों का जवाब देते हुए वे घूमते रहे। यह ताकत उनके व्यक्तित्व की अपेक्षा स्वार्थ की है। लाखों रुपए बहुत ही कम मेहनत में कमा के देनेवाला ऐसा कौन-सा दूसरा व्यवसाय है? उसको आसानी से कौन छोड़ेगा? अन्धविश्वास उन्मूलन आन्दोलन सिर्फ लोगों का अज्ञान, भोलापन दूर करनेवाला आन्दोलन नहीं है। उस बेबसी को अपनी जेब भरने का सफल व्यवसाय बनानेवाले स्वार्थी ठगों के खिलाफ लड़ाई है, इसका एहसास रखना चाहिए। संगठन अच्छी तरह से बनाया हो, अनेक स्थानों पर आन्दोलन हो रहा हो तो ही सफलता मिलती है। अन्धश्रद्धा निर्मूलन समिति के कारण ही 'बोलते पत्थर' के खिलाफ कुछ मात्रा में सफलतापूर्वक यह पहल कर सके।

वैसे तो अन्धविश्वास उन्मूलन घर-घर का विषय है। घर-घर में आन्दोलन का विचार पहुँचाने में और उसके समर्थक बनाने में हम जैसे-जैसे सफल हो जाएँगे वैसे-वैसे 'बोलते पत्थर' अपने-आप गूँगे बन जाएँगे।

लंगर का चमत्कार

मु.डा. नागराले, तहसील : तासगाँव, जिला : सांगली। ग्रामीण महाराष्ट्र में औद्योगीकरण का बीज जिस भूमि में पहले गिरा उस किर्लोस्करवाड़ी से सटकर खड़ा हुआ यह गाँव। वैसे तो महाराष्ट्र में लगातार तीन साल अकाल था। परन्तु यहाँ उसका नामोनिशान भी नहीं था। कृष्णमाई (नदी) के प्यार से और विज्ञान के वरदहस्तवाली नजर डालें तो उधर है लहलहाती बागानी फसल, हरी भूमि। अपनी महाकाय ताकत से भारतभर में मशहूर हुए पहलवान विष्णु नागराले जी की यह जन्मभूमि। परन्तु इधर गाँव की जो कीर्ति धीरे-धीरे आजूबाजू में फैल रही थी वह अलग ही वजह से।

गाँव के उस पार परन्तु सगवारे में ही आधे मील की दूरी पर एक छोटा स्थान बन रहा था। गैबीबाबा का पीर। पीर के सामने रखा हुआ, चक्की के एक पाटे के आकार का, बीचोबीच छेदवाला एक पत्थर—लंगर। हरे रंग से रँगाया हुआ। सातारा जिले की पाटण तहसील से इसी तरह के स्थान से लाया हुआ।

लंगर चलता-बोलता चमत्कार। भक्त लंगर को हाथ लगाए। प्रश्न पूछे। प्रश्न का उत्तर सकारात्मक होगा तो पत्थर भारी हो जाता है कि उठाना असम्भव हो जाए। उत्तर नकारात्मक होगा तो लंगर फूल की तरह ऊपर उठाया जाता है। प्रश्न कोई भी हो, अड़चन कैसी भी हो। मनुष्य गुम हुआ हो या भैंस, खरीद-बिक्री की सलाह हो या किसी की भानामती की हुई हो, टोना-टोटके का मामला हो। पहला सवाल, भानामती किया है या नहीं? इस सवाल पर लंगर भारी लग जाए तो फिर अगला सवाल, ' 'अ' ने किया हो तो लंगर भारी दे दो, नहीं तो हल्का दे दो'। लंगर हल्का आया तो 'ब' के नाम से वही सवाल। स्वाभाविक ही जितने सवाल ज्यादा उतने पैसे भी ज्यादा। जिनके नाम (टोना-टोटका करने के सम्बन्ध में) निकलते थे उनके साथ बाद में झगड़े होते थे, वह अलग है।

पंचक्रोशी में इसका प्रभाव बढ़ने लगा। गुरुवार, अमावस और पूर्णिमा शकुन देखने के दिन। इन दिनों भीड़ बढ़ने लगी।

श्रीहरी जाधव और बाबूराव जाधव ये किर्लोस्करवाड़ी के कारखाने के मजदूर। अन्य तीन-चार हजार मजदूरों की तरह ही अन्धविश्वास की ओर झुकनेवाले। पर वाई में अन्धविश्वास उन्मूलन गहन अभ्यास शिविर में आए और पूरे बदल गए।

शिविर से जाते समय हमने बताया था कि अपने-अपने क्षेत्र के अन्धविश्वासों का निरीक्षण करो और जितना सम्भव हो उतना प्रतिकार करो। अड़चन आ जाए तो सूचित करो। शिविर को महीना होने से पहले ही दोनों के खत आ पहुँचे। 'नागराले में ऐसा-ऐसा चल रहा है। हम प्रत्यक्ष जाकर देख आए हैं। पहली बार जाते समय चुपचाप गए। निरीक्षण किया। दूसरी बार पाँच-छह दोस्तों को भी साथ में ले गए। पीर को शकुन बिचारनेवाली औरत मुसलमान है इसलिए एक मुसलमान दोस्त को भी साथ ले गए। हमने वहाँ का सारा संवाद टेप भी किया है। हम प्रत्येक ने लंगर उठाया। आसानी से उठाया जाता है पर उससे क्या फायदा? हमें जवाब मिला, "आपकी मारफत पीर का शकुन नहीं मिलता। आप सामान्य मनुष्य हैं, भक्त थोड़े ही हैं।" हमने बताया, "आपकी मारफत शकुन निकाले तो भी चलेगा पर अगली बार वजन-काँटा ले आएँ? भारी लगनेवाले लंगर का वजन बढ़ना चाहिए। हल्का लगा तो वजन कम आएगा। उस औरत ने गुरुवार 2 जनवरी को बुलाया है। तब तक पाटण के मूल स्थान पर पूछकर आनेवाले हैं। उस समय क्या करना चाहिए? उस दिन परिस्थिति कैसे हल करें? क्या पुलिस को साथ ले जाना होगा? यहाँ के लोगों को विस्तार से समझाने के लिए उसके पहले आप एक बार आइए।'

अन्धश्रद्धा निर्मूलन समिति के मैं और प्रो. प.रा. आर्डे उनतीस दिसम्बर को किर्लोस्करवाड़ी गए। दो तारीख को क्या करना होगा, इसकी चर्चा की। अखबारों को दी जानेवाली खबरें लिखकर दीं। पुलिस को दिया जानेवाला आवेदन तैयार करके कार्यकर्ताओं को दिया। (श्रद्धा को ठेस पहुँचाना और हिन्दू-मुस्लिम तनाव, दोनों बातें काफी नाजुक। कोई भी सन्देह उपस्थित तो सत्यशोधक बाजू में रहेगा और कानून और सुव्यवस्था का डंडा पीठ पर बैठेगा।) शाम को मजदूरों की बैठक हो गई। भीड़ इतनी हो गई कि छोटी सभा ही हो गई। अन्धविश्वास के बारे में लोगों के इतने प्रश्न होते हैं कि समय खत्म हो जाता है प्रश्न नहीं, इसका अनुभव फिर से हुआ। दो तारीख को साथ देने का आह्वान किया और वापस आए।

वैसे तो माहौल इतना अच्छा बन गया कि ऐसा लग रहा था कि दो तारीख को हमें जाने की जरूरत ही नहीं पड़ेगी। परन्तु अखबारों में खबरें छपीं। उलट-पुलट चर्चा शुरू हो गई। दोनों जाधव जी को लोगों में थोड़ी दुविधा दिखाई दी। फिर गुरुवार कामकाज का दिन। कारण यह कि छुट्टी कैसे मिलेगी। उस कारण जाधव जी का अविलम्बनीय सन्देसा आया, "आप ही आइए।"

दो तारीख को सुबह मैं, प्रो. आर्डे, मूल रूप से नागराले गाँव के परन्तु सातारा में शिक्षक की नौकरी करनेवाले ओ.बी.सी. संगठन के नेता गुरव, कराड के पत्रकार प्रवीण लांजेकर नागराले पहुँच गए। कराड के छात्रभारती के आठ-दस छात्र भी बड़े जोश से आए थे। बाबूराव जाधव पुलिस लाने कुंडल गए थे। थाने

के दरोगा बाहर गए थे। दो दिन पहले दिया हुआ आवेदन हवलदारों ने तब तक उनके आगे रखा ही नहीं था। बारह बजे पी.एस.आई. आ गए। उनका समाधान हो गया। फिर दो हवलदारों की हमारे साथ नियुक्ति हो गई। सभी ने भाड़े की साइकिलें निकालीं और दो बजे तक तीन मील दूर नागराले पहुँचे। साइकिलें गाँव में रख गन्ने के खेत पार करते हुए पीर के स्थान पर पहुँच गए। तब तक सुबह आठ और दस की गाड़ी से आकर गई हुई भीड़ कम हो गई थी। फिर भी स्थान के आसपास पच्चीस-तीस लोग आराम से होंगे। कौतूहल से गाँव से आए हुए और कुछ लोग थे।

खेत के बीच में चारों ओर से ईंटों से बनाया स्थान। ईंटों पर सफेद रंग पोता था। दीवार पर दो-तीन हरे झंडे थे। अन्दर की ओर दो कब्रें : एक छोटी, एक थोड़ी बड़ी। उन पर मखमली हरी चद्दर। कब्र के चबूतरे पर दस फीट की खुली जगह। उसके सामने हरे रंग का, डेढ़ फीट व्यास का, छह इंच मोटा, बीचोबीच छेद वाला अच्छी गढ़ाईवाला लंगर। हमारी मंडली अन्दर गई और लंगर के चारों ओर जमा हो गई। वैसे गाँववालों, भक्तों का दलबल भी अन्दर आ गया। बाजू के कमरे से जैतुनबी मुल्ला भी आ गई। कपड़े पूरे सफेद, चबूतरे को टेककर बैठ गई। मैंने अपना टेप चालू किया और कहा, "लंगर की कीर्ति सुनकर आया हूँ। प्रश्न पूछना है। उत्तर सकारात्मक होगा तो लंगर भारी बन जाता है नहीं तो फूल जैसा हल्का हो जाता है, क्या यह सच है?"

उसने कहा, "बिलकुल सच है।"

मैंने कहा, "यह जँचता नहीं। पत्थर का वजन ऐसे कभी नहीं बढ़ता या कम नहीं होता। यह ठगाई है।"

उसने कहा, "आपमें से कोई भी लंगर पर बैठिए, प्रतीति लीजिए।"

हमने थैले से वजन-काँटा निकाला। सभी के सामने वजन किया। पन्द्रह किलो भर गया। मैंने कहा, "हममें से कोई भी बैठेगा। प्रश्न पूछते हैं, फिलहाल वसन्तदादा पाटील राजस्थान के राज्यपाल हैं या नहीं? मेरे जेब में दस रुपए का नोट है या नहीं? दोनों सवालों के जवाब सकारात्मक हैं। पत्थर भारी हो जाना चाहिए। पर अभी ही बता देता हूँ, लंगर आसानी उठाया जाएगा। तब इसके बदले ऐसा कीजिए, अपना ही हमेशा का आदमी बिठाइए।" जैतुनबी को जँचा होगा। उसने एक को पुकारा। पाटील नाम का वह आदमी लंगर के सामने आलथी-पालथी मारकर बैठ गया। झुककर लंगर को नमस्कार किया। दो मिनट ध्यान किया। जैतुनबी ने कहा, "गैबीबाबा, तेरा चमत्कार सच्चा है या झूठा है यह देखने लोग आए हैं। सच्चा होगा तो लंगर भारी दे दो, नहीं तो फूल की तरह हल्का दे दो।" वैसे तो पाटील उस औरत का आदमी : कम-से-कम लंगर का चमत्कार माननेवाला तो निश्चित ही, पर उस पर माहौल के तनाव का असर होगा या उसकी सच्चाई का। पाटील जी

ने आसानी से लंगर ऊपर उठाया। जाधव वजन-काँटा लेकर तैयार थे ही। उठाए गए फूल जैसे हल्के लंगर को वजन-काँटा लगाया। वजन बराबर पन्द्रह किलो। हमने जैतुनबी को फटकारा, "यह ठगाई नहीं तो क्या है?।" उसने कुछ भी नहीं कहा। पाँच मिनट वैसे ही गए। माहौल में शान्ति और तनाव दोनों थे। गरदन नीचे की हुई औरत ने गरदन उठाई। लंगर को लगाई ललक से पीर की तरफ देखा। अभुआने जैसे चीखी, "गैबीबाबा, तुझे झूठा करार देने के लिए सातारा से आए हैं। सच्चा होगा तो भारी दे दो, झूठा होगा तो हल्का दे दो।" फिर से पाटील जी ने आसानी से लंगर ऊपर उठाया।

लंगर दोनों बार उठाया नहीं जाता तो भी हमें कुछ फर्क नहीं पड़ता। परन्तु अब काम और आसान हो गया। मैंने कहा, "देखो, तुम्हारा गैबीबाबा अब खुद ही झूठ होने का सबूत दे रहा है। परन्तु यदि नहीं बताता तो भी वह झूठ ही था। चूँकि फूल जैसा हल्का लगनेवाला लंगर भी पन्द्रह किलो ही भरता है यह तुमने देखा है ही। तुम्हारा पीर, लोगों की यहाँ की भक्ति, इनसे हमारा झगड़ा नहीं है पर इस पाखंड से जरूर है। तुम्हें आज से यह प्रकार बन्द करना होगा, नहीं तो हमें मामला आगे ले जाना पड़ेगा।" उस औरत ने सर हिलाया हमने कागज निकाला, उस पर उसका कबूलीजवाब लिख लिया। मामला रोकने का लिखित आश्वासन लिया। वह लिखते समय उस औरत ने परेशान होकर खुद ही लंगर उसकी जगह से बाजू में धकेल दिया। झुँझलाकर कहा, "उसे भी ले जाइए। वह यहाँ नहीं चाहिए।" जायदाद हस्तांतरण का सवाल आने पर अब तक शान्त रहे हवलदार आगे बढ़े। फिर लंगर का उच्चाटन यानी श्रद्धा का मामला। पुलिस ने पूछा, "आप, अपनी खुशी से लंगर दे रही हैं? शिकायत नहीं है ना?" उसने सर हिलाया। कबूलीजवाब पर जैतुनबी का अँगूठा लिया, गाँव के उपस्थित लोगों के दस्तखत लिए, पुलिस के दस्तखत लिए।

लंगर साथ लेकर हम उठे। वापस आने के रास्ते में कुआँ था। साइकिल से यह बोझ आगे ले जाने की अपेक्षा कुएँ में फेंक देने का विचार कुछ लोगों के मन में आया। आर्डे सर जी ने कहा, "ऐसा कुछ मत करो। कल चवाव-चर्चा होगा, नहीं तो किया जाएगा; कि लंगर इतना भारी बनता गया कि मंडली को साथ ले जाना नामुमकिन हो गया इसलिए फेंकना पड़ा।" नागराले गाँव में वापस आ गए। गाँववाले प्रभावित हुए दिखाई दिए। गाँव के स्कूल में सभा हो गई। 8, 9, 10वीं के लड़के, लड़कियाँ और ग्रामवासी भी बड़ी संख्या से स्कूल के मैदान में जमा हो गए। टेबल पर लंगर रखा गया। प्रो. आर्डे और मैंने भाषण किया। बच्चों का प्रतिसाद जोरदार था। लंगर से निकली हुई भाषण की गाड़ी अभुआने के मामले के सच-झूठ की चर्चा का चक्कर लगाकर आई । रामानन्दनगर के पास के गाँव से आए हुए छात्र कहने लगे, "काफी सुनना है। एक दिन गाँव में मुकाम के लिए

आइए।" जाधव कम्पनी ने कहा, "डॉक्टर, किर्लोस्करवाड़ी में इस क्षेत्र का तीन दिन का अन्धविश्वास उन्मूलन शिविर ही लें तो कैसा रहेगा?"

उच्चाटन हुए लंगर ने भारीपन दिखाया तो अन्धविश्वास उन्मूलन का आन्दोलन ग्राम इलाके में भी कैसा जोर पकड़ेगा, इसका उत्तर सकारात्मक ही दिया, इसमें सन्देह ही नहीं है।

टोना-टोटका

चारों ओर से दूर तक फैला हुआ गाँव। गाँव के बाहर खेत, बंजर जमीन के बगैर खेती (N.A.) होकर प्लॉट बन रहे थे। कुछ स्थानों पर तेजी से तो कुछ स्थानों पर धीरे-धीरे परन्तु बढ़ रही हाउसिंग कॉलोनियाँ, खड़े हो रहे घर, बंगले, कुछ सटे हुए तो कुछ दूर-दूर।

पांडे और पवार के घर पास-पास ही थे। आसपास के प्लॉट अब तक खाली ही थे। घर की एक तरफ कच्चा रास्ता तो दूसरी तरफ नाला था। आगे-पीछे बंजर और खाली जमीन थी। रास्ते के उस पार कुछ घर बन गए थे पर वे कुछ दूर थे। पवार-पांडे के घरों की सीमा एक-दूसरे से सटकर ही थी। कहीं इक्के-दुक्के घर थे और कोई आजू-बाजू में।

पवार और पांडे तकरीबन सुबह आठ बजे मेरे घर आ गए। डरा हुआ चेहरा। परेशान हुई मनःस्थिति। पांडे कारखाने में नौकरी कर रहे थे। उनकी पत्नी भी अध्यापिका थी। उम्र से जवान। वैसे पवार वयस्क। साठ की ओर झुके हुए। अवकाश प्राप्त जिन्दगी जीनेवाले। उन्होंने हकीकत बताई। घर बनाए चार-छह महीने हो गए थे। जरा स्थायी हो रहे थे, अपने मकान में आने का सुकून मिल रहा था। तभी रात में घर पर पत्थर गिरना शुरू हो गया। घर एक तरफ। पहले चोरों का डर लगा। पुलिस में शिकायत की। रात में पेट्रोलिंग करनेवाली पुलिसगाड़ी ने तीन-चार चक्कर लगाए। पत्थर गिरना जारी ही रहा। फिर बन्दोबस्त के लिए घर के पास पुलिस के दो जवान तैनात किए। कोई फायदा नहीं। अखबार में खबर दी गई, 'पुलिस अपना काम अच्छी तरह से नहीं करती। शहर के बढ़ते विस्तार के साथ शहर के आसपास घर बढ़ रहे हैं। रास्ते और बिजली की अधूरी सुविधा के कारण रहनेवालों को डर लगता है। पुलिस अधिक सतर्कता से अपना काम करे। वह इतनी मामूली बात कैसे रोक नहीं पाती' आदि। पुलिस कुछ ज्यादा हिल गई पर नतीजा शून्य ही रहा। महीने-दो महीने यह सिलसिला जारी रहा और ध्यान में आ गया कि पत्थर मंगलवार, गुरुवार और शुक्रवार को ही गिरते हैं। कुछ पत्थरों को हल्दी-कुमकुम लगाया होता है। दरवाजे में दो बार काँटा लगाए हुए, गुलाल से भरे नीबू मिले। एक बार तो पवार के दसवीं में पढ़ रहे बेटे के बिस्तर में बालू निकली। धीरे-धीरे

घरवालों की मानसिकता बदलने लगी। यह सब कुछ अलग ही दिखाई दे रहा है। वैसे पांडे-पवार दोनों सीधे, साफ सोच रखनेवाले। उन्होंने कुछ दिन यह विचार रोककर रखा। परन्तु चालू रहे मामले से वे भी धीरज खो बैठे। उसका कारण टोना-टोटका तो नहीं ना? ऐसा सन्देह उनके मन में आने लगा। उन्होंने सिर्फ इतना ही किया कि किसी ओझा से मिलने से पहले अन्धश्रद्धा निर्मूलन समिति के पास आ गए।

पूरी वास्तविक स्थिति हमने समझ ली। बताया, रात को उनके घर आते हैं। रात को नौ बजे के दरमियान मैं, प्रा. प.रा. आर्डे और सात-आठ कार्यकर्ता उनके घर गए। पहले दोनों घर ध्यान से देखे। पांडे का घर स्लैब का था। दरवाजे से अन्दर गए तो 10'×12' का कमरा। उसके बाईं ओर चौका, दाईं ओर हॉल। हॉल के दो द्वार थे। हॉल के उस पार की ओर किराये पर दिया हुआ ब्लॉक था। चौके के पिछले दरवाजे से और हॉल के भी बीच के गलियारे से घर के पिछवाड़े के संडास-बाथरूम की ओर जानेवाला रास्ता। किरायेदार खुद के कमरे का पिछला द्वार खोलकर स्वतंत्रता से संडास-बाथरूम की ओर आ सकते थे। इस सैनिटरी ब्लॉक के सामने संकीर्ण, ऊपर से खुली जगह थी। वहाँ स्लैब नहीं था। पवार का घर उस पार ही था। दोनों घरों का कम्पाउंड तार एक ही था। पवार का घर तीन कमरों का, दो जोड़ ब्लॉक का स्टैंडर्ड घर था। घर पर टीन की छत थी। छत पर दस-बारह बजे के दरमियान पत्थर गिरते थे। स्लैब पर भी गिरते थे। ज्यादा नहीं पर दो-चार पत्थर। उस समय घर में सब सो जाते थे। पत्थर की आवाज से नींद खुलती है। डर लगता है। श्री पांडे तो कारखाने में नौकरी करते थे। उनकी तीन सप्ताह में एक बार रातपाली थी। उस समय तो श्रीमती पांडे काफी तनाव में रहती थीं। पांडे जी के घर में सिर्फ चार ही सदस्य थे : श्री और श्रीमती पांडे, उनकी बारहवीं में पढ़नेवाली बेटी और दसवीं में पढ़नेवाला बेटा। किराएदार के कमरे में एक प्राध्यापक महोदय रहते थे पर वे किसी बात से सम्बन्ध ही नहीं रखते थे।

पवार और उनकी पत्नी के साथ उनका दसवीं में पढ़ रहा बेटा भी रहता था। वह पांडे के बेटे महेश की कक्षा में ही था। दोनों में दोस्ती होना स्वाभाविक था। पवार के दूसरे ब्लॉक के तीन कमरों में से सामनेवाले दो कमरों में बी.एड. के छात्र रहते थे। अभी-अभी शादी हुई पवार की बेटी 'कमरा मिलने तक रहूँगी' कहकर पिछले कमरे में अपने के पति के साथ रहती थी।

हमने दो परिवारवालों को इकठ्ठा किया। अपनी भूमिका बताई, "टोना-टोटका अस्तित्व में है ही नहीं। टोने-टोटके के नाम पर घर का या आसपास का कोई तो अपने हाथों से यह करता है। टोना-टोटका खत्म करना यानी वे हाथ ढूँढ़ना।" बाकी उपाय खत्म हो चुके थे। इसलिए हमने जो कहा उसे उन्होंने हाँ किया होगा। हम टोना-टोटका बन्द करने के लिए जो उपाय करेंगे उसकी पूरी लिखित अनुमति ली। वह थी, 'हम दोनों के घर पर पिछले दो महीनों से रात को छत पर पत्थर गिरना,

पत्थरों में कई बार हल्दी-कुमकुम लगा होना, द्वार पर नीबू गिरना, बिस्तर में बालू मिलना इस स्वरूप के प्रकार हो रहे हैं। हमने इसकी छानबीन करने की काफी कोशिश की परन्तु कारण का पता नहीं चल सका और प्रकार भी बन्द नहीं हुआ। हम अन्धश्रद्धा निर्मूलन समिति के कार्यकर्ताओं से मिले और विनती की कि समिति इस बारे में तहकीकात करे।

'इस छानबीन के लिए घर के सभी सदस्यों का स्वतंत्र साक्षात्कार लेना, पुलिस में जाना, अखबारों में खबर देना, जरूरत पड़ने पर बेहोशी की दवा के तहत घर के सदस्यों का मनपृथक्करण करना और इस मामले का पता लगाने के लिए अन्य जरूरी उपाय की योजना करने की हम सम्मति दे रहे हैं। साथ ही इस तहकीकात में अन्धश्रद्धा निर्मूलन समिति को हमारा पूरा सहयोग रहेगा। हम यकीन देते हैं कि अन्धश्रद्धा निर्मूलन समिति की तहकीकात के काल में हम किसी ओझा, शान्ति या इस तरह के अन्धविश्वास पर आधारित अन्य उपाय नहीं करेंगे।'

दस्तखत हो गए। हमने दूसरे दिन घर के सब सदस्यों को स्वतंत्र ब्यौरेवार साक्षात्कार के लिए बुलाया और हम वापस आ गए।

शाम को मेरे घर पांडे और पवार घर के सदस्यों के साथ आ गए। पांडे के घर में किराए पर रहनेवाले प्राध्यापक शुरू से ही इस मामले से अलिप्त रहने के कारण आए ही नहीं। पवार के यहाँ किराए पर रहनेवाले तीन छात्रों में से दो आ गए। एक कमरे में सभी को बिठाया। दूसरे कमरे में आर्डे सर नोट्स भी लेनेवाले थे। इसके सिवाय टेपरिकॉर्डर था ही। हमारे प्रश्नोत्तर खत्म हो जाने के बाद सम्बन्धित व्यक्ति दूसरे दरवाजे से सीधे घर चला जाए, फिर कमरे में जाकर अन्य लोगों के साथ बातें न करें, ऐसी योजना थी। अपनी दृष्टि में हम तैयार थे।

परन्तु इस दरमियान रात में घटित हुई घटना ने पूरा सीन ही बदल दिया। उस रात हुआ यह कि रात के दस बजे दोनों घरों में सभी लोग सो गए थे। सिर्फ पांडे का महेश दसवीं का वर्ष है इसलिए चौके के बाजू के कमरे में पढ़ाई कर रहा था। रात के साढ़े दस बजे के बाद घंटा-भर में दोनों घरों पर पाँच-छह पत्थर गिरे। पत्थर गिरने की बात हमेशा की हो गई थी। घर के बाहर आकर निगरानी करके कुछ भी फायदा नहीं होता, यह दोनों घरों का अनुभव था। फिर गलती से पत्थर लगने का डर भी था। इसलिए पत्थर गिरने पर भी बाहर न आने का निर्णय दोनों परिवारों ने लिया था सिवाय पांडे के जो उस दिन नाइट ड्यूटी पर थे। इसलिए आवाज सुनकर भी कोई बिस्तर से नहीं उठा। महेश भी साढ़े ग्यारह को सो गया। साढ़े बारह के दरमियान पांडे के घर से जोर से चिल्लाने की आवाज आई। फिर पवार परिवार उठकर पांडे के घर की ओर दौड़ा। देखा तो पांडे के घर के सभी लोग डरे हुए थे। श्रीमती पांडे जी ने कहा, "दस मिनट के अन्तराल के बाद पिछला दरवाजा दो बार थपथपाने की अस्पष्ट आवाज सुनाई दी। उठकर देखा, कुछ दिखाई नहीं दिया।

'होगा कुछ' कहकर बत्ती बुझाकर सो गई। कुछ देर बाद अधिक स्पष्ट आवाज आ गई। उठकर बत्ती जलाई और देखा तो दरवाजे पर लगाई हुई इनकी नई शर्ट गायब! चोर ने ऊपर के वेंटिलेटर से हाथ डालकर निकाल ली होगी। बाहर जाने से डर लग रहा था। इसलिए मैंने और मीना ने हॉल की एक बाजू की खिड़की खोलकर देखा, 'बाहर क्या कोई दिखाई देता है?' महेश ने दूसरी तरफ की खिड़की खोली तो खिड़की के नीचे शर्ट पड़ी थी। हमें यकीन हो गया कि चोरों ने शर्ट निकालने के बाद इस खिड़की से 'कुछ और मिलता है क्या' देखने की फिर से कोशिश की होगी। शायद खिड़की की सलाखें झुकाकर अन्दर आने का उनका इरादा होगा। हम उठे, बत्ती जलाई और चिल्लाना शुरू किया इसलिए वे भाग गए होंगे।"

डरी हुई श्रीमती पांडे और उनकी मीना को पवार अपने घर ले गए। पवार और उनके दामाद ने हाथ में लाठी और टॉर्च लेकर नाले की तरफ जाकर देखा। राजू और महेश घर के सामने और पिछवाड़े दूर तक देखकर आए। कुछ देर बाद पवार के पिछले दरवाजे पर भी थपथपाने की स्पष्ट आवाज आ गई। श्रीमती पवार, उनकी बेटी, श्रीमती पांडे, मीना, सबको वह आवाज सुनाई दी। श्रीमती पांडे जी ने कहा, "बिलकुल ऐसे ही थपथपाने की आवाज हमारे घर में आई थी।" तब तक रातपाली खत्म करके पांडे वापस घर आ गए। फिर सभी की चर्चा शुरू हो गई। हमारे घर में, सब कुछ असुरक्षित। यह डाके की कोशिश होगी। यह सब हमें बताने के बाद मंडली ने कहा, "ऐसी परिस्थिति में साक्षात्कार कैसे लेते हैं? आपकी पुलिस में पहचान है। हमें पुलिस की सुरक्षा और पहरा दिलाइए। हमें नहीं लगता कि यह मामला टोने-टोटके का है।" हमने कहा, "दोनों करेंगे।" आर्डे सर ने शान्ति से और विस्तार से सभी के साक्षात्कार स्वतंत्र रूप से लिए। साधारणत: पहले ही सुनाई गई जानकारी सभी के मुँह से सुनने को मिली। मीना पहले कुछ समय मनोरुग्ण थी। अचानक घर से दो दिन चली गई थी। बारहवीं में एक बार फेल हो चुकी थी और फिर से बारहवीं में बैठी थी। श्रीमती पांडे का मुकदमा स्कूल के प्रबन्धन के खिलाफ अदालत में चल रहा है। पवार के बाजू के ब्लॉक में रहनेवाले छात्र सीधी राह पर चलनेवाले हैं। ऐसी कुछ और जानकारी हमारे पास जमा हो गई।

मैं पवार-पांडे जी को लेकर पुलिस थाने गया। इंस्पेक्टर ने कहा, "दो पुलिस सिपाही भेज देता हूँ।" परन्तु पवार-पांडे चार चाहते थे। आखिर उनकी इच्छानुसार किया गया। पुलिस पेट्रोलिंग वैन भी रात में दो बार चक्कर लगाए, तय हुआ।

छह बजे शुरू हुए साक्षात्कार दस बजे खत्म हो गए। सबसे अन्त में पुलिस थाने से आने के बाद पवार और पांडे इन मुखियों के साक्षात्कार हो गए। वे वापस घर गए तो उसके दस मिनट पहले ही पवार के घर पर दो पत्थर गिरे थे।

पवार-पांडे को धीरज देने के लिए पुलिस पहरा आया है या नहीं, यह देखने के लिए रात के साढ़े ग्यारह बजे हमने चक्कर लगाया। घर के सामने के थोड़ी-

सी उठान पर पेड़ के पीछे अपने ओवरकोट पहनकर टॉर्च लेकर पुलिस बैठी थी। घर के पिछवाड़े से धीरे-धीरे चलते हुए हमें आता देखकर उन्हें लगा शिकार हाथ लगा। टॉर्च की तेज रोशनी हम पर पड़ी। हमें देखकर बेचारे झेंप गए। पत्थर गिरने की हकीकत का पता चलने पर हम पास से सीढ़ी ले आए। पवार के घर पर चढ़कर देखा। दो बार पत्थर गिरे थे फिर भी उस पत्थर के टूटकर चार-पाँच टुकड़े हो गए थे। वे टुकड़े इकट्ठा किए। पवार ने कहा, "कई बार हम छत पर सो गए। पत्थर आने पर चारों ओर टॉर्च घुमाकर देखा पर कुछ फायदा नहीं हुआ। आखिर पत्थर लगने के डर से घर में सोने लगे।" हम इकट्ठा किए हुए पत्थरों के साथ नीचे उतर गए। फिर पत्थर गिरें तो सब इकट्ठा करके रखो, ऐसा बताकर वापस घर आ गए।

वैसे तो हमारी आँखों के सामने कोई चित्र स्पष्ट नहीं था। पुलिस का कुछ फायदा है ऐसा भी हमें नहीं लगता था। चार-आठ दिन पुलिस पहरा रहा। उसके होते हुए भी रात के दस से बारह के बीच एकाध दूसरा पत्थर गिरता था। एक बार पवार के दरवाजे पर गुलाल लगाया हुआ नीबू भी मिला। कुछ और महत्त्वपूर्ण कारण से एक दिन पुलिस ने अपना पहरा बन्द किया। हम सोच रहे थे कि घर में डाका डालने के लिए कौन-सी पूँजी इन मध्यवित्त वर्ग परिवारों के पास होगी? चोरी करने के लिए आनेवाले चोर रोज पत्थर मारकर आगाह क्यों करेंगे? आजू-बाजू में दूर से गुलेल से पत्थर मारनेवाले वाहियात लड़के हैं ऐसा मानने के लिए कोई सहारा नहीं था। सिर्फ हाथ से रास्ते के उस पार के घर के पास से अचूक इनकी छत पर ही पत्थर आएँगे ऐसा सम्भव नहीं लग रहा था। पत्थर कभी भी खिड़की के काँच को कैसे नहीं लगता? पलभर के लिए मान भी लिया कि वे लड़के हैं, फिर भी पुलिस पहरा और चवाव-चर्चा फैलने पर भी वे एक-दो पत्थर मारेंगे, यह असम्भव ही लगता था। पत्थर ज्यादा दूरी से आते तो छत पर पड़ने के बाद उछलकर नीचे गिरने चाहिए थे किन्तु सारे पत्थर छत पर गिरते हैं, वहीं रहते हैं। यह कैसे सम्भव है? नीबू कौन फेंकता है?

साक्षात्कार में कुछ बातें हमारे ध्यान में आई थीं। पांडे जी के घरवाले मानसिक तनाव में थे। पत्नी को नौकरी में वरिष्ठों की तकलीफ, बेटी की चिन्ता, बेटे की दसवीं की सफलता के बारे में अत्यधिक आशा और उनका शीघ्रकोपी स्वभाव। घर में सभी को इस स्वभाव का खौफ-डर था। रास्ते के उस पार के एक घर से पांडे के हॉल की खिड़कियाँ स्पष्ट दिखाई देती थीं। उनसे भी हमने कुछ जानकारी ले ली। दोनों घर में सुबह-शाम आर्डे जी के चक्कर जारी थे। गप्पें हाँकना, 'क्या कुछ नया हो गया' पूछना, धीरज देना आदि के साथ ही वे ऐसा भी जताते थे कि यह दोनों घरों में से किसी का काम होगा। हम उसे ढूँढ़ निकालेंगे। आप हमें केवल समझदारी से मदद करें।"

पुलिस पहरा बन्द हुआ और दूसरे ही दिन सुबह काँटा और गुलाल लगाया हुआ नीबू पवार के घर के सामने मिल गया। सुबह चक्कर लगाने गए आर्डे सर ने वह नीबू उठाया। अच्छी तरह से रूमाल में रखा और अपने साथ घर ले आए। हेतु यह कि अकारण घबराहट न हो। शाम को पवार का राजू भागते हुए मेरे घर आ गया और कहा, "आर्डे सर के पास गया था पर वे घर पर नहीं थे। इसलिए वैसे ही आपके पास आया हूँ।" मैंने कहा, "क्या हुआ?" उसने कहा, "आर्डे सर नीबू अपने साथ ले गए। कुछ देर बाद महेश आ गया। मैंने सोचा इसे उल्लू बनाऊँ। मैंने उससे कहा, 'आर्डे सर अब नीबू से हाथ के निशान देखेंगे। उससे यकीनन कुछ तो मिलेगा।' महेश ने इतना सुना और मुझे कल्पना नहीं थी वह इतना डर गया। मेरे साथ इस विषय पर काफी जिज्ञासा से बातें करने लगा। मुझे ताज्जुब ही हुआ। वैसे तो परीक्षा के दिनों में यह बेकार परेशानी है, इससे शायद कुछ सुराग मिलने पर यह मामला बन्द होने की उसे तो खुशी ही होनी चाहिए थी पर हुआ उलटा ही! मुझे लगा यह आपको बताना ही चाहिए इसलिए भागते हुए आ गया।"

आर्डे सर ने और मैंने रात को श्री और श्रीमती पांडे, श्रीमती पवार, राजू, महेश, मीना, पवार की बेटी, दामाद इन सब घर के लोगों को फिर से साक्षात्कार के लिए बुलाया। जानबूझकर माहौल गम्भीर रखा। बातें टेप करने के लिए सामने टेप रखा। बाजू में ही हाथों की उँगलियों का एक प्रिंट रखा। सभी से उलटे-सीधे तहकीकात करनेवाले प्रश्न पूछे। अन्त में फरमाया कि इस निशानों के प्रिंट के साथ आपके हाथ के निशान मिलाकर देखने हैं, अतः निशान दीजिए। सभी ने निशान दिए। मंडली को इस सबका कुछ अर्थबोध नहीं हो रहा था। यह ज्यादा जँच भी नहीं रहा था। घर का ही कोई यह कर रहा होगा, इसे मानने के लिए उनका मन तैयार नहीं था। केवल हम पर मामला सौंपा था और हमारी ईमानदारी से कोशिश करनेवाली मंडली होने के कारण वह मंडली चुपचाप सब कुछ मान्य कर रही थी।

सभी के साक्षात्कार हो गए। सभी वापस घर गए। सिर्फ महेश आना बाकी था। उसके स्कूल में दसवीं कक्षा की विदाई का कार्यक्रम था। वह कार्यक्रम खत्म करके सीधे मेरे घर आ गया। वह भूखा था और अनिच्छा से आया था। झट से साक्षात्कार खत्म करके तुरन्त घर जाने की उसकी इच्छा थी। अब तक हम इस बात पर धीरे-धीरे पहुँच गए थे कि यह काम किसी का होगा तो महेश का ही होगा। एक तो पवार के घरवालों में से किसी के घर से बाहर निकले बिना छत पर पत्थर मारना, वापस आना और यह सब इतने दिनों तक किसी को पता चले बिना करना मुश्किल था। पांडे के घर में यह बहुत आसान था। संडास-बाथरूम के सामने का गलियारा कुछ स्वतंत्र था और महत्त्वपूर्ण बात यह थी कि वह ऊपर से खुला था। उससे दोनों घरों की छत पर पत्थर फेंकना काफी आसान था। पत्थर गिरने का समय साधारणतः रात के दस बजे से बारह बजे के बीच का था। उस समय महेश

को छोड़कर पांडे के घर के सभी लोग सो जाते थे। सभी लोग उस पार के हॉल में सोते थे। महेश के लिए चौके के दरवाजे से किसी को आहट किए बिना संडास-बाथरूम के गलियारे की ओर जाना बहुत ही आसान था। रातपाली के कारण कई बार पिताजी का घर पर न होना महेश के लिए और भी सुविधाजनक था। महेश यह क्यों कर रहा होगा इसका भी हमने कुछ तर्क-अनुमान लगाया था। परन्तु उस बारे में वास्तविक स्थिति सिद्ध हुए बिना क्या बोलेंगे? इसके सिवाय रात के उस तथाकथित डाके के मामले का सवाल था ही।

महेश के कमरे में आने के बाद कुछ आक्रामकता से हमने कहा, "इस नीबू पर हाथों के निशान तुम्हारे ही होंगे ऐसा हमें यकीन है। तो कबूल करो, नहीं तो अपने हाथ के निशान दे दो। मिलाकर देखते हैं।" अब तक किसी ने भी प्रतिप्रश्न नहीं किया था पर महेश ने किया, "आर्डे सर ने तो हाथ से नीबू उठाया, उस पर मेरे हाथ के निशान होंगे ही कैसे?" हमने कहा, "आर्डे सर के तो हैं ही। लेकिन एक दूसरे पर बैठे हुए निशान अलग करने का तंत्र कब का विकसित हो चुका है। इस कारण तुम्हारे निशान हैं या नहीं इसका तुरन्त पता चल जाएगा। इसके सिवाय तुझे याद होगा, हम तुम्हारे यहाँ जब आए थे तब पवार के घर की छत पर चढ़कर हमने हाल ही में वहाँ गिरे पत्थर इकट्ठा किए थे। उस पत्थर के निशान और ये निशान एक-दूसरे से बराबर मिलते हैं। अब सिर्फ हम तुम्हारे हाथों का निशान लेंगे। वे निशान इस निशान के साथ हूबहू मिलेंगे इसमें सन्देह नहीं।"

हमने बोलना बन्द करके महेश की ओर देखा। वह बेचैन हो गया था पर ना में ही सर हिला रहा था। हमने अगला सवाल किया, "तुम्हारे घर के हॉल की खिड़की रास्ते के उस पार के पांगरे जी के घर से दिखाई देती है, यह तुम जानते हो ना? उन्होंने हमें लिखित जवाब दिया है कि उन्होंने तुम्हें खिड़की से बाहर शर्ट फेंकते हुए देखा है। अब हमें बेवकूफ बनाना बन्द कर और सच क्या है वह बता।" अभी भी महेश के होंठ मजबूती से बन्द ही थे। सिर से ही इनकार कर रहा था। हमने आगे कहा, "तुमने अब भी कबूल नहीं किया तो हम तुम्हें बेहोशी की दवाई देंगे। उसके लिए तुम्हारे पिताजी की अनुमति पहले ही ली गई है। बेहोशी की दवाई के तहत निश्चित ही तुम कबूल करोगे।" महेश का चेहरा हक्का-बक्का हो रहा था पर कुछ कबूल नहीं कर रहा था। हमने आखिर में हथियार निकाला, "देख महेश, मामला अब पुलिस के पास है यह तो तुम जानते हो ही। तुम्हारे हाथ का निशान अब पुलिस ही लेगी। पत्थर और नीबू के निशानों से वे निशान मिल जाएँ तो क्या होगा यह तुम्हारे ध्यान में आ रह है ना? तुम्हारे हाथ में हथकड़ी पड़ेगी। पुलिस हथकड़ी पहनाकर पूरे रास्ते से चलाते हुए गाँव में ले जाएगी। दसवीं की परीक्षा तो खत्म ही समझो। परन्तु पिताजी कैसे हैं? वे तुम्हें घर से निकाल देंगे। सच बताओ।"

माहौल में काफी तनाव आ गया। कुछ समय पूरी शान्ति छा गई। आखिरकार महेश के लिए वह तनाव असह्य हो गया। वह हकलाते हुए बताने लगा। हमने उसे रोका। पेन, पैड और कोरे कागज दिए और कहा, लिखो। सब कुछ सच-सच लिखो। हमें लगा दस-पन्द्रह मिनट में पन्ने-भर में वह पूरा करेगा पर उसने तो पूरे फुलस्केप चार पन्ने लिखे!

बहन की पढ़ाई में आनेवाली सतत असफलता, पिताजी की उसके बारे में अत्यधिक उम्मीदें, पड़ोस के राजू की तुलना में पीछे रहनेवाला अपना अध्ययन, पिता का क्रोधी स्वभाव, अच्छे नम्बर न मिले तो घर से बाहर निकालने की उनकी दी हुई धमकी इन सब बातों से बेचारा सकपकाया था। ईमानदारी से कोशिश करके भी परीक्षा में कितनी सफलता मिलेगी यह उसे दिखाई दे रहा था और उसके कारण ही होनेवाली परेशानी और नतीजे का भी डर लग रहा था। फिर उसने टोने-टोटके का सहारा लिया; घरवाले परेशान हो गए। ऐसे माहौल में बेटे का अध्ययन नहीं हुआ तो उसे दोष कैसे देंगे? इस तरह तो उसके लिए यह आसान था। 'मैं सभी के सो जाने के बाद संडास के सामने के खुले गलियारे से कैसे पत्थर फेंकता था, खुद ही दो बार पड़ोस की दुकान से नीबू लाकर गुलाल लगाकर कैसे रखे थे। एक दिन सुबह राजू को बुलाने उसके घर गया था पर वह सो रहा था। उस समय उसके बिस्तर पर मुट्ठीभर बालू कैसे रखी।' यह सब कुछ उसने लिखा।

हम जब उसके घर गए थे तब उसने हमारा कहना ध्यान से सुना था। हमने कहा था, "घर के ही किसी का हाथ होगा। उस हाथ को ढूँढ़ना होगा।" उसे लगा अपनी पोल खुल जाएगी। फिर उस रात दरवाजे के सामने बिस्तर लगाकर सोया हुआ महेश चुपके-से नीचे खिसक आया। उसने पाँव से दो बार दरवाजा ठेला। फिर ओढ़ावन के साथ ऊपर खिसक लिया। माँ ने पहले दो बार थपथपाने की अस्पष्ट आवाज सुनी थी, वह यही थी। उठकर देखनेवाली माँ के बत्ती जलाते ही उसने दरवाजे पर लटकाई हुई शर्ट तुरन्त निकालकर अपनी चद्दर के नीचे रखी। फिर पन्द्रह मिनट बाद पाँव से जोर से दरवाजा ठेला। माँ ने बत्ती जलाई। देखा तो शर्ट गायब। महेश ने उसे कहा, "दरवाजा मत खोलो, पिताजी घर में नहीं हैं; बाहर कोई होगा तो? तुम उस खिड़की से देखो; मैं इस खिड़की से देखता हूँ कोई दिखाई देता है क्या?" माँ के पीठ फेरकर दूसरी खिड़की की ओर जाते ही उसने अपने बाजू के हॉल की खिड़की से झट से शर्ट नीचे फेंक दी ताकि किसी को भी लगे कि वेंटिलेटर से शर्ट निकालने के बाद चोर 'क्या कुछ और मिल सकता है? क्या घर में जा सकते हैं?' यह देखने के लिए घर के आसपास मँडरा रहे होंगे और बत्ती जलते ही शर्ट फेंककर भाग गए।

महेश ने सब जानकारी ब्यौरेवार दी और इसके आगे यह प्रकार बन्द करना तहेदिल से कबूल किया। हमने पांडे जी को बुलाया। इसके आगे टोना-टोटका बन्द

होने का यकीन दिया। महेश को एक शब्द भी न बोलने का वचन उनसे लिया। उलटे उसके साथ अधिक प्यार से पेश आने को कहा। पांडे जी ने अपना वचन निभाया और साथ ही महेश ने भी।

हमने न तो उस नीबू का फिंगर प्रिंट लिया था और न ही पत्थर का (माहौल बनाने के लिए एक फिंगर प्रिंट प्राप्त करके रखा था बस इतना ही।) हमने जो बातें ध्यान में ली थीं, वे बातें ध्यान में लेनेवाला कोई भी व्यक्ति टोने-टोटके को भगा सकता है।

उसके लिए क्या ध्यान में रखना चाहिए यह बताने के लिए मेरे नाम पर खपाया गया टोने-टोटके का एक मामला बताने लायक है। प्रथम खबर दी नागपुर *तरुण भारत* ने। उससे ली मुम्बई शाम *तरुण भारत* ने और मेरे सातारा का होने के कारण 25 जून, 1985 में सातारा के दैनिक *महाराष्ट्र मित्र* ने गशत स्तम्भ में छापी। वह ऐसे थी :

पत्थर के पीछे का रहस्य

भानामति, टोना-टोटका आदि पर जोरदार शाब्दिक हमला करना, आलोचना करना बुद्धिवादी लोगों का मनपसन्द शौक होता है। वे अनुरोध कराते हैं कि लोग इस तरह की बातों पर बिलकुल यकीन न करें, वैज्ञानिक दृष्टि रखकर उसकी जाँच करें।

इसमें कुछ भी गलत नहीं है। अन्धश्रद्धा यदि किसी के लिए हानिकारक सिद्ध होती हो तो, और भानामती, टोना-टोटका जैसी लोगों को डरानेवाली, उनका सुकून छीन लेनेवाली बातों पर किसी का तो, आघात करना जरूरी होता है।

परन्तु ये बातें अपने ही घर में घटित हो गईं तो आप मन को स्थिर रख पाएँगे? अकोला जिले के मंगरूलपीर तहसील के कुम्भी गाँव में हुआ यह वाकया ही देखो।

इस गाँव के निवृत्ति सम्पत तावडे जी के घर में अपने-आप पत्थर आते हैं। यह कई लोगों ने देखा है। सुननेवालों को यकीन ही नहीं होता परन्तु प्रत्यक्ष देखनेवाले लोग आश्चर्य कर रहे हैं।

श्री तावडे जी की दस साल की बेटी रत्नमाला फरवरी में कुछ दिन अपने चिपलूण के मामा प्रो. खडसे जी के घर गई थी। चिपलूण में रावलणे क्षेत्र में विंध्यवासिनी की ओर जानेवाले रास्ते पर श्री चितले जी के घर में प्रो. खडसे रहते हैं। कु. रत्नमाला एक दिन चक्की पर पिसावन लाने गई। पिसावन लाते समय वह रेडीज पेट्रोल पम्प के पास की पगडंडी से पैदल आई। रास्ते में ही एक आम के पेड़ के पास उसे

एक सत्पुरुष और दो स्त्रियों की आकृतियाँ दिखाई दीं। उस दिन अमावस थी। उन आकृतियों ने उसे हाथ से इशारा करके कहा, "आटा दे दो।" उसने इनकार किया तब उन आकृतियों ने गुस्से से कहा, "देख लेंगे।" कु. रत्नमाला डरकर दौड़ने लगी और उसने घर आकर यह घटना बताई।

उसके बाद के सप्ताह में ही घर में पत्थर आना शुरू हुआ। वे पत्थर खिड़की या दरवाजे से नहीं आते। पत्थर आने से पूर्व सिर्फ टीन पर आवाज आती है और उसके तुरन्त बाद घर में आहिस्ता से पत्थर आता है। कई लोगों ने पता लगाने की कोशिश की परन्तु कुछ भी मालूम नहीं हुआ। परन्तु एक बुधवार को शाम को पत्थर आना बन्द हो गया और रत्नमाला बेहोश हो गई। उसकी घिग्घी बँध गई और वह बेहोशी में ही थी।

रत्नमाला के जागते हुए ही सुबह और रात को पत्थर आते थे। वह सो जाए तो पत्थर आना बन्द हो जाता था। यह अद्भुत प्रकार देखने के लिए वहाँ के विद्युत मंडल के एक अभियन्ता श्री रवीन्द्रम जी ने रत्नमाला पर बारीकी से ध्यान लगाया। इन तीन घंटों में पत्थर नहीं आए पर रत्नमाला बेहोश हो गई।

कुछ और गम्भीर प्रकार न हो इसलिए परिवार के लोग कॉलेज के सामने रहनेवाले प्रो. माने जी के घर गए। पूरी रात रत्नमाला बेहोश ही थी। सुबह उसे अलोरा के शानूरबाबा की दरगाह में ले गए। कई ओझा हो गए, भभूत हो गया, रत्नमाला होश में आ गई। परन्तु पत्थर आना बन्द नहीं हुआ। ताज्जुब की बात यह है कि प्रो. माने जी के पास खडसे परिवार आने के बाद दोनों घरों में पत्थर नहीं आए।

पत्थरों का एक बड़ा ढेर ही प्रो. खडसे जी ने जमा करके रखा था। खडसे मूलत: अकोला के रहनेवाले हैं। उनके गाँव के घर में कभी भी ऐसी घटना घटित नहीं हुई थी। चिपलूण शहर के कुछ विज्ञान प्रेमी इस मामले का रहस्य पता करने की कोशिश कर रहे थे। सातारा के समाजवादी नेता और अन्धश्रद्धा निर्मूलन समिति के डॉ. नरेन्द्र दाभोलकर जी से भी सम्पर्क किया, उन्होंने भी भेंट दी।

परन्तु इन पत्थरों का रहस्य कायम है। रत्नमाला की हालत में सुधार आया ही नहीं।

तो बताओ मंडली, वैज्ञानिक दृष्टि से इस रहस्य का पता चल पाएगा?

'गशत' स्तम्भ के 'पत्थर पीछे का रहस्य' को मैंने जो उत्तर दिया था वह देखिए, ताकि कोई भी भानामती कैसे ढूँढ़े इसकी कल्पना पाठकों को आएगी।

भानामती-पत्थर पीछे का रहस्य-संभ्रम और सत्य

दैनिक *महाराष्ट्र मित्र* के बुधवार, 25 जून के अंक में 'पत्थर पीछे का रहस्य' यह लेख 'गश्त' स्तम्भ में पढ़ा। सखेद ताज्जुब हुआ। इतनी गाफिल गश्त लगाने की जरूरत नहीं थी। उस लेख में "सातारा के अन्धश्रद्धा निर्मूलन समिति के डॉ. नरेन्द्र दाभोलकर जी से भी सम्पर्क किया। उन्होंने भी भेंट दी परन्तु इस पत्थर पीछे का रहस्य कायम है।" यह कथन तो पूर्णत: असत्य, मुझ पर अन्याय करनेवाला और अन्धश्रद्धा निर्मूलन समिति पर शक पैदा करनेवाला है। हम मानते हैं कि *महाराष्ट्र मित्र* विज्ञाननिष्ठा अंकुरित करनेवाले मूल्यों का स्वीकार करनेवाला अखबार है। यह लेख लिखने से पहले यदि वे मुझसे या अन्धश्रद्धा निर्मूलन समिति से सम्पर्क करते तो तथाकथित मामले पर पाठकों को समझदार बनानेवाला प्रकाश आसानी से डाल सकते थे।

चिकित्सक बुद्धि से सोचनेवाला कोई भी पाठक तथाकथित भानामती के मामलों के बारे में अपने मन में कुछ बातें पक्की रखेगा तो उसे भी भानामती के रहस्य का आसानी से पता चल जाएगा। ध्यान में रखने योग्य बातें इस प्रकार हैं :

1. अचानक पत्थर गिरना, घर की चीजें हिलना, कपड़ों पर भिलावाँ की फुलियाँ निकल आना, रस्सी पर के कपड़े या गोशाला के उपले अचानक जलना, घर की चीजें गुम होना इस तरह की बातों को भानामती माना जाता है।
2. इस भानामती की चिकित्सा करते समय एक धारणा प्रत्येक को मन में पक्की रखनी चाहिए। वह धारणा है, कोई भी भौतिक वस्तु एकाध भौतिक शक्ति के सिवा एक मिलीमीटर इधर या उधर हिला नहीं सकते। ऐसी घटना होगी तो यकीनन उसके पीछे मानवी, यांत्रिक, रासायनिक करामात है और वह जानबूझकर, शायद अनजाने में भी रहस्य की झिल्ली में आती है। उस कारण गिरनेवाले पत्थर, हिलनेवाली चीजों के पीछे अनिवार्यता से कोई-न-कोई सजीव हाथ ही होता है। भानामती खत्म करना यानी वह हाथ सामने लाना, पहचानना। इसके लिए अनुभव, विज्ञानशास्त्रीय सोच और चिकित्सक वृत्ति होनी चाहिए।
3. भानामती की कई घटनाओं का अध्ययन करने के बाद पता चला है कि ऐसा करनेवाले बच्चे या लोग मानसिक दृष्टि से असम्बद्ध, अस्थिर (सायकोलॉजिकली मालएडजस्टेड) अथवा स्वभाव में

विकृति (एबनॉर्मलिटी), अप्राकृतिकता से घिरे होते हैं। डर, विफलता, असफलता हजम करने की सामर्थ्य उन लोगों में नहीं होती।

4. भानामती की कहानियाँ हमेशा राई का पहाड़ बनाकर बताई जाती हैं। इसलिए सुनाई गई खबर पर यकीन करने का कोई अर्थ नहीं होता।
5. घर की ही एकाध महिला भानामती करती है ऐसा अधिकांश बार अनुभव होने के कारण एकाध महिला द्वारा मनोरुग्ण हो जाने पर भानामती किया जाना समझने में कोई एतराज नहीं है।
6. भानामती के मामले में प्राय: हानि नहीं होती। पत्थर गिरते हैं पर किसी को चोट नहीं आती। बरतन, गहने अलमारी से बाहर आते हैं पर इसकी फिक्र की जाती है कि स्वामित्व नहीं जाएगा।
7. अज्ञान, अन्धविश्वास, मानसिक विवशता के कारण आनेवाली भानामती के कारण घर के अन्य व्यक्तियों को, पड़ोसियों को भी काफी परेशानी होती है। इस कारण इसके जिम्मेदार का पता चलने पर उस व्यक्ति को सताए जाने की सम्भावना होती है। यह नहीं होगा इसकी भी जिम्मेदारी कार्यकर्ता को उठानी चाहिए। उस व्यक्ति की अड़चनों का निराकरण कभी-कभी मनोचिकित्सक से करना चाहिए।

ये बातें ध्यान में रखकर यह बच्ची रत्नामाला तावडे जब प्रो. खडसे जी के घर में थी तब घटित हुई घटनाओं का और पत्थर मामले का विश्लेषण करने लगें तो क्या दिखाई देता है?

1. सिर्फ दस साल उम्र की यह बच्ची विदर्भ के अकोला से काफी दूर के चिपलूण में मामा के घर आई थी। वह फरवरी में महीने-डेढ़ महीने के लिए गई इसका मतलब है कि वह पाठशाला जानेवाली बच्ची नहीं थी। क्या उसे और कुछ मानसिक बीमारी थी यह मालूम नहीं परन्तु प्राध्यापक मामा के घर, पाठशाला न जानेवाली बच्ची होने के कारण उसे ताने सुनने पड़ते होंगे, इसकी स्वाभाविक सम्भावना अधिक है।
2. भूत होते हैं, वे अमावस को दिखाई देते हैं यह हमारे यहाँ होनेवाला सामाजिक संस्कार रत्नमाला पर भी हुआ होगा ही। उसमें भी वह आ रही थी पगडंडी से जिसका जमघटवाले रास्ते-जैसा होना नामुमकिन ही है। फिर वह अकेली ही थी। अमावस का दिन, निर्जन राह, अकेलेपन के कारण उसमें हुई वृद्धि आदि के चलते उसे आकृतियों का आभास होना सहज सम्भव है।
3. इसके बाद ही घर में पत्थर आना शुरू हो गया। पत्थर खिड़की या दरवाजे से नहीं आते थे। वे वैसे आएँगे भी नहीं क्योंकि रत्नमाला

के घर में बैठकर यह सब करने की सम्भावना सबसे ज्यादा है। इसका सबूत है कि रत्नमाला के सो जाने के बाद पत्थर गिरना बन्द हो जाता है। बुधवार शाम को रत्नमाला बेहोश हो गई ('गश्त' की जानकारी के अनुसार) फिर पत्थर गिरना बन्द हो गया। यह कार्य-कारण सम्बन्ध क्या दिखाता है?

4. विद्युत मंडल के अभियन्ता रवीन्द्र जी ने रत्नमाला पर बारीकी से ध्यान रखा था, उस समय एक भी पत्थर नहीं आया। परन्तु रत्नमाला को अपने पर सतत वॉच रखे जाने की कल्पना का इतना तनाव हो गया कि वह बेहोश हो गई।
5. सामने से प्रो. माने जी के घर रत्नमाला को बेहोशी की हालत में लाया गया। उस समय भी रत्नमाला बेहोश ही थी और उस समय घर में एक भी पत्थर नहीं आया यह बात क्या दिखाती है?
6. माने जी के घर खडसे परिवार खास वजह से रहने आया था। एक घर में माने और खडसे इन दो परिवारों की मंडली थी। उस कारण घर में काफी लोग थे, सिवाय विशेष वजह से रत्नामाला पर ज्यादा ध्यान रहना स्वाभाविक ही है। उस कारण खडसे परिवार के माने जी के यहाँ होते हुए दोनों घरों में पत्थर नहीं आए।
7. खडसे परिवार के अपने घर जाने पर रत्नमाला को कुछ आजादी मिलती थी। इस कारण यह करना उसके लिए सम्भव होता होगा। इसलिए फिर से पत्थर शुरू हो जाते थे। इन सभी का सुसंगत विचार करें तो ऐसा दिखाई देता है कि जानबूझकर या मानसिक विकृति के कारण अनजाने में रत्नमाला यह कर रही थी। इसीलिए उसे उसके घर भेजने पर यह प्रकार पूरी तरह से बन्द हो गया। मात्र रत्नमाला के अपने गाँव पहुँचते ही अकोला जिले के मंगरूलपीर तहसील के उसके कुम्भी गाँव में ऐसे ही प्रकार शुरू हो गए।

किस कारण रत्नमाला ने यह किया? यह उसके माता-पिता, प्रो. खडसे परिवार (और जरूरत के मुताबिक दोनों स्थानों के पड़ोसी, बच्ची की सहेलियाँ) ब्यौरेवार पूरी सत्य जानकारी दें तो समझ में आ सकता है। जरूरत पड़ने पर मनोचिकित्सक सम्मोहन अवस्था में ले जाकर या मनोपृथक्करण के लिए बेहोशी की दवा देकर रत्नमाला से उसके कार्यभाग की कबूली और आगे ऐसा न करने का आश्वासन पा सकते हैं। (मात्र कम उम्र में सम्मोहन का प्रयोग करना कठिन होता है।) कई बार सिर्फ समझाना भी काफी होता है। वैसा ही रत्नमाला के साथ

होना सम्भव है। रत्नमाला यदि नागपुर, पुणे या सातारा इन स्थानों पर आ जाए तो अन्धश्रद्धा निर्मूलन समिति के लिए यह करना सम्भव है। इस जाँच के लिए रत्नमाला अपना गाँव छोड़ दे तो वहाँ के कुम्भी गाँव की भानामती बन्द होगी यह आज ही लिखकर रखता हूँ। मात्र मामला पूरी तरह से रुकने के लिए रत्नमाला और उसके परिवार का पूरा सहयोग (दवाई लेना, सूचनाओं का पालन करना) जरूरी है।

यह सब प्रकार रुकने के बाद और रत्नमाला के चिपलूण छोड़कर जाने के बाद मेरी अन्धविश्वास उन्मूलन व्याख्यानमाला चिपलूण में हो गई। उस समय मैंने भानामती के अनेक प्रकारों का सोदाहरण विवेचन किया। श्रोताओं के सामने प्रश्न रखकर उन्हें सोचने के लिए प्रवृत्त किया। उनसे जवाब लिए। भाषण के बाद मुझे कई लोगों ने रत्नमाला के बारे में बताया कि क्या हुआ होगा, यह अब हमारे लिए सुलझ गया है।

वैज्ञानिक दृष्टि से पत्थर पीछे का रहस्य और गुमराही ऐसे सुलझती है!

छोटी बच्चियों के बड़े टोने-टोटके

कडेगाँव के टोने-टोटके पावरफुल थे।

आम तौर पर भानामती (टोना-टोटका) हो जाए तो घडौंची के बरतन अपने-आप नीचे गिरने लगते हैं, बन्द अलमारी से चीजें बाहर आती हैं, घर में कहीं-कहीं गन्दगी पाई जाती है, एकाध व्यक्ति के सूखने के लिए डाले हुए कपड़े अचानक जल जाते हैं, कभी उस व्यक्ति के बदन पर तो कभी कपड़ों पर भिलावाँ के निशान पाए जाते हैं। यह मामला एकाध घर या व्यक्ति तक सीमित रहता है। परन्तु कडेगाँव की भानामती अलग ही थी। बच्चियों की पाठशाला में वह शुरू हो गई और पच्चीस बच्चियों को उसका प्रसाद मिला।

कडेगाँव (तहसील : खानापुर, जिला : सांगली) में तीस वर्ष डॉक्टरी करनेवाले डॉ. बर्वे जी का सन्देसा पहले ही मिल गया था ही किन्तु उसके पीछे-पीछे अखबारों में स्पष्ट खबरें आने लगीं। वे खबरें साधारणतः इस स्वरूप की थीं :

> दिनांक 13 मार्च : कडेगाँव की जिला परिषद कन्या पाठशाला में कुछ बच्चियों की आँखों से अचानक कंकड़ और काँच के टुकड़े आना शुरू हो जाने से गाँव में खलबली मची है। बच्चियों की यह पाठशाला कई वर्षों से श्री गजानन देशपांडे के घर में चलती है। पिछले दो-चार दिन से अचानक बच्चियों की आँखों से कंकड़ और काँच के टुकड़े आना शुरू हुआ है।
>
> पहले कुमारी तनुजा मानसिंग माने की आँखों से ऐसे टुकड़े निकले। इसके बाद इसी दिन अनेक बच्चियों की आँखों से कंकड़ (कण) निकले। कंकड़ खुरदरे दो से पाँच ग्राम वजन के हैं। शिक्षक, सभापति, अभिभावक, नागरिक आदि के सामने भी कई बार यह घटना घटित हुई। आखिरकार गाँववालों ने पाठशाला का स्थान बदलने का फैसला लिया है। प्राथमिक आरोग्य केन्द्र के तथा गाँव के अन्य डॉक्टरों ने जाँच की है। डॉक्टर मंडली के लिए भी यह घटना पहेली बन गई है। अभिभावकों ने अपनी बच्चियों को पाठशाला में भेजना बन्द किया है। पच्चीस बच्चियों

की आँखों से ये कंकड़ आ रहे हैं। यह घटना विज्ञान के नियमों से परे है, इस इलाके में ऐसी चर्चा जारी है।

इन खबरों को पढ़ते ही हमने फौरन कडेगाँव को प्रस्थान करना तय किया। सातारा से मैं, मनोवैज्ञानिक प्रसन्न दाभोलकर, अन्धश्रद्धा निर्मूलन समिति सातारा के पदाधिकारी कुमार मंडपे, मारूतराव पांगे और दो-तीन युवा मंडली आदि सुबह दस बजे कडेगाँव पहुँच गए। डॉ. बर्वे जी के अस्पताल में गए। डॉक्टर आस्थावादी उत्साही सज्जन। वे भी कुछ उलझन में थे। परन्तु उनकी यह धारणा थी कि लोगों को देवी-देवता, ओझा, मांत्रिक आदि के पास जाकर पैसे खर्च करने से पहले हमारी सलाह लेनी चाहिए। अर्थात, उन्हें चिन्ता थी कि हम भी क्या और कैसे करेंगे।

कन्या पाठशाला के प्रधानाध्यापक दत्तात्रेय कुलकर्णी, क्लास टीचर विमलाबाई शिंदे, वार्ताहर पीरजादे, खुद डॉक्टर और अन्य मंडली तुरन्त जमा हो गई। हमने ब्यौरेवार जानकारी लेना शुरू किया :

घटना शुरू हो गई 17 फरवरी को, दोपहर साढ़े चार बजे। तनुजा मानसिंग माने, उम्र दस साल। उसने शिंदे मैडम को बताया, "मेरी आँख में कुछ चुभ रहा है।" मैडम जी ने देखा तो आँखों की निचली पलक के अन्दर की ओर बारीक कंकड़! मैडम ने उस कंकड़ को निकाला। फिर पन्द्रह मिनट बाद वही शिकायत। फिर दो कंकड़! तनुजा का कहना था, "मैं पाठशाला आ रही थी उस समय एक लड़के ने बालू फेंकी।" मैडम जी ने उसी दिन डॉक्टर को दिखाने को कहा। वैसे तनुजा के घरवालों ने दिखाया भी। परन्तु डॉक्टर को कुछ भी नहीं मिला। अगले दो-तीन दिनों में यह मामला काफी बढ़ गया। तनुजा की आँखों से पाठशाला के समय 25-30 कंकड़ निकलने लगे। कंकड़ साधारणतः 11:30 से दोपहर 1:30 तक और बीच की छुट्टी के बाद 3 से 5 के दौरान ज्यादातर दायीं आँख से ही निकलते थे। घर में भी कुछ कंकड़ निकले। तनुजा के पिताजी नहीं हैं। माँ अपनी ससुराल में ही थी। तनुजा बचपन से ही छोटी बहन के साथ नानाजी के पास पल-बढ़ रही थी। उसके बाद के अगले पाँच दिनों में कंकड़ की मात्रा कुछ कम हो गई। फिर नानाजी ने कुछ दिनों के लिए उसे उसकी माँ के पास भेज दिया। कंकड़ आना पूरी तरह से बन्द हो गया।

मार्च के पहले सप्ताह में तनुजा वापस आ गई। फिर से तनुजा की आँखों से कंकड़ आने लगे और फिर तीसरी कक्षा में मानो कंकड़ निकलने की बीमारी ही हो गई। चार-पाँच दिनों में हर रोज दो-दो बच्चियों की वृद्धि इस भानामती के मामले में होने लगी। सावित्रा माली, संध्या वेलापुरे, आशा डांगे, राजश्री माली, मदिना शेख, तबस्सुम काजी, सारिका कुबेर, स्वाती माने और आठ बच्चियाँ इस मामले में फँसी थीं। पहली कक्षा की होशियार बच्ची वैशाली फासे कुछ समय तीसरी की कक्षा में

आ गई तो उसकी भी आँखों से कंकड़ आने लगे। कंकड़ कभी मिनट-मिनट को तो कभी 15-20 मिनट में आ रहे थे। कुछ दिन कुछ बच्चियों में मात्रा कम-ज्यादा होती थी। मैडम आँखों से आए छोटे आकार के कंकड़ों का छोटा ढेर ही डिब्बे में लेकर आई थी। यह तो हुआ पाठशाला में लेकिन कुछ अभिभावकों को घर में भी यह अनुभव आ गया। डांगे, शेख के पिताजी ने बच्चियों की आँखें जब पहले देखीं तब कंकड़ नहीं थे। कुछ देर बाद बच्चियाँ खेल छोड़कर बाहर से घर में आ गईं तो एक की निचली पलक के अन्दर तो दूसरी बच्ची की दाईं आँख के कोने में कंकड़ निकला। पुलिस ने यह मामला देखा किन्तु यह मामला अपने अधिकार में नहीं होने से उसकी अनदेखी की। गाँव के सरपंच, जिला परिषद सदस्य, जिला परिषद के शिक्षा सभापति आदि ने जिज्ञासावश पाठशाला को भेंट दी। उनके सामने भी बच्चियों की आँखों से कंकड़ निकल आए। पाठशाला की जगह बदलकर मिलने का आवेदन ऊपर गया। आरजी उपाय के रूप में नाथ के, दत्त के मन्दिर में भी तीसरी की कक्षा लेकर देखा। कोई फायदा नहीं हुआ। कुछ लोगों ने गाँव के स्वामी से वजह पूछी। उसने बताया, भूतबाधा है; वादा किया, कल सुबह तक यह भानामती दूर कर देता हूँ। परन्तु घटना रुकी नहीं। बच्चियों के गले में टोटके बाँधकर भी देखा। गाँव के एम.बी.बी.एस. डॉक्टरों ने और प्राथमिक स्वास्थ्य केन्द्र के अधिकारियों ने भी जाँच की। लिखित में स्पष्ट अभिप्राय ऊपर भेज दिया, 'यह मामला वैद्यकशास्त्र से परे, टोना-टोटके का लगता है।' सांगली से जिला स्वास्थ्य अधिकारी, सिविल सिविल सर्जन जाँच करके गए। डॉक्टर के आने से दो घंटे पहले यह मामला बन्द था। उनके आने पर भी आधा घंटा कंकड़ नहीं आया। डॉक्टर ने बैटरी-टॉर्च का प्रकाश डालकर दोनों पलकें ऊपर-नीचे तानकर आँखों की जाँच की; कंकड़ नहीं मिले। इतने में दो लड़कियाँ "कंकड़ आया, कंकड़ आया" कहते हुए आँखों पर हाथ दबाते हुए आगे आईं। देखते हैं तो सच में आँखों के कोने में किनारे पर छोटा कंकड़ था। डॉक्टर उन कंकड़ों की जाँच करने के लिए उन्हें सांगली ले गए। तनुजा माने के नाना जी ने उसे कराड के नेत्ररोग विशेषज्ञ को दिखाया। उन्होंने जाँच की। फोटो भी लिए। वजह नहीं मिली इसलिए 'आँखें आने' पर दी जानेवाली दवाई देकर उन्हें विदा किया।

प्रधानाध्यापक, क्लास टीचर, पत्रकार, अभिभावक, गाँववाले इन सभी को लगभग यकीन हो गया था कि यह भूतबाधा का मामला है। परन्तु डॉ. बर्वे ने हमें बुलाया था। इसलिए कि वे कुछ मजबूर हो गए थे। मजाक की बात यह कि जिनमें यह घटना घटित हो रही थी वे सब लड़कियाँ मजे में थीं। उन्हें इस मामले का बिलकुल डर-चिन्ता नहीं थी। उनकी आँखों से पन्द्रह-बीस छोटे-बड़े कंकड़ कक्षा में निकलते थे ही और इसकी आदत होने पर यह सब चालू होते हुए भी मैडम का पढ़ाना ढंग से जारी था।

मामले को हाथ में लेने से पहले भानामती के मामले की जाँच हम जिन गृहीत कृत्यों पर करते हैं और हमारा अनुभव है वह निश्चित सफल होती है वे गृहीत कृत्य हमने समझाए। पहली बात, कोई भी चीज एकाध भौतिक शक्ति के सिवा एक मिलीमीटर भी इधर या उधर नहीं हिलती अथवा कार्य-कारण सम्बन्धों से हटकर एकाध चीज भी निर्मित नहीं होती। घर की चीजें हिलना, कपड़े जलना, आँखों से सूई, आलपीन, रेत निकलना इसके पीछे निश्चित रूप से कोई-न-कोई सजीव हाथ होता है। भानामती खत्म करना यानी वह हाथ सामने लाना है। अर्थात, इसके लिए वैज्ञानिक सोच और चिकित्सा होनी चाहिए। हर बात में सन्देह लेकर परीक्षा करनी चाहिए। दूसरी बात, ऐसे मामलों की बलि चढ़े बच्चे या लोग मानसिक दृष्टि से असम्बद्ध, अस्थिर (सायकोलॉजिकली माल एडजेस्टेड) होते हैं। विफलता, निराशा हजम करने की उनकी कूवत नहीं होती। ध्यान खींचने के लिए, सहानुभूति पाने के लिए वे लोग यह करते हैं। तीसरी बात, भानामती के मामले में प्रत्यक्ष में बहुधा हानि नहीं होती। पत्थर गिरते हैं पर किसी को चोट नहीं आती। बरतन, गहने अलमारी से बाहर आते हैं पर मालिकी हक नहीं जाने की फिक्र रहती है, कपड़े जलते हैं पर बदन नहीं जलता। चौथी बात, ऐसी बातें अकसर राई का पहाड़ बनाकर बताई जाती हैं और पाँचवीं बात, ऐसे व्यक्तियों का पता चलता है कि वे यह क्यों करते हैं। यह मालूम हो जाए तो भी उनकी मानसिकता बदलने में कुछ समय लगता है। तब तक उनसे फिर से कुछ वैसा ही बरताव होने की सम्भावना रहती है। इस बारे में औरों की ओर से समझदारी का बरताव जरूरी होता है।

इससे सीधे एक निष्कर्ष निकलता है कि भानामती नाम की अमानवीय शक्ति से यह घटना बिलकुल घटित नहीं होती क्योंकि ऐसी शक्ति या व्यक्ति होता ही नहीं। पाठशाला की लड़कियाँ या अन्य कोई व्यक्ति यह कर रहा है। उसके पीछे कोई मानसिक वजह या छोटा-बड़ा स्वार्थ है, यह ढूँढ़ लो तो तथाकथित भानामती का राज खुलेगा। सब मामले रुकेंगे ही ऐसा नहीं पर अधिकांश रुकेंगे। कार्य-कारण सम्बन्ध का पता चल जाने से कुछ समय बाद बाकी मामलों को रोकना भी सम्भव हो जाएगा।

यह निष्कर्ष गाँव में किसी के भी गले उतरनेवाला नहीं था। विज्ञान से परे भानामती जैसी शक्ति है इस पर सभी को यकीन था। उन्हें लग रहा था कि डॉक्टर के हार मान लेने के कारण यह शक्ति वैद्यक शास्त्र को भी समेटकर रखनेवाली है। इतनी बच्चियों के बारे में उन्हें यकीन नहीं हो रहा था कि भरी कक्षा में मैडम के सामने अन्य कोई यह करेगा, और यह असम्भव था कि नौ-दस साल की तीसरी कक्षा की मासूम बच्चियाँ पाठशाला व घर में यह करेंगी। और, पलभर उसे सच मान भी लें तो उन्होंने अपनी आँखों से किसी की भी नजर से आँखों में दिखाई न देनेवाले कंकड़ों का अचानक पैदा हो जाना देखा था, और उनके लिए यह प्रत्यक्ष गवाही हमारे तर्कों की अपेक्षा अधिक महत्त्वपूर्ण थी। आँखें नाजुक होती हैं यह

नौ-दस साल की बच्ची भी जानती है। उसके साथ इस तरह बच्चियाँ खेलें यह तर्क में न बैठनेवाली बात थी और यह कैसे सम्भव था कि ऐसे कंकड़ निकलते समय किसी की आँख को चोट नहीं पहुँचेगी? इसकी अपेक्षा यही ज्यादा सुसंगत था कि अमावस के दिन शुरू हुआ यह मामला 'भूत-प्रेत' का है। कुछ बच्चियाँ बताती थीं, 'हमें काली आकृति दिखाई दी। उसने हमें बुलाया, हम नहीं गए। फिर यह शुरू हो गया।' कोई बताती, पाठशाला आते समय अचानक किसी ने आँखों में बालू फेंकी, तो किसी के अनुसार नींद में कोई यह कंकड़ उनकी आँखों में डालता था। कुल राय थी कि इनमें से ही कुछ सच होगा और उस पर वैसा ही उपाय निकालना पड़ेगा।

फिर भी प्राथमिक चर्चा में हमारे तर्क को पुष्टि देनेवाली कुछ बातें थीं :

1. इन कंकड़ों के कारण आँख को चोट आने का तनिक भी डर किसी भी बच्ची को नहीं था।
2. यह सब बच्चियाँ एक ही कक्षा की, एक-दूसरे की सहेलियाँ थीं।
3. इनमें से कम-से-कम पाँच बच्चियाँ क्लास टीचर के मुताबिक बुद्धू थीं। परीक्षा करीब आ गई थी और धकेलते हुए तीसरी तक लाई गई बच्चियाँ एक पंक्ति भी ठीक से नहीं लिख पाती थीं।
4. पहले एक ही बच्ची में यह मामला शुरू हुआ। उसके पन्द्रह दिन बाद हर रोज दो नई बच्चियाँ, इस तरह बढ़ता गया।
5. सांगली से आए हुए डॉक्टरों ने आँखों की जाँच करने की कोई भी मशीन न लाते हुए केवल बैटरी-टॉर्च की सहायता से आँखों की जाँच की थी।
6. सभी बच्चियों की आँखों से निकलनेवाले कंकड़ लगभग एक तरह के ही थे; ज्यादातर कंकड़ छोटे थे।
7. किसी को भूल से भी बच्चियों पर शक नहीं हुआ था। उस कारण इस मामले के बारे में चर्चा, कौतूहल, बच्चियों के बारे में सहानुभूति, प्यार जैसा कुछ मामला था।
8. ज्यादातर दाईं आँखों से ही कंकड़ निकले थे। सभी बच्चियाँ लिखने के लिए दाहिने हाथ का ही प्रयोग करनेवाली थीं।
9. वैद्यकशास्त्र में आँखों की बनावट में क्या यह सम्भव है? इसके बारे में किसी ने भी नहीं सोचा था। मनोवैज्ञानिक की सहायता नहीं ली थी।
10. खबर फैलने की, झूठ होने को शुरुआत हो गई थी। प्रत्यक्ष में दस ही बच्चियों की आँखों से कंकड़ आ रहे थे। खबर के मुताबिक पच्चीस बच्चियों की। खबर के अनुसार शुरुआत भी एक ही दिन नहीं बल्कि क्रमशः हुई थी। कंकड़ खुरदरे नहीं तो चिकने थे। काँच आती है, यह भी सच नहीं था। सभी बच्चियाँ अच्छी तरह से पाठशाला में आ रही थीं।

इन मुद्दों पर चर्चा हो भी जाती पर वह अचानक रुक गई क्योंकि पाठशाला से मैडम को बुलाने दो बच्चियाँ आई थीं। उन्होंने कहा, "मैडम, आँखों से काफी कंकड़ आ रहे हैं। दस-दस सेकंड पर कंकड़ आ रहे हैं।" हमने अब प्रत्यक्ष जाँच के लिए बच्चियों को ही भेजने के लिए कहा। सिर्फ दो बच्चियों को ही एक साथ बुलाया। बातचीत हो जाने पर ये बच्चियाँ अन्य बच्चियों में मिल न पाएँ इसलिए उन्हें घर के पिछवाड़े के द्वार में रोककर रखा। हमारे कार्यकर्ता उनके साथ गप्पें हाँकते थे। यह देख रहे थे, क्या और कुछ जानकारी मिलती है। सारे साक्षात्कार खत्म होने तक उन्होंने तीन-चार घंटे बच्चियों को हँसते-खेलते फँसाए रखा। कुछ जरूरी जानकारी भी प्राप्त की। प्रसन्न ने पाँच और मैंने चार बच्चियों से बातचीत की। पहली कक्षा की बच्ची से हम दोनों ने बात की। सब बच्चियाँ नौ-दस साल की, मासूम, शक करना भी नहीं चाहिए ऐसा लगनेवाली। हँसते-खेलते प्यार से पास लेते हुए, कभी सहलाते हुए, तो कभी हाथ पकड़कर डाँटते हुए, ऐसे जरूरी उस तंत्र का प्रयोग करके बातचीत हो गई। उसे साक्षात्कार ही कहना होगा क्योंकि हर बच्ची ने आधा घंटा लिया। मेरी प्रथम जाँच की हुई सावित्रा भानुदास माली तो काफी टफ निकली। पत्थर कैसे आते हैं यह मुझे मालूम नहीं, यह रट उसने जारी ही रखी। इतना ही वादा मैं उससे पा सका कि आज से पत्थर आना बन्द होगा।

अन्य सभी बच्चियों ने बात की। उसमें सबसे अधिक महत्त्वपूर्ण बात तनुजा मानसिंगराव माने की थी। लगभग दस मिनट तक वह झूठ बोल रही थी पर बाद में उसका बाँध टूट गया। उसने सिसकियाँ लेते हुए सब बताया :

तनुजा उम्र से और कद से छोटी। पिता व्यसनी होकर गुजर गए थे; माँ दूर। ननिहाल के घर व्यस्तता में बरतन माँजने, कपड़े धोने आदि के लिए दूसरा कोई था ही नहीं। तनुजा थोड़ी बड़ी हो गई मानकर उसके जिम्मे काम डाला गया। उससे उसे छुटकारा नहीं था। ये काम करके भी कभी-कभी मार पड़ती थी। ये काम और यह मार देहात की इस उम्र की अनेक बच्चियों को भुगतनी पड़ती है। वह सहते हुए ही बच्चियाँ बड़ी हो जाती हैं। उस कारण इस कुल मामले में घरवालों को ज्यादा अनुचित नहीं लगता। परन्तु तनुजा नाराज हो गई, हार गई। एक दिन खेलते समय एक लड़के ने उस पर रेत उड़ाई। कुछ घंटों बाद उसे ऊपर की पलक के नीचे जरा चुभन-जैसी लगी। उसने आँख का कोना दबाया तो कंकड़ नीचे गिर गया। उसने वह कंकड़ फिर रखा। एक बार बाजू के खाँचे में, एक बार निचली पलक के अन्दर के पाछ में। आँख को कोई भी तकलीफ नहीं हुई। पाठशाला में पहले दिन उसने यह चुपके से दो बार किया। फिर अगले दिनों में कई बार और देखते-देखते भानामती का बोलबाला हो गया। काम कम हो गया। मार नहीं पड़ी। सब उसकी ओर प्यार से देखने लगे। परीक्षा करीब आते हुए भी उसे माँ के पास भेजा गया। अर्थात, माँ के पास गई तब भानामती बन्द थी। फिर कडेगाँव आने के बाद इस प्रिय भानामती

को तनुजा ने फिर से बुलाया। (उसने बताया कि ये कंकड़ मैं पाठशाला के साफ किए हुए कूड़े के ढेर से लेती थी। और यह भी बताया कि आते समय ही मैं आँख में तीन कंकड़ डालकर आई हूँ और उसने निचली पलक के अन्दर की बाजू से चावल के दाने जैसे तीन कंकड़ निकालकर दिखाए।)

यह सब बताने के बाद उसे जोर से रोना आया। अचानक बेचैनी लगने लगी। पड़ोस की चारपाई पर वह पन्द्रह मिनट पड़ी रही। आँखों से कंकड़ आने का मामला कौतूहल का, चर्चा का, अपनी ओर ध्यान खींचने का, सहानुभूति पाने का मामला है यह ध्यान में आने के कारण धीरे-धीरे अन्य कुछ बच्चियों ने यह भानामती आत्मसात की। हमें यह किसने दिखाया या हमें यह किसने सिखाया इस बारे में भी बच्चियों ने कुछ जानकारी दी। आँख को इस मामले में चोट नहीं आती इसका यकीन हो जाने पर जोश से दिन में पन्द्रह-बीस बार यह मामला शुरू हो गया।

मैडम का पढ़ाना जारी रहता था। 'मैडम, कंकड़ आया, कंकड़ आया' कहते हुए बच्चियाँ आँखों से कंकड़ निकालकर दिखाती थीं। हर पाँच मिनट बाद किसी की तो आँख से कंकड़ आता ही था। हर बार रुककर देखना मैडम को सम्भव भी नहीं था। अधिकांश कंकड़ निचली पलक के अन्दर के पाछ में चिपके हुए दिखाई देते थे। काफी बच्चियाँ अधिकांश बार कंकड़ रखती थीं और तुरन्त निकालकर दिखाती थीं। कुछ बच्चियाँ आँखों के कोने से ऊपर के खाँचे में कंकड़ रखती थीं। अनेक बार तो आँखें मलने का बहाना भी पर्याप्त होता। फिर हाथ में रखा हुआ कंकड़ आँख से आया हुआ बताकर दिखाना भी सम्भव हो जाता था। अपने माहिर होने का एहसास बच्चियों को था। उस कारण चुपके से यह किया जाता था। आँख पोंछने के लिए फ्रॉक का छोर आँखों से फिराने का अभिनय करके आँख में कंकड़ रखा जाता था। बच्चियों का उनकी भाषा में दिए हुए कबूली जवाब का कुल जोड़ साधारणत: ऐसा था। मैडम को ऐसा बिलकुल न लगने के कारण कि बच्चियाँ ऐसा कुछ करेंगी; और इसलिए टोने-टोटके का मामला होगा क्यों उसकी जाँच के फंदे में पड़े? ऐसी भावना के कारण इस मामले की ओर चिकित्सक दृष्टि से कभी किसी ने देखा ही नहीं।

तनुजा माने और अन्य सभी बच्चियों ने कबूल करने के बाद हमें यह करके दिखाया। सईदा शेख ने आँख के ऊपर के खाँच में फुर्ती से कंकड़ रखकर दिखाया। आँख के दोनों किनारे तानकर और अन्दर बैटरी-टॉर्च की रोशनी डालकर भी डॉ. बर्वे को वह कंकड़ दिखाई नहीं दिया। दस मिनट बाद उसने पलकें और बाजू के स्नायु मसलकर वह कंकड़ बाहर निकाला। हमने हेडमास्टर कुलकर्णी को अन्दर बुलाया। बच्चियों को उनके पाँव छूने को कहा और उनसे वादा लिया, फिर ऐसा नहीं करेंगी। 'कंकड़ आना आज से बन्द होनेवाला है, मैं इसके आगे आँखों में कंकड़ नहीं डालूँगी, मुझे सजा मत दो।' ऐसा खुद लिखकर उस पर दस्तखत कर

बच्चियों ने वह कागज हमें दिया। तनुजा ने लिखकर दिया कि 'मुझे बरतन माँजने, कपड़े धोने आदि काम में न लगाएँ, मुझे मत मारें। मैं आँखों में कंकड़ डालना बन्द करूँगी।' तनुजा मानसिंगराव माने।

दोपहर को ग्रामपंचायत में अभिभावक, अध्यापक और प्रमुख गाँववालों की बैठक बुलाई थी। खाना खाकर हम उधर गए। इस मामले की तहकीकात करने के लिए सांगली के सिविल सर्जन के भेजे हुए नेत्ररोग विशेषज्ञ प्राध्यापक आयाचित अपनी टीम के साथ हमारे जाने से पहले वहाँ दाखिल हो गए थे। उनका पीड़ित बच्चियों की जाँच करना, उनकी आँखों के फोटो लेना आदि काम जारी था। हम उनसे मिले। उन्हें अपने निष्कर्ष बताए। हमारी इस खोज से वे ज्यादा खुश नहीं दिखाई दे रहे थे। उन्हें सरकारी लीक से रिपोर्ट बनानी थी।

उनके साथ चर्चा चल ही रही थी कि हम एक साथ लोगों के सामने यह बात रखते हैं, उतने में लोग सईदा शेख को लेकर बन्द दरवाजा खोलकर अन्दर घुसे। उन्होंने शोरगुल किया, "अभी देखो इसकी आँख से कंकड़ निकलने लगा है।" उसने हाथ नीचे करके कंकड़ दिखाया। फिर मेरी तरफ उसका ध्यान गया। वह कुछ शर्मिंदा हो गई। कमरे में जाँच के लिए सावित्री माली और तनुजा माने बैठी हुई थीं। मैंने सईदा के साथ आए हुए सभी को बाहर भेजा। दरवाजा बन्द किया। फिर तनुजा के पीठ पर हाथ फेरते हुए उसे कहा, "तुम होशियार हो ना, यह कंकड़ लो। कुछ देर पहले हमें दिखाया वह जरा फिर से दिखाओ।" उसने झट से कंकड़ लिया। पलक नीचे खींचकर अन्दर रखा। फिर सईदा भी शर्मायी। फिर हम सब लोग उठकर ग्रामपंचायत के हॉल में आ गए। बैठक का रूपान्तरण खुली सभा में हो गया था। काफी गाँववाले, महिलाएँ, अध्यापक जमा हो गए थे। बरामदे के जमघट में स्कूल के बच्चे खड़े थे। शोरगुल और कुछ गरमागरम चर्चा आपस में चालू ही थी। उनके कानों में आधा तीतर आधा बटेर ऐसा कुछ पहुँचा था। उस कारण जिज्ञासा बढ़ती जा रही थी। शोरगुल बढ़ रहा था। कुछ का मानना था यह सब अन्धविश्वास उन्मूलनवालों को झूठ ही लगता है। कुछ लोगों के मूलभूत शक थे। उन्हें उसके जवाब चाहिए थे। पहले डॉ. बर्वे ने बात की, "सांगली के डॉक्टरों ने परीक्षण और सातारा की मंडली ने प्रतिपरीक्षण किया है; उनकी बात सुनते हैं। हमें जँच गया तो अभिभावकों के कल मांत्रिक को जानेवाले पैसे बचेंगे और परेशानी का सामना नहीं करना पड़ेगा इसलिए मैंने यह प्रयास किया है। हमें कुछ भी करके यह रोकना होगा। सभी की परेशानी दूर होगी," ऐसा कुछ उन्होंने कहा। फिर डॉ. आयाचित ने बात की। उन्होंने कहा, "आँख से ऐसे कंकड़ आने का यह मामला दुनिया में कहीं भी नहीं है। वैद्यक शास्त्र इससे परिचित नहीं है। ये रास्ते के मामूली कंकड़ हैं।" फिर मैंने बात की। भानामती के रूप में जो माना जाता है वह यानी यह बताया असल में क्या होता है, क्या घटित होता है। "यह कौन कर रहा था, कैसे

कर रहा था यह हमें मालूम हो गया है और आगे यह न करने का आश्वासन भी हमने पाया है। इसके आगे यह मामला निश्चित ही बन्द होगा इसका यकीन दिया है। परन्तु यह हम नहीं बताएँगे कि किस कारण लड़कियों ने यह किया। क्योंकि पूरे गाँव के सामने बच्चियों का पंचनामा उचित नहीं है। वह हमें नहीं चाहिए। परन्तु किसी अभिभावक की इच्छा हो तो खुद की बेटी के साथ वह सातारा आ जाए। हम जरूर उनका समाधान करेंगे।"

सभा में जँचने का सुर था पर फिर भी कुछ अविश्वास था। कुछ प्रमुख प्रश्न थे :

1. कुछ अभिभावकों के अनुसार उन्होंने खुद बच्चियों की आँखें जाँची थीं। हाथ पकड़कर रखा था। आँख में कुछ भी नहीं था। थोड़ी देर बाद बच्ची ने कहा, कंकड़ आया। उसने आँख मसली, दबाई तो कंकड़ गिरा। यह कैसे?
2. आँखों में ऐसे कंकड़ डाल लेने से चोट कैसे नहीं आई?
3. आँखें लाल होकर आँसुओं की धारा कैसे नहीं बही? हमारी बच्चियाँ ऐसा करेंगी कैसे? (यह भानामती ही होगी ऐसा सुर था) और आप कहते हैं, यह मामला फिर नहीं होगा इसका यकीन कैसे करें?
4. अभी सईदा की आँख से कंकड़ आया था ना?

हमने उन्हें आँखों की बनावट समझाई। ऊपर की पलक और आँख तथा नीचे की पलक और आँख के खाँच की बन्दिस्त जगह दिखाई। यह एकाध पोले बन्दिस्त थैले-जैसी होती है और आँखों से उसका कुछ भी सम्बन्ध नहीं होता। इस थैले में एकाध चीज रहे तो आँख का कोई भी नुकसान नहीं होता।

परन्तु थैले को कंकड़-जैसी चीज के घर्षण से भी कुछ तकलीफ नहीं होती यह कैसे? थैले की जो अन्त:त्वचा होती है उससे जो द्रव रिसता है, उसका ऑयल की तरह प्रयोग होता है। कभी-कभी महीना-डेढ़ महीना कंकड़ अन्दर रहकर भी व्यक्ति को उसकी तकलीफ महसूस नहीं होती। जानबूझकर अन्दर कुछ डाला हो तो बिलकुल नहीं। ठीक तरह से पूछें तो खेलते समय बचपन में आँखों में गुँजा डालने की बात बतानेवाली अधेड़ महिलाएँ आपको निश्चित मिलेंगी। कभी अपने-आप तो कभी पलक और बाजू का स्नायु दबाकर यह कंकड़ बाहर आता है। अन्यथा नेत्ररोग विशेषज्ञ यह कंकड़ आसानी से निकाल सकता है। पलक के अन्दर का हिस्सा लाल होने के अलावा कंकड़ बाहर आते समय कुछ भी तकलीफ महसूस नहीं होती। आँखों पर बैटरी-टॉर्च की रोशनी डालकर और दोनों पलकें ऊपर-नीचे तानकर भी कंकड़ दिखाई नहीं देता। उसका प्रात्यक्षिक डॉ. बर्वे ने दिखाया ही है। आपके दोनों शक सभी के गले उतरने वाले हैं फिर भी वैज्ञानिक जानकारी के आधार पर दूर हो जाते हैं।

इतनी छोटी बच्चियाँ यह करेंगी कैसे? इसीलिए यह भानामती ही लगती है। सोचने का तरीका ही गलत है। विज्ञान बताता है, आँखों में ऐसे रेत के कंकड़ कभी निर्मित नहीं होते। यानी, सम्भावना रह जाती है बच्चियों द्वारा खुद या दूसरे किसी के द्वारा उनकी आँखों में कंकड़ डालने की। धोखाधड़ी है और वह भी अनपेक्षित व्यक्ति से हो जाने से और खुद बेवकूफ बन जाने से आपको गहरी चोट पहुँची है। परन्तु उस कारण सत्य नहीं बदल सकता। बच्चियों ने ऐसा लिखित रूप में दिया है। आखिरी मुद्दा, "क्या यह फिर होगा ही नहीं?" इसके बारे में आपको मनोवैज्ञानिक बताएँगे। प्रसन्न दाभोलकर ने मानसिक पक्ष बताया। "कुछ बच्चियाँ कभी-कभी शायद अभी भी यह करेंगी। कुछ बच्चियों में शायद घिग्घी बँध जाना, चक्कर आना या अन्य कुछ होगा पर आप इसकी चिन्ता, चर्चा या फिक्र न करें। बच्चियों ने ऐसा बरताव कैसे किया कहकर उन्हें डाँटो मत या बार-बार पूछो मत। यह निश्चित ही रुकेगा और वैसा लगा तो कभी भी बच्चियों के साथ सातारा आ जाओ, रही-सही भानामती निश्चित ही भगा देंगें।"

सभा खत्म होने के बाद हमने तनुजा के नाना जी से बात की। वे भूतपूर्व प्रधानाध्यापक थे। समझदार थे। इस सब मामले में उन्हें ही ज्यादा तकलीफ हो गई थी। उन्हें भी अनजाने में हुई परन्तु वास्तव में होनेवाली तनुजा के घर की परेशानी का एहसास हो गया। उन्होंने परिस्थिति बदलना कबूल किया।

प्रधानाध्यापक को पाठशाला के स्थान की चिन्ता थी। स्थान बदलने का आवेदन तो कर बैठे थे। सच में बदल दिया तो कहीं अलग ही असुविधाजनक स्थान पर जाना पड़ेगा। हमारे निकलते समय वे पास आ गए। और कहा, "अब पाठशाला का स्थान बदलने की जरूरत नहीं है ना? आप ही वैसा लिखकर दे दीजिए।" हमने कहा, "खुशी से देंगे।"

जहर उतारनेवाली दुआ

सातारा के अखबारों में खबरें चमकने लगीं : 'कटगूण (तहसील : खटाव, जिला : सातारा) में वहीद रहमान मुहर्रम के दिन दुआ देते हैं। यह दुआ लेनेवाले व्यक्ति को एक वर्ष तक छिपकली के जहर की या पेट में गए काँच की तकलीफ नहीं होती। सालभर में कभी भी जहरीला नाग या जहरीला बिच्छू काट ले तो बदन पर उसके जहर का कोई असर नहीं होता।'

साल में सिर्फ एक बार ही मुहर्रम के दिन तड़के नमाज के बाद दुआ देने का काम किया जाता है।

सातारा और सोलापुर जिले में मराठी और उर्दू में हैंडबिल्स, पत्रक बाँटे गए। हम वह' विज्ञापन और खबरें लेकर सातारा के निवासी जिलाधिकारी मुनीर मुजावर से मिले, ड्रग्स एंड मैजिक रेमिडीज प्रोपोगैंडा प्रिवेन्शन एक्ट 1974 के तहत कटगूण के बाबा पर कार्रवाई की माँग की। यह केवल अन्धविश्वास का मामला है यह उन्होंने मान्य किया। परन्तु कानून देखना चाहा। उन्होंने विचारार्थ और कार्रवाई के लिए टिप्पणी लिखकर मामला सातारा जिला पुलिस प्रमुख के पास भेज दिया।

मुहर्रम नजदीक आने पर हम फिर मुजावर साहब से मिले। फिर उन्होंने खुद पुलिस मुख्यालय को फोन किया। हम उसके आधार पर होम डी.वाई.एस.पी. से मिलने गए। जिसकी उम्मीद थी वह प्रश्न सामने आ गया, "आप कहते हैं वह कानून कौन-सा है? हमने कभी सुना ही नहीं। हमारे पुलिस प्रॉसिक्यूटर को भी वह कानून मालूम नहीं है।" यह अनुभव महाराष्ट्र में सर्वत्र आता है। पटवर्धन के बोलते पत्थर के खिलाफ लड़ाई के दौरान हमें यह कानून मिला था। जादू और चमत्कार सिद्ध होनेवाली अवैज्ञानिक उपाय योजनाओं का विज्ञापन करना कानूनन गुनाह सिद्ध होता है। जैसे, गंजे सर पर बाल उगाने की औषधि, कोढ़ ठीक होने की औषधि आदि। हम कानून की प्रति साथ लेकर ही गए थे। थोड़ी देर बाद पुलिस प्रॉसिक्यूटर आ गए। यह घटना 4.9.1987 को हो गई और 5.9.1987 को मुहर्रम था। हमें लगा अब तत्काल कार्रवाई होगी।

शासन ने तत्काल कार्रवाई की लेकिन अपनी पद्धति से। रात के बारह बजे मुझे घर पर फोन आया। मैं पुलिस थाने गया। उनका कहना कुछ ऐसा था : कल पाँच

तारीख को मुहर्रम और गणेश विसर्जन एक साथ आया है। उसमें हम यह कैसी आफत लाए हैं? उनका आग्रह था कि हम कटगूण जाने की योजना बदल दें। मैंने नम्रता से इनकार किया। मैंने स्पष्ट किया कि हमारा संगठन शान्तिप्रिय है और वह हिन्दू-मुस्लिम एकता के पक्ष में है। परन्तु उसके लिए अन्धविश्वास जारी रखने को हम तैयार नहीं है। मैंने वादा किया कि हम इस बार सिर्फ वास्तविक स्थिति देख आएँगे, आन्दोलन नहीं करेंगे।

सुबह मैं, कुमार मंडपे, शंकरराव शिंदे, नजीर अहमद बागवान, श्रीधर दयाल, मारूतराव पांगे आदि बस स्टैंड पर पहुँचे। साधारण पहनावे में पुलिस हमारे साथ थी। हम पुसेगाँव पहुँचे। वहाँ के पुलिस थाने में गए। पी.एस.आई. श्री रामचन्द्र पाटील और हेड कॉन्स्टेबल बागवान के साथ चर्चा हो गई। वे भी हमारे साथ आ गए। उनकी जीप के कारण काफी सुविधा हो गई। अच्छी तरह से जानकारी मिलने के लिए उनका साथ में होना फायदेमन्द रहा।

रास्ता छोड़कर खेत का कीचड़ पार करते हुए हम दरगाह तक पहुँचे। बाबा के प्रमुख भक्त रशिद बाबालाल काजी (ग्रामपंचायत सदस्य, पुसेगाँव) ने विस्तृत जानकारी दी।

बाबा रहमान का नाम वहीद रहमान है। वे मूल गुलबर्गा के हैं। उम्र तीस, शादीशुदा हैं। सन्तान नहीं है। उनकी एस.एस.सी. (कर्नाटक बोर्ड) तक शिक्षा हो गई है। गुलबर्गा में उनका रेडियो मरम्मत का व्यवसाय है।

बताया गया कि बाबा रहमान को कटगूण के हजरत सय्यद महमूद मोहाब्बशा मलंगबाबा ने दृष्टान्त दिया। वह दृष्टान्त ऐसा था, "मैं बहुत दिनों से मिट्टी में बन्द हूँ, इसलिए मैं बाहर आना चाहता हूँ। इस जमाने को मेरी जरूरत है। तुम मेरा काम करो। मैं तुम्हारा काम कर दूँगा।"

दृष्टान्त के मुताबिक, जमीन खोदी गई। पुरानी कब्र का पता चला। वह कब्र दुरुस्त की गई। अब उस कब्र तक जाने के लिए जमीन के नीचे 10-12 सीढ़ियाँ उतरनी पड़ती हैं। इस कब्र के ठीक ऊपर के बगल में बड़ी कब्र बनाई गई है। महिलाएँ सिर्फ ऊपर की कब्र का दर्शन ले सकती हैं। कब्र के पास एक इमारत बनाई गई है। वह बाबा के मुकाम की जगह है। इमारत का बरामदा लम्बा-चौड़ा खुला है। उसमें दरी बिछाकर हम बैठ गए। चर्चा की।

बाबा रहमान को यह दुआ देने का अधिकार चिकमंगलूर (कर्नाटक) के बाबा हयात कलन्दर से प्राप्त हुआ है। दुआ देने का यह दूसरा वर्ष है। बाबा रहमान ने छह पुरुष और तीन महिलाओं को यह अधिकार दिया है। इस वर्ष दो उपकेन्द्र बनाए हैं। एक सोलापुर में एम.ए. पानगल हाईस्कूल में तो दूसरा गुलबर्गा में अंजुमन गुलाब मुस्तफा सदर मोहल्ला मोमीनपुरा में चलाया जाता है। इन सभी स्थानों पर मुहर्रम के दिन ही दुआ दी जाती है।

दुआ की पद्धति देखने के लिए हम सब लोग बाबा के कमरे में गए। बाहर के कमरे में तीन महिलाएँ सिर्फ महिलाओं को ही दुआ दे रही थीं। अन्दर के कमरे में सीमेंट का चबूतरा बनाया था। चबूतरे पर गद्दी डालकर उस पर रहमान बाबा बैठे थे। बाबा के बाजू में शार्प कम्पनी का बड़ा टू-इन-वन टेपरिकॉर्डर रखा था। उसके पास 50-60 कैसेट्स रखे थे। पास ही पान का डिब्बा, पीकदानी, सिगरेट का पैकेट, दियासलाई और राख से भरा ऐश-ट्रे था। बाबा के हाथ में सुनहरे बाल और वैसी ही पट्टेवाली घड़ी थी। बाबा तकिए को टेककर बैठे थे। उनकी दाई ओर समकोण में उनका शिष्य चटाई पर बैठा था। शिष्य के बाजू की बेंच पर धूप के अवशिष्ट का ढेर था। एल्युमिनियम की अँगीठी धुआँ उगल रही थी।

मारूतराव पांगे अधिकार प्राप्त शिष्य के सामने बैठ गए। उस शिष्य ने उनसे कुछ आयतें कहलवाईं। उसने बताया वह आयत कुरान की है। यह सब होने में तीन मिनट लगे। फिर बल्ब के काँच का छोटा टुकड़ा दाँतों तले चबाने को दिया। वह टुकड़ा बारीक चबाकर निगलने को कहा। बाजू के डिब्बे में बिच्छू रखे थे। उनमें से एक बिच्छू हाथ में रखने के लिए पांगे को हाथ की अंजुली बनाने को कहा। परन्तु पांगे ने उसे इनकार किया।

उन्होंने हमें उस आयत का अर्थ बताया। अल्ला की मेहर या रक्षा किये जाने स्वरूप की वह आयत थी। अन्य चार पंक्तियों का अर्थ वहाँ कोई भी नहीं बता सका। किन्तु बताया गया उसके कुछ शब्दों का अर्थ काँच, साँप, बिच्छू है।

जिन्हें यह दुआ मिलती है उनके शरीर में पॉवर निर्मित होती है। इस दुआ का फायदा सब जाति-धर्म के लोगों को होता है। उनके पेट में काँच या छिपकली का जहर गया तो उसका बुरा असर नहीं होता, जहरीले नाग या बिच्छू के काटने पर भी बदन पर उसके जहर का कोई भी असर नहीं होता। यह सुरक्षा एक वर्ष तक मिलती है, ऐसा बाबा ने बताया। भक्तों ने सिर हिलाए। अपनी-अपनी जानकारी के चमत्कार सुनाए गए।

मैंने पूछा, "परसों सातारा में साँप के काटने से एक कुत्ता मर गया। क्या उसे मंत्र का फायदा हो जाता?"

"नहीं। यह मंत्र लेना पड़ता है। जानवर, गूँगे लोग मंत्रों का उच्चारण कैसे कर पाएँगे?"

"रत्नागिरी में जहरीले काले बिच्छू के काटने से कई लोगों की मृत्यु हो जाती है। वहाँ के विधायक ने विधानसभा में उस जहर पर कुछ दवाई बनाने की माँग की है। अब हाफकीन रिसर्च इन्स्टिट्यूट उस जहर पर दवाई बनाने की कोशिश में है। इसके बदले उन स्थानों पर मुहर्रम के दिन गाँव में दुआ दी जाए तो? क्या आप यह कर सकेंगे?"

"हाँ।" बाबा और भक्तगणों ने एक सुर में कहा।

मैंने कहा, "सर्पमित्र निर्मलकुमार खैरे हमारे आन्दोलन से जुड़े हैं। वे जहरीले नाग लेकर आएँगे। उसका जहर आपके सामने निकालेंगे। दुआ लेनेवाले आपके भरोसे के आदमी को उस जहर का इंजेक्शन दें तो उस आदमी को सुरक्षा मिलेगी?"

हमारे किसी भी सवाल को ना नहीं करने का उस मंडली का निश्चय था। उनकी वैसी श्रद्धा भी होगी। बाबा ने यकीन के साथ कहा, "दुआ लेनेवाले व्यक्ति को अगर जहरीले नाग के जहर का इंजेक्शन लगाया तो उस वर्ष में उस पर उसका कोई असर नहीं होगा।"

हम सातारा वापस आ गए। सब चर्चा नोट की थी। दरोगा ने भी स्वतंत्र नोट किया था। उस कारण इनकार का सवाल ही नहीं था। हमने अखबार से चुनौती दी : 'चमत्कार सिद्ध करो नहीं तो यह पाखंड बन्द करो। मंत्र से साँप का जहर उतर जाता है यह सिद्ध करने पर एक लाख रुपए देकर हम आन्दोलन बन्द करेंगे।'

खबर छप गईं। दूसरे दिन दोपहर को मैं संस्था के दफ्तर में बैठा था। पच्चीस-तीस लोग एक साथ कमरे में घुस गए। ऑफिस भर गया। वे लोग काफी गुस्से में थे। कटगूण से हम उनका कहना सुनकर शान्ति से वापस आए थे, इस कारण वे कुछ अलग ही समझ बैठे थे। प्रत्यक्ष की खबरें और चुनौती के कारण उन्हें गुस्सा आया था। हम सब लोग बैठकर, सुनकर भी दुआ को लेकर कैसे इनकार कर रहे हैं, यह उनकी समझ में नहीं आ रहा था।

मैंने उन्हें शान्त किया। बैठने के लिए कुर्सियाँ दीं। उनसे कहा, "मेरा आपसे झगड़ा नहीं है। सिर्फ दुआ देने के बाद होनेवाले चमत्कार पर शक है। क्या आप सिद्ध कर सकते हैं? कलेक्टर साहब की इजाजत ले लो। बाकी सब मैं देख लूँगा।" उन्हें विकल्प जँच गया। उन्होंने नाग से कटवाने के लिए तैयार लोगों की सूची दी :

1. सादिक मणेर, खटाव, जि. सातारा।
2. रशिदभाई काजी, खटाव, जि. सातारा।
3. अब्दुलभाई काजी, खटाव, जि. सातारा।
4. सलीम शिकलगार, खटाव, जि. सातारा।
5. शहाजहान मणेर, पुसेगाँव, जि. सातारा।
6. खान, जयविजय सिनेमागृह के सामने, सातारा।
7. अब्दुलरज्जाक आतार, फ्रेम मेकर, सातारा।
8. फकीर महमद मणेर, पुसेगाँव, जि. सातारा।

वे लोग दूसरे दिन जिलाधिकारी मुजावर साहब से मिले। दुआ कितनी पावरफुल है यह बताया। वे मुजावर साहब के हाथ पर बिच्छू रखने के लिए तैयार थे। साहब ने इनकार किया। हमारी चुनौती भी उन्हें सुनाई और अपनी भी तैयारी बताई।

दूसरे दिन मुझे मुजावर साहब का फोन आया, "डॉक्टर, यह क्या है? मेरे पास उन्हें क्यों भेजा? अजी, एक तो उनकी समझ में नहीं आता पर आप भी? ऐसा परीक्षण करने के लिए हम अनुमति कैसे दे सकते हैं? अनुमति देना यानी आँखों के सामने तड़पकर मरनेवाले को देखते रहना है। परीक्षण हो गया तो खून के जुर्म में हमें आपको गिरफ्तार करना पड़ेगा।"

मतलब यह सब हम जानते थे। शायद यह बाबा भी जानते होंगे। इसीलिए उन्होंने सीना तानकर जाहिर किया होगा कि उन्होंने चुनौती को स्वीकार किया है। जिसका कभी परीक्षण ही नहीं होगा उस चुनौती को स्वीकार करने में क्या हर्ज है?

क्या होता होगा इसका आसानी से पता चल जाता है। काँच खाने के लिए दुआ की जरूरत नहीं है। बल्ब का काँच अत्यन्त पतला होता है। डाढ़ के नीचे पकड़कर उसका बारीक चूर्ण कर सकते हैं। पेट में पहले अन्न लिया हो तो कुछ भी तकलीफ नहीं होती। हमने उन्हें बोतल की काँच खाने को कहा था। उन्होंने इनकार किया था। बोतल की काँच मोटी होती है। तोड़ते समय उसके भाले जैसे फाँक निकलते हैं। उससे मुँह में जख्म हो जाएगा यह वे लोग जानते थे। दुआ लेनेवाले व्यक्ति को साँप-बिच्छू काट ले तो कुछ नहीं होता इस समझ की जाँच ज्यादातर नहीं की जाती। उसमें भी हमारे महाराष्ट्र में नाग, मण्यार, फुरसे, घोणस इन चार जातियों को छोड़कर बाकी साँप जहरीले नहीं होते। वे काट लें तो कुछ नहीं होता पर यदि जहरीले साँप ने काटा और दुआ ली है यह सोचकर उस व्यक्ति को डॉक्टर के पास नहीं लाया गया तो मृत्यु निश्चित है। उस कारण यह सिद्ध करना कि दुआ के मामले में दम नहीं है का मतलब खुली आँखों से मृत्यु देखना है।

सर्पदंश पर आज बदन में फैले जहर का असर खत्म करनेवाले एंटी स्नेक वैनम के इंजेक्शन छोड़कर अन्य कोई भी औषधि नहीं है। फिर दुआ का प्रतिबंधक औषधि समझकर प्रचार करना ड्रग एंड मैजिक रेमिडीज एक्ट के अनुसार जुर्म क्यों नहीं सिद्ध हो जाता? अगले वर्ष जिलाधिकारी के सामने हमने यह बात उठाई। धार्मिक विधि को हमारा विरोध नहीं होना भी स्पष्ट किया परन्तु दुआ के नाम पर लोगों को गुमराह करनेवाले मामलों का हम विरोध करेंगे।

जिलाधिकारी ने बात मान ली। समाचार-पत्रों से विनती की कि वे दुआ की चमत्कारसदृश्य खबरें अपने समाचार-पत्र में न छापें। उन्होंने भी इसे मंजूर कर लिया। विज्ञापन और हैंडबिल छापने के लिए कानून की पाबन्दी थी। वह सम्बन्धित लोगों को दिखाई। इस कारण दुआ के मामले का खुलेआम और लिखित बोलबाला रुक गया। परन्तु दुआ नहीं रुकी। हमने मुहर्रम के दिन एक कार्यकर्ता को कटगूण की दरगाह पर भेज दिया। उसे प्रवेश नहीं दिया गया। खाने को दिया जानेवाला काँच, अंजुली का बिच्छू सब कुछ पिछले वर्ष जैसा ही था। परन्तु यह महसूस हो रहा था कि संख्या कम हो गई है।

1989 यानी तीसरा वर्ष आ गया। यह फुले का स्मृति शताब्दी वर्ष था। महात्मा फुले का मूल गाँव कटगूण था। अन्धश्रद्धा निर्मूलन समिति ने तय किया, "इस वर्ष यह प्रथा खत्म ही करनी है।" उसके लिए कटगूण ग्रामपंचायत तक आन्दोलन ले जाना तय हो गया।

वैसे तो पुसेगाँव कटगूण के पास का कस्बेनुमा गाँव है। डॉ. सुभाष आगाशे कई साल से वहाँ अपने व्यवसाय की जड़ें जमाकर बैठे थे। आधा कटगूण उनका पेशेंट था। वे खुद आगे आ गए। शाम को लगभग सात बजे कटगूण ग्रामपंचायत के सामने पूरा गाँव इकट्ठा हो गया। जैसे बुजुर्ग मंडली थी वैसे ही युवक भी थे। सरपंच हणमंतराव गायकवाड़, पंचायत समिति सदस्य किसनराव मोरे, ग्रामसेवक मोहनराव गायकवाड़, पुलिस पाटील सूर्याजी पाटील आदि सब लोग थे।

अपने समाज में देव, विधि, कर्मकांड ये जाति और धर्म के अनुसार बाँटे गए हैं। कटगूण की दरगाह पर पुणे-मुम्बई से मुस्लिम समाज आ रहा था परन्तु गाँव के लोग ज्यादातर उधर नहीं जाते थे। इस कारण पहले तफसील के साथ वस्तुस्थिति बताई। समझाया कि जहर से होनेवाले घातक असर पर दुआ नाकाम है। डॉ. आगाशे ने उसका खतरा भी समझाया। धर्म की उपासना को हमारा विरोध नहीं है, हमारा विरोध अन्धविश्वास के लिए है, यह स्पष्ट किया। आह्वान किया कि महात्मा फुले स्मृति शताब्दी वर्ष में यह मामला बन्द करना होगा। प्रतिसाद अच्छा था। युवा मंडली पर हाल ही में गाँवों में पहुँचे भगवाकरण (हिन्दुत्ववाद) का प्रभाव था। इस कारण यह लड़ाई धर्म के खिलाफ बिलकुल नहीं है, संघर्ष अन्धविश्वास के खिलाफ है, यह स्पष्ट किया। तय हुआ कि समझदार मंडली देवस्थान कमेटी के विश्वस्तों से मिलकर गाँव का विरोध स्पष्ट करें।

इन दो सालों की माहौल निर्मिति से एक बात हो गई थी कि दुआ लेने के कारण होनेवाला चमत्कार सिद्ध करने का उत्साह कम हो गया था। उन्होंने हार मान ली थी। अपनी-अपनी भावना का सवाल है, जिसकी श्रद्धा होगी उसे लाभ होगा। प्रचार शुरू हो गया कि चुनौती के लाख रुपयों का सवाल कहाँ आता है। परन्तु दुआ लेना साँप-बिच्छू के दंश पर अकसीर इलाज है इसका प्रचार बन्द होगा या नहीं, इस पर मौन ही था।

आखिरकार हमने सत्याग्रह की तैयारी की। अखबारों में खबरें आ गई :

दैनिक सकाल, पुणे, दि. 11.8.89

कटगूण (तहसील : खटाव) में होनेवाली दुआ के मामले के खिलाफ अन्धश्रद्धा निर्मूलन समिति के कार्यकर्ता रविवार को नवजागरण सत्याग्रह कर खुद को गिरफ्तार करवानेवाले हैं, ऐसी जानकारी समिति के कार्याध्यक्ष डॉ. नरेन्द्र दाभोलकर ने दी है।

उन्होंने बताया कि धर्म के नाम पर चलनेवाले अन्धविश्वास के मामले में सरकार दखल नहीं देती, साथ ही इस मामले के खिलाफ प्रभावी कानून बनाने के लिए सरकार तैयार नहीं है, इस उदासीनता को लेकर शासन और अन्धविश्वास के इस मामले का विरोध करने के लिए यह फैसला लिया है।

उन्होंने बताया कि सोलापुर, पुणे के चश्मा उतारने वाला चमत्कार करनेवाले बाबा, सांगली जिले में पागल कुत्ते के काटने पर औषधि देने का मामला, साथ ही कटगूण में जहरी सर्पदंश पर दी जानेवाली दुआ ये सब मामले धोखाधड़ी के हैं और इन अन्धविश्वासों के मामलों के बारे में शासन निष्क्रिय है। मुहर्रम के दिन सर्पदंश पर दी जानेवाली दुआ शासन द्वारा बन्द करने की माँग कटगूण के गाँववालों ने की है।

राष्ट्रसेवा दल, छात्रभारती, सत्यशोधक दल आदि संगठनों के कार्यकर्ता कटगूण के नवजागरण सत्याग्रह में उतरने वाले हैं।

दैनिक ऐक्य, दि.12.8.89

कटगूण में कल हमेशा की तरह दुआ कार्यक्रम।

कटगूण, तहसील : खटाव में तेरह तारीख को मुहर्रम के दिन हर साल की तरह दुआ कार्यक्रम होनेवाला है। भक्त कोई भी गलतफहमी न कर लें और हमेशा की तरह उपस्थित रहें ऐसा आह्वान कटगूण के हजरत सय्यद मोहोब्बतशहा मंगलबाबा दरगाह कमेटी की ओर से किया गया है।

इस्लाम धर्म में मुहर्रम का महत्त्व है। इस दिन इस्लामी इतिहास में कई महत्त्वपूर्ण घटनाएँ हुई हैं। इस दिन पैगम्बर द्वारा की हुई प्रार्थना अल्ला ने मान ली इसलिए सब मुस्लिम बन्धु इस दिन प्रार्थना करते हैं, वह सफल हो जाती है ऐसी उनकी श्रद्धा है। इस उत्सव में मुस्लिमेतर धर्म के लोग भी शामिल होते हैं।

इस पृष्ठभूमि पर कटगूण में पिछले चार सालों से सामूहिक दुआ देने का कार्यक्रम हो रहा है। उसके लिए किसी भी तरह का चन्दा या निधि अलग नहीं देनी पड़ती। यहाँ कोई भी चमत्कार नहीं किया जाता। ठगाई नहीं होती। यह सर्वधर्म समभाव का प्रतीक है। इस कार्यक्रम के लिए सातारा, मुम्बई, पुणे, सांगली, कोल्हापुर, कराड, दहिवडी, फलटण, पुसेगाँव आदि स्थानों से हजारों भक्त पवित्र भाव से शामिल होते हैं। अन्धश्रद्धा निर्मूलन समिति इस बारे में सत्य जान ले।

खबर का सीधा अर्थ था। मुहर्रम को प्रार्थना होगी, उसमें दुआ की आयत का भी उच्चारण किया जाएगा। परन्तु उसके कारण पेट में काँच या छिपकली का जहर जाने पर अथवा बिच्छू या नाग के काटने पर सुरक्षा मिलेगी ऐसा प्रचार नहीं होगा। ना अंजुलि में बिच्छू दिया जाएगा, ना काँच का टुकड़ा खाने को दिया जाएगा।

हमारे लिए इतना काफी था। कोई ईश्वर के सामने क्या प्रार्थना करे और क्या माँगे इसका उसे अधिकार देनेवाला तत्त्व संविधान ने ही मंजूर किया है। परन्तु उसकी

रूपरेखा यथाक्रम अलग करके अन्धविश्वास बढ़ाने को, चमत्कार का दावा करने को हमारा विरोध था। खुलेआम प्रचार रोकने में हमें पिछले वर्ष ही सफलता मिली थी। इस वर्ष प्रत्यक्ष दरगाह पर वह मामला रुकेगा तो वह हमारे लिए काफी था।

अर्थात, हम सत्याग्रह की तैयारी से ही गए थे। कुछ उत्साही छात्राएँ भी साथ थीं। पूरा गाँव (कटगूण) हमारे साथ होने के कारण संख्या का सवाल था ही नहीं। इंस्पेक्टर, डी.वाई.एस.पी., तहसीलदार, सी.आई.डी. के असिस्टेंट कमिश्नर आदि सुबह से हाजिर थे। कटगूण से तीन-चार फर्लांग पर दरगाह है। अकसर वहाँ की खबरें आ रही थीं। प्रार्थना हो गई पर साँप का जहर उतारनेवाली दुआ, उसका प्रचार, खाने को काँच देने का प्रकार कहीं भी नहीं था और खास बात यह थी कि बाबा रहमान आए ही नहीं।

बारह बजे तक हम गाँव में रुक गए। फिर एक बार सभी का दरगाह पर जाना तय हो गया। शासकीय दलबल के साथ सभी लोग दरगाह पर पहुँचे। तीन-चार सौ भक्त इर्दगिर्द घूम रहे थे। दरगाह के विश्वस्त रशिदभाई काजी आगे आ गए। मैंने उनसे कहा, "प्रार्थना, नमाज ये सब धर्म की बातें हैं। उससे हमारा कभी भी विरोध नहीं था बल्कि उसका आदर ही है। परन्तु चमत्कार और मंत्र-तंत्र पर हमें यकीन नहीं है; उससे विरोध ही है। आपने खुद उसे रोक दिया इसलिए आपका शुक्रिया अदा करने आए हैं। कुछ कटुता आ गई हो तो कृपा करके भूल जाइएगा।"

उन्होंने मुझे गले लगाया; उससे मैं जो समझना था, वह समझ गया।

'कमरअली दरवेश' की पुकार

वैसे दूरदर्शन से हमें प्यार है। वह अकसर आन्दोलन को सक्रिय करता है।

भूत, पुनर्जन्म, टेलीपैथी, दैवी शक्ति से ठीक होनेवाली बीमारी की भरमार वाली 'होनी-अनहोनी' सीरीज शुरू हो जाए तो हमारी ओर खतों की बरसात हो जाती है और कमरअली दरवेश की दरगाह के चमत्कार का चित्रीकरण मुम्बई दूरदर्शन से प्रक्षेपित हुआ तो हमारी ओर पत्रों का सिलसिला शुरू हो गया। क्या है यह चमत्कार?

पुणे-सातारा रोड पर पुणे से तीस किलोमीटर की दूरी पर खेड-शिवापूर नामक गाँव है। उस गाँव के पास से ही मुड़कर अन्दर जाएँ तो कमरअली बाबा की दरगाह मिलती है। यहाँ सभी धर्मों के लोगों का आना-जाना रहता है। उसका नाम है कमरअली दरवेश की दरगाह : यह स्थान हमेशा चर्चा में रहता है। कभी अखबारों में, कभी फिल्म डिवीजन के लघुपट से तो कभी दूरदर्शन की जगमगाहट में।

दरगाह के सामने दो पत्थर हैं। बताया जाता है कि उनमें से एक नब्बे किलो वजन का और दूसरा साठ किलो वजन का है। पहले पत्थर को ग्यारह लोग और दूसरे पत्थर को नौ लोग सिर्फ उँगली लगाएँ और "कमरअली दरवेश की जय" का जयघोष करें तो पत्थर पंख-जैसा हल्का बन जाता है और उँगली लगानेवालों के सर तक आराम से उठाया जाता है : सिर्फ प्रत्येक की एक-एक उँगली के स्पर्श से! आदमी गिनकर पहले पत्थर के लिए ग्यारह और दूसरे पत्थर के लिए नौ ही होने चाहिए। न कम, न ज्यादा। पुकार 'कमरअली दरवेश' ऐसी ही हो। महिलाओं के उँगली लगाने से फायदा नहीं; एक भी स्त्री उँगली लगाए तो मामला बिगड़ जाता है।

कहानी ऐसी कि कमरअली दरवेश यह साक्षात्कारी फकीर थे। वे इस स्थान पर कब और कैसे आ गए, यह तो मालूम नहीं परन्तु उन्होंने प्रस्तुत जगह के सभी भूत-प्रेतों को, पिशाचों को भगा दिया। उम्र के सत्तरवें साल में उन्होंने समाधि ली। इस स्थान पर दो राक्षस थे। उन्हें फकीर ने शाप दिया, "तुम पत्थर बनकर गिरोगे और लोग तुम्हें उठाकर पटकेंगे।"

फकीर की शिला और राक्षसों की शिला फिर कौतूहल और चर्चा की बात न बने तो ही ताज्जुब! मुम्बई दूरदर्शन ने जून, 87 में यह चमत्कार किसी भी स्पष्टीकरण के बिना दिखाया और फिर शिलाओं की शापमुक्ति की जिम्मेदारी हम पर आ गई

क्योंकि कई खतों का सिलसिला शुरू हो गया, 'चमत्कार नहीं होते, कहते हो ना? अब बोलो?' यहाँ से 'सच में क्या होगा?' तक।

रविवार दि. 19 जुलाई को मैं, सात लोग प्रो. आर्डे, श्री मंडपे, शिंदे, पांगे, दयाल, बाबर निकले। सातारा-पुणे हाइवे छोड़कर गाड़ी बाजू के गावदूम के रास्ते पर ली। बारिश के कारण रास्ते पर दलदल हो गई थी। रास्ते के दोनों तरफ भिखारियों की भीड़, फूलों की मालाओं के ठेले लगे हुए थे। हर दुकान पर गाड़ी रोककर माला लेने का अनुरोध किया जा रहा था। हमने जीप दरगाह के पास ली। भिखारी, मालावाले, यात्री आदि के बीच से रास्ता निकालते हुए दस-बारह पत्थर की सीढ़ियाँ चढ़कर दरगाह के फाटक से हम अन्दर दरगाह के सामने आ गए। बीच में दरगाह। उसके चारों ओर पाँव धोने का प्रबन्ध। एक बाजू में लकड़ी का खम्भे और टीन का प्रयोग करके खड़ा किया हुआ मंडप। मंडप के खम्बे पर पत्थर उठाने के चमत्कार के फोटो, सीधे मस्तक के ऊपर गए पत्थरों के छायाचित्र, सर्वत्र धूप की गन्ध, अगरबत्ती की महक। धीमी आवाज में सूचना मुहैया कराई गई। यहाँ की राख सर्पदंश पर असरदार है। साँप ने काटा तो सिर्फ राख लगाना। बस अपने-आप जहर उतरता है। दरगाह के प्रवेशद्वार के सामने दोनों ओर दो पत्थर रखे हैं। एक पत्थर कुरूँद का (बालुकाश्म) तो दूसरा काला (कणाश्म) है। दोनों पत्थर गढ़े हुए हैं। बड़े प्रेशर कुकर जैसा आकार। पत्थर का व्यास लगभग एक फुट, ऊँचाई एक फुट। पत्थर प्रमुख दरगाह के बाहर हैं। प्रमुख दरगाह में जाने के लिए फिर तीन-चार सीढ़ियाँ चढ़नी पड़ती हैं। प्रवेशद्वार पर 'कमरअल्ली दरवेश रहेमतुल्ला अलै' ऐसी देवनागरी में तख्ती है। उस तख्ती के बाजू में ही 'महिलाओं का अन्दर जाना मना है' की तख्ती है। सीढ़ियों पर नारियल चढ़ाने के कारण नारियल की खोपड़ियाँ, जटाओं का ढेर पड़ा हुआ दिखाई दे रहा था।

पत्थर के पास एक बौना-सा युवक सिर पर लाल रूमाल बाँधकर खड़ा था। मैंने उसे पूछा, "यह पत्थर कैसे उठाते हैं?" उसने कहा, "ग्यारह लोग पत्थर के नीचे तर्जनी लगाएँ। एक सुर में जोर से पुकारें, 'कमरअली दरवेऽऽश।' पत्थर कागज के समान हल्का बन जाता है। उठाया जाता है। सामने के चबूतरे पर सिर पर रूमाल बाँधे हुए कुछ मंडली थीं। ग्रामवासी या मुल्ला-मौलवी। उनमें से तीन-चार लोग आगे आए। पूछने लगे, "देखना है?" हमारे सर हिलाते ही कहा, "आओ भाई।" हम सात लोग थे, वे चार। उन्होंने कहे मुताबिक दायें हाथ की तर्जनी पत्थर पर टिकाई। यकीन करने के लिए उन्होंने फिर एक बार उँगलियाँ गिनीं। ग्यारह भरी। फिर एक साथ पुकार की, "कमरअली दरवेऽऽश।" पत्थर किसी तरह आधा फुट ऊपर गया और एक ओर लुढ़क गया। उस मंडली ने फिर एक बार जोर से यही प्रकार किया पर पत्थर आधे फुट से ऊपर नहीं जा रहा था। भक्त मंडली दुविधा में पड़ गई। और फिर अचानक उनके दिमाग की बत्ती जल गई। "अरे बाप रे! यह

मेहमान मंडली तो जूते पहनकर चमत्कार करना चाह रही है।" फिर "जूते उतारो" का हुक्म छूटा। हमने जूते उतारकर बाजू में रखे। फिर एक बार सभी ने तर्जनी लगाकर कमरअली दरवेश की पुकार की। नतीजा पहले जैसा ही। कुछ बेचैनी से रूमाल बाँधी मंडली बाजू हट गई। अपने औलिया फकीर की ताकत आज क्यों काम नहीं कर रही है, उनके लिए पहेली बन गई थी। वैसे तो उसमें पहेली-जैसा कुछ भी नहीं था। क्योंकि हम सिर्फ तर्जनी लगाएँगे ताकत बिलकुल ही नहीं। उस कारण बेचारा कमरअली क्या करेगा?

फिर हम आगे बढ़े। दरगाह पर आई हमारे जैसी ही और चार मेहमान मंडली को बुलाया और उँगली लगाने को कहा। पहल की। देखते-देखते पत्थर कन्धे तक ऊपर गया। उसे नीचे रेत में फेंक दिया। असफल रही रूमालवाली मंडली के चेहरे खिल गए। अब धीरे-धीरे हमारे इर्द-गिर्द भीड़ बढ़ने लगी थी। हमने जाहिर किया, कमरअली दरवेश का नाम न लेते हुए ही पत्थर उठाएँगे। हमारी बात सुनकर एक ने हमें फटकारा, "अजी, परसों कोल्हापुर की पहलवान मंडली आई थी, उन्होंने ऐसी ही कोशिश की पर नहीं कर पाए। यह काम वैसे आसान नहीं हैं।"

मंडपे जी ने कहा, "देखते हैं। कोशिश करने में क्या हर्ज है?" फिर हम सभी ने पत्थर के नीचे उँगलियाँ डालीं और "महात्मा फुलेऽऽ की जय" ऐसा जयघोष किया और पत्थर कन्धे से भी ऊपर उठाकर नीचे फेंक दिया। भीड़ में हलचल शुरू हो गई। फिर हमने और एक शगूफा निकाला। ग्यारह ही लोग क्यों? फिर एक बार दस और एक बार बारह लोगों को उँगलियाँ लगाने को कहा और पत्थर सिर तक ऊपर उठाया। पड़ोस के पत्थर पर भी नौ लोगों के बदले आठ और दस लोगों का प्रयोग किया।

अब अच्छी तरह से माहौल बन गया था। दरगाह पर आई हुई दो महिलाएँ कौतूहल से काफी देर से यह सब देख रही थीं। उन्होंने हमसे उत्सुकता से पूछा, "क्या हम उँगली लगा सकती हैं?" दरअसल महिलाएँ उस पत्थर को स्पर्श न करें ऐसा उस स्थान का पवित्र संकेत। धार्मिक स्थानों के ऐसे नियमों का पालन करने में भक्तों का अन्धा समर्थन होता है, अनुरोध होता है। उसका ऐसे खुलेआम उल्लंघन करना खतरनाक होता है। परन्तु अब ऐसा समय आया था कि हमारा पीछे हटना सम्भव नहीं था। माहौल का और अपना अन्दाजा लेते हुए हमने कहा, "क्यूँ नहीं? बेशक।"

वे दो महिलाएँ, अन्य चार लोग और हमारे चार कार्यकर्ताओं ने पत्थर के नीचे तर्जनियाँ लगाईं और सीधे "बोलो एक, दो, तीन" ऐसी पुकार की। देखते ही देखते पत्थर ऊपर गया। उन दोनों महिलाओं के खिले हुए चेहरे देखने लायक थे। अब भीड़ की समझ में आया था कि पत्थर उठाने के पीछे कोई भी चमत्कार नहीं है। स्वाभाविक ही है। चमत्कार के पीछे का कार्य-कारण सम्बन्ध मालूम हो जाने पर

चमत्कार लुप्त हो जाता है। फिर हमने बाहर निकलने के लिए पैरों में जूते डाले और समझ में आया कि यह एक बात रह ही गई। फिर हमने जूते पहनकर दोनों पत्थरों को उँगलियाँ लगाई। ऊपर उठाया और नीचे छोड़ दिया। फकीर ने पत्थर बनाए, राक्षसों का क्या हुआ मालूम नहीं पर अन्धविश्वास का प्रतीक ठहरे उन पत्थरों को ऐसे फेंकते समय लगता था, अधिकांश की गरदन पर बैठे अन्धविश्वास के राक्षस को ऐसे कब फेंक पाएँगे?

कुछ साल पहले मुम्बई के विज्ञान प्रेमी युवकों के गुट ने इस चमत्कार की तहकीकात की थी। उस स्थान पर क्या हो सकता है, इसका विचार करके उन्होंने तैयारी की थी। इलेक्ट्रोस्टैटिक फोर्स हो तो ग्लव्ज का प्रयोग करने के लिए वे भी साथ लिए थे। मैग्नेटिक इफेक्ट जाँचने के लिए परकार लिया। दो लोगों ने भाभा अणुशक्ति केन्द्र में जाकर अन्दाजा लिया कि वेक्टर फोर्सेस अथवा अन्य कुछ फोर्सेस क्या इस चमत्कार का कारण हो सकते हैं। क्या यह मास हिप्नोटिज्म का मामला हो सकता है इसके बारे में सोचा। इसके लिए सम्मोहन के सब जर्नल्स देखे। महिलाओं के आवाज टेप "कमरअली दरवेश" ऐसा साथ में लिया। मूवी कैमरा भी साथ में लाए गए थे। उन्होंने साथ में ले गए काँटे पर पत्थरों का वजन किया। गाँववालों के मुताबिक 90 किलो का दावा किए जानेवाले वे पत्थर 45 और 27 किलो भर ही थे।

अर्थात, दोनों के निष्कर्ष भी एक ही थे। इस मामले में दैवी चमत्कार या मंत्र सामर्थ्य तो है ही नहीं किन्तु मैग्नेटिक फोर्स या मास हिप्नोटिज्म ऐसा भी कुछ मामला नहीं था। यह मामला बिलकुल सादा कोऑर्डिनेटेड मॅस्क्युलर एफर्ट का (एक साथ लगाया हुआ स्नायु का जोर) का था।

पत्थर के नीचे उँगली लगाकर बल लगाया जाता है। सभी दिशाओं से बल कार्य करता है इसलिए पत्थर आगे-पीछे नहीं खिसकता। उस पर अच्छी पकड़ बैठती है। एक ही सुर में चिल्लाने से एक साथ ही बल लगाने की सूचना सभी को मिलती है। बड़ी-बड़ी चीजें, लकड़ी के लट्ठ जगह से हिलाते समय या बिल्डिंग पर टंकियाँ चढ़ाते समय मजदूर लोग "जोर लगा केऽ हैय्या" कहते हैं, यह हम देखते ही हैं। वह पत्थर चारों ओर से लगाए बल के असर के कारण उठाया जाता है। जमीन से उठाते समय उँगली पर ज्यादा बल देना पड़ता है। एक बार पत्थर उठाए जाने पर सब भार कलाई पर और उसके पीछे के कुहनी तक के स्नायु पर आता है। उस कारण पत्थर ऊपर उठाना आसान हो जाता है।

इस दृष्टि से आप एक मजाकिया प्रयोग करके देख सकते हैं। अच्छा-खासा मोटा शख्स ले लो; उसे बिना हाथों की कुर्सी पर बिठाओ। उसके दोनों हाथ उसके घुटनों पर रखने दो। उसके दोनों कन्धों के पास एक और दोनों घुटनों के पास एक-एक ऐसे बिलकुल दुबले-पतले चार लोग खड़े करो। हर एक के दोनों हाथों

की तर्जनियाँ (अंगूठे के पास की उँगली) मिलाकर उस शख्स के घुटने में या बगल में डालो और एक-दो-तीन कहो। देखते-देखते वह भारी शख्स आप के हाथ जितने ऊपर जाते हैं उतना उठाया जाएगा।

किसी भी घटना की ओर कौतूहल से देखना, उस घटना का मूल जाँचना, इसके पीछे का कार्य-कारण सम्बन्ध जान लेना, प्रयोग से वह घटना कैसे घटित होती है यह सिद्ध करना, उस बारे में तर्कसंगत जानकारी प्राप्त करना यह वैज्ञानिक दृष्टि है। परन्तु हम जब तक यह दृष्टि जनमानस में इरादतन विकसित नहीं करते तब तक ऐसे चमत्कार घटित होते रहेंगे, घटित किए जाएँगे।

मीरावली बाबा के दरगाह का कबूली जवाब

राष्ट्रसेवा दल, इन्दापुर विभाग, जिला पुणे
दिनांक 16.6.1987

मा. कार्यकारी दंडाधिकारी
तथा तहसीलदार साहब, इन्दापुर,
जिला पुणे।

राष्ट्रसेवा दल इन्दापुर विभाग की ओर से अन्धविश्वास उन्मूलन हेतु नम्र निवेदन।

महोदय,

श्री दिलावर चन्दूलाल शेख ने इन्दापुर शहर के पश्चिम की ओर डेढ़ किलोमीटर की दूरी पर, सोलापुर-पुणे रास्ते पर मीरावली बाबा नाम के नये देवस्थान की स्थापना की है और वहाँ बड़ी मात्रा में भक्तों की भीड़ जमा करके अवैज्ञानिक और गैरकानूनी कृत्य किए जा रहे हैं।

कभी भी अभुआकर टोना-टोटका, भूतबाधा, मन्नत, पागल का इलाज, भभूत देना, नौकरी में बढ़ोतरी, मंत्र-तावीज देना आदि कई मामलों के केन्द्र के रूप में उसने प्रसिद्धि प्राप्त की है और फिलहाल वहाँ देवता के नाम पर भोली जनता के अज्ञान का लाभ उठाना शुरू है।

वहाँ अचानक यह देवस्थान बनानेवाले चन्दूलाल शेख, उनकी पत्नी जन्नतबी, बेटी शाहिदा इन पर कभी भी देवता सवार हो जाते हैं और प्रश्न लेकर आनेवालों को जवाब दिए जाते हैं। उसके कुछ किस्से नमूने के तौर पर आप के सामने प्रस्तुत कर रहे हैं :

1. कु. मीरा सुतार, कक्षा ग्यारहवीं, यह कॉलेज में पढ़नेवाली छात्रा दिमागी हालत ठीक न होने के कारण वहाँ गई। उसे दस-पन्द्रह दिन दिन-रात बड़ी जंजीर से बाँधकर पीटा जा रहा था। वह कुछ

पागल है ऐसा बताकर उसे ठीक करने के नाम उस पर जिस्मानी और मानसिक जुल्म किया जा रहा है।

2. पिछले दो वर्ष पूर्व रघुनाथ बनसोडे के भाई की दिमागी हालत बिगड़ जाने के कारण उसे लगभग एक महीना बाँधकर रखा और बुरी तरह से पीटा गया जिसके कारण वह और पागल हो गया। उसे ठीक करने में श्री मीरावली बाबा असफल सिद्ध हो गए हैं।
3. बानकर विरुद्ध बागवान मुकदमा नेहरू चौक की दुकान की जगह को लेकर अदालत में चल रहा था। श्री दिलावर शेख ने मीरावली बाबा के नाम पर श्री बानकर को 'आपके पक्ष में अदालत का फैसला आएगा' ऐसा भरोसा देकर प्रत्यक्ष-अप्रत्यक्ष में काफी लूट लिया है और अदालत का फैसला बानकर के खिलाफ गया है।

इन बातों से सम्बन्धित लोगों से ऐसे कई उदाहरण आपको मिलेंगे। अभुआने वाले दिलावर साहब अपने पिता चन्दूलाल के साथ अत्यन्त नृशंस बर्ताव करके अपनी उम्र (80 वर्ष) का फायदा उठा रहे हैं। दिलावर शेख के पाँच नम्बर के छोटे भाई के खेत में मीरावली बाबा का स्थान है। उस भाई की दुर्बलता का फायदा उठाकर उसका खेत हथियाने का यह एक अजब मामला है।

मीरावली बाबा के खिलाफ लोग नहीं बोलते क्योंकि भक्तों में बहुसंख्य पुलिस में होने के कारण मीरावली बाबा के खिलाफ बोलनेवालों पर गैरकानूनी मुकदमे दायर करने की धमकी दी जाती है बल्कि ऐसे मुकदमे तक दायर किए गए हैं।

मुस्लिम धर्म में अभुआना धर्म के खिलाफ है। स्त्रियों के लिए वह निषिद्ध है। इस कारण इस मामले में मुस्लिम धर्म की भी बदनामी की जा रही है। परिश्रम किए बिना गुजारे के साधन के रूप में पेट पालने का यह प्रकार है और उसका किसी भी तरह का वैज्ञानिक आधार नहीं है। फिर भी चन्दूलाल शेख जनसामान्य के अन्धविश्वास का लाभ उठा रहे हैं। हमारे इस निवेदन पर विचार कर आप मीरावली बाबा के मामले पर कार्रवाई करें। अन्यथा हमें संसदीय मार्ग अपनाकर जनआन्दोलन खड़ा करना पड़ेगा।

प्रति सभी सम्बन्धितों को रवाना।

भवदीय,

मधुकर गुलिक
संगठक
राष्ट्रसेवा दल, इन्दापुर तहसील

अरुण होलकर
कार्याध्यक्ष
राष्ट्रसेवा दल, इन्दापुर तहसील

शैलेश काटे
संगठक
राष्ट्रसेवा दल, इन्दापुर शहर

राजेंद्र जाधव
कार्याध्यक्ष
राष्ट्रसेवा दल, इन्दापुर शहर

सादीक बागवान
छात्रभारती, इन्दापुर तहसील

संजय गाडे
छात्रभारती, इन्दापुर तहसील

सलीम शेख
अध्यक्ष, राष्ट्रसेवा दल अन्धश्रद्धा निर्मूलन विज्ञान गुट

यह आवेदन 16 जून को इन्दापुर के तहसीलदार साहब को मिला। 17 जून को इन्दापुर में किसी दूसरे कारण ही हिन्दू-मुस्लिम तनाव का माहौल बन गया। कुछ दिनों तक यह मामला हाशिए पर ही रहा।

5 जुलाई, 1987 को वालचन्द नगर में अन्धविश्वास पर व्याख्यान था। सलीम शेख इन्दापुर से वहाँ आकर मिला। उसके पर्चे और खुली भूमिका से निश्चित ही खलबली मची थी। हम 6 तारीख को सुबह इन्दापुर पहुँचे। पर्चा निकालने वाले उत्साही कार्यकर्ता और कुछ दोस्तों के साथ हम दरगाह पर गए।

सोलापुर-पुणे रास्ता। मुख्य सड़क छोड़कर थोड़ा अन्दर जाएँ तो खेत लगते हैं। लगभग बंजर भूमि। उसके बीच में पाँच-छह फीट ऊँचा और दस गुणा बीस फीट लम्बाई का पत्थर का कच्चा चबूतरा। सभी पत्थरों को सफेद चूना लगाया हुआ था। यही दरगाह थी। अन्दर की ओर ऊपर से हरी और नीचे की ओर सफेद चादर से ढकी एक छोटी कब्र। यह मीरावाली बाबा का स्थान, उसकी बाजू में सीधा खड़ा बीस फीट का बाँस। उससे टँगा चाँदवाला हरा झंडा। उस बाँस के पास मन्नत उतारने के लिए दिए हुए छोटे पालने जैसे छोटे बच्चों के खिलौने में होते हैं। मीरावली बाबा के स्थान पर मोर पंख का झाड़ू। एक ओर धूप जलाने का पात्र तो दूसरी ओर दानपेटी। ऊबड़-खाबड़ जमीन। दीवार के कोने में धूप जलाने की जगह। तेल की बोतलें। दीवार पर दो-चार जगहों पर हरे झंडे लगाए थे। पाँच फीट ऊँची और बीस फीट लम्बी दीवार के बीचोबीच एक चौखट दरवाजे के साथ ताले से बन्द की हुई। दरगाह के चारों ओर कुछ दूरी पर नींव खोदी थी। उसके बाजू में दस-बारह ट्रक भरने जितने इमारत निर्माण के पत्थर पड़े थे। चार-पाँच ट्रक बालू। यह दरगाह की सम्पन्नता के प्रसाद चिह्न थे।

दरगाह से पन्द्रह फीट के फासले पर दाईं ओर साढ़े चार फीट ऊँचा और एक फुट व्यास का मजबूत साग जमीन में गड़ा हुआ था। उसपर मजबूत बड़ी जंजीर और दो ताले। दाईं ओर बारह गुणा सत्रह का एक कमरा। कमरे के ऊपर के बल्लियाँ कोई नोचकर निकाले वैसे आधे निकाली हुई, आधे टूटकर बाजू

में पड़े हुए, ईंट-पत्थर की दीवार इरादतन गिराई हुई। दरगाह की पिछली ओर अच्छी तरह से छवाई हुई झोंपड़ी। दरगाह के सामने ठीक-ठाक बनाया हुआ कमरा। उससे और कुछ फासले पर सायबान पर छत बनाकर की हुई ओट। उसके आगे गोशाला।

जीप पहुँची तो कुछ समय में दिलावर के रिश्तेदार जमा हो गए। आसपास के कुछ लोग भी आ गए। साथ में आए हुए बच्चे थे ही। एक-एक जानकरी सामने आने लगी।

चन्दूलाल शेख के पाँच बेटे थे—गनी, दिलावर, मूसा, गुलाब और तैयब। चन्दूलाल शेख सायबान-जैसे कमरे के द्वार पर बैठे थे। पूरे थके-हारे हुए, चेहरे पर बुढ़ापे की झुर्रियों का जाल। उम्र हो जाने पर उन्होंने अपने बेटों में जमीन का बँटवारा किया। सभी के हिस्से में ग्यारह-ग्यारह एकड़ जमीन आई थी। हाल ही में जहाँ दरगाह है वह जमीन सबसे छोटे बेटे गुलाब के हिस्से में आई थी। बाकी भाई अपने-अपने खेत पर बस गए थे। केवल दिलावर गुलाब की जमीन से नहीं हिला। कहते हैं, उसकी राय थी कि गुलाब को सबसे अच्छा खेत देकर और दिलावर को सबसे खराब खेत देकर पिताजी ने जानबूझकर उसकी उपेक्षा की है। उसने अपने मित्र पांडुरंग मानकर की सहायता से एक रात में पहले कब्र बनाई। बोलबाला मात्र हमेशा की तरह हुआ, मीरावली बाबा अपने-आप जमीन से ऊपर आए हैं। जिस दिन यह हुआ उस दिन वारदात ऐसी जबर्दस्त कि 'मीरावलीबाबा प्रकट होनेवाले हैं, तोपों की आवाज होगी। ऊपर की बाजू की बस्ती तो उस आवाज से ही गिर जाएगी, साथ ही इन्दापुर भी जलेगा और दरगाह से इन्दापुर तक ठेठ सीढ़ियाँ बनेंगी।' आसपास के सभी लोग जान मुट्ठी में लेकर बैठे थे।

जैसे ही दरगाह बनी वैसे ही लोगों का आना-जाना भी शुरू हो गया। गुरुवार को तो तीन-चार सौ लोगों की भीड़ उमड़ने लगी। लोग कभी भी प्रश्न पूछने आए तो तुरन्त दिलावर की पत्नी जन्नतबी के देह में मीरावली बाबा सवार हो जाते थे। वह हाँ-हूँ करते हुए अभुआने लगती थी। लोगों के प्रश्न हमेशा की तरह ही : सन्तान प्राप्ति न होना, नौकरी में बढ़ोतरी, बीमारी, पागलपन, टोना-टोटका आदि। प्रश्न पूछे जाने पर उत्तर आता था, हर गुरुवार की बारी करो; बाबा को नहलाने की मन्नत माँगो। देवता को नहलाना यानी पैसों से नहलाना। आगे की सन्दूक में सौ, पाँच सौ, हजार रुपए नहलाने के लिए डालना। पहली दफा वादा किया जाता था, नहलाऊँगा ऐसा संकल्प करो। अगली दफे से तकाजा किया जाता था, वह पूरा करो। इतना करके भी कुछ नहीं हुआ तो बाबा का (जन्नतबी के मुँह से) जवाब, "श्रद्धा रखो, इन्तजार करो। श्रद्धा नहीं रखते इसलिए फल नहीं मिलता।"

भूत-बाधा से पीड़ित व्यक्ति को उसके परिवार के साथ वहीं रखा जाता था। उसके घर की मंडली दरगाह के पीछे की झोंपड़ी में रहती थी। बाधित व्यक्ति को

दरगाह के बाजू की बड़ी जंजीर से बाँधा जाता था। दिन में ही नहीं बल्कि रात में भी वैसी ही हालत में खड़े रहना पड़ता।

रघुनाथ बनसोडे के भाई लक्ष्मण को तो शुरू के कई दिन तीर्थ के नाम पर चार चम्मच पानी और मीरावली बाबा का मलीदा यानी एक निवाला प्रसाद मिलता था, बस इतना ही। वह ठीक तो नहीं हुआ बल्कि और बिगड़ गया। फिर उसे पुणे के मेंटल हॉस्पिटल में रखना पड़ा।

दिलावर के वहीं रहनेवाले माँ-बाप, सभी भाई-बहन की दिलावर के पाखंड और आतंक के बारे में लिखित शिकायत थी :

सातपुते बस्ती के पास
गाँव/डाक तहसील—इन्दापुर
जि. पुणे।
दि. 17.6.1987

मा. पुलिस सब इंस्पेक्टर
इन्दापुर तहसील

आवेदक—

1. गुलाब चन्दूलाल शेख
2. गनी चन्दूलाल शेख
3. मूसा चन्दूलाल शेख
4. तैय्यब चन्दूलाल शेख
5. बेगम बालू बालन मुलानी
6. खतीजा खलीधर मुलानी

विषय : पाखंड करनेवाले दिलावर चन्दूलाल शेख और उसके परिवार से सुरक्षा मिलने हेतु।

महोदय,

दिलावर चन्दूलाल शेख मीरावली बाबा का नाम बताकर उनके सगे भाई गुलाब चन्दूलाल शेख की ग्यारह एकड़ जमीन में दादागिरी, गुंडागर्दी करके, दैवी चमत्कार का डर दिखाकर घुस गए हैं और वहाँ अलग-अलग तरह के ढकोसले और पाखंड के प्रकार करके खुद का गुजारा कर रहे हैं। वे मीरावली बाबा के नाम पर गुलाब चन्दूलाल शेख को उसकी जमीन पर किसी भी प्रकार के निवास के लिए स्थान नहीं दे रहे हैं और हमारे परिवार के सभी सदस्यों को अलग-अलग तरीकों से उनके भक्तगणों से और पुलिस से भी परेशान किया जा रहा है।

नीचे दस्तखत करनेवाले हम लोगों को दिलावर शेख और उनके परिवार से और भक्तगणों से खतरा है और हम असुरक्षित होने के कारण आपसे विनती करते हैं कि हमें सुरक्षा मिले।

नोट—साथ में पाखंड के खिलाफ आन्दोलन की प्रति आपकी जानकारी के लिए प्रस्तुत की है।

भवदीय—
एस.जी. शेख
गनी चन्दूलाल शेख
मूसा चन्दूलाल शेख
तैय्यब चन्दूलाल शेख

शिकायत की पर कुछ भी नहीं हुआ। उलटे दरगाह के बाजू के पिताजी के घर की बल्लियाँ, दीवारें तोड़कर पिताजी को वह घर छोड़ने पर मजबूर किया। गुलाब का कहना था, "जिस दिन मैं दूसरे गाँव में था, उस दिन मेरे खिलाफ मारपीट की झूठी शिकायत दर्ज की। कोई पुलिस इंस्पेक्टर, कोई कॉन्स्टेबल, कोई लड़का हो तो कोई तरक्की मिले इसलिए मीरावली बाबा के भक्त बने थे। इसके चलते पुलिस से न्याय मिलना तो दूर उलटे परेशान ही किया जाता है। केवल झूठे मुकदमे के सहारे मुझे एक दिन लॉकअप में रखकर मारपीट की। अब न्याय किससे माँगें?"

सलीम शेख ने कहा, "हम तहसीलदार को आवेदन देने से पहले यहाँ आए। दिलावर को फटकारा। उसने कहा, 'देवता (मीरावली बाबा) औरत पर सवार होता है उसे मैं क्या कर सकता हूँ?' जन्नतबी को पूछा तो वह कहती है, 'मीरावली बाबा आता है, बोलता है, चला जाता है; मुझे कुछ भी पता नहीं चलता।' मैंने पूछा, 'आप लोग नमाज क्यों नहीं पड़ते?' तो उसने कहा, 'वली औलिया हमारे घर पानी भरते हैं तब नमाज पढ़ने की जरूरत ही क्या है?' हमने आगाह किया, 'यह ढकोसला बन्द करो।' तो उलटे हमें ही जतलाया, 'बाबा के खिलाफ बोलोगे तो वह आपको पेड़ से चिपकाकर मारेगा।' फिर भी हमने आन्दोलन शुरू किया। थोड़ा असर दिखाई दिया। पहले आठ दिन दिलावर अपने परिवार के साथ वहाँ से चला गया परन्तु एक बार बैठक लेकर फैसला करना है किन्तु वह आता ही नहीं। तीन बार बैठक हेतु सन्देश भेजा पर बैठक नहीं हुई। क्या करें?"

हम वापस गाँव में आ गए। मैं अरुण होलकर और सलीम शेख के साथ और पूछताछ करते हुए घूमा। बनसोडे का भाई मिला। उसके साथ बातचीत की। मीरा सुतार के घर गए। जानकारी सामने आने लगी। उससे और उसकी माँ से मिला और कहा, मन की बीमारी का ऐसे इलाज मत करो; मनोवैज्ञानिक को दिखाकर हम उसे ठीक करेंगे।

वैसे तो इसमें ज्यादा जिम्मेदारी पुलिस की थी। हम पुलिस थाने गए। पुलिस इस मामले में कुछ नहीं करती उलटे इस या उस कारण यह पुलिस इंस्पेक्टर स्वयं जीप लेकर लोटने के लिए वहाँ जाते हैं। यह लोगों का बताया दुखड़ा उनके आगे पढ़ा गया।

एक बात का काफी सहारा था। पुणे के पुलिस कमिश्नर मिसार ने दो महीने पहले खुद पहल करके पुणे में 'पुलिस और अन्धविश्वास' विषय पर संगोष्ठी ली थी। पुणे के डी.एस.पी., इंस्पेक्टर आदि सभी उपस्थित थे। इस चर्चा में मैं निमंत्रित था। सन्दर्भ था, असंख्य महिलाओं को धोखा देनेवाले वाघमारे बाबा और पुणे के पास हाल ही में हुआ नरबलि का मामला। कमिश्नर साहब का आग्रह था, पुलिस और अन्धश्रद्धा निर्मूलन समिति के कार्यकर्ता अन्धविश्वास के खिलाफ लड़ाई में हाथ मिलाएँ। चर्चा में एक अच्छा सुझाव सामने आया। झाड़-फूँक, टोना-टोटका तथा पाखंड के स्थान बहुधा भविष्य के तनाव, अघोरी धोखाधड़ी के केन्द्र होते हैं इसलिए शुरू से ही उन पर ध्यान दिया जाए। उसको नोट किया जाए। कुछ हो रहा हो तो शुरू में ही उसे उखाड़ दिया जाए। इन्दापुर के मीरावली बाबा का ठीक वही समय था।

अब दो ही विकल्प थे। दिलावर शेख को समझाकर रोकना और वह न माने तो आन्दोलन की तैयारी करना। परन्तु जवान मंडली को कुछ जल्दी होती है। कैसी चर्चा? ये समझदार लोग नहीं हैं। इन्हें आन्दोलन का तमाचा लगाना ही चाहिए। 'एक बार होने ही दो' जैसा सुर जल्दी लगता है। मैं, सलीम और अरुण ने दिलावर से बात करना तय किया। बात नहीं बनी तो आखिरी इलाज अपने पास है ही।

हम चन्दूलाल के चाचा के पास गए। चायपान हुआ। मैं सातारा से इसी काम के लिए आया हूँ, ऐसा बताने के कारण चाचा ने जान लिया होगा मामला गम्भीर बन रहा है। पहले तीन बार बैठक को 'आता हूँ' कहकर दिलावर नहीं आया था। परन्तु इस बार सन्देश भेजने पर वह आ गया। लम्बा, मजबूत कदकाठी, मैली धोती, फीके गुलाबी रंग की शर्ट, सफेद टोपी, दाढ़ी के बढ़े हुए सफेद खूँट। वह सात-आठ भक्तों को भी साथ लेकर आया। छोटा कमरा खचाखच भर गया। चर्चा शुरू हो गई। मेरी ओर उँगली करके सलीम ने कहा, "ये पूरे महाराष्ट्र में अन्धविश्वास उन्मूलन का कार्य कर रहे हैं। आप मीरावली बाबा का कोई चमत्कार होगा तो उसे देखने आए हैं। चमत्कार सच सिद्ध हुआ तो वे एक लाख रुपयों का बख्शीश भी देंगे।" मैं देख रहा था। हमें ऐसी बैठकों का काफी अनुभव है और दूसरे पक्ष का माहौल अकसर गुस्ताख, मगरूर, आक्रामक और आग्रही होता है। जोरदार झगड़ा होता है। किन्तु आज वैसा नहीं था। बैठक का मिजाज नरमी का ही था।

यह पहले के कुछ दिनों की माहौल निर्मिति होगी, थोड़ा-बहुत आन्दोलन का बढ़ा हुआ दबाव होगा या अपना सिक्का कितना खोटा है इसके एहसास से

अन्दर-ही-अन्दर खोखला बन रहा मन होगा। दिलावर आक्रामकता के बदले सयाने आदमी जैसा बोल रहा था। इस कारण बैठक झट से मुद्दे पर आ गई। मैंने कहा, "देखो दिलावर, तुम्हारी पत्नी का अभुआना, उसका लोगों को उपाय सूझाना, 'भूतबाधा हो गई' कहकर तुम्हारा दिन-रात जंजीर से खम्भे को बाँधकर मारपीट करना यह सब ढकोसला तो है ही पर कानूनन भी तुम्हें बहुत महँगा पड़ेगा। क्या होता है? कैसे होता है? इसकी लिखित शिकायतें हमारे पास हैं और हमें इतने दिनों के अनुभव से पक्का मालूम है कि पुलिस और अदालत में इसका फैसला कैसे करना है। परन्तु हमारी पद्धति है कि पहले उस व्यक्ति को एक मौका देना। तुमने खुद 'यह बन्द करता हूँ' कहा तो काफी अच्छा होगा पर तुम्हें सुबुद्धि नहीं सूझी तो हम अपनी राह पर चलेंगे। फिर बाद में तुम पछताओगे।"

मैं रुक गया। दिलावर ने झट से कहा, "पर मैं कहाँ कुछ कह रहा हूँ? आप जो बताएँगे वह मुझे मंजूर है।"

समय गँवाए बिना अरुण ने कागज निकाला। उस पर हमने लिखा, 'मैं दिलावर चन्दूलाल शेख लिखकर देता हूँ कि मीरावली बाबा की दरगाह के स्थान पर मेरी बीवी का अभुआना और लोगों का इलाज करने का जो मामला चल रहा है, उस बारे में अन्धश्रद्धा निर्मूलन समिति और राष्ट्रसेवा दल ने जो बताया वह मुझे मंजूर है। इसके आगे यह सब मामला हम रोक रहे हैं।" कागज दिलावर के आगे किया। हस्ताक्षर करने के लिए उसने पैन निकाला। इतने में एक भक्त ने मुँह खोला ही, "दरगाह जाना, नमस्कार करना हमारे इस धार्मिक अधिकार का क्या?" मानो लाजवाब सवाल पूछने की शान में सभी लोग हमारी ओर देखने लगे। मैंने कहा, "देव, धर्म पालन संविधान का ही आपको दिया हुआ अधिकार है। हमें उस बारे में कुछ नहीं कहना है परन्तु अभुआना, उपाय बताना, खम्बे से बाँधना, मारपीट करना ऐसे प्रकार धर्म में नहीं आते। यह सब लोगों के अज्ञान का लाभ उठाकर देव-धर्म के नाम पर की गई कालाबाजारी है। यह बन्द होना ही चाहिए।" फिर काँव-काँव हुई। "वैसा लिखकर दीजिए। देवधर्म को हमारा विरोध नहीं है।" सलीम ने कहा, "बिलकुल नहीं, लिखकर नहीं देंगे। असल में यह मुद्दा चर्चा का नहीं है। उस बारे में आपको संविधान की आजादी है ही। हम वह मानते ही हैं और उतना काफी है। आप तो सब कानून तोड़कर कर रहे हैं। वह बन्द करेंगे या नहीं? यह आज की बैठक का सवाल है।"

झगड़ा कुछ बढ़ता गया। माहौल काफी गर्म हो गया पर अपनी दाल नहीं गलेगी यह भक्त मंडली की समझ में आ गया। अपना सिक्का खोटा है और मामला बढ़ाया तो नाहक आफत आ जाने की सम्भावना भी उन्होंने जान ली होगी। "ठीक है!" कहते हुए उन्होंने दिलावर से कहा, "जैसा वे कहते हैं वैसा हो जाने दो, दस्तखत करो।" और दिलावर ने कागज सामने लेकर कबूलियत

पर अपना दस्तखत किया। उस एक दस्तखत से खम्भे से बँधी हुई बड़ी जंजीर ताले के साथ गिर गई और अन्धविश्वास उन्मूलन आन्दोलन में कबूलियत का एक नया पन्ना लिखा गया।

झाँसी की रानी का पुनर्जन्म

पुनर्जन्म की कहानियाँ सामान्य लोगों के जबर्दस्त कौतूहल का विषय है। पुनर्जन्म का मिलन (!) गले उतारनेवाली किताबें अंग्रेजी में ही नहीं, मराठी भाषा में भी उपलब्ध हैं। पुनर्जन्म सिद्ध हुआ ही है, घोषित करने की उन्हें जल्दबाजी होती है।

धार्मिक मनुष्य का मन किसी-न-किसी स्वरूप में पुनर्जन्म मानता ही है। 'माटी है, माटी में मिल जाएगा, यह आत्मा पर लागू नहीं होता।' यह बचपन में रटी हुई कविता अपवाद छोड़कर सभी को प्रौढ़ता में मंजूर होती है। देह बदन के वस्त्रों-जैसा होता है, उसका नाश होता है परन्तु अमर, अविनाशी आत्मा टिकी रहती है। वह कर्मगति के फेरों के मुताबिक पूर्वसंचित प्रारब्ध के मुताबिक चौरासी लाख योनियों के फेरे में पुनः-पुनः जन्म लेती रहती है। अलग-अलग देह-रूपी वस्त्र पहनती रहती है, यह हमारे यहाँ की धार्मिक कल्पना है।

वैसे तो इन सब पर आगरकर ने जोरदार हमला किया, उसे सौ से अधिक वर्ष हो गए। आगरकर ने पूछा, "जिस तरह मनुष्य पुराने वस्त्र फेंककर नये वस्त्र अपनाता है उसी तरह आत्मा एक शरीर फेंकने के बाद दूसरे शरीर में प्रवेश करती है। जो लोग मानते हैं कि एक ही आत्मा एक शरीर से निकलकर दूसरे शरीर में प्रवेश करती है; उन्हें यह भी कबूल करना होगा कि वह आत्मा कभी-कभी शरीर के बिना कहीं तो अस्तित्व में होती है। क्योंकि एक शरीर के साथ वह दूसरे शरीर में प्रवेश करती है कहेंगे तो उसे शरीर में प्रवेश करते हुए दिखाई देना चाहिए। वैसा मामला हम कहीं भी नहीं देखते। इसके अलावा, एक शरीर दूसरे शरीर में प्रवेश कर सकता है ऐसा मान लें तो बड़ा शरीर छोटे शरीर में प्रवेश कर पाएगा ऐसा नहीं मान सकते। मच्छर की आत्मा सूअर के शरीर में प्रवेश कर पाएगी शायद! परन्तु हाथी की आत्मा अपनी प्रचंड देह के साथ कीड़े के शरीर में कैसे प्रवेश करेगी? परन्तु वैसा होना असम्भव हो तो मानना होगा कि बड़े शरीर में रहनेवाली आत्मा को छोटे शरीर में कभी भी प्रवेश नहीं करना पड़ता। परन्तु वैसा भी नहीं मान सकते। क्योंकि आत्मा को जो देहावस्था प्राप्त होती है वह उसके कर्मानुरोध से होती है। एकाध हाथी से कीड़े के जन्म में जाए ऐसा बरताव हुआ हो तो उसे वैसा करना जरूरी है पर हाथी का शरीर तो कीड़े के शरीर में नहीं घुस सकता। तब कबूल करना जरूरी है

शरीरांतर करते समय कुछ समय आत्मा को अशरीरी बनना पड़ता है। तब पुनर्जन्म पर यकीन करनेवालों को अथवा पिशाच योनी का अस्तित्व माननेवालों को यकीन हुआ होगा कि प्राणियों की आत्मा हमेशा के शरीर का त्याग करने के बाद किसी भी शरीर के सहारे बिना कुछ समय रह सकती है...

"किन्तु अशरीरत्व यानी शरीर का अत्यन्त अभाव ऐसा कहने का उनका अनुरोध होगा तो वे कुछ तो बड़बड़ाते हैं ऐसा कहना पड़ेगा।"

अशरीरी चीज क्या है?

हम शरीरी मर्त्य उसकी कल्पना कैसे करें?

आत्मा के सिवा एकाध अशरीरी चीज क्या हमने देखी है?

'अनन्त' शब्द के अर्थ में वास्तव की जितनी दुर्बोधता है, उतनी ही दुर्बोधता 'आत्मा' शब्द में है।

मृत इनसान का शव जलाकर उसकी राख चारों दिशाओं में फेंक दें तो भी आत्मा वहीं कहीं तो या अन्य स्थान पर कम-से-कम कुछ समय तक प्राण पकड़कर रहती है ऐसी उनकी धारणा होगी (और इस देश में ऐसी धारणा वाले काफी लोग हैं) वे बेशक समझ लें कि हम मनुष्य की प्रथमावस्था में या वन्यावस्था में है।

इतनी स्पष्टता से पूछे हुए सवाल आज भी रास नहीं आते।

विज्ञान के सहारे अब केवल तर्क लड़ाने की जरूरत नहीं बची है। मनुष्य के शरीर में आत्मा नामक कुछ नहीं होता। व्यक्ति की इच्छा, आकांक्षा, भाव-भावना, राग, लोभ, स्मरण, शक्ति, कल्पना, वासना ये आत्मा के नहीं तो मन के आविष्कार होते हैं। मन होता है मस्तिष्क में, मस्तिष्क की अरबों कोशिकाओं में और कोशिकाओं से बने विविध केन्द्रों (Brain Centers) में। उसमें जो विद्युत-रासायनिक सन्देश वहन करनेवाले स्पन्दन होते हैं, उससे मनुष्य की भावना आकार लेती है। उसके लिए आत्मा की जरूरत नहीं होती। व्यक्ति मर जाता है उस समय मस्तिष्क की सब कोशिकाओं, सब केन्द्रों का नाश हो जाता है। एक भी पेशी बाहर नहीं जाती। स्वाभाविक ही मरणोत्तर अस्तित्व की सम्भावना ही नहीं होती।

अर्थात, परम्परागत सोचने वालों की बात छोड़िए मगर जो खुद को विज्ञान के उपासक कहते हैं उन्हें भी यह मंजूर करना भारी पड़ता है। फिर मृत्यु, मृत्यु के बाद का अस्तित्व, पुनर्जन्म आदि का वैज्ञानिक गणित प्रस्तुत करना शुरू हो जाता है। तथाकथित वैज्ञानिक परिभाषा का यह प्रस्तुतिकरण कैसे होता है? मिसाल के तौर पर स्वामी विज्ञानन्द की *श्रद्धायोग* (प्रथम संस्करण) पुस्तक के पृष्ठ 66-79 पर यह मजाकिया सन्दर्भ देखें। गणित की भाषा में "ढाई अब्ज नाड़ी गति के साथ मन का शरीर छोड़ने का निर्णय" मृत्यु है। उष्णता शक्ति की भाषा में यह बात कुछ अधिक स्थूल और गृहीत उदाहरण से बता सकते हैं। मान लो, जन्म के बाद पचास एम स्क्वेअर प्रति घंटा शक्ति खर्च करनेवाला और साठवें

वर्ष तक प्रति घंटा तैंतीस एम स्क्वेअर तक जानेवाला मनुष्य छोटी-बड़ी उम्र मिलाकर, दिन में तीन हजार कैलरीज उष्णता शक्ति खर्च करता है। यानी इस 'सत्रह' के अन्तर में (3000 कैलरीज × 365 दिन × 60 वर्ष = 6,57,00,000) छह करोड़ सत्तावन लाख कैलरीज के बराबर शक्ति गई। यह शक्ति व्यय 5 से 70 किलो का पिंड (देह) 60 वर्ष 370 सेंटिग्रेड गरम रखने के लिए हो गया। फिर भी अपनी मृत्यु के समय में बची हुई 'तैंतीस' के पास 'दोगुनी' यानी लगभग चौदह करोड़ कैलरीज उष्णता शक्ति बची ही। दोनों को जोड़ दें तो जन्म के समय लगभग इक्कीस करोड़ कैलरीज उष्णता शक्ति खर्च करने जितनी शक्ति चेतना के पास थी।

इसके आँकड़े हर गृहीत मिसाल के अनुसार, व्यक्ति के अनुसार बदल जाएँगे। तत्त्व समझने की दृष्टि से अचूक हिसाब की अपेक्षा तत्त्व खुलने के लिए जरूरी है इतना हिसाब काफी होगा। साथ ही मन यानी गति या उष्णता न होकर वह निर्मित करने की शक्ति है। परन्तु इस पृष्ठभूमि पर इसे जिन्दगी को 50 से 33 मूल शक्ति व्यय किया हुआ मन का समय कह सकते हैं तो मृत्यु 'मन' को बची हुई चौदह करोड़ कैलरीज खर्च करने की शक्ति रखनेवाली चेतना का शरीर से दूर हो जाने का निर्णय। मृत्यु के बाद मन इस असह्य उष्णता को चिपकता है। जन्म में जितनी पसन्द-नापसन्द अधिक सूक्ष्म, स्वार्थी या नाजुक उसकी तुलना में यहाँ दुख ज्यादा कठोर लगेगा यह सीधा ही हिसाब है। इच्छा यह मन का धर्म है। इसलिए वह मन के साथ जाती है। पसन्द-नापसन्द के यथार्थ स्तर के दुख झेलता है और उससे बची इच्छा, दुख झेलकर काफी उष्णता शक्ति कोश में फिर से भर जाए तो एकाध शरीर गूँथने की लालसा में वह फिर से लग जाता है, ऐसा यह चक्र है। मरणोत्तर, तिगुनी-चौगुनी उष्णता दुख में मन झुलस जाता है।

यह सब ध्यान में लें तो समझ में आता है कि पुनर्जन्म यह काफी गड़बड़ी का मामला है ।

किन्तु ऐरेगैरे नत्थू खैरे का पुनर्जन्म छोड़ ही दीजिए, खुद रणरागिणी झाँसी की रानी का ही पुनर्जन्म हो तो मामला कितना मजेदार और रोमांचक होगा। ऐसी झाँसी की रानी हमें मिली। यानी वह हमसे मिलने के लिए सातारा आ गई।

श्रीमती शरयू सहस्त्रबुद्धे, सांगली की परिवार वत्सल गृहिणी। पति और बच्चों में मशगूल रहनेवाली। सन 1982 के दरमियान कुछ अलग ही घटित हुआ। उन्हें महसूस होने लगा कि उनके घर में उनके पीछे-पीछे कोई घूम रहा है। एक दिन दृश्य रूप में उसका दर्शन हो गया। साक्षात महालक्ष्मी झाँसी रियासत की कुलस्वामिनी देवी ने कहा, "तुझे बताने आई हूँ। ठीक से याद कर, तुम पूर्वजन्म में झाँसी की रानी थी। उस समय के दिन काफी दौड़-धूप में गए। तुम्हारी मृत्यु भी असमय हो गई। इन सभी के कारण रीति रिवाज के मुताबिक, परम्परा के मुताबिक धर्मकृत्य

पूरे करने का तुम्हारा कार्य अधूरा ही रह गया। अब इस पुनर्जन्म में तो तुम्हें यह सब अच्छी तरह से करना होगा।"

जैसे-जैसे संकेत मिलते गए वैसे-वैसे सहस्त्रबुद्धे को धीरे-धीरे सब याद आता गया। वह सांगली, कोंकण से अकलूज तक घूमीं। उन्हें अलग-अलग स्थानों पर जमीन से मूर्तियाँ मिलीं। उन्होंने उन मूर्तियों की नौ दिन की शान्ति की। सांगली के एक जमाने के नामचीन पहलवान विष्णु सावर्डे अपने समय के नानासाहब पेशवा हैं, इसका उन्हें स्मरण हो गया। शिवाजीराव सावर्डे रावसाहेब पेशवा हैं, इसकी उन्हें पहचान हुई। सांगली के ही एक नामचीन वकील हथेली पर जान लेकर लड़नेवाले तात्या साहब टोपे हैं, यह स्मृति जाग्रत हो गई। 17.11.1985 के *तरुण भारत* में इसके बारे में विस्तार से समाचार छापा गया। शरयू सहस्त्रबुद्धे का बोलबाला बढ़ गया। सातारा में ज्योतिष मंडली की ओर से उनका एक भाषण भी आयोजित किया गया। उस समय गोरे रंग के, उभरी नाक वाले गोडबोले नामक शख्स उपस्थित थे। उन्हें सहस्त्रबुद्धे ने परिचय दिया कि वे अपने सैन्य दल में सरदार थे।

दि. 21 अगस्त, 1986 को सातारा शहर नगर वाचनालय ने सातारा में झाँसी की रानी के पुनर्जन्मवाली सहस्त्रबुद्धे के अनुभव कथन का जाहिर कार्यक्रम हुआ। भाषण की प्रसिद्ध हो गई और लोगों की जिज्ञासा बढ़ गई। कौतूहल बढ़ गया। चर्चा शुरू हो गई। अन्धश्रद्धा निर्मूलन समिति की साप्ताहिक बैठक में भी यह विषय सामने आ गया। भाषण के समय बाँटने के लिए एक पर्चा बनाया गया। हमने तय किया, पहले श्रोताओं को पर्चे दिए जाएँ, भाषण शान्ति से सुनें। जरूरत पड़ने पर प्रश्नोत्तर में हिस्सा लें।

मैंने झाँसी की रानी का चरित्र प्राप्त किया। दूसरे दिन के पूर्वजन्म के अनुभव कथन से मिलान करने के लिए वह पढ़ लिया। जरूरत पड़ी तो प्रतिपरीक्षण के लिए तफसील के कुछ उल्लेख। (कोष्ठक में उनके उत्तर दिए हैं।) खास तौर पर नोट करके रखे, मसलन :

- झाँसी के किले पर कितनी तोपें थीं? (51)
- आपकी कुलस्वामिनी का मन्दिर कहाँ है? (शहर के बाहर के तालाब में।)
- आपके माँ-बाप के और दादा जी के नाम क्या है? (भागीरथीबाई, मोरोपंत, बलवंतराव ताँबे।)
- आपका बचपन कहाँ बीता? (ब्रह्मावर्त में, रावबाजी पेशवा के साथ।)
- आपके बचपन के मित्र कौन थे? (पेशवा के पुत्र नानासाहब और रावसाहब।)
- क्या आपके पिताजी ने दूसरी शादी की थी? (हाँ।)
- सौतेली माँ का नाम? (चिमाबाई।)
- आपने गोद क्यों लिया? (सन 1851 में पैदा हुए बेटे की तीन महीने की अवस्था में मृत्यु होने के कारण।)

- आपने अंग्रेजों को जो खत भेजा था और गोद लेने की अनुमति के लिए विनती की थी, उसमें इसका ब्यौरेवार वर्णन है कि आपके पति ने और उनके खानदान ने ब्रिटिशों की कैसे सेवा की; क्या यह सच है? (हाँ। खत उपलब्ध है।)
- लड़के के उपनयन के लिए आवेदन-विनती करके आपको ब्रिटिश सरकार से एक लाख रुपए प्राप्त करने पड़े; क्या यह सच है? (हाँ, सच है।)

शाम के साढ़े छह बजे कार्यक्रम था। साढ़े छह के भाषण में श्रोता रेंगते हुए सात तक जमा होते हैं यह हमेशा का अनुभव है। किन्तु यह कार्यक्रम उसका अपवाद रहा। काफी भीड़ थी। छह बजे ही हॉल की सब कुर्सियाँ भरी हुई थीं। महिलाओं की उपस्थिति भी उल्लेखनीय थी। सभी की नजरें झाँसी की रानी के आगमन की ओर लगी हुई।

उस माहौल में हमारे कार्यकर्ताओं ने श्रोताओं के हाथ में पर्चे रखे। संयोजकों को भी दिए। वह पर्चा इस तरह था :

'झाँसी की रानी का पुनर्जन्म'
खुद का बुद्धि भ्रंश, औरों का बुद्धि भेद।

मैं झाँसी की रानी का पुनर्जन्म हूँ और मेरी उस समय की पूर्वस्मृति जाग्रत हो गई है ऐसा दावा सांगली की श्रीमती शरयू सहस्त्रबुद्धे कर रही हैं। यह लोगों की भावनाओं से खेलने का, अन्धविश्वास को बढ़ावा देने का और मानसिक बीमारी का उदात्तीकरण करने का गम्भीर मामला है। अन्धश्रद्धा निर्मूलन समिति माँग कर रही है कि यह मामला तुरन्त बन्द हो।

इस देश का परम्परागत धर्म-विचार मानता है कि देश के लिए लड़ते समय जिन्हें वीरगति प्राप्त होती है वे जन्म-मृत्यु के फेरे से मुक्त हो जाते हैं। उस कारण झाँसी की रानी जैसी अलौकिक वीरांगना को मोक्ष मिला होगा यह जाहिर ही है। ऐसे समय में उसे फिर से जन्म-मृत्यु के फेरे में फँसाना यह लोगों की धार्मिक भावना से खेलने का घातक मामला है।

इसके परे जाकर इस प्रश्न की तरफ वैज्ञानिक दृष्टि से देखें तो क्या दिखाई देता है? एकाध देवी, बाबा, पीर, मृत व्यक्ति का निश्चित दिनों में कुछ समय तक सवार होना 'हिस्टेरिया' के मनोविकार का हिस्सा है। परन्तु हम ही पूर्वजन्म के ऐसे मृत व्यक्ति हैं ऐसा मानना यह उसकी अगली सीढ़ी का मनोविकार है। उसे वैद्यकीय भाषा में 'पैरॅनॉइड स्किजोफ्रेनिया' कहते हैं। ऐसी मानसिक बीमारी का जाहिर प्रदर्शन आपत्तिजनक है।

पागल खूनी रामन राघवन को भी लगता था कि उसे ईश्वर ने विशेष कार्य करने के लिए और दुनिया के उद्धार के लिए पृथ्वी पर भेजा है। ऊपरी तौर पर उसका बरताव पागल-जैसा नहीं बल्कि सुसंगत ही लगता था। परन्तु इस मनोविकार के कारण ही उसने अनेक निर्घृण कत्ल किए। केवल मनोविकृति के कारण उसने कत्ल किए इसलिए इतने कत्ल करके भी वह फाँसी चढ़े बिना जेल की सजा भुगत रहा है। किस हद तक ये बातें जा सकती हैं, इसकी यह मिसाल है।

पुनर्जन्म की बात विज्ञान से सिद्ध नहीं हुई है। दुनिया के किसी भी ज्ञानकोश के सन्दर्भ देखें तो यह आसानी से समझ में आएगा। मनुष्य की बुद्धि, स्मृति, भावना, एहसास ये सब बातें उसके मस्तिष्क की पेशी में होती हैं। मृत्यु के बाद मस्तिष्क नष्ट होता है। उस समय ये बातें खत्म हो जाती हैं। कुछ भी पीछे नहीं रहता। यह निर्विवाद वैज्ञानिक सत्य है। उसी कारण आत्मा और उसके सहारे होनेवाला पुनर्जन्म यह बात वैज्ञानिक दृष्टि से असम्भव है।

तब खुद को एकाध महत्त्वपूर्ण व्यक्ति का पुनर्जन्म बताना मनोविकार है या पाखंड है। कुछ भी हो लेकिन यह लोगों को गुमराह करने का मामला है। इसीलिए इसे बन्द करने के लिए जागरण करने और उसके लिए जरूरत के मुताबिक अखबार, शासन, पुलिस, अदालत आदि का प्रयोग करने का निश्चय अन्धश्रद्धा निर्मूलन समिति ने किया है।

अन्धश्रद्धा निर्मूलन समिति, सातारा।

पर्चा बँटने के बाद माहौल और भी जिज्ञासापूर्ण बन गया। साढ़े छह बज गए और श्रीमती सहस्त्रबुद्धे आ गईं। मंच पर चढ़ते वक्त उनके भी हाथ में पत्रक थमाया गया।

उम्र पैंतीस साल, प्रौढ़त्व की ओर झुकी हुई, स्थूल शरीर की, सामान्य रंगरूप की औरत। उन्हें देखकर श्रोता वर्ग का नाउम्मीद होना स्वाभाविक ही था। वाचनालय के कार्यवाहक ने प्रस्तावित किया। एड. वी.डी. देशपांडे ने अध्यक्ष स्थान स्वीकारा। "सहस्त्रबुद्धे अपने अनुभव प्रस्तुत करें। वह सब लोग सुन लें। बाद में आप प्रश्न पूछ सकते हैं।" उन्होंने प्रस्तावित करके शुरुआत करा दी।

सहस्त्रबुद्धे भाषण के लिए खड़ी नहीं हुईं। वैसे तो अत्यन्त बुजुर्ग वक्ताओं को छोड़कर सब लोग खड़े होकर बात करते हैं। उसमें रणरागिणी झाँसी की रानी ने जिस देह में पुनर्जन्म लिया, उससे तो खड़े होकर जोरदार ओजस्वी भाषण की उम्मीद होना स्वाभाविक था। परन्तु श्रोताओं की उम्मीद व्यर्थ सिद्ध हो गई। श्रीमती सहस्त्रबुद्धे कुर्सी पर बैठकर बोलने लगीं। सारी बातें उकतानेवाली, नीरस थीं। बिलकुल वैसी

कि एकाध स्कूली लड़की काफी बड़ा भाषण कंठस्थ करके वक्तृत्व प्रतियोगिता में हिस्सा लेकर भाषण करें।

'अपने साथ ही घर में पीछे-पीछे घूमनेवाली महिला ने कैसे दर्शन दिया, मुझे पूर्वजन्म में झाँसी की रानी होने की सूचना कैसे दी, मैं उस समय का इतिहास पढ़ने लगी तो मेरी एक-एक स्मृति कैसे जाग्रत हो गई...जमीन से मूर्तियाँ बाहर निकालते समय कैसे देवता सवार हो गए, पाँच-छह लोगों को तक मुझे रोकना कैसे असम्भव हुआ...' इन सभी की सूचना देने के बाद प्रत्यक्ष अनुभव कथन की शुरुआत हो गई।

"मैं तीन साल की थी। माँ भागीरथीबाई गुजर गईं। उस समय मैंने रोकर शोर मचाया यह साफ याद आता है। मैं बचपन में ब्रह्मावर्त में रावबाजी के पुत्र नाना और रावसाहब के साथ खेलती थी। पेशवा को शाप था कि उन्हें औरस पुत्र नहीं मिलेगा। इसलिए मेरी शादी गंगाधरपंत के साथ हो गई। गंगाधरपन्त पुरुष नहीं थे, यह झूठ है। वे नाटकों में काम करते थे। स्त्री की भूमिका करने के कारण स्त्रियों के कपड़े पहनते थे। हमारे ताँबे घराने की वंशावली इस तरह है..." कहकर उन्होंने संध्या के नामों की तरह वह वंशावली धड़ल्ले से बताई, "...दामोदर मेरा पुत्र। उसने हाल ही में कर्नाटक में पुनर्जन्म लिया है। नॉस्टरडैम ने लिख रखा है कि बीसवीं सदी के अन्त में दुनियाभर में महायुद्ध होनेवाला है। उससे हिन्दुओं का साम्राज्य दुनिया में फैल जाएगा। वह काफी बड़े भविष्यवेत्ता हैं। उनके अब तक के भविष्य ठीक वैसे ही सच हुए हैं। इस धर्मयुद्ध का नेतृत्व दक्षिण से आनेवाला एक युवक करेगा, यह भी उन्होंने बताया है। वह महापुरुष दामोदर ही होगा ऐसा मुझे लगता है।" फिर कुछ समय उन्हें उस समय के अपने भाषण और गीत याद आने लगे और मराठी का भाषण छोड़कर उन्होंने हिन्दी का सहारा लिया। फिर कुछ देर बाद वे मराठी में आ गईं। उन्होंने झाँसी की रानी पर उपन्यास लिखने की अपनी इच्छा प्रकट की। (वैसे तो उन्हें आत्मकथा कहना चाहिए था, मराठी भाषा में अब तक न आई हुई अद्‌भुत आत्मकथा!) उन्होंने लगभग एक घंटे बाद अपनी सुपरफास्ट कहानी रोकी।

श्रोताओं की निराशा स्पष्ट महसूस हो रही थी। उत्सुकता से आए हुए श्रोताओं में से कुछ लोग तो भाषण खत्म होने से पहले ही उठने लगे थे। फिर भी अन्त तक सुननेवालों की संख्या भी काफी थी और श्रीमती सहस्त्रबुद्धे का भाषण खत्म होते ही अध्यक्ष ने प्रश्नोत्तर को अनुमति दी। प्रश्नों की झड़ी लग गई।

"आपको घोड़ा लाकर देते हैं। क्या आप उस पर सवार होगी?"

"नहीं।"

"तलवार लाकर देते हैं। चला पाओगी?"

"नहीं।"

"रणभूमि पर लड़ते समय मृत्यु होने से आपको वीरगति मिल गई, मोक्ष प्राप्त हो गया। फिर वापस जन्म क्यों लिया?"

"धर्म कार्य के लिए।"

"फिर धर्म कार्य करो ना, भाषण क्यों दे रही हो?"

"झाँसी की रानी का मूल वंश सातारा के पास के धावड़शी के ताँबे घराने का है। आपने वहाँ जाकर वंशावली प्राप्त की है, यह सच है कि नहीं?

"सच है, मैं धावड़शी गई थी।"

"आपके भाषण में लाइब्रेरी के सन्दर्भ कैसे आते हैं?"

"अंग्रेजी शब्दों का उच्चारण कैसे करती हो?"

जवाब नहीं।

"आपका झाँसी की रानी होते समय का हिन्दी भाषण आपने कुछ देर पहले किया। यह हिन्दी तो आजकल की हिन्दी है। डेढ़ सौ साल पहले की मध्य प्रदेश की हिन्दी आप उस समय बोलती होंगी। फिर यह आधुनिक हिन्दी कहाँ से आई?"

जवाब नहीं।

"कुछ साल पहले सातारा के सुप्रसिद्ध डॉक्टर पेंडारकर से आपने मानसिक स्वास्थ्य के लिए दवाई ली थी, क्या यह सच है?"

"हाँ, यह सच है।"

"1982 में पूर्वजन्म की स्मृति जाग्रत हो जाने के बाद आपने मिरज के सुप्रसिद्ध मनोवैज्ञानिक देवसिकदार को दिखाया था, क्या यह सच है?"

"हाँ।"

झाँसी की रानी के लिए प्रश्नों की झड़ी अप्रत्याशित थी। पिछले चार सालों में उसे कहीं से भी ऐसा अनुभव नहीं आया था।

भाषण का स्वागत, तारीफ, पुनर्जन्म का सबूत मिल जाने के आनन्द जैसा कुछ हो जाने के बदले यह अलग ही हो गया था। लोग साफ-साफ शक कर रहे थे। अड़चन में लानेवाले प्रश्न पूछ रहे थे जिसमें उपहास की धार थी। सभा की हालत देखकर अध्यक्ष महोदय ने अध्यक्षीय भाषण न करते हुए ही सभा बरखास्त की। फिर आभार प्रदर्शन रह गया इसमें ताज्जुब नहीं। किन्तु मंच से नीचे आने पर श्रीमती सहस्त्रबुद्धे के अनुभव से अपनी असहमति जताना भी वे नहीं भूले।

पुनर्जन्म नहीं होता फिर यह क्या है? मन के खेल? मनोभ्रम? मनोविकृति? यह मन ऐसा बरताव कैसे करता है? ये सारी बातें सातारा के लोगों को समझाने के लिए अन्धश्रद्धा निर्मूलन समिति ने मनोचिकित्सक डॉ. प्रसन्न दाभोलकर का व्याख्यान रखा। उसमें भी खूब भीड़ जमा हो गई।

मन और मनोव्यापार पर प्रसन्न दाभोलकर ने प्रकाश डाला। उन्होंने कहा, "गाँव के गँवार पर शहर के बुद्धिमान ऐसी (यूँ ही) अपनी समझ होती है। वे लोग

भी अभुआना, बाधा होना, पुनर्जन्म, किसी की अनजान भाषा में बात करने की कहानियाँ सुनते हैं तो कहने लगते हैं कि कुछ तो टोना-टोटका है क्योंकि इसकी कल्पना काफी कम लोगों को होती है कि मन क्या है? मन के खेल कैसे होते हैं? भावनाओं का स्थान मन माना जाता है और प्यार करनेवाला मनुष्य दिल पर ही हाथ रखकर दिल की बीमारी बताता हैं। परन्तु अपनी भावना, कल्पना बनती है दिमाग में। उसका अध्ययन वैसे कठिन बात है पर यह रहस्य अब खुल रहा है। जाग्रति, नींद, सम्मोहन यह मन की स्वाभाविक अवस्था होती है। व्यक्ति पर परिस्थिति का तनाव, उसके व्यक्तित्व की कमजोरी, मस्तिष्क की कोशिकाओं में रासायनिक बदलाव जैसे अनेक कारणों से मानसिक बीमारी और विकृति पैदा होती है। अच्छी सोच, वैज्ञानिक दृष्टि से जानकारी प्राप्त करें तो सच्चाई समझ में आ सकती है। ईश्वर सवार कैसे होगा? सर्वशक्तिमान ईश्वर को किसी के बदन में सवार होने की क्या जरूरत है? सवार न होते हुए भी वह सब कुछ कर सकता है। ईश्वर को मुर्गा देनेवाले आप कौन? बदन में प्रत्यक्ष देवी सवार होकर भी वह जेब की नोट का मामूली नम्बर कैसे नहीं पहचान सकती? शरीर नियमों से परे कोई भी करिश्मा मसलन हवा में तैरना, सवार होनेवाला देवता कैसे नहीं कर पाता? देवता सवार होता है यानी स्वसम्मोहन होता है या हिस्टेरिया। इसीलिए परिचित देवता या देवी ही सवार होती है। संयोग से कुछ उत्तर सही आ गए तो उसका बोलबाला हो जाता है...।"

अभुआना अस्थायी, सप्ताह के एकाध दिन तक होता है। बाधा होना उस काल तक हर समय रहता है। बाद में कुछ समय वह खत्म भी होता है क्योंकि कुछ समय बाद कम होनेवाली कुछ बीमारियाँ होती हैं। मांत्रिक के बारे में यह यकीन हो कि वह हमें ठीक करेगा ही तो मांत्रिक से भी कुछ बार बाधा हुए लोग ठीक हो सकते हैं। रामन राघवन जैसा एकाध पागल तो औरों को ही पागल समझता है क्योंकि वह मानता है कि हम ईश्वर ने दिए आदेश का पालन कर रहे हैं।

व्यक्तित्व के असन्तुलन से मन की परत बिखर जाती है। उसके परिस्थितिजन्य कारण भी हो सकते हैं। भ्रम होने लगते हैं। कोई पीछा कर रहा है ऐसा आभास होने लगता है। प्रत्यक्ष में साक्षात्कार का भ्रम होता है। पीड़ित व्यक्ति के लिए यह भ्रम सच्चा अनुभव बन जाता है और फिर गलत सोच का चक्र शुरू होता है, पक्का बनता है...।

सामान्य तौर पर विचार करें तो श्रीमती शरयू सहस्त्रबुद्धे के विचारों में तर्क विसंगति महसूस होती है। झाँसी की रानी के समय के नानासाहब पेशवा, रावसाहब पेशवा, तात्या टोपे इन सभी को एक ही समय में 'पुनर्जन्म प्राप्त हुआ' मानना कितना उचित है? फिर उन सभी को सांगली में ही पुनर्जन्म प्राप्त हुआ यह कैसे हो गया? उनमें से एक को भी इसकी कुछ याद न आने से क्या निष्कर्ष निकलता है? ऐसे व्यक्तित्व की विशेषता यह है कि ऐसी भ्रम की बातें छोड़कर अन्य बातों में ये लोग

आम लोगों जैसा बरताव करते हैं। बच्चों की शिक्षा, खाना-पीना, घर का काम, पति के लिए किए जानेवाले कार्य इन कर्तव्यों में श्रीमती सहस्त्रबुद्धे जिम्मेदार औरत थीं। परन्तु उनकी पक्की समझ थी कि मैं झाँसी की रानी का पुनर्जन्म हूँ। ऐसों का इलाज हो सकता है, यह हमें तो मंजूर हो जाएगा लेकिन झाँसी की रानी को कैसे जँचे?

इन दोनों कार्यक्रमों का वृत्तांत अखबारों में प्रकाशित हुआ। इससे चिढ़कर श्रीमती सहस्त्रबुद्धे ने 26.9.1986 के कोल्हापुर *सकाल* में अपना पत्र छपवाया।

रानी के जन्म की याद आती है, यह तो अनुसन्धान का विषय

मेरा सातारा में 21 अगस्त को 'झाँसी की रानी का पुनर्जन्म' विषय पर भाषण हुआ। उसका वृत्तांत 27 अगस्त के *सकाल* में प्रकाशित हो चुका है। ('वह खुद को झाँसी की रानी समझती थी, पर...') उसके बारे में मेरी भूमिका यह है :

'मैं खुद झाँसी की रानी ही हूँ' ऐसा विधान मैंने नहीं किया है। परन्तु मुझे ऐसा सब याद आता है। वह क्या है उसके बारे में सोचें, अनुसन्धान करें और आप ही निश्चित करें क्या है वह, ऐसा मेरे कहने का मतलब था। मेरी पक्की राय है कि प्रश्नोत्तर के वक्त अन्धश्रद्धा निर्मूलन समिति के लाए हुए श्रोताओं ने हंगामा किया।

उस समय जो प्रश्नोत्तर हुए उनमें से कुछ ही प्रश्नोत्तर खबर में दिए हैं। मूलतः सभी प्रकाशित करने चाहिए थे। पुनर्जन्म झूठा हो तो जो कुछ याद आता है उसे सिर्फ मनोविकृति कहकर अन्धश्रद्धा निर्मूलन समिति द्वारा किया हुआ विधान क्या उनकी ही मनोविकृति नहीं दिखाता? एकाध बात को मनोविकृति कहकर उसका विचार करना छोड़ देना क्या यह समाज की गुमराही नहीं है? वैसा होता तो अन्धश्रद्धा निर्मूलन समिति के अध्यक्ष नरेन्द्र दाभोलकर वहाँ उपस्थित थे। उनका एक भी प्रश्न पूछे बगैर अपने एजेंटों के जरिए किये गए हंगामे को 'श्रोताओं का हंगामा' समझना क्या उचित है? इन सभी का समग्र रूप में विचार हो।

मैंने पूछे गए प्रश्नों के तुरन्त उत्तर दिए। क्या मनोविकृति होनेवाला मनुष्य वह दे सकता है? उन्होंने कोलाहल किया इसलिए यह कार्यक्रम बन्द करना पड़ा। अपने कारण औरों को परेशानी होती है इसका भी एहसास इन 'पढ़न्त श्रोताओं' को नहीं रहा। श्रोता नाम पर छात्र हंगामा कर रहे थे। सभा खत्म हो जाने के बाद श्रोताओं में से हंगामा करनेवाले लड़कों ने प्रश्न पूछे, यह कैसे?

जिसकी रणभूमि पर मृत्यु हो जाती है उसे मोक्ष प्राप्त होता है ऐसा अन्धश्रद्धा निर्मूलन समिति ने अपने पत्रक में कहा है। क्या मोक्ष की संकल्पना विज्ञानशास्त्र में मेल बैठनेवाली है?

अन्धश्रद्धा निर्मूलन समिति यदि यह संकल्पना मानती है तो पुनर्जन्म अमान्य करना केवल पाखंड है। पाखंड किसे कहें? यदि मैंने समाज को ठगकर समाज से कुछ आर्थिक सहायता प्राप्त की होती तो वह पाखंड हो जाता।

सातारा के लोगों ने स्पष्ट किया है कि अन्धश्रद्धा निर्मूलन समिति के नाम पर हम कितना गिर सकते हैं। वैचारिक कृति होती तो मनोविज्ञान की गहराई से समिति के अध्यक्ष को खुद प्रश्न पूछने चाहिए थे। उनके समर्थकों से मनोविकृति के प्रदर्शन की उम्मीद नहीं थी।

श्रीमती शरयू सहस्त्रबुद्धे
सांगली

उसे मैंने इस तरह जवाब भेज दिया :

मा. सम्पादक,
दैनिक सकाल, कोल्हापुर

आपके दि. 26.9.86 के अंक में चर्चित श्रीमती शरयू सहस्त्रबुद्धे (सांगली) का 'झाँसी की रानी के जन्म की याद आती है, यह तो अनुसन्धान का विषय' यह पत्र *दैनिक सकाल,* कोल्हापुर सातारा में उपलब्ध न होने के कारण एक कार्यकर्ता ने भेजा तब पढ़ने में आया। उसमें उन्होंने अन्धश्रद्धा निर्मूलन समिति के अध्यक्ष नरेन्द्र दाभोलकर ने खुद एक भी प्रश्न न पूछते हुए (उनकी सातारा की सभा में) एजेंटों के जरिए हंगामा किया, सातारा के लोगों ने 'हम कितना गिर सकते हैं' यह स्पष्ट कर मनोविकृति का प्रदर्शन किया। यह मुझ पर और अन्धश्रद्धा निर्मूलन समिति तथा सातारा के लोगों पर किए आरोप पूर्णत: असत्य और उनके संत्रस्त मन के प्रतीक हैं। इसलिए कुल मामले के बारे में वास्तविक स्थिति प्रस्तुत कर रहा हूँ।

श्रीमती सहस्त्रबुद्धे ने सातारा के भाषण में लगभग एक घंटा वर्णन किया। झाँसी की रानी होने का क्या-क्या याद आता है। उसमें उन्होंने वह (झाँसी की रानी) तीन साल की थी तब माँ गुजर गई के ब्यौरेवार वर्णन से लेकर अपने पति गंगाधरपंत पुरुष थे या नहीं इस नाजुक विषय तक, रानी की वंशावली से लेकर ब्रिटिशों के साथ किए हुए युद्ध तक सब जानकारी उस समय के स्वानुभव पर आधारित, उस जन्म की स्मृति के

सहारे बताई। झाँसी की रानी का चरित्र एक स्कूली लड़की उकतानेवाले सुर में कहे ऐसा वह भाषण हो गया।

काफी भीड़ और औत्सुक्य होते हुए भी इतना निराश करनेवाला भाषण सातारा के लोगों ने पूरी शान्ति से सुना, यह श्रोता के रूप में उनके प्रौढ़त्व का लक्षण है। इसके बाद अध्यक्ष ने प्रश्न पूछने को कहा। इस समय सबसे ज्यादा और श्रीमती सहस्त्रबुद्धे को अड़चन में लानेवाले सवाल सातारा के *दैनिक ग्रामोद्धार* के सम्पादक बापूसाहब जाधव और *दैनिक महाराष्ट्र मित्र* के सम्पादक और व्याख्यान का संयोजन करनेवाले नगर वाचनालय के भूतपूर्व कार्यवाहक संजय कोल्हटकर ने पूछे। वे दोनों अन्धश्रद्धा निर्मूलन समिति के सदस्य भी नहीं हैं।

अन्य अनेक स्त्री-पुरुषों ने (श्रीमती सहस्त्रबुद्धे के कहे मुताबिक केवल छात्रों ने नहीं) प्रश्न पूछे। श्रीमती सहस्त्रबुद्धे के दिए हुए उसके जवाब असन्तोषजनक और हास्यास्पद थे। बड़ी उत्सुकता से भाषण सुनने आए और प्रश्नोत्तर के लिए रुके हुए श्रोताओं को पूरी निराशा हो गई और अपने ठग लिये जाने की भावना भी उनमें आ गई। उस कारण कुछ प्रक्षुब्धता और खलबली मच गई। समय काफी हो जाने के कारण श्रोता बाहर निकलने लगे।

अन्धश्रद्धा निर्मूलन समिति को नवजागरण पर यकीन है। इसीलिए हमने सभा से पहले 'झाँसी की रानी का पुनर्जन्म; खुद का बुद्धिभ्रंश, औरों का बुद्धिभेद' इस विषय के पर्चे बाँटे। श्रीमती सहस्त्रबुद्धे को भी वह पर्चा मिला था। इसके कुछ मुद्दों पर वह व्याख्यान में न सन्तोषजनक बोल पाईं, न प्रश्नों के उत्तर दे पाईं। पर्चे के महत्त्वपूर्ण मुद्दे ऐसे हैं :

1. इस देश का परम्परागत धर्म विचार मानता है कि देश के लिए लड़ते समय जिन्हें वीरगति प्राप्त होती है उन्हें जन्म-मृत्यु के फेरों से मुक्ति मिलकर मोक्ष प्राप्त होता है। अन्धश्रद्धा निर्मूलन समिति जन्म-मृत्यु के फेरे और मोक्ष नहीं मानती परन्तु इस देश के अधिकांश लोगों में यह अन्धविश्वास है। झाँसी की रानी जैसी अलौकिक वीरांगना को उस कारण मोक्ष प्राप्त हुआ होगा ऐसा ही वे मानते हैं। ऐसे समय उसे जन्म-मृत्यु के फेरे में फँसाना, क्या यह लोगों की धर्म भावना के साथ खेलने का गम्भीर मामला नहीं है?
2. मनुष्य की बुद्धि, स्मृति, भावना, एहसास ये सब बातें उसके मस्तिष्क की कोशिकाओं में ही होती हैं। मृत्यु के बाद मस्तिष्क नष्ट हो जाता है। उस समय ये सब बातें नष्ट हो जाती हैं। यह

निर्विवाद वैज्ञानिक सत्य है। उस कारण ही आत्मा और उसके आधार पर होनेवाला पुनर्जन्म यह बात वैज्ञानिक दृष्टि से असम्भव है।

3. वैज्ञानिक दृष्टि से श्रीमती सहस्त्रबुद्धे की पूर्वजन्म की स्मृति मानसिक बीमारी है। श्रीमती सहस्त्रबुद्धे सातारा के एक डॉक्टर के पास काफी समय से इलाज करवा रही थीं। उनके खुद के भाषण में शुरू में डॉ. देवसिकदार (मिरज के प्रख्यात मनोवैज्ञानिक) द्वारा अपनी जाँच का जिक्र था। खुद के भाषण में उन्होंने बताया, 'मुझे आभास हो रहा था कि एक आकृति घर में मेरा पीछा कर रही है। एक दिन उस आकृति ने सदेह दर्शन दिया और बताया कि "झाँसी की रानी का तुम पुनर्जन्म हो और तुम्हारे हाथों उसके रहे हुए सब धार्मिक कार्य पूरे होनेवाले हैं।' ये आभास मानसिक बीमारी के लक्षण हैं।

ऐसा नहीं कि हर मनोविकार ठीक होता ही है। परन्तु फिर खुद को एकाध महत्त्वपूर्ण व्यक्ति का पुनर्जन्म बताना तो मनोविकार है या पाखंड है; या और कुछ भी हो तो भी लोगों की यह गम्भीर गुमराही ही है। श्रीमती सहस्त्रबुद्धे के कहे मुताबिक वह इसके जरिए कुछ आर्थिक लाभ प्राप्त नहीं करती होंगी किन्तु पाखंड का असली हेतु आर्थिक ठगी नहीं, लोगों की विचारधारा गलत राह पर ले जाना है और इसीलिए अन्धश्रद्धा निर्मूलन समिति का इससे विरोध है। श्रीमती सहस्त्रबुद्धे के भाषण के चार दिन बाद ही पुनर्जन्म, अभुआने पर हमारे आयोजित किए व्याख्यान को प्रचंड प्रतिसाद मिला जो यही दिखाता है कि लोगों को वैज्ञानिक दृष्टि समझ लेने में रस है।

इसके बाद झाँसी की रानी के करतब कहीं सुनाई नहीं दिए।

गुमशुदा मिल गया

साधु उत्तर हिन्दुस्तानी, हरिद्वार की ओर के थे।

बदन पर अच्छे टेरीकॉट के कपड़े; धोती अथवा पतलून, शर्ट, कोट। कपड़े भगवा रंग के। गुलाल के पानी में ही कपड़े धोते थे, इस कारण रंग गाढ़ा बना रहता। साथ में दो घोड़े, एक हाथी, हाथी की पीठ पर गद्दियाँ और बाकी का सामान! मुकाम, डाक : वडगाँव हवेली, कराड से आठ मील पर। दि. 21 मार्च को साधुओं का जत्था नदी पर नहाने आया था। उन्होंने रास्ते में गाँववालों से बातें कीं, कुछ प्रश्न पूछे। कुछ पूछताछ की। एक पूछताछ ऐसी थी : क्या गाँव का कोई लड़का गुम हो गया है? गाँव में हाल के बीस-पच्चीस साल में तो ऐसा आदमी नहीं है।

श्रीमती खांबे का यह ससुराल था। उसका पीहर शेणोली पाँच किलोमीटर की दूरी पर ही था। उसे अपने चचेरे भाई की याद आती है। वह धड़ल्ले से बताती है, "बारह साल पहले दसवीं की परीक्षा पहली बार शुरू हो गई थी। उस समय की बात है। मेरा चचेरा भाई वसन्ता सोलह-सत्रह साल का था। उसने दो पेपर दिए। पेपर काफी कठिन गए थे। वह तीसरे पेपर को जाता हूँ कहकर जो गया तो वापस आया ही नहीं। अब तक उसका पता नहीं है।" साधु ने कहा, "वैसा आदमी हमारे पास है। आओ। देखो। यकीन करो।"

बहन काम पूरा कर खूब उत्सुकता से दौड़ते हुए गई। लगभग तीस साल का वसन्ता मन्दिर में बैठा था। वह उसकी ओर देख रही थी। वसन्ता के चेहरे पर दुविधा दिखाई देने लगी। आँखें भर आईं। बहन को तो रोना ही आ गया। यही अपना वसन्ता है। यह खबर हवा की तरह शेणोली तक गई : 'वसन्ता मिल गया। वापस आ गया।' ट्रैक्टर, मोटरसाइकिल तथा साइकिल से लोगों के झुंड वसन्ता को देखने के लिए आने लगे। वसन्ता के माँ-बाप आकर गए। भाई उंब्रज में प्राथमिक अध्यापक था वह भी आ गया। अब सभी का शेणोली की ओर प्रस्थान करना तय हो गया।

23 मार्च को वसन्ता और उसके साथी साधुओं को ट्रैक्टर से ट्रॉली जोड़कर बड़े सम्मान से शेणोली तक लाया गया। (आम तौर पर उनकी यात्रा पैदल ही होती थी।) शेणोली में गोपाल समाज का बैंड है। पुश्तैनी देवता के लिए वह बैंड था। उसके लिए उन्हें थोड़ी जमीन दी गई है। उसकी उपज वे लेते थे और देवता

की पालकी के सामने बजाते थे। अब यह सम्मान वसन्ता को मिल गया। जुलूस के आगे शोभा बढ़ानेवाले गजराज और शान दिखाने के लिए घोड़े थे ही। गाँव में रास्ते के दोनों तरफ भीड़ हुई। हिन्दुराव आप्पासाहब पाटील अपना बेटा मिल जाने की खुशी में थे। गाँववाले बड़े उत्साह से आकर वसन्ता के हाथ से हाथ मिलाते थे। खुद ही बताते थे, 'मैं फलाना-फलाना...स्कूल में, खेत में, नदी में जाते समय तुम्हारे साथ रहता था। पहचाना क्या?' वसन्ता का दिल भर आता था। महिलाओं की आँखों से तो आँसुओं की लड़ियाँ लगती थीं। वसन्ता भी सिसकी नहीं रोक पाता था। वह इतना ही कहता था, "मैं कैसे गुम हो गया मुझे कुछ नहीं पता। कोई भी बात ध्यान में नहीं।" परन्तु गाँव को वह बात याद करने में रस ही नहीं था। अपने गाँव का एक आदमी शंकर का भक्त बन गया। हरिद्वार में रहा, पानी में खड़े रहकर तप किया, गाँव का नाम देश में किया। मंडली इस खुशी में मशगूल थी।

जुलूस घर के पास आ गया। माँ-बाप ने बहुत आग्रह किया, "बेटा, घर चल।" पर वसन्ता देवता का आदमी हो गया था। उसने इनकार किया। घरवालों ने भी आग्रह नहीं किया। वसन्ता के साथ सभी ने गाँव के हनुमान मन्दिर में डेरा डाला। मन्दिर प्रशस्त था। सौ-डेढ़ सौ लोग आराम से सो सकते थे। गाँव का पुजारी, नियमित पारायण रखनेवाली मंडली, भजनी मंडल भी स्वागत को हाजिर हो गया। गर्मी के दिन शुरू हो गए थे। प्रत्येक को अलग पंखा चाहिए था। घर-घर से जमा करके ग्यारह पंखों का प्रबन्ध किया गया। कोई भी चाय नहीं पीता था, अतः दूध का जुगाड़ शुरू हो गया। शिवजी के भक्त हैं, चरस पीना निषिद्ध नहीं, अतः आराम से चरस के कश लिए जाने लगे। पाँव छूने के लिए लोगों की भीड़ शुरू हो गई। वसन्ता दिखने में सबसे आकर्षक। फिर शेणोली का नाम रोशन करनेवाला। उसके पाँव के पास जमघट सबसे ज्यादा। गाँव में आने के दिन से ही साधुओं ने रात के भजन शुरू किए। गाँव का भजनी मंडल साथ में था ही। कृष्ण, राम, सीता स्वयंवर के गीत थे। सभी भजनों का ढंग किसी समय काफी मशहूर हुए 'नागिन' सिनेमा के संगीत पर आधारित था।

आनेवाले भक्तों से साधुओं ने पूछताछ शुरू की। "तुम्हारा घर कहाँ है? तकलीफ क्या है? शान्ति करेंगे।" फिर घर के निमंत्रण शुरू हो गए। घर जाकर ईंटें चुनना, मंत्र कहना। छुआरा, नारियल, लौंग, घी, लकड़ी आदि से होम करना, फिर पानी में पिशाच दिखाने का कार्यक्रम होता। थाली पानी से भरकर रखी जाती थी। उस पर एक कोरा सफेद कागज ढका जाता था। फिर उस पर और एक कागज रखा जाता था। सम्बन्धित व्यक्ति के हाथ से उस कागज पर पानी छिड़का जाता था। ऊपर का कागज उठाने पर नीचे के कागज पर पिशाच-जैसा चित्र दिखाई देता था। जादू-टोने से पैदा हुआ यही वह पिशाच! घर की बीमारी का, सन्तान न होने का कारण यही खबीस होता था। उसको पानी से ऊपर तो निकाला, अब हरिद्वार

ले जाकर गंगार्पण करना चाहिए। वहाँ होम करना पड़ेगा। उसके लिए शुद्ध घी चाहिए। छह किलो, आठ किलो, दस किलो घी साथ ले जाना कठिन। इसलिए घी की कीमत जितने पैसे दो। होम के लिए ऊपर से और कुछ दो। ऐसे रकम ऐंठना शुरू हो गया। 151 रुपयों से लेकर 800-900 तक। किसी के घर केवल दूध पीने के लिए गए तो भी हरिद्वार में खाना खिलाने के लिए पैसे माँगे जाते थे। लोग भी पैसे देते थे। भक्त मंडली मिल रही थी। कपड़े धोकर, इस्त्री करके दे रही थी।

इधर वसन्ता की माँ को अपना ही वसन्ता वापस आने का लगभग यकीन हो गया था। बचपन में वसन्ता की दाईं आँख के ऊपर की बाजू में लगी खुरपी का निशान, जाँघ का तिल ये निशान वसन्ता के ही थे। वसन्ता की पीठ पर जन्म से ही एक बड़ा मस्सा था। सिर्फ वह मस्सा दिखाई नहीं दे रहा था। वसन्ता ने कारण बताया, माँ की ममता ने स्वीकार किया और उसका दिल भर आया। वसन्ता ने पानी में खड़े रहकर तीन साल तपस्या की। उस वक्त मछलियों ने गरदन के नीचे की सब खाल नोच ली थी। बाद में नई त्वचा आ गई। अर्थात अब मस्सा रहना कैसे सम्भव था?

गाँव का युवक सम्पत गायकवाड़ दलित आन्दोलन और अन्धविश्वास उन्मूलन की लड़ाई में अकसर पहल करता था। गाँव की बारह बकरों की यात्रा बन्द करने के लिए उसी ने संघर्ष किया था। वह स्पष्टवादी, मुखर और हिम्मत से काम लेनेवाला था। इस कारण गाँववालों में उसके बारे में 'यह क्या झंझट' ऐसी ही भावना थी। घर की बहुत गरीबी, पहनने-खाने को मोहताज! परन्तु उत्साह जबर्दस्त, वृत्ति चिकित्सक। उसे शक होने लगा। साधु कहलाते तो हैं शिवजी के भक्त परन्तु उनके भजनों में शंकर के बारे में कुछ नहीं है। एकाध तसवीर छोड़कर शिवजी की एक भी पुस्तक, पोथी उनके पास नहीं है। शिवजी के भक्त, अत: गाँव के शिवभक्तों ने उन्हें गाँव के शिवमन्दिर में रहने का सुझाव दिया। परन्तु उन्होंने गाँव के बीच बस्ती का प्रशस्त मन्दिर छोड़कर एक ओर के छोटे शिव मन्दिर जाने को साफ इनकार किया। फिर दिनभर सिगरेट पीना और पानी में पिशाच दिखाकर पैसे ऐंठने का पाखंड चालू ही रहता था।

गाँव के स्कूल की मैडम एक बार सम्पत से मिलीं। स्कूल की प्रधानाध्यापिका दमयन्ती दिनकर पाटील थीं तो हीराबाई शंकरराव पाटील उपप्रधानाध्यापिका। उन्होंने सम्पत से कहा, "गाँव में यह क्या चल रहा है? तुम कुछ करते क्यों नहीं?" सम्पत ने कहा, "चमत्कार दिखाकर पैसे लिए जाने का मुझे सबूत चाहिए।" फिर नाटक करना तय हुआ। दमयन्ती मैडम माँ बन गई। हीराबाई और सम्पत भाई-बहन बन गए। सम्पत मन्दिर गया। वहाँ साधु नहीं थे। डेढ़ घंटा स्कूल में रुककर वह फिर तीन बजे मन्दिर गया। दो जोगी थे। सम्पत ने उनसे कहा, "बहन को सन्तान नहीं है, चिन्ता में है।" जोगियों ने उपाय बताया। घर आए। सुपारी, छुहारे, गरी के टुकड़े और बाकी सब होम का सामान मँगवाया। थाली के पानी पर कागज फैलाकर

भूत दिखाने का प्रयोग हो गया। भूत बाहर निकला। हरिद्वार में शान्ति के लिए यज्ञ करेंगे, सन्तान हो जाएगी। माँग की यज्ञ के लिए ग्यारह किलो घी चाहिए, उतने पैसे दो। इतने में दमयन्ती मैडम का निश्चय डगमगाने लगा था। कागज पर उभरी भूत की आकृति देखकर वे घबराने लगीं। उन्होंने भूत दिखाया है, पैसे दे देते हैं ऐसा सुर निकाला। परन्तु हीराबाई और सम्पत ने पैसे तो दिए ही नहीं जिस थाली के पानी के ऊपर के कागज पर भूत उभरता था वह थाली जोगी मंडली द्वारा अपने साथ ले जाने का भी उन्होंने विरोध किया। "भारी पड़ेगा, देख लेंगे।" धमकाकर साधु बाहर गए।

मन का शक मजबूत करने के लिए और एक बात हो गई। सातारा के *दैनिक जिव्हाला* (आत्मीयता) में देवता की बाड़ी (पुणे) की एक हकीकत छपकर आई थी। वह सम्पत के पढ़ने में आई। पहले फरार हुआ चाचा मैं ही हूँ ऐसा आभास पैदा करके ठगने की कोशिश करनेवाले ऐसे ही एक बैरागी की वह हकीकत थी। होम करना, घी माँगना ऐसे कुछ सन्दर्भों के समान धागे भी थे। सम्पत वह खबर लेकर कराड के पुलिस थाने गया। दरोगा जयवन्त वत्रे नहीं थे, इसलिए दो बजे से रात के ग्यारह बजे तक रुका। ग्यारह बजे दरोगा आ गए। उन्होंने सुन लिया और कहा, "यह धार्मिक बात है। उसमें हम कैसे दखल दें?" सम्पत ने कहा, "आप ध्यान नहीं देंगे तो हम जिला पुलिस प्रमुख के पास जाएँगे।" उसी वक्त शेणोली के पुलिस पाटील किसी दूसरे काम से पुलिस थाने आए थे। उन्होंने बताया, "ऐसे लोग गाँव में हैं पर मुझे नहीं लगता कि उनके बारे में शिकायत दर्ज करने जैसा कुछ है।" अब तो बात ही खत्म हो गई।

सम्पत गाँव आया। उसने अपना शक गाँववालों को बताना शुरू किया। *दैनिक जिव्हाला* की पुणे की खबर की कतरन वह जाहिर तौर पर पढ़कर सुनाने लगा। सुभाष आनन्दराव कणसे, रमेश शिवदास, धोंडीराम नामदेव गायकवाड़, तानाजी पवार की समर्थन देनेवाली कुछ युवा मंडली उसे मिल गई। वसन्ता के रिश्तेदार, मेहमान वसन्ता को देखने, मिलने आते थे। वसन्ता ने अपने सगे चाचा को भी नहीं पहचाना। उसे भी शक था। परन्तु सम्पत को कुल समर्थन कम ही था। लोग कहते थे, "अपना-अपना सवाल है। क्या वह आपको लूट रहा है?"

कुछ युवकों को सम्पत का कहना जँचता था पर बुजुर्गों के आगे उसकी एक न चलती थी। वे लड़कों को समझाते थे, "व्यर्थ में सम्पत के फन्दे में मत पड़ना। साधु बिगड़ गए तो सिर्फ तुम्हें ही नहीं बल्कि घर-बार भी चौपट कर देंगे।" होम होते थे, पैसे जाते थे, थालियाँ थैली में डालकर साधु बाहर निकलते थे। सिलसिला यह चालू ही रहा।

मालन किसन सालुंखे गाँव की म्हाकूबाई देवी की ओझा थी। वह सभी साधुओं को, वसन्ता के माँ-बाप को अपनी देवी की गद्दी की ओर अपने घर ले गई। गाँव

की मंडली भी जमा हो गई थी। अचानक मालन पर देवी सवार हो गई। वह घूमने लगी, "वसन्ता, मेरी देवी, तुम्हारे लिए घायल हो गई थी। व्याकुल होकर चिल्ला रही थी। होली के बाद तू आएगा ऐसा सन्देसा मुझे मिला था वैसा तू आ गया रे, बाबा! बारह साल वसन्ता नहीं था, उतने सालों मे घरवालों की कमाई कितनी हो गई! वसन्ता के हिस्से में कितनी आ गई? इतने में उसकी गृहस्थी बढ़ जाती, बीवी-बच्चे कितना खाते?" जमा हुए लोगों ने हिसाब लगाया वह लाख का निकला। ओझा औरत ने वसन्ता के माँ-बाप को आगे बुलाया। उन्हें फरमाया "आधी कमाई आप खाओ आधी देवी को दो।" लोगों ने कहा, "देवा! सही है, शान्ति से बताओ।"

वसन्ता ने पिताजी से कहा, "मुझे आपसे मिलने वापस आने के लिए गुरुजी को अनुमति देनी चाहिए। उसके लिए गुरु की इच्छा के मुताबिक हरिद्वार में दस हजार लोगों को भोजन देना होगा। आप उसका प्रबन्ध करें। मेरा रास्ता खोल दें।"

फिर वसन्ता के घरवालों ने बड़ा होम किया। हजारों लोग आए। वसन्ता के रिश्तेदार आ गए। उन्होंने शौक से वसन्ता के साथ तसवीरें निकालीं। होम की भभूत सभी को बाँटी गई। घर में रखने के लिए कहा गया। पास रखने की सलाह दी गई। 'बरकत आएगी, काम हो जाएगा, मवेशियों को बीमारी नहीं होगी, मन का डर निकल जाएगा' की गवाही दी गई। सभी ने दर्शन लिया। नारियल, केले, घी, पैसे दिए। फिर शामराव बाबूराव कणसे बात करने के लिए खड़े हो गए। उन्होंने कहा, "हमारे गाँव के सुपुत्र और महान योगी वसन्ता को उनके माता-पिता की ओर से पाँच हजार रुपए, डेढ़ तोले का सोने का लॉकेट और आधे तोले की सोने की अँगूठी दी जा रही है।" इसके साथ ही दस हजार लोगों के भोजन का खर्चा चार रुपए थाली के हिसाब से चालीस हजार रुपयों का हिसाब वसन्ता ने निकाला था। पैसे जुटाते हुए वसन्ता के हरिद्वार पहुँचने तक वह पूरा करना होगा, ऐसा तय हुआ। केवल चार दिनों में गाँव में छोटे-बड़े चालीस-पचास होम हो गए। साधु कम पड़ने लगे। अत: ग्यारह साधुओं की मदद के लिए और आठ साधु बुलाए गए। वे भी दाखिल हो गए।

सम्पत काफी भड़क गया। उसने पुलिस थाने में फोन किया, "यहाँ लोगों को लूटा जा रहा है। हम चुप नहीं बैठेंगे। क्या हम डी.एस.पी. को सूचित करें? या हम ही छापा मारकर सब पैसे जब्त करें?" दरोगा के ध्यान में आया, मामला बिगड़ जाएगा। व्यर्थ ही आफत आ जाएगी। वत्रे साहब रात के आठ बजे गाँव में आ गए। मन्दिर से बाकी लोगों को बाहर निकाला गया। दो दरवाजों पर दो पुलिस सिपाही खड़े हो गए। ग्रामपंचायत में एक-एक को बुला लिया। कौन? कहाँ के? कहाँ से आए हो? कहाँ जानेवाले हो? इसके जवाब लिए। तसवीरें लीं। बाकी को ज्यादा पूछताछ किए बिना दूसरे दिन गाँव छोड़कर जाने के लिए कहा। वसन्ता से प्रश्न पूछे। उसके माँ-बाप को बताया। माँ ने सीना पीटकर कहा, "मेरा ही छोकरा है।"

पुलिस जीप साढ़े नौ बजे वापस गई। पुलिस के आने से एक ओर कुछ शक का माहौल बन गया था तो दूसरी ओर खूब सन्ताप और गुस्से का। साधुओं ने कहा, "पुलिस को किसने बुलाया?" लोगों ने कहा, "वो चमार के लड़के सम्पत ने।" दो साधु देखकर आए कि सम्पत क्या घर में है।

सम्पत के पिताजी दो मील की दूरी पर कृष्णा सहकारी चीनी मिल के परिसर में पेड़ के नीचे बैठकर मोची का काम करते थे, वहीं रहते थे। सम्पत उन्हें रोज रात को खाना पहुँचाता था। रात के नौ बजे सम्पत साइकिल से निकला। गाँव में क्या चल रहा है इसकी भनक उसकी माँ को लग गई थी। छोकरे की पिटाई न हो इसलिए उसने उसे पिताजी के पास सोने की सलाह दी। पिताजी इस बारे में कुछ नहीं जानते थे। सम्पत ने भी उन्हें कुछ नहीं बताया। पिताजी ने उसे वापस घर भेज दिया। धीरे-धीरे साइकिल चलाते हुए, सहमते हए वह गाँव में घुस गया। कानाफूसी चल रही थी। कुछ प्रशंसा, कुछ गालियाँ सुनाई दे रही थीं। वसन्ता के स्कूल में पोपट निवृत्ति कणसे अंग्रेजी के अध्यापक थे। उनको वसन्ता द्वारा बिलकुल नहीं पहचान पाने से उन्हें दाल में कुछ काला होने की आशंका हुई, तो गाँव की कुम्हारन को फिक्र लगी थी कि पुलिस बुलाने के इस मामले से वसन्ता के गुरुजी उस पर कितना नाराज होंगे? कुछ लोग सम्पत को मन्दिर के बाजू में न जाने की सलाह दे रहे थे। साधु हथियारबन्द हैं, व्यर्थ ही भोंक दिया जाएगा ऐसा उन्हें डर लग रहा था। सम्पत ने तय किया, कुछ तो फैसला करना ही होगा।

सम्पत मन्दिर में घुस गया। कुछ साधु सो रहे थे तो कुछ सहीसलामत छूटने की खुशी में सिगरेट पीते हुए मस्त गप्पें हाँक रहे थे। वसन्ता के माँ-बाप वसन्ता के पास बैठकर कुछ बातें कर रहे थे। सम्पत सीधे वहीं गया और जोर से माँ से कहा, "माँ साहब, अब पक्का बताओ, यह आपका ही वसन्ता है ना?" सम्पत की उम्मीद से कुछ अलग ही हुआ। माँ न बरस पड़ी न कुछ बोली। केवल उसने उदासी से सिर हिलाया। सम्पत को अन्दर जाता देख मन्दिर के इर्द-गिर्द खड़ी टोलियाँ भी अन्दर गईं। इन चारों के आसपास जमा हो गई। कुछ और गड़े मुर्दे उखाड़े गए और सम्पत की समझ में आया कि वसन्ता की किसी ने ढंग से पूछताछ ही नहीं की थी। न माँ-बाप ने, न रिश्तेदारों ने, न गाँववालों ने, न पुलिस ने। किसी ने प्यार की उमंग से तो किसी ने भोली भक्ति से पूछा किन्तु वसन्ता ने जो बताया, उतना और वैसा ही सच माना गया। पुलिस ने भी गाँव से निकल जाने की हिदायत देने के सिवा कुछ नहीं किया। गाँववालों को हिन्दी में बात करने में अड़चन आती थी। गाँववालों की दृष्टि से यह भी महत्त्वपूर्ण कारण था। सम्पत का हिन्दी का ज्ञान भी सामान्य ही था। परन्तु उसने सोचा, एक बार साफ-साफ प्रतिपरीक्षण तो ले लूँ और अपनी टूटी-फूटी हिन्दी में उसने वसन्ता पर प्रश्नों की बौछार शुरू की : "तुम्हारी जन्म तारीख क्या है? तुम्हारे कुलस्वामी का नाम क्या है? तुम्हारे खेतों के नाम क्या हैं?

तुम्हारे गाँव का दैवत कौन सा? गाँव की यात्रा कब भरती है? तुम्हें कौन-से गुरु जी पढ़ाते थे? तुम्हारे चाचा का नाम क्या है? मामा का नाम क्या है?..."

प्रश्नों की बौछार बढ़ती गई पर हर प्रश्न का 'भूल गया' इन दो शब्दों के आगे वसन्ता के पास कोई जवाब नहीं था। प्रश्नों की बौछार होने पर वसन्ता ने कहा, "शान्ति चाहिए, कल जवाब दे सकता हूँ, मेरे ध्यान में अभी कुछ नहीं है।" अन्य सावधान साथी यह बढ़ता हुआ शोरगुल देख रहे थे। वे मन्दिर के बाहर खिसक गए। उन्होंने गाँव में कुछ प्रश्नों की जानकारी पाने की कोशिश की। उनमें से एक वापस आकर वसन्ता को सांकेतिक भाषा में जानकारी बताने लगा। वह वसन्ता की समझ में नहीं आ रही थी। शोरगुल और बढ़ गया। सम्पत ने प्रश्न किया, "अपनी माँ का पूरा नाम बताओ?" फिर भी वसन्ता चुप। अब आखिरी चिनगारी पड़ गई। उसकी माँ ही आगे बढ़ी। उसने एक-दो प्रश्न पूछे। वसन्ता चुप। पर उसने अब उलटा ही दाँव किया, "मैं अंगार में खड़ा रहूँगा, अग्नि परीक्षा करके बताऊँगा कि मैं तुम्हारा ही लड़का हूँ।"

किन्तु अब माँ के मन ने कुछ अलग ही ठानी थी। उसने कहा, "सम्पत मास्टर, आप पुलिस को खबर करो। मुझे मेरे पैसे, लॉकेट वापस मिलने चाहिए।" पिताजी कुछ कहे बिना चुप रहे। उसे मौन समर्थन मानकर सम्पत फोन करने के लिए उठा परन्तु वसन्ता ने गिड़गिड़ाकर कहा, "मैं वसन्ता नहीं हूँ, मेरा नाम राजन गिरी है, मुझे माफ करो, पुलिस को खबर मत दो।" सम्पत ने कहा, "पैसे दो। लॉकेट लाओ। अँगूठी निकालो।" वसन्ता उठा। बाहर गया। कैशियर साधु से पाँच हजार के नोट जैसे मिले थे वैसे ही लाकर दिए। कमर में रखा लॉकेट और अँगूठी निकालकर हाथ में दे दी। देखते-देखते पूरा सीन ही बदल गया। सम्पत का जोश बढ़ गया। मदद के लिए लोग आगे बढ़े। घर-घर में होम करके पिशाच दिखाकर ऐंठे हुए पैसे वापस करने की माँग आगे बढ़ी। सम्पत रात के दो बजे घोषणा करने जैसा गाँव में घूमा। लोगों को जगाया। लोगों ने अपने पैसे तो वापस लिए ही पर उसके साथ ही प्रसाद के लिए दी हुई थाली, प्याली, नारियल भी वापस लिए। लगभग तेरह हजार का बँटवारा हो गया।

हेठी न मानकर जो लोग पैसे माँगने आए, सम्पत ने उन लोगों को पैसे वापस दिए। परन्तु कुछ व्यापारी, डॉक्टर, नेता, पढ़ी-लिखी मंडली खुद के ठगे जाने को कबूल करने से झेंप रहे थे। अर्थात, उनके पैसे डूब गए। अब पुलिस पाटील ने ही पहल करके कराड पुलिस थाने में फोन किया। दरोगा तानाजी पाटील आ गए। उस वक्त भोर के चार बज गए थे। उन्होंने सभी लोगों को बाहर भेजकर मन्दिर के दोनों दरवाजों को ताला लगाया। दो पुलिस दो द्वार पर तैनात की गई। थोड़ी देर बाद गाड़ी आई। उसमें आठ साधु रवाना हो गए। फिर गाड़ी का इन्तजार करने के बदले एक ट्रक लाया गया। उसमें बचे हुए साधु और उनका सब सामान डाला

गया। हाथी-घोड़ों को भी गिरफ्तार किया गया। हाथी सँभालने वाला महावत साधु हाथी पर बैठा और उसे गिरफ्तार किए जाने के कारण उसके पीछे एक हवलदार शान से स्थानापन्न हो गया। सब निकलने लगे तो सम्पत के भीतर का कार्यकर्ता बड़े उत्साह के साथ नारे देने लगा और उसे प्रतिसाद भी मिलने लगा। मसलन, "फुले-आंबेडकर विचार की जय हो! धोखाखड़ी बन्द करो। पाखंडी साधुओं को सजा होनी ही चाहिए।"

सारी मंडली चार दिन कराड के लॉकअप में थी। गिरफ्तार किए हुए हाथी, घोड़े पुलिस थाने के द्वार पर झूल रहे थे और लोगों की जिज्ञासा बढ़ा रहे थे। साधुओं के पास अब भी छह हजार रुपए थे वे रुपए पुलिस ने जब्त किए। कराड के पावसे कोर्ट के सामने मुजरिमों को हाजिर किया गया। छह लोगों और हाथी-घोड़ों को न्यायमूर्ति ने छोड़ दिया तथा तेरह लोगों की पुलिस कस्टडी की अवधि बढ़ा दी, जमानत न होने के कारण उन्हें सातारा जेल में भेजा गया।

आगे मुकदमा चला। राजन गिरी को डेढ़ साल की कड़ी सजा हो गई। परन्तु बाकी साथी रिहा हो गए। (किस-किस की मिलीभगत से यह अलग तहकीकात का विषय है।) एक बात अच्छी हो गई। सातारा के जिला कोर्ट में राजन गिरी ने अपील की, वहाँ उसकी सजा कम करने के बदले उलटे और चार महीने बढ़ा दी गई।

मरता क्या नहीं करता

सत्ताईस सितम्बर की रात को लगभग दस बजे मेरे पास बापू आफले का फोन आया। बापू आफले मेरा दोस्त। *दैनिक पुढारी* के सातारा कार्यालय का प्रमुख। *पुढारी* कोल्हापुर से प्रसिद्ध होनेवाला और आसपास के जिले में सर्वदूर पहुँचा हुआ बड़ी खपत का दैनिक। बापू के फोन की बात का सार ऐसा था :

पुढारी के दि. 22 सितम्बर, 1988 के अंक में एक ललित लेख आया है। ख्यातिलब्ध निर्देशक गजानन जागीरदार की जिन्दगी का वह विदारक अनुभव है। उसमें उन्होंने खुद की जिन्दगी में आई हुई समस्या हल करने के लिए एक तांत्रिक की तंत्र सिद्धि की मदद लेने की घटना लिखी है। इस अनुभव पर विश्वास कैसे करें? जागीरदार-जैसे आदमी को पाखंडी अथवा बावला कहना ठीक नहीं। परन्तु उनके अनुभव को प्रमाण माने तो क्या टोना-टोटका, तावीज, तांत्रिक-मांत्रिक पर यकीन करें? तो इस विषय पर सम्पादक की अपेक्षा थी कि पाठक ही प्रकाश डालें। परन्तु मुझसे उनकी खास विनती थी कि दाभोलकर का इस पर लेख चाहिए। दूसरों को शब्द सीमा का बन्धन है पर दाभोलकर कितना भी लिखें। जितना विस्तार और स्पष्टीकरण के साथ आएगा उतना चाहिए। बस लेख तुरन्त चाहिए।

मूल सन्देश *पुढारी* के कार्यकारी सम्पादक दत्ता सराफ का था। वह सन्देश बापू ने मुझ तक पहुँचाया। मैं उसका दोस्त, इसलिए आग्रह भी किया। दत्ता सराफ भी *मनोहर* साप्ताहिक में थे तब से वे मेरे स्नेही। परन्तु मेरी दिक्कत यह थी कि मैं दूसरे दिन सुबह संगठन के विदर्भ के शिविर हेतु आठ दिनों के लिए सातारा छोड़नेवाला था। उससे पहले कब लिखें? मैंने तो अभी तक मूल मजमून भी नहीं देखा था। बापू को यह कारण बताया तो वह काफी मँजा हुआ खिलाड़ी निकला। उसने रात के लगभग बारह बजे *पुढारी* का वह अंक घर भेज दिया।

मुझमें लिखने का उत्साह नहीं था। इसकी और एक वजह थी। बहुत पहले आए हुए अपने रहस्य भरे अनुभव का वर्णन कई बार पढ़ने को हमें मिलता है। कई बार लिखनेवाले लोग मान्यवर होते हैं। उस कारण यह घटनाएँ लोगों को भी सत्य प्रतीत होने लगती हैं। फिर 'आप तो कहते हैं, ऐसा कुछ नहीं है। फिर यह कैसे हुआ होगा?' लोग प्रामाणिक जिज्ञासा से ऐसा सवाल लेकर आते हैं। परन्तु

ऐसे लेखों के सभी सन्दर्भ, स्थल-काल की तफसील, घटनाएँ प्राय: एक तो धुँधली, सन्दिग्ध होती हैं। कभी-कभी स्पष्ट हों तो भी आज के समय उनकी सुसंगत जाँच कर पाने की स्थिति तो बिलकुल नहीं होती। उस कारण यह कैसे हुआ होगा, इसका कार्य-कारण सम्बन्ध पर आधारित जँचनेवाला उत्तर देना कठिन हो जाता है। ऐसा होना असम्भव है; कोई भी यह करके दिखाए। हमारी चुनौती है और दो लाख रुपयों की बख्शीश भी। इस चुनौती के कारण लोग लाजवाब हो जाते हैं पर ऐसा नहीं है कि समझ जँचती ही है।

इसी तरह का जागीरदार का अनुभव कथन होगा इसलिए मैं बापू का भेजा हुआ लेख पढ़ने लगा। किसी चैतन्य देशमुख नामक व्यक्ति ने 'मरता क्या नहीं करता?' शीर्षक के तहत लेख लिखा था :

> श्री गजानन जागीरदार यानी अधिकारी, दिठार, अनुभवी मनुष्य। उन्होंने बड़े धैर्य से जिन्दगी की धूप-छाँव झेली है। फिर भी 'वे कहते हैं' श्री गजानन ने प्रस्तावना के ये दो शब्द लिखकर आगे अपनी आत्मकथा *पाऊलखुणा* (पदचिह्न) का एक प्रसंग पुस्तक से ही लेकर रखा था। वह प्रसंग लिखने के बाद लेखक ने लिखा था, 'अब सवाल पैदा होता है कि (जागीरदार खुद ही कहते हैं कि) टोना-टोका, तावीज, तांत्रिक-मांत्रिक पर मुझे ज्यादा यकीन नहीं था।' और वही जागीरदार इसी मार्ग से उनका कार्य कैसे सफल हुआ इसका वर्णन करते हैं।
>
> कोई भी नहीं कहेगा जागीरदार दोमुँहे दम्भ वाले हैं। मैं तो निश्चित ही नहीं कहूँगा। फिर उनका अनुभव प्रमाण मानें तो टोना-टोटका, तावीज, मांत्रिक-तांत्रिक जैसी बातों पर यकीन करना पड़ेगा। 21 वीं सदी की दहलीज पर वह कैसे करें? हम अन्धविश्वास उन्मूलन की बातें करते हैं। उसके लिए प्रभावी कार्य करने का महत्त्व औरों को जताते हैं। ऐसे समय में जागीरदार को आए हुए अनुभव का अर्थ कैसे लगाएँ? अर्थ लगना अत्यन्त जरूरी है अन्यथा लोगों का अन्धविश्वास पर विश्वास बढ़ता जाएगा। डॉ. नरेन्द्र दाभोलकर, शाम मानव और उनके अन्य साथी या अन्य कोई भी बुद्धिवादी जागीरदार के अनुभव पर प्रकाश डाले ऐसी मेरी अपेक्षा है। मेरी नजर में यह बुद्धिवाद के लिए उर्वर है। यह अपेक्षा है कि कोई भी उस पर प्रकाश डाले और सभी का उद्बोधन करे।
>
> इस लेख के साथ सम्पादक ने चौखट में लिखा था :
>
> इस विषय पर पाठक अपनी प्रतिक्रिया जरूर व्यक्त करें। उम्मीद है कि गहरी चर्चा से जनसामान्य को जरूरी मार्गदर्शन हो जाए। हम इस प्रश्न की ओर बुद्धिवादी दृष्टि से देख रहे हैं। पाठक भी वैसे ही देखे यह आशा है...सम्पादक।

मैंने जागीरदार का अनुभव ध्यान से पढ़ा। चैतन्य देशमुख ने मेरा नाम लिखकर नाहक मुझ पर जिम्मेदारी डाली थी। मैं जैसे-जैसे लेख पढ़ता गया वैसे-वैसे बात खुलती गई। फिर उसकी चिकित्सक पद्धति से प्रस्तुति करने के लिए मैंने मुद्दे निकाले। उन्हें सुसंगत ढंग से जोड़ दिया। विस्तार से लिखा। पूरा होने तक साढ़े चार बज गए थे।

9 अक्तूबर के अंक में मेरा यह लेख प्रकाशित हो गया। कुछ अन्य पाठकों की प्रतिक्रियाएँ भी प्रकाशित हो गईं। जागीरदार का अनुभव, पाठकों की प्रतिक्रियाएँ और मेरा विश्लेषण यह सब यथावत दे रहा हूँ। (विश्लेषण पढ़ने से पहले जागीरदार का अनुभव पढ़कर पाठक को एकाध पहेली बुझाने की तरह खुद का दिमाग लगाकर देखने का प्यारा सुझाव!)

> लेखक का नाम था चैतन्य देशमुख। 'मरता क्या नहीं करता' शीर्षक के तहत उन्होंने अपना चार पंक्तियों का प्रास्ताविक करके जागीरदार का अनुभव दिया था। वह इस तरह था, "कहाँ से दुर्बुद्धि हो गई और इस फंदे में पड़ गया। वैसे मैं धर्मभीरु नहीं या अन्धश्रद्ध भी नहीं...।" जागीरदार को कौन-सी दुर्बुद्धि हो गई? वे किस फंदे में पड़े? यह सारा प्रसंग उन्होंने अपने आत्मकथात्मक ग्रन्थ *पाऊलखुणा* (पदचिह्न) में दर्ज किया है। हम वह प्रसंग उन्हीं के शब्दों में पढ़ते हैं :
>
> 'उमाजी नाईक' (फ़िल्म) पूरा होने के लिए और डेढ़-दो लाख रुपयों की ज़रूरत थी पर मफतलाल के ऐन अड़चन में मुझे दिए हुए चार हजार रुपए आसमान से गिरने जैसे थे। घर की दीवाली तो सम्पन्न हो गई। बाद में साल 1950 निकल आया, फिर भी 'उमाजी नाईक' अधूरा रहेगा, इस सिनेमा के बारे में हमारे सपने मिट्टी में मिल जाएँगे, इस एहसास से मैं निराश, उदास हो गया। इसी समय मैं नर्गिस और देव आनन्द की जोड़ी लेकर एक दर्जेदार हिन्दी सिनेमा दिग्दर्शित करूँ, ऐसी योजना लेकर 'नोबल पिक्चर्स' के मालिक मेरे पास आ गए। उन्होंने मुझे बड़ी रकम देनी चाही। हमारा करारपत्र हो गया, फिर भी मुझे हमेशा की तरह उत्साह महसूस नहीं हो रहा था। उसका कारण था अधूरी स्थिति में अटका हुआ 'उमाजी नाईक'। मैंने अपने निर्माता मित्र के सामने दिल खोल दिया। उसने कहा, "अधूरे रहे सिनेमा के लिए फाइनैंस मिलना मुश्किल है। परन्तु एक अलग तरीके से मैं आपका प्रश्न हल कर सकता हूँ।"
>
> उसने स्वास्थ्य की वजह से काशी से मुम्बई आए हुए अपने एक मांत्रिक दोस्त का जिक्र किया और उस दोस्त से मेरा बड़ा काम होगा ऐसा यकीन भी दिलाया। टोना-टोटका, तावीज, तांत्रिक-मांत्रिक इन बातों पर मेरा ज्यादा विश्वास नहीं था और उसमें तथ्य होगा तो भी उसका प्रयोग

करने को मेरा मन तैयार नहीं था। फिर भी 'मरता क्या नहीं करता' इस कहावत के मुताबिक मैंने उस मांत्रिक की सहायता लेना तय किया। पचास की ओर झुके हुए पंडित शर्मा कोलकाता से विद्या प्राप्त कर काशी में बसे थे और हार्ट की बीमारी होने के कारण इलाज के लिए मुम्बई आए थे। उन्होंने बड़े अपनेपन से मेरा स्वागत किया। मुझे एक तावीज मंत्रित करके दिया और कुछ शर्तों का पालन करने को कहा और बताया कि दस दिनों बाद यानी महीने की सत्रह तारीख को मेरा काम हो जाएगा। उन्होंने जताया, मैं अब बिलकुल फिक्र न करूँ।

वह तावीज लेकर मैं काफी उम्मीद से घर गया। दो-तीन दिन बाद मनसुखलाल सेठ की ओर से कुछ अनपेक्षित गतिविधियाँ शुरू भी हो गईं। सत्रह तारीख निकल गई फिर भी प्रत्यक्ष में कुछ नहीं हुआ। आखिरकार मैं पंडित से मिलने गया। शाम का समय था। कमरे में हम दोनों ही थे। पंडित शर्मा और मैं। एक लोहे की चारपाई पर बिस्तर डालकर दीवार के पास तकिए से टेककर पंडित जी बैठे थे। उनके पलंग के पास एक छोटा गोल टेबल था। उस पर इष्ट देवता की छोटी-सी मूर्ति फूल-पत्तों से लगभग ढकी हुई थी। वहाँ से कुछ फासले पर एक लोहे की फोल्डिंग कुर्सी थी। मैं उस कुर्सी पर बैठ गया। पंडित जी के हाथों में मेरा वापस किया हुआ तावीज था। वे उसकी ओर एकाग्रता से देख रहे थे। मुट्ठी में पकड़कर वे मुट्ठी बन्द करते थे, खोलते थे, सोच में डूबे थे।

थोड़ी देर बाद उन्होंने गरदन ऊपर उठाई और मुझे दरवाजे को कुंडी लगाकर वापस आकर कुर्सी पर बैठने को कहा। "अब फिर एक बार बताओ निश्चित क्या घटित हुआ था। छोटी-मोटी बातें भी बिना भूले बताओ।" मैं बताने लगा, "आपने मुझे यह तावीज दिया। बताया कि दस दिन बाद यानी सत्रह तारीख को मेरा काम हो जाएगा और मुझे जो डेढ़ लाख रुपए चाहिए थे वे रुपए मुझे सेठ से मिल जाएँगे। चौदह तारीख तक कुछ नहीं हुआ। पन्द्रह तारीख को सुबह मुझे सेठ के मुनीम का फोन आया कि सेठ मुझसे मिलने मेरे घर आना चाहते हैं। क्या दोपहर के चार बजे आ जाएँ? मैंने हाँ किया। उसके मुताबिक सेठ जी आ गए। कहा, "किसी ने तो आपके बारे में मुझे गलतफहमी करा दी थी कि मेरा दिया हुआ पैसा आप पिक्चर में लगाने के बजाय दूसरी ओर लगा रहे हैं। इसलिए मैंने आपको दो लाख रुपए देने के बाद आगे के पैसे देना रोक दिया। जाँच-परख के बाद मेरी गलतफहमी दूर हो गई। मुझे यकीन हो गया है कि आपने ईमानदारी से काम किया है। मेरा दिया हुआ सब पैसा

पिक्चर में लगाया है। इसके सिवाय ऊपर से पच्चीस-तीस हजार रुपए खुद के ही खर्च किए। हम दोनों में अनबन हो जाए, इसलिए आपके ही कुछ हितैषियों ने मेरे कान भरे थे। परन्तु अब मेरा शक दूर हो गया है। आपको जो डेढ़ लाख रुपए चाहिए थे, वे पूरे रुपए मैं आपको देने को तैयार हूँ। आपके बीते दो-तीन महीने परेशानी में गुजरे पर बीती बातें भूल जाइए...और जोश के साथ कार्य में जुट जाइए और सिनेमा पूरा कीजिए। मेरा स्वास्थ्य ठीक नहीं रहता। उसके लिए मैं लंदन जाकर इलाज करानेवाला हूँ। अगले सप्ताह जाना तय हुआ है। उसके पहले आपका काम कर दूँगा। बोलो, कब आओगे?"

यह सुनकर मैं सकपका गया। शर्ट के बाहर से बाँह से तावीज पर हाथ रखा और ईश्वर के आभार मानकर सेठ से ही पूछा कि मैं कब उनके पास आ आऊँ। उन्होंने कहा, "हमारे सॉलिसिटर के ऑफिस में परसों चार बजे आ जाओ। वहाँ कागजात पर दस्तखत करके अपने पैसे ले जाओ।" उस दिन सत्रह तारीख आ रही थी। मेरी दृष्टि से यह भी महत्त्वपूर्ण था।

"सत्रह तारीख को क्या हुआ?"

"उस दिन मैं सेठ के सॉलिसिटर के पास चार बजे पहुँच गया। कुछ देर बाद मुझे अन्दर केबिन में बुलाया गया। सॉलिसिटर परिचित हो गए थे। उन्होंने हँसते हुए मेरा स्वागत किया। उन्होंने दराज से टाइप किए हुए कागजात निकाले और मेरे सामने रखते हुए कहा, "आपके ये कागजात दस्तखत के लिए तैयार हैं पर दस मिनट पहले ही सेठ जी का फोन आया कि आज हस्ताक्षर नहीं करने हैं। आपको फिर कब आना है, यह भी निश्चित नहीं है। शायद आज सेठजी का स्वास्थ्य ज्यादा बिगड़ गया है। मैंने घर आकर उनकी कोठी पर फोन किया। मुझे बताया गया कि उनका स्वास्थ्य ठीक नहीं है।'"

"सेठ जी पन्द्रह तारीख को आपके यहाँ आकर गए। तब से लेकर सत्रह तारीख को आप सॉलिसिटर के पास गए वह समय महत्त्वपूर्ण है। उस दरमियान क्या हुआ वह ठीक से याद कीजिए और मैं जो प्रश्न पूछूँगा उनके बेझिझक उत्तर दीजिए। कुछ मत छुपाना। अब बताइए, क्या उस काल में आपसे कुछ प्रमाद हुआ?"

"नहीं। आपके बताए अनुसार मैं हेतुतः व्रतस्थ रहा था।"

"कुछ अभक्ष्य भक्षण। मांसाहार आदि?"

"नहीं। वैसे मैं आदतन शाकाहारी हूँ....अरे, सच में!...सोलह तारीख की शाम एक पार्टी में गया था। वहाँ मटन कबाब खाया था।"

"बस्स! वही घोटाला हो गया!"

"परन्तु मांसाहार नहीं करना यह मुझे बताया नहीं था।"

"यह बताना रह गया, मुझसे गलती हो गई। ठीक है, कोई हर्ज नहीं। हम वह गलती सुधार लेंगे।"

पंडित जी ने मूर्ति के पास रखा चिरागदान जलाया। दस-बारह अगरबत्ती का गुच्छा जलाकर एक पात्र में खोंस दिया और मूर्ति को प्रणाम करके कुछ मंत्र बुदबुदाना शुरू किया। दो मिनट बाद आँखें खोलकर उन्होंने मुझसे कहा, "अब पूरा चित्त एकाग्र कर आँखें बन्द करके बैठिए। थोड़ी देर बाद आपके चेहरे पर थरथराने-जैसी संवेदना महसूस होगी। तब आँखें खोलकर मुझे पुकारिए।" मैंने वैसा किया। पाँच-सात मिनट बीत गए कुछ भी नहीं हुआ। आँखें खोलकर यह बताने की सोच रहा था, इतने में...

एकाध तगड़ा फुटबॉल प्लेयर बाजू से आकर मेरी कुर्सी के पिछले पैरों पर जोर की लात मारे, वैसा हुआ। कुर्सी पिछली दीवार पर जाकर गिरी और मैं उसी समय बैठी अवस्था में ही जमीन पर गिर गया। मैंने पंडित जी की ओर देखा। उनके चेहरे पर डर की छाया थी। खुद को सँभालते हुए तनिक मुस्कराते हुए उन्होंने कहा, "उठिए, डरिए मत, सब कुछ ठीक हो जाएगा। वह कुर्सी उठाकर फिर से पहले स्थान पर रखकर उस पर बैठ जाइए। उस पर इष्ट देवता का कोप हो गया है। हम उन्हें शान्त करेंगे।"

मेरा बदन थरथरा रहा था। लगा, बदन में बुखार भरा होगा। परन्तु उस परिस्थिति से बाहर निकलूँ तो क्या पता किन-किन मुसीबतों का सामना करना पड़ेगा। मैं जाने-अनजाने में जिस अदृश्य शक्ति के पास गया था उसे शान्त किए बगैर यहाँ से जाना निश्चित ही आत्मघात के समान था। मैंने चुपचाप उठकर कुर्सी स्थान पर रखी और धड़कते सीने से आसनस्थ हो गया।

पंडित जी ने कहा, "जागीरदार जी, आपके अपना चित्त ठिकाने पर लाए बगैर मैं कुछ भी नहीं कर सकता। मैं इष्टदेवता को शान्त करने की कोशिश करूँगा पर उसके लिए मुझे आपकी सहायता चाहिए।" मैंने अपने मन को समझाया, इस प्रसंग से सकुशल बाहर निकलना हो तो मन मजबूत करना चाहिए। वापसी के रास्ते बन्द हो गए थे; अब आगे जाने के सिवा कोई चारा नहीं है। उस वक्त तुरन्त याद आया हुआ गायत्री मंत्र मैंने मन में कहा और एक दीर्घ श्वास लेकर पंडित जी की ओर नजर स्थिर रखकर देखने लगा।

पंडित जी ने कहा, "ठीक है! अब थोड़ी देर पहले जैसा किया था वैसा कीजिए। चेहरे के स्नायु में कम्पन हो तो मुझे तुरन्त बताइए।" पाँच मिनट हुए होंगे, मेरे चेहरे में कम्पन शुरू हो गया। मैंने अपने दोनों हाथ अपने गाल पर मजबूती से दबाए रखे फिर भी कम्पन नहीं रुका। मैंने लगभग चीखकर कहा, "पंडित जी!" उनके बताने पर मैंने आँखें खोली। उनका चेहरा पसीने से तरबतर हो गया था। परन्तु उस पर सन्तोष दिखाई दे रहा था।

उन्होंने मुझे पास बिठाया। मेरी पीठ पर हाथ फेरते हुए, थकी पर उत्साही आवाज में उन्होंने कहा, "गया! आप-मुझ पर का वह संकट चला गया। मैंने गुनाह कबूल किया, क्षमा माँगी और इष्ट देवता को शान्त किया। अब वह प्रसन्न है। निश्चित ही आपका काम हो जाएगा। मैं आपको दूसरा तावीज बनवाकर देता हूँ। अगले शुक्रवार को खुशी की खबर लेकर मुझे मिलने आ जाइए।"

खुश होकर मैं वहाँ से वापस आ गया, अगले शुक्रवार का इन्तजार करते हुए। इष्ट देवता (या ईश्वर का) का आशीर्वाद मेरे सिर पर था। सप्ताहभर मुझे कड़े अनुशासन का पालन करना था। अदृष्ट का शिकंजा केवल मेरे व्यवहार पर ही नहीं बल्कि उक्ति पर भी था। वह मेरी सोच तक पहुँच सकता था। मैं नजरबन्द होने-जैसा था। एकान्त में भी मैं अकेला नहीं था। छाया की तरह कोई तो निरन्तर मेरे पीछे रहता है, इसका एहसास मुझे होता था। यह छाया अँधेरे में भी मुझे नहीं छोड़ती थी :

जहाँ जाऊँ वहाँ तुम मेरे साथ
चलाए पकड़कर हाथ!

ऐसा कहनेवाले सन्त कवि को अदृश्य का सहारा महसूस होता था पर मुझे साथी का दबाव महसूस हो रहा था।

कहाँ से इस फन्दे में पड़ा? मुझे लगा कहाँ से यह सूझी। वैसे मैं धर्मभीरु या अन्धश्रद्ध नहीं हूँ। इस बारे में मेरे विचार गोलमोल और लचीले हैं। ईश्वर दिखाई नहीं देता इसलिए वह नहीं है, कहने को मेरा मन तैयार नहीं होता। फिर भी कभी इरादतन देवदर्शन को नहीं जाता। यूँ ही दोस्तों के साथ मन्दिर जाऊँ तो माथा टेके बगैर चैन नहीं मिलता। मुझे धार्मिक विधि करने में रस नहीं है। मैं ऐसे प्रसंग सम्भवत: टालता हूँ। पर मेरे इनकार से रिश्तेदारों का दिल दुखाया जा रहा हो तो उनके सन्तोष के लिए पीताम्बर पहनकर गुरु जी की प्रॉम्टिंग के अनुसार मंत्रोच्चार करता हूँ और अन्दर-ही-अन्दर अपने अधूरेपन के बारे में खेद करता

हूँ। कभी-कभी एकाध भूमिका से समरस न होते हुए भी निभाना पड़ता है। उस समय जैसा लगता है, वैसा ही ऐसे उपाय के समय लगता है।

फिर भी रह-रहकर मेरे मन में आ रहा था कि अपने फायदे के लिए हम एक तांत्रिक का प्रयोग कर रहे हैं। यह नीति गलत तो नहीं है? ऐसे तंत्र का प्रयोग करके हम किसी को लूट तो नहीं रहे? किसी पर अन्याय तो नहीं कर रहे? मेरी विवेक-बुद्धि ने जवाब दिया कि यदि मैं गूढ़ मार्ग से अपनी अड़चन दूर कर रहा हूँ तो भी दूसरे को धोखा नहीं दे रहा हूँ। जिन डेढ़ लाख रुपयों के लिए मैं कोशिश कर रहा था, उन पर मेरा अधिकार था। मुझे वे रुपए न देकर मनसुखलाल सेठ ने मुझे धोखा दिया था। उनकी भूल मैं सुधार रहा था। सिवाय इसके कि यह राशि मुझे सूद के साथ वापस देनी थी ही। इसमें नैतिक पक्ष मेरा ही था।

दो-चार दिनों में ही नियति के चक्र घूमने लगे। मनसुखलाल की ओर से बी.के. पाटील नामक सज्जन आकर मुझसे मिले। उनकी और मेरी पहले से ही जान-पहचान थी। वे खुद सिनेमा को फाइनैंस करते थे। उन्होंने मुझे बताया कि मनसुखलाल बीमार रहते हैं, उन्हें अपने कार्य का विस्तार कम करना है। पाटील ने मनसुखलाल से 'उमाजी नाईक' सिनेमा का व्यापार खरीद लिया है और सिनेमा पूरा करने के लिए लगनेवाले डेढ़ लाख रुपए पाटील खुद देंगे। वे मात्र रुपए एक का भी साथ न देते हुए पचास हजार की रकम तीन किस्तों में देंगे।

इस योजना पर मुझे कोई एतराज नहीं था। नया करारपत्र हो गया। पंडित के बताए हुए शुक्रवार से पहले पचास हजार रुपए मेरे बैंक खाते में जमा हो गए। मैं सिनेमा पूरा करने की तैयारी में लग गया। मैंने यह पंडित जी को बताया और उनके कहे मुताबिक उन्हें चौपाटी ले गया। सूर्यास्त का समय था। उन्होंने मुझे बताया, बाँह पर बँधा हुआ तावीज हाथ में लेकर समुद्र को अर्पण कीजिए और अर्पण करने के बाद समुद्र की ओर पीठ करके, फिर उधर देखे बिना सीधे मेरे पास आ जाइए। वे गाड़ी में ही बैठे रहे। मैं उनके आदेश का पालन करके उनके पास आ गया और उन्हें नमस्कार करके दक्षिणा के बारे में पूछा। पंडित जी बेहद खुश थे। उन्होंने कहा, "आपका काम मेरे हाथों हो गया इसी में मेरी दक्षिणा मिल गई। मैं खास तौर पर आपकी फिल्में देखता हूँ। मैं आपकी कला का कायल हूँ। जिन्दगी में कभी भी अड़चन आए तो मेरे पास आ जाइए और मुझे अपनी सेवा करने का मौका दीजिए।"

मैंने ध्यान से सब अनुभव पढ़ा। पढ़ते वक्त ही उसके पीछे का कार्य-कारण मुझे दिखाई देने लगा। भोर तक जागकर मैंने ब्यौरेवार लिखा। शीर्षक दिया :

इसमें कौन सा आश्चर्य?

अन्धविश्वास की कोई भी घटना समझ लेने के लिए सुसंगत विचारधारा विकसित करनी पड़ती है। यह कुछ अध्ययन का काम है। प्रारब्ध, दैव, नसीब, ईश्वर की संकल्पना, कर्मविपाक सिद्धान्त, सम्मोहन, पाखंड, भानामती, टोना-टोटका, जारण-मारण, इनकी वस्तुनिष्ठ जानकारी, बुद्धिप्रमाणवाद और वैज्ञानिक दृष्टि इन सभी अंगों से समझ पक्की हो जाए तो रचना को समझना आसान हो जाता है।

मानव बुद्धि कई बार हताश हो जाती है। रास्ते बन्द हो गए हैं ऐसा आभास हो जाता है। समझ में नहीं आता कि प्रश्न कब हल होंगे। ऐसा हो जाना और ऐसी परिस्थिति से छुटकारा पाना ये दोनों बातें व्यक्ति को नियति के और भाग्य के खेल लगते हैं। उस समय आए हुए अनुभवों को गूढ़ता के साथ चिपकाकर समाज मुक्त हो जाता है।

पहली बात यह है कि जागीरदार दोमुँहे अथवा दम्भवाले नहीं हैं ऐसी लेखक (चैतन्य देशमुख) की राय है। जागीरदार को टोना-टोटका, तावीज आदि पर ज्यादा यकीन नहीं था। वही जागीरदार उसी राह से कैसे जाते हैं, सफल कैसे होते हैं, उससे ऐसे मामले सच मानने पड़ेंगे। परन्तु इक्कीसवीं सदी की दहलीज पर वह कैसे सच मानें? ऐसी आशंका देशमुख को है जोकि द्वन्द्वग्रस्त विचार पद्धति का प्रतीक है।

जागीरदार के अनुभव का वस्तुनिष्ठ परीक्षण करने से पहले एक बात ध्यान में लेनी होगी। जागीरदार ने खुद ही वह बात कबूल की है। उन्हें टोना-टोटका, तावीज, मांत्रिक-तांत्रिक पर ज्यादा यकीन नहीं था और वैसे वे अन्धविश्वासी हैं ही नहीं (अधोरेखांकन मेरा है।) इससे इतना ही सिद्ध होता है कि कई लोगों की तरह जागीरदार का मन इस बारे में ज्ञान-अज्ञान की सीमा पर अटकनेवाला था। यह बातें अस्तित्व में हैं ही नहीं ऐसा उन्हें सौ प्रतिशत यकीन नहीं था। 'किसे पता एकाध बात सच भी होंगी।' ऐसी उनके मन में दुविधा थी। अड़चन का प्रसंग आते ही उनके कहे मुताबिक 'मरता क्या नहीं करता' ऐसा खुद के मन को समझाते हुए वे उस राह से गए।

इसके साथ ही दूसरी एक बात ध्यान में लेनी चाहिए कि व्यक्ति का खुद का ईमानदारी का कथन और घटना की वैज्ञानिक सत्यता ये बातें अलग-अलग हैं। एकाध व्यक्ति पूरी ईमानदारी से, "मुझे आवाज सुनाई देती है, तेजस्वी चेहरा दिखाई देता है, वह मुझे इशारा करता है," ऐसा बताता हो तो मनोभ्रम (Hallucination)

की अवस्था में, मानसिक बीमारी में ऐसे आभास होने की बात अब सर्वज्ञात हो गई है। उस व्यक्ति को दैवी साक्षात्कार हुआ है ऐसा मानने की वजह बिलकुल नहीं है। ऊपरी तौर पर देखें तो हास्यास्पद, चमत्कारी या गूढ़ लगनेवाली कुछ हरकतें सम्मोहन या उसके सदृश्य की अवस्था में व्यक्ति की स्वीकार की हुई हिदायतों के कारण हो जाना भी सहज सम्भव है। अब हम जागीरदार के अनुभव के बारे में सोचते हैं...।

वैसे तो हर घटना के पीछे कार्य-कारण सम्बन्ध होता ही है। परन्तु हर बार कार्य-कारण सम्बन्ध तुरन्त स्पष्ट नहीं होता। कुछ समय बाद वे समझ में आते हैं। कई बार ऐसा नहीं है कि वे समझ में आते ही हैं क्योंकि उसके लिए पैनी दृष्टि की जरूरत होती है। जाँचने-परखने का धैर्य होना चाहिए। अगर यह नहीं होगा तो मामले अज्ञात ही रहते हैं। मसलन, जागीरदार को मिला पंडित शर्मा नामक तांत्रिक (खुद के लिए भी उसकी विद्या नाकाम थी, यह तो स्पष्ट ही है। क्योंकि खुद की दिल की बीमारी दूर करने के लिए काशी जैसा महापुण्यवान क्षेत्र छोड़कर उसे डॉक्टरी इलाज के लिए मुम्बई आना पड़ा। खुद की तांत्रिक शक्ति की भी उसे मदद नहीं मिल रही थी, वह औरों की मदद कैसे करेगा?) मनसुखलाल या उसके मुनीम, बी.के. पाटील या उसके घनिष्ठ सम्बन्धों में से कोई क्या उनसे परिचित था? इसकी जाँच जागीरदार ने नहीं की थी। वह जाँच करना अब मुमकिन नहीं है। परन्तु ऐसा होना सहज सम्भव है। वैसा हो गया हो तो होनेवाली सम्भाव्य घटनाओं की जानकारी पहले से मालूम होने के कारण अनुभव का स्वरूप पंडित शर्मा द्वारा किये सामान्य पाखंड का हो जाएगा। चन्द्रास्वामी जैसा तांत्रिक आज भी दिल्ली में रहकर जो अन्तर्राष्ट्रीय सूचना और सम्पर्क का जाल बुनता है उसकी वास्तविक स्थिति देखें तो इसमें कुछ भी नामुमकिन नहीं है।

यह पैनी दृष्टि, डिठीयारी, चिकित्सक दृष्टि अधिकांश लोगों में नहीं होती और वह न होने में ही अधिकांश लोगों को शोभनीय और सहारा दोनों महसूस होता है। यह बात स्वाभाविक है क्योंकि मनुष्य सिर्फ प्राणी नहीं है। उसका व्यक्तित्व भावना और बुद्धि के सन्तुलन से बनता है। कई कारणों से मनुष्य भावना में ज्यादा विनियोग करता है। इस कारण भाग्य के फेर से इधर का उधर हो गया, तांत्रिक की शक्ति से विलक्षण हो गया, उन मामलों की कारण परम्परा खोजने की सोच से यह भावना ज्यादा करीबी लगती है। 'पराधीन है दुनिया में पुत्र मनुष्य

का, दोष न किसी का' यह बचपन से मिला हुआ संस्कार होता है। लाचार परिस्थिति, हताश मन:स्थिति में तो सजग बुद्धि लगभग अन्धी बन जाती है। यह एक बार हो जाए तो फिर जागीरदार के सन्दर्भ में जो हुआ वैसा आँख-मिचौली का खेल शुरू हो जाता है।

जिनकी जिन्दगी में विपुल रोमहर्षक वाकये हुए हैं, अस्सी साल पार किए हुए बुद्धिवादी नानासाहब गोरे कहते हैं कि ऐसा कुछ भी मेरी जिन्दगी में नहीं है जिसके कार्य-कारण सम्बन्ध का मुझे पता नहीं चला। सवाल दृष्टि का है। अन्यथा पुर्तगालियों के जुल्मी सालाझारा ने बारह साल की सजा दी थी परन्तु डेढ़ से दो साल में वहाँ से मुक्त हुए नानासाहब इसे सहज ही नियति का खेल कह सकते थे। जागीरदार के बारे में घटित हुआ घटनाक्रम देखें तो क्या उसमें ताज्जुब जैसा कुछ है? कुछ गलतफहमी के कारण एकाध फाइनैंसर का कुछ समय आर्थिक सहयोग रोकना और गलतफहमी दूर हो जाने पर फिर सहायता करना तय करना, खुद की बीमारी का एहसास हो जाने पर फिर से निर्णय बदलना और अन्य खरीदार व्यक्ति का व्यापार को पूरा करने ऐसा कुछ भी अघटित नहीं है जो सिनेक्षेत्र में घटित नहीं होता। यह एक सीधी सरल कार्य-कारण भाव से होनेवाली घटना है। आत्मकथा में यह प्रसंग तांत्रिक के बजाय केवल पैसों की समस्या और समाधान जैसी सादगी से आ सकता था। (अर्थात, यह बात अलग है कि उस समस्या को भी लेखक ईश्वर की कृपा कह सकता था!)

अब अगले पड़ाव पर पंडित शर्मा से लेखक को आया हुआ अनुभव जाँचते हैं। घटनाक्रम निम्नलिखित है :

1. पंडित शर्मा ने एक तावीज मंत्रित कर जागीरदार को दिया और बताया कि दस दिनों में चिन्ता दूर होगी।
2. लेखक का मांस भक्षण, यह दस दिन में चिन्ता दूर न होने का कारण ढूँढ़ निकाला।
3. यह गलती सुधारने के लिए और इष्ट देवता का कोप दूर करने के लिए जागीरदार को आँखें बन्द करने को कहा गया। बताया कि उस समय चेहरे पर कम्पन का एहसास होगा। जागीरदार को वैसा महसूस नहीं हुआ पर कुर्सी के पिछले पैरों पर जोर की लात का प्रहार हुआ और वे कुर्सी से नीचे गिर गए।
4. पंडित शर्मा ने देवता का कोप निकालने के लिए इरादतन जागीरदार की सहायता माँगी। उन्होंने अपने मन को 'वापसी के रास्ते बन्द हो गए हैं' तसल्ली देते हुए सहायता की।

5. फिर से आँखें बन्द करने पर जागीरदार को चेहरे पर स्पन्दन का एहसास हो गया।
6. आँखें खोलने पर पंडित शर्मा ने कहा, "मेरे-आपके ऊपर का संकट चला गया।"
7. शर्मा ने आठ दिनों के लिए दूसरा तावीज दिया। पथ्य सँभालने की हिदायत दी।
8. जगीरदार को प्रत्यक्ष में जरूरत की एक-तिहाई रकम आठ दिनों में मिल गई।
9. पंडित शर्मा ने जागीरदार से कहा, "मैं आपका प्रशंसक हूँ, मुझे पैसे नहीं चाहिए।"

अब यह कैसे घटित हो सकता है?

1. जाहिर है कि जागीरदार को पैसों की चिन्ता है, यह पंडित शर्मा को मालूम था। जागीरदार ने जिस निर्माता दोस्त के सामने दिल खोल दिया और जिसने अलग मार्ग से यह प्रश्न हल करने के लिए तांत्रिक शक्ति का प्रयोग करनेवाले खुद के दोस्त के पास जाने की सलाह दी, उस निर्माता मित्र ने खुद के तांत्रिक मित्र पंडित शर्मा को बताया होगा, यह स्वाभाविक ही है। यह मालूम नहीं है कि क्या उस निर्माता मित्र की और मनसुखलाल सेठ की जान-पहचान थी? पर ऐसा होने की सम्भावना है क्योंकि एक सिने व्यवसाय का निर्माता और दूसरा फाइनैंसर था। सेठ जी की गलतफहमी अब नहीं रही, वे जागीरदार को पैसे देने की सोच में हैं, यदि यह निर्माता मित्र को मालूम हुआ हो या भनक लगी हो तो वह जानकारी निर्माता मित्र के मार्फत शर्मा को मिली होगी यह तर्क सहज सम्भव है। परन्तु पलभर यह बात अलग रखकर हम अन्य विकल्पों के बारे में सोचते हैं। क्या हुआ होगा? वह कैसे बनाया होगा? यह जान लेने के लिए सम्भवता का नियम (law of probability) समझ लेना चाहिए। अपने शिविर में हम वह नियम ब्यौरेवार समझाते हैं परन्तु इस समय हम जागीरदार का ही उदाहरण लेकर सोचते हैं। दो ही बातों की सम्भावना है। एक तो जागीरदार का काम हो जाएगा (या अंशतः हो जाएगा) अथवा नहीं होगा। पंडित शर्मा ने तंत्र शक्ति के सहारे तावीज दिया। बताया कि काम हो जाएगा। प्रत्यक्ष में काम नहीं हुआ। परन्तु उसने शर्मा का कुछ भी नहीं बिगाड़ा। पथ्य तोड़ा इस पर

उन्होंने दोष लगाया। खास बात यानी यह पथ्य (मांसाहार त्याज्य) तो जागीरदार को बताया ही नहीं था।

पथ्य के कारण की पद्धति, बुवाओं की, बाबाओं की कुशलता का प्रयोग है। इन्दौर के पास का प्रख्यात नैनोत का बाबा गर्भवती महिला को निश्चित ही लड़का होने का विश्वास दिलाता था। अगर लड़की हो गई तो भक्त बाबा से पूछते थे, "बाबा, आपने तो कहा था कि लड़का ही होगा परन्तु लड़की कैसे हो गई? यह कैसे हो गया?" बाबा का जवाब था, "तुमने व्रत ठीक ढंग से नहीं किया।" व्रत कौन-सा? यह कि गर्भवती महिला को गर्भ के समय में मासिक धर्म में जो स्त्री होगी उस स्त्री का स्पर्श वर्जित था। अब नौ महीनों के समय में घर में, बाहर भीड़ में, अनेक स्थानों पर जाने-अनजाने में गर्भवती महिला को अन्य स्त्री का स्पर्श होगा ही। उनमें से कौन-सी स्त्री उस समय मासिक धर्म में है, यह समझना नामुमकिन है। उस कारण व्रतभंग सहज सम्भव है।

मराठी के लेखक अनिल अवचट की *सम्भ्रम* पुस्तक में मतिमन्द बच्चों को ठीक करने का दावा करनेवाले महाराज की कहानी है। उनकी एक ही शर्त थी : बिना भूले माँ-बाप को सालभर दोपहर के बारह बजे दत्त की आरती के लिए उनके मन्दिर में आना होगा। कितनी भी कोशिश करें तो भी मुम्बई में यह पथ्य रखना कितना मुश्किल है यह बताने की जरूरत नहीं है। पंडित शर्मा इसके भी आगे निकले; उन्होंने न बताया हुआ पथ्य तोड़ने के बारे में जागीरदार को दोषी ठहराया। जागीरदार मांसाहार न करते तो दूसरे दिन दूसरा एकाध पथ्य तोड़ने की बात शर्मा उन्हें बताते।

2. मांस भक्षण करना और भविष्य की एकाध बात न होना इस बारे में सामान्य मनुष्य की बुद्धि से सोचें तो भी कार्य-कारण सम्बन्ध शून्य है। अब सब लोग मानते हैं कि मांसाहार अपवित्र और शाकाहार पवित्र यह कुछ समय पूर्व तक ब्राह्मणी संस्कार से चलती आई समझ पूर्णतः गलत है। मांसाहार और शाकाहार की इष्टता-अनिष्टता की चर्चा हो सकती है परन्तु उसमें पवित्र-अपवित्र ऐसा कुछ नहीं हैं, यह वादातीत है। अब जागीरदार को आए लोकविलक्षण अनुभव का स्पष्टीकरण क्या है?

वह मामूली सम्मोहन और थोड़ा ठगी का मामला था। सम्मोहन के लिए आँखों में ताकना, खास शक्ति होने की कोई जरूरत नहीं होती। (फिर सम्मोहन ब्यौरेवार अध्ययन का विषय है।) कमरे

का जागीरदार द्वारा किया हुआ वर्णन, गम्भीर, गूढ़ माहौल, मन एकाग्र करने की हिदायत, आँखें बन्द करना, कमरे में सिर्फ दोनों का होना ये सब बातें सम्मोहन अवस्था में जाने के लिए काफी हैं। परन्तु ऐसा नहीं होता कि पहले झटके में सम्मोहन के बारे में व्यक्ति सब सूचना स्वीकारता है। वैसा ही जागीरदार के बारे में हुआ। ऐसे समय वह सूचना फिर से देकर मजबूत करनी पड़ती है। यहाँ पंडित शर्मा ने पहले धक्का तंत्र का प्रयोग कर बाद में वह सूचना मजबूत की।

जागीरदार की कुर्सी धड़ाम से बाजू में कैसे गिर गई? उन्होंने खुद ही लिखा है, कुर्सी के पिछले पाँव पर लात का प्रहार हुआ। यह भी उन्होंने ही लिखा था कि उस समय उनकी आँखें पूर्णतः बन्द थीं। कमरे में पंडित शर्मा के अलावा कोई भी नहीं था। जागीरदार ने ही पहले दरवाजे को कुंडी लगाई थी। इन बातों को एक साथ देखें तो क्या निष्कर्ष निकलता है? विज्ञान का नियम बताता है कि भौतिक शक्ति लगाए बिना मामूली आलपीन भी एक मिलीमीटर इधर से उधर नहीं हिल सकती। फिर कुर्सी कैसे हिलेगी? ऐसा चमत्कार कोई करता हो तो उसे हमारी एक लाख रुपयों की चुनौती है। वह चुनौती जब तक कोई स्वीकार नहीं करता तब तक 'बदमाशी' शब्द में ही इसका वर्णन करना होगा।

3. इस धक्के के बाद फिर एक बार शर्मा ने जागीरदार को जोरदार सूचना दी, "आपको कोशिश करनी ही पड़ेगी।" जागीरदार ने उस सूचना को पूर्णतः स्वीकार किया, यह उनके ही 'वापसी के रास्ते बन्द हो गए' इस निवेदन से दिखाई देता है।
4. इसके बाद आँखें बन्द करने पर जागीरदार के चेहरे पर महसूस होनेवाले स्पन्दन यह उन्हें मिली हुई सूचना के मुताबिक उनका किया हुआ बरताव है। सम्मोहन अवस्था में व्यक्ति को आप हिमालय में होने की सूचना दी जाए तो वह ठंड से काँपने लगता है। 'रेगिस्तान में हैं' बताया तो पसीने से तरबतर होने-जैसा कपड़े निकालकर हवा लेने लगता है। 'ठंडे पानी से स्नान करो' कहें तो पानी बदन पर लेने की सूचना का पालन करता है, प्रत्यक्ष में पानी का अस्तित्व न होते हुए भी पानी लेने की कल्पना से उस पानी के पहले लोटे से जैसे हमारा अंग थरथराता है वैसे ही उस सम्मोहित व्यक्ति का थरथराता है। इसी तरह जागीरदार को स्पन्दनों का एहसास हुआ। इस अवस्था में व्यक्ति उस सूचना के अलावा अन्य बातों में बाह्य

दुनिया से पूरी तरह से नहीं कटता। उसे आसपास की बातें सुनाई देती रहती हैं और उस कारण खुद सम्मोहित होने की बात पर वह इनकार करता है। यह सम्मोहन प्रयोग का हमेशा का अनुभव है। कभी-कभी सम्मोहन अवस्था में न जाते हुए भी सिर्फ सूचना बोल देने से भी यह होना सम्भव है।

5. जागीरदार के आँखें खोलने पर शर्मा ने कहा, "मेरे-आपके ऊपर का संकट टल गया।" यह बकवास ही है। ऐसा संकट लाना और टालना शर्मा या अन्य किसी भी तांत्रिक-मांत्रिक को आता होगा तो हमारे आन्दोलन के सैकड़ों कार्यकर्ता इस चुनौती का स्वीकार करने को तैयार है। "लाओ संकट, देखते हैं वह क्या करता हैं।"
6. शर्मा ने संकट टलने की बात बताई, फिर भी जागीरदार पर इस मामले का कुल असर शर्मा को चाहिए था, वही हो गया। जागीरदार पूरी तरह से उस कल्पना की गिरफ्त में आ गए। उन्होंने ही कहा है कि अदृश्य का कब्जा सिर्फ उनके व्यवहार और उक्ति पर ही नहीं, सोच पर भी पहुँच जाएगा, इसका उन्हें भययुक्त एहसास था। इसके बाद शर्मा का काम आसान था। सम्भवता के नियमानुसार काम हुआ तो श्रेय मिलनेवाला ही था। न हुआ तो पथ्य तोड़ा (व्यवहार, उक्ति, इतना ही नहीं तो सोच के स्तर पर जैसे, 'मांसाहार तो नहीं किया' पर वह विचार मन में आया।) यह अब शर्मा आसानी से जागीरदार के गले उतार सकते थे।
7. परन्तु प्रत्यक्ष में जागीरदार का काम हुआ उसका क्या? (यह ध्यान में लेना चाहिए कि वह काम भी किस्तों में ही हुआ।) अच्छी तरह से समझने की बात यह है कि इस कारण पंडित शर्मा की शक्ति सिद्ध नहीं होती। भविष्य में सिद्ध होने में इत्तफाक का हिस्सा 3 से 6 प्रतिशत होता है। सौ लोगों की शिक्षा के बारे में, बच्चों के बारे में, माली हालत के बारे में अन्दाजा बताने का प्रयोग कोई भी करके देखे। उनमें से 3 से 6 प्रतिशत सच होते हैं। मजे की बात यह है कि जिनका सच आता है, उनके बारे में वह सौ प्रतिशत सही होता है, इसलिए वे लोग बतानेवाले का बोलबाला करते हैं, जिनका सही नहीं होता वे लोग पूर्व प्राक्कथन या पथ्य टूट गया, ऐसा मानकर भाग्य को कोसते हैं। इसमें वैज्ञानिक दृष्टि से कभी भी बात सिद्ध ही नहीं की जाती। यदि पंडित शर्मा की तांत्रिक विद्या से सिद्ध सौ मामलों में क्या घटित होगा इसका अध्ययन करें तो मैंने जो ऊपर लिखा है वही मिलेगा। परन्तु उसकी जरूरत नहीं होती। ना शर्मा

को ना जागीरदार को। (*पुढारी* के सम्पादक को उसकी जरूरत है, यह क्या कम है?)

8. परन्तु पंडित शर्मा ने इस बारे में पैसे क्यों नहीं लिए? यह आखिरी सवाल। ध्यान में रखिए कि किसी भी मन्दिर में, दरगाह में बाबा, बुवा, महाराज की ओर से कभी भी पैसे नहीं माँगे जाते। श्रद्धा के कारण बिना माँगे भी पैसे आते हैं। फिर हर बात का मूल्य पैसों में न करना, इतनी यह मंडली होशियार होती हैं। बड़े आदमियों से सिर्फ परिचय होने के भी काफी फायदे होते हैं। नर्गिस-देव आनन्द का सिनेमा उस जमाने में दिग्दर्शित करनेवाले जागीरदार जैसे मातबरों का प्रभावित हुआ शिष्यत्व मिलना ही पंडित शर्मा का बड़ा ही लाभ था। इसलिए तो वे 'कभी भी मेरे पास आइए और मुझे सेवा करने का मौका दीजिए' जागीरदार को यह बताना नहीं भूले।

मेरे इस लेख के साथ ही जागीरदार के अनुभव के बारे में आई हुई कुछ प्रतिक्रियाएँ देखने लायक हैं :

जागीरदार ठगाए गए यही सच है!

कुछ माह पहले मैं शेगाँव गया था। वहाँ इंग्लैंड में शोहरत हासिल किए और अमीरों के ज्योतिषी के रूप में अमीर बने गृहस्थ मिले। उन्होंने शेगाँव के गजानन महाराज के मन्दिर के पास की दुकान से छोटे-बड़े, गोल, चौकोने सौ तावीज खरीद लिए। ये तावीज इंग्लैंड के जरूरतमन्दों को बड़ी कीमत पर बेचे जाते थे।

25 सितम्बर *संडे ऑब्जर्वर* के क्रोड़पत्र में ओम और श्रद्धा पर आधारित व्याधिमुक्ति लेख प्रसिद्ध हुआ है। ऋषिकेश के स्वामी शिवानन्द के शिष्य कहलानेवाले स्वामी विष्णुदेवानन्द की कहानियाँ इसमें हैं। मैं उनसे बैंगलोर में मिला था। ज्योतिषी विष्णुदेवानन्द या महेश योगी ने भारतीय अध्यात्म का बाजार लगाया था। इंग्लैंड में मुसीबतों में फँसनेवालों को मंत्रित 'तावीज' तसल्ली देता है तो भारतीय संस्कृति का प्रभाव रखनेवाले गजानन जागीरदार एकाध तांत्रिक से ठगाए गए तो उसमें ताज्जुब नहीं है।

भौतिक, अधिभौतिक, आध्यात्मिक मुसीबतों पर विजय पाने के लिए शॉर्टकट ढूँढ़नेवाले काफी लोग जागीरदार जैसे तथाकथित तांत्रिक-मांत्रिक, दादा-मामा, दीदी-देवी से ठगे जाते हैं। "मैं धर्मभीरु नहीं हूँ। अन्धविश्वासी नहीं हूँ" ऐसा जागीरदार समझते होंगे फिर भी यह स्पष्ट होता है कि उन पर आए आर्थिक संकट से वे कमजोर मानसिकता में थे

और उनका आत्मविश्वास खो गया था। मंत्र-तंत्र के सम्बन्ध में पिशाच, निम्न स्तर के देवता और दिव्य स्तर के देवता के बीच का गुणात्मक भेद जागीरदार समझ नहीं पाए। इसीलिए उन्होंने अपने पास के तावीज पर हाथ रखकर ईश्वर का आभार माना।

मैंने उनकी आत्मकथा *पाऊलखुणा* (पदचिह्न) नहीं पढ़ी पर 'मरता क्या नहीं करता' लेख में वर्णित 'तावीज' मामले को देखें तो लगता है वह स्वकल्पनाओं से ढका हुआ है। क्योंकि गूढ़ विद्या की सहायता से डेढ़ लाख पाने के लिए किए हुए तांत्रिक प्रयोग में वह 'नैतिक पक्ष मेरा ही था' का समर्थन करते हैं। इसका मतलब जागीरदार के सिनेमा या अन्य क्षेत्रों में उल्लेखनीय सफलता का इनकार करना नहीं है।

मूल प्रश्न ऐसा है कि पाठकों को कहना ही गलत है कि हम प्रश्न की ओर बुद्धिवादी दृष्टि से देखते हैं, आप भी देखें। बुद्धि से परे अतीन्द्रिय दुनिया के प्रश्न का उत्तर या स्पष्टीकरण बुद्धिवाद से कैसे मिलेगा? हम जमीन पर दौड़ेंगे, आप भी दौड़ो परन्तु नदी में दौड़नेवाली मछली का पीछा करो ऐसा कहने जैसा यह मामला है।

नम्रता से सुझाना चाहता हूँ कि यह चर्चा इस स्वरूप की होनी चाहिए, वास्तव में अतीन्द्रिय जगत, उसकी शक्ति और उसके सहारे क्या भौतिक जगत के प्रश्नों का हल कर सकती है? यह चर्चा का या लेखमाला का विषय है। इस विषय में उत्सुकता रखनेवालों को कोई किसी बुवा, ज्योतिष, तांत्रिक-मांत्रिक के पास न जाते हुए स्वामी विवेकानन्द, श्री रामकृष्ण परमहंस, स्वामी रामतीर्थ के अग्रलेख और उनके ग्रन्थों का अध्ययन करना चाहिए। उस कारण जिन्दगी की मुसीबतों से भागने की अपेक्षा धैर्य से उनका सामना करने का मनोबल निश्चित मिलेगा।

सुभाष के. देसाई
कोल्हापुर

आग्रह किसलिए?

गजानन जागीरदार का विदारक अनुभव *बहार* में पढ़ा। अनुभव कथन करनेवाला व्यक्ति केवल अभिनेता और दिग्दर्शक के रूप में ही जनसामान्य को परिचित है। जागीरदार का जन्म अत्यन्त सुसंस्कृत परिवार में हुआ था। स्कूली और महाविद्यालयीन शिक्षा में श्री अच्युत और रावसाहब पटवर्धन उनके करीबी दोस्त और सहपाठी थे। युवावस्था में ही जागीरदार का थिऑसॉफी से घनिष्ट सम्बन्ध हुआ था। इससे कथित अनुभव का स्तर समझ लेना चाहिए।

तांत्रिक स्तर पर किए जानेवाले चमत्कार विशिष्ट प्रकार की उपासना और सिद्धि प्राप्त किए हुए लोग ही कर सकते हैं। परन्तु यह अत्यन्त सीमित होता है। इससे कोई भी सामाजिक-आर्थिक प्रश्न हल नहीं हो सकता। इस तरह की सिद्धि प्राप्त हुए गुलाम बनकर जिन्दगी के अन्तिम सत्यदर्शन से वंचित हो जाते हैं। हताश अन्धविश्वासी लोग टोना-टोटका करनेवालों के पीछे दौड़ते हैं। उन्हें इस राह से परावृत्त करने के लिए अन्धविश्वास उन्मूलन चाहिए ही परन्तु चमत्कार यह असत्य ही है, यह गले उतारने का आग्रह क्यों? असत्य का सत्य क्या हमें मंजूर नहीं करना चाहिए?

श्रीमती पुपुल जयकर की हाल ही में प्रकाशित हुई पुस्तक *जे. कृष्णमूर्ति चरित्र* में खुद लेखिका ने जे. कृष्णमूर्ति, इन्दिरा गांधी और एल.के. झा इन सभी को अनुभूत चमत्कारों के बारे में विस्तार से लिखा है।

पुरोहित स्वामी का *मैं एक संन्यासी* जिसे विश्वविख्यात कवि टी.एस. इलियट की भूमिका मिली है और शोध पत्रकार पॉल ब्रंटन का *भारत के आध्यात्मिक रहस्य की खोज में,* इन दोनों किताबों में तो चमत्कारों का काफी अनुभव कथन किया गया है।

'तांत्रिक सिद्धि' सत्य है परन्तु वह कौड़ी की कीमत की है। सत्यदर्शन के सफर में निकले साधक के मार्ग की वह बाधा बन सकती है। यह सभी सत्पुरुषों ने बार-बार बताया है। चमत्कार से न चौंकते हुए उसका सत्य जान लेना यही जनसामान्य के लिए हितकारी सिद्ध होगा। जागीरदार को मिला तांत्रिक शर्मा आखिरकार प्रसिद्ध गायिका लता मंगेशकर की सम्पत्ति लूटने की योजना बनाता है और उसमें जागीरदार को शामिल करना चाहता है। जागीरदार इसका इनकार करते हैं। अन्त में शर्मा अत्यन्त कंगाली की हालत में जिन्दगी जीता है। *पाऊलखुणा* शुरू से ही पठनीय है।

अप्पासाहब गुरव
कोल्हापुर

ईश्वर की अथाह शक्ति

मंत्र, तंत्र, टोना-टोटका, तावीज, कर्णपिशाच यह विद्या कुछ लोग आधी रात में बारह बजे उठकर ठंडे पानी से नहाकर, ईश्वर के सामने अगरबत्ती जलाकर ओम श्री भगवतीऽभ्यो नम: का मंत्र रोज 121 बार उच्चारित करते हुए कुछ वर्ष कड़ी तपस्या करके साध्य करा लेते हैं।

हर बात में अन्धविश्वास, अन्धविश्वास कहकर सीना पीट लेने का क्या अर्थ है?

ईश्वर की शक्ति अथाह है, वहाँ मानव क्या करेगा?

राम हरोलीकर
कोल्हापुर

अनुराधादेवी की बन्द मुट्ठी और खुला चमत्कार

> जो चमत्कार करता है वह चालाक होता है। किए हुए चमत्कार के परीक्षण को इनकार करनेवाला बदमाश होता है। जिसमें परीक्षण करने की हिम्मत नहीं होती वह डरपोक होता है और जो चमत्कारों पर यकीन करता है वह मूर्ख होता है।
>
> —डॉ. अब्राहम कोवूर

श्रीलंका के डॉ. अब्राहम कोवूर अन्धविश्वास उन्मूलन आन्दोलन के मानो पितामह ही थे। इस अकेले जवान ने पूरी दुनिया में अन्धविश्वास के खिलाफ कड़ा संघर्ष किया। उस लड़ाई के तरकश का एक अमोघ अस्त्र था चुनौती देकर चमत्कार का परीक्षण करना।

चमत्कार होते ही नहीं। इस नाम से जो दिखाया जाता है वह एक तो बदमाशी होती है अथवा परीक्षण न होने के कारण चमत्कार का आभास देनेवाला विज्ञान का एक अनावृत्त सत्य। पैनी दृष्टि से जाँच की जाए तो वह समझ में आता है। पर वैसा होना चमत्कार करनेवालों को जँचनेवाला, हजम होनेवाला, पसन्द आनेवाला नहीं होता। क्योंकि उन चमत्कारों की पोल खुल जाए तो उनके अवतार की समाप्ति हो जाती है; धंधा चौपट होता है।

खाली हाथ से निर्मित होनेवाला शिवलिंग, चाँदी या सोने की अँगूठी, रुद्राक्ष अथवा भभूत में वैसे तो क्या खास होता है? जादूगर तो खाली हाथ हवा में घुमाकर जो चीज माँगी जाए वह चीज खाने को देता है। खाली हैट से जिन्दा खरगोश निकालकर दिखाता है। हमें उस बारे में क्या लगता है? क्या कभी कोई जादूगर के पाँव पर सर रखने की सोचता है? जादूगर हमें अच्छी तरह से ठगता है। वह किस चालाकी से ठग लेता है यह देखने के लिए तो हम पैसे देकर, टिकट लेकर जाते हैं। हमें उसकी कला अच्छी लगती है। दो पल मनोरंजन करके हम दूसरे काम की ओर मुड़ते हैं।

परन्तु चमत्कार के नाम पर हाथ से मामूली भभूत निकाल देनेवाले के बारे में कुल मामला उलटा होता है। वह बाबा, गुरु, महाराज पवित्र होता है। उसके आगे

लोटनेवाले को धन्यता महसूस होती है। उसके चुटकीभर भभूत के कृपा प्रसाद से हमारा भाग्य चमकेगा ऐसा उन्हें यकीन होता है। यह कैसे घटित होता है?

अधिकांश लोग दैववादी ही होते हैं। उनकी सूक्ष्म पर मजबूत धारणा होती है कि अपनी जिन्दगी नियति के इशारे से ही नियंत्रित होती है। इस अदृश्य शक्ति के इशारे जनसामान्य कैसे समझ पाएँगे? परन्तु कहा जाता है कि बाबा, गुरु, महाराज उन इशारों को समझ पाते हैं। उसकी निशानी नियति द्वारा ही उन्हें प्रदान की हुई चमत्कार करने की शक्ति है। जिन्हें इस शक्ति की सिद्धि मिली उनकी शरण में जाएँ तो अपना प्राक्तन-प्रारब्ध मालूम हो जाएगा और कृपा का लाभ मिल गया तो बदल भी जाएगा, इस भोली आशा के कारण लोग चमत्कार करनेवाले के पीछे दौड़ते रहते हैं।

चमत्कार से हाथ से चावल के गिनकर चार ही दाने निकालनेवाले बाबा के आशीर्वाद से शादी कैसे तय होगी? सन्तान कैसे होगी? पदोन्नति कैसे मिलेगी? अदालत का फैसला अपनी इच्छानुसार कैसे होगा? क्या इन बातों का एक-दूसरे से कुछ सम्बन्ध है? ऐसे सहज उपस्थित होनेवाले प्रश्न भी काफी भक्तगणों के मन में कभी नहीं आते। एकाध मनुष्य उत्तम बात करता है, यह इसका सबूत नहीं हो सकता कि मनुष्य गाता है या नृत्य करता है। फिर एकाध बाबा हाथ से भभूत या चावल निर्मित करता है इसे उसके विघ्नहर्ता होने का सबूत क्यों मानें? चमत्कारों पर यकीन करनेवाले ज्यादातर लोग ऐसे प्रश्न कभी भी नहीं पूछते। चमत्कार की बाबागिरी की सबसे भयानकता यही है। चमत्कार मनुष्य की बुद्धि अन्धी, पंगु और दुर्बल बनाता है। फिर कहाँ इनसान की इनसानियत बचती है?

चमत्कार आसानी से कोई जाँचने नहीं देता। अत: किसी भी तरह का चमत्कार सिद्ध करनेवालों को डॉ. अब्राहम कोवूर जी ने एक लाख रुपयों की चुनौती बख्शीश घोषित की। ये लाख रुपए उनके पास नहीं थे पर जरूरत होने पर खड़े कर देंगे ऐसा वादा श्रीलंका के लायन्स क्लब ने किया था। उसी पृष्ठभूमि पर महाराष्ट्र अन्धश्रद्धा निर्मूलन समिति चुनौती देकर खड़ी है। सच तो पिछले वर्ष तक चुनौती राशि के लाख रुपए हमारे पास भी नहीं थे। परन्तु सन 1987 में पुणे में हो चुके महाराष्ट्र स्तरीय अन्धविश्वास उन्मूलन ऐलान परिषद के बहाने हमने लोगों का आह्वान किया और परिषद का खर्चा घटाकर लोगों ने लाख रुपए दिए भी। आन्दोलन के और एक सक्रिय साथी बोहरा सुधार आन्दोलन के अग्रणी पुणे के ताहेर पुणेवाला ने और एक लाख रुपयों की जिम्मेदारी ली और अब चमत्कार को दो लाख रुपयों की चुनौती देकर हम खड़े हैं।

महाराष्ट्र में हाल ही में अनुराधादेवी देशमुख के साथ इस बारे में हुआ संघर्ष मशहूर हुआ। आन्दोलन के इस हथियार का प्रभाव (और सीमा भी) उससे स्पष्ट हो गई।

श्रीमती अनुराधादेवी का पीहर बीड जिले का लोखंडी सावरगाँव, तो ससुराल सोलापुर जिले में मसले चौधरी। उम्र पैंतीस साल। बचपन से ही उनके बदन में शिवजी का संचार होता था। उस अवस्था में वह काफी समय एकान्त में ध्यानस्थ बैठती थीं। यह मामला शादी के बाद पुन: कई बार घटित होने लगा। कुछ सालों बाद उनके खाली हाथ से भभूत, गुलाल, रुद्राक्ष, रुद्राक्ष की माला जैसी चीजें अपने-आप निकलने लगी। सन 1982-83 से यह मामला जोर शोर से चालू हो गया। सोमवार, गुरुवार, हर पूर्णिमा, अमावस को उनके भक्तगणों का दरबार भरने लगा। विधायक, सांसद, शंकराचार्य, पत्रकार उनके भक्तगणों में शामिल हो गए। चार-पाँच हजार की भीड़ इकट्ठा होने लगी। कहते हैं कि श्री सोमनाथ का संचार होने पर अनुराधादेवी दोनों हथेली एक-दूसरे पर घिसने लगती हैं और एक-दो मिनट में ही उनकी मुट्ठी सफेद भभूत से भर जाती है। फिर सभी को उस भभूत का थोड़ा-थोड़ा प्रसाद मिलता।

महीने के अन्य दिनों में अनुराधादेवी अपनी एम्बेसडर गाड़ी से महाराष्ट्र में अपने भक्तों की फरियादें दूर करने के लिए जाती हैं। दस-ग्यारह जिलों में उनके भक्तगण मिलते हैं। अनुराधादेवी ने संचार अवस्था में भभूत ही नहीं बल्कि महादेव का पत्थर और धातु का पिंड भी उसी समय, एक सौ आठ तक रुद्राक्ष की माला, बिल्वदल, शंख आदि चीजें भक्तों को दी हैं।

अनुराधादेवी के पति अमरसिंह देशमुख मामूली किसान थे। 10.8.1989 को उनका देहान्त हो गया। गाँव में बताते हैं कि अनुराधादेवी ने जिस स्थान पर सोमनाथ का मन्दिर बनाया है वह स्थान उनके देवर का है। परन्तु दो देवर और ससुर गाँव के बाहर की बस्ती में रहते हैं। लातूर के फत्तेसिंह गायकवाड़ अनुराधादेवी के परम भक्त बनकर उनकी सेवा में रहते हैं। कार्यक्रमों की निगरानी करते हैं। दूसरे भक्त दिनकर शिंदे (तहसील : माण, जिला : सातारा) उनके महीने के कार्यक्रमों की योजना बनाते हैं।

आन्दोलन की और अनुराधादेवी की पहली मुलाकात हो गई कोल्हापुर जिले के चाँदूर में।

चाँदूर के रघुनाथ पाटील की बेटी बीमार थी। स्थानीय डॉक्टरों से इलाज किया। ठीक नहीं हुई इसलिए उसे मिरज के मिशन हॉस्पिटल में मनोचिकित्सा विभाग में रखा गया। उन्हें धर्मशाला में कोई अनुराधादेवी के भक्त मिले। उस भक्त ने स्वानुभव बताया, ऐसी ही बीमार उनकी बेटी को अनुराधादेवी ने ठीक किया। पाटील अनुराधादेवी के पास गए। इस काम के लिए उन्होंने चाँदूर आना कबूल किया।

25-26 मार्च, 1988 को खबर प्रसारित हुई कि अनुराधादेवी चाँदूर आएँगी, पूजा और चमत्कार होगा। 25 तारीख को पत्की बन्धु चाँदूर पहुँचे। पत्की बन्धु आन्दोलन के सक्रिय कार्यकर्ता हैं। कहीं तहकीकात हो या आन्दोलन हो उनके

भीतर का पत्रकार और कार्यकर्ता उन्हें चुप बैठने नहीं देता। 25 तारीख को चाँदूर के निजी घर में बैठकर अनुराधादेवी भक्तों को भभूत (शिवलिंग) निकालकर दे रही थीं। उसका निरीक्षण करना और चुनौती देकर जाँच करना तय हो गया। पुलिस थाने को इसकी सूचना दी गई। 26 तारीख को सुबह साढ़े ग्यारह बजे पच्चीस कार्यकर्ता चाँदूर पहुँचे। साथ में ध्वनिक्षेपक भी था। उससे जोरदार प्रचार किया गया : 'हमारा देवधर्म के लिए विरोध नहीं है पर चमत्कार को जरूर है। दैवी चमत्कार कोई कर रहा होगा तो हमें उसका परीक्षण करना है। वे वह चमत्कार सिद्ध करें या चमत्कार करना बन्द करें। हम अनुराधादेवी के हाथ जाँचेंगे। फिर किसी को भी स्पर्श किए बिना अनुराधादेवी चीजें तैयार कर दिखाएँ; नहीं तो हाथ से भभूत के बदले हाथ में न समानेवाली चीज तैयार करें। जब तक ये दोनों बातें वे नहीं करतीं तब तक यह चमत्कार के नाम पर ठगाई ही माननी होगी।'

हजार-डेढ़ हजार लोग उपस्थित थे। माहौल में तनाव बढ़ गया। चर्चा शुरू हो गई। दोपहर के लगभग एक बजे अनुराधादेवी की गाड़ी आ गई। उनके समर्थक और स्थानीय संयोजकों ने कार्यकर्ताओं को धकेलना शुरू किया पर कार्यकर्ता सवालों की झड़ी लगा रहे थे, "हम कहें उस परिस्थिति में चमत्कार करोगी?" ऐसी चुनौती देकर रास्ता रोककर खड़े थे। अनुराधादेवी ने इनकार किया। उन्होंने चालबाजी की, "मुझे वह सम्भव नहीं। पूजा करनी पड़ेगी, हाथ में रुद्राक्ष की माला लेकर ध्यान करना पड़ेगा। फिर मन एकाग्र हो जाता है। संचार अवस्था प्राप्त हो जाती है। ये बातें कैसे पैदा होती हैं यह मैं भी नहीं जानती।" सवाल-जवाब होते गए। माहौल गर्म हो रहा था। अनुराधादेवी के समर्थकों ने प्रचंड हंगामा और धक्कामुक्की शुरू की। प्रश्नोत्तर मुमकिन नहीं इसलिए कार्यकर्ता बाजू में हटे और क्या आश्चर्य! पूजा किए बिना, माला लिए बिना, मन एकाग्र हुए बिना संचार न करनेवाला सोमनाथ बिना पूजा किए, बिना माला लिए भीड़ में ही अनुराधादेवी पर सवार हो गया। समर्थकों ने जयजयकार शुरू की। कुछ लोग कार्यकर्ताओं के पास आकर कहने लगे, "अनुराधादेवी का चमत्कार देखने चलो।" माहौल में शोरगुल और बढ़ गया।

सदा लोकरे भीड़ में ही अनुराधादेवी के पास गए और कहा, "मुझे आपके चमत्कार पर बिलकुल यकीन नहीं है। मेरा जितना बुरा कर सकती हो उतना करो और मेरा बुरा होगा ऐसी ही चीज मुझे दे दो।"

अनुराधादेवी ने हवा में हाथ घुमाए, मुँह पर, छाती पर घुमाए। सदा लोकरे ने फुर्ती से हाथ जाँचने की कोशिश की पर देवी ने, उनके समर्थकों ने उसे नाकाम बनाया। देवी ने मूँगफली के आकार का शिवलिंग लोकरे के हाथ पर रखा और भक्तों ने 'चमत्कार हो गया' का जयघोष शुरू किया। लोकरे धैर्यवान थे। 'यह शुद्ध पाखंड है' कहकर झगड़ा करने लगे। चुनौती दे रहे थे, "हाथ की मुट्ठी में न

समानेवाली चीज निकालकर दिखाओ।" लेकिन अनुराधादेवी और उनके भक्तों को चर्चा ही नहीं करनी थी। उन्होंने धक्कामुक्की शुरू की, मारपीट भी की। किरण कटके भी जोर से बोल रहे थे, इस कारण उन पर गुस्सा कुछ ज्यादा था। धक्कामुक्की में उनका लाइसेंस और पैसों का पर्स गुम हो गया। हालत देखकर कार्यकर्ताओं को वापस आने के अलावा विकल्प नहीं रहा।

सत्ताइस तारीख को कार्यकर्ता ग्रामीण विभाग के डी.वाई.एस.पी. विष्णोई से मिले। पूर्वसूचना देकर भी एक भी पुलिस बन्दोबस्त के लिए न आने की वास्तविक स्थिति बताई। चमत्कार के नाम पर पाखंड और उस गुंडागर्दी की सुरक्षा में पुलिस के दखल की माँग की। 'यह देव-धर्म के उपक्रम; पुलिस इसमें क्या करेगी?' यह भूमिका लेकर विष्णोई ने उन्हें विदा किया। उसी दिन शाम को प्रेस-कॉन्फ्रेंस हुई। पत्की ने देवी के चमत्कार करके दिखाए; उसका रहस्य भी खोलकर बताया। प्रताप हेगड़े ने आन्दोलन की भूमिका प्रस्तुत की।

इन सभी मामलों की खबरें कोल्हापुर के समाचार-पत्रों में आ गई। कुछ स्थानों पर देवी जी ने सच में चमत्कार किया है का आभास पैदा करनेवाली खबरें भी आ गईं। कार्यकर्ताओं से एक गलती हो गई थी। चमत्कार की जाँच हमेशा नियंत्रित परिस्थिति में ही करनी होगी यह नियम वे भूल गए थे। भक्तों के जमघट में सुविधानुसार संचार लानेवाली देवी की जाँच, यह चमत्कार का परीक्षण नहीं हो सकता। इसे ध्यान में लेकर उन्हें तथाकथित संचार हुई देवी के पास जाने से इनकार करना चाहिए था। तभी अनुराधादेवी मामूली हाथ की चालाकी होते हुए भी हाथ से निकालकर दिए हुए शिवलिंग के बारे में कुछ सम्भ्रम पैदा करने में सफल हो गई थीं।

वह सन्दिग्धता खत्म करने के लिए मैंने सातारा से पत्रक निकाला। उसमें अनुराधादेवी के भक्तों की कार्यकर्ताओं के साथ की हुई मारपीट का प्रतिवाद था और चुनौती थी कि क्या चमत्कार करने को तैयार हैं। चमत्कार का परीक्षण लेने की तैयारी दर्शाई थी। लगभग सभी अखबारों ने वह पत्रक छापा।

इसका अनुराधादेवी ने जवाब दिया। वह जवाब कुछ अखबारों में छपकर आया और उसे लेकर उनके राणंद, तहसील : माण, जि. सातारा के भक्त दिनकरराव शिंदे मुझसे मिलने आ गए। जवाब का सार ऐसा था :

प्रथमतः हमारी दृष्टि से शून्यवाद ही गलत है। शून्य यानी किसी का अस्तित्व ही न होनेवाला स्थान और वैसा स्थान दुनिया में कहीं भी नहीं है। सर्वत्र अस्तित्व ही है। फिर वह व्यक्त रूप में हो या अव्यक्त रूप में। यह जगत भभूतमय, विश्वकणों से, अणु-रेणु से, ईश्वर के अस्तित्व से भरा हुआ है। व्यक्त रूप में हो या अव्यक्त रूप में हो, अपनी समझ के मुताबिक और श्री सोमनाथ के आशीर्वाद से श्री सोमनाथ अवतीर्ण अवस्था में (संचार अवस्था में) आपको पूरी तरह से रिक्त हाथ से भभूत देंगे ही इसमें तनिक भी शक नहीं है। आप :

1. पूजा से पहले पूजा का सब सामान जाँच सकते हैं।
2. पूजा के समय पवित्रता रखनी होगी। स्पर्श और अपावित्र्य वर्ज्य है। आप मांसाहार किए बिना स्नान करके आएँ। महिलाएँ होंगी तो वे मासिक धर्म में न हों।
3. आप अपने साथ वीडियो कैमरा ले आएँ।
4. हर घटना जैसे घटित होती जाएगी वैसे लिख लीजिए और लिखकर दीजिए।
5. आपने या आपकी संस्था द्वारा घोषित की हुई एक लाख की बख्शीश हमारी दृष्टि से तनिक भी महत्त्वपूर्ण नहीं है। सिर्फ हमारे बारे में गलतफहमी के लिए दी गई चुनौती का खंडन हो जाए इसी उम्मीद से हम उसकी ओर देख रहे हैं।
6. आप रविवार दि. 15 मई, 1988 को सुबह पूजा से पहले ठीक सात बजे मसले चौधरी के सोमनाथ के दरबार में उपस्थित रहें। नहीं आए तो वह आपकी जिम्मेदारी होगी।

हम यह सब अनुराधा अमरसिंह देशमुख की पूर्व अनुमति से कर रहे हैं। नीचे दस्तखत थे :

श्री सोमनाथ भक्त

1. दिनकरराव शिंदे, राणंद, तहसील : माण, जिला : सातारा
2. फत्तेसिंह गायकवाड़, लातूर
3. लगोंडा पाटील, सदस्य, पंचायत समिति हातकणंगले, जि. कोल्हापुर
4. माणिकराव कुरूँदकर, पाटस तहसील : दौंड, जिला : पुणे
5. डॉ. अनिल पानसरे, बारामती, जिला : पुणे
6. अजितराव राजमाने, म्हसवड, तहसील : माण, जिला : सातारा
7. मास्टर रघुनाथराव चन्दुरकर, कोल्हापुर

दिनकरराव तैयारी में थे पर अनुराधादेवी चुनौती स्वीकार करने का सिर्फ आभास पैदा कर रही हैं बल्कि भागना चाहती हैं, यह निवेदन से ही स्पष्ट हो रहा था। केवल पूजा के सामान की जाँच करना काफी नहीं था। देवी जी के लिए वस्त्रों में, बदन पर, पूजा के स्थान पर छोटे शिवलिंग, रुद्राक्ष, भभूत छिपाना सहज सम्भव था। पूजा हो जाने के बाद छिपाई गई चीजें बाहर निकालना मामूली हाथ की सफाई थी। मैंने यह सब दिनकरराव को बताया। आप चुनौती स्वीकार करने के बारे में ही धूल झोंकने की कोशिश कर रहे हैं यह भी स्पष्ट किया और चुनौती प्रक्रिया का प्रारूप भी लिखकर दिया। वह प्रारूप ऐसा था :

श्रीमती अनुराधा देशमुख ने चुनौती का स्वीकार किया इसलिए हम उनका स्वागत करते हैं। परन्तु ऐसे परीक्षण नियंत्रित परिस्थिति में ही होते हैं। अतः वह परीक्षण अचूक होना जरूरी होता है। उसकी तफसील प्रस्तुत कर रहे हैं।

पुणे, सातारा इनमें से किसी भी शहर में दोनों के स्वीकृत स्थान पर यह परीक्षण होगा। पूजा से पहले श्रीमती अनुराधा देशमुख की अन्तर्बाह्य जिस्मानी जाँच स्त्री कार्यकर्ता करेगी। पूजा की जगह भी जाँची जाएगी। शरीर के कपड़े और पूजा का सामान समिति की ओर से दिया जाएगा। जाँच होने के बाद श्रीमती अनुराधा देशमुख को किसी भी चीज को छूने की अनुमति नहीं दी जाएगी।

उनकी बताई हुई शर्तों मसलन स्नान करके आना, मांसाहार न करना, मासिक धर्म की स्त्री को साथ में न लाने का अच्छी तरह से पालन किया जाएगा। पूजा शुरू हो जाने पर उनकी सूचना के मुताबिक उन्हें स्पर्श नहीं किया जाएगा।

पूरे परीक्षण में चमत्कार की जाँच करनेवाले अन्धश्रद्धा निर्मूलन समिति के इने-गिने लोग और अनुराधादेवी के प्रतिनिधि इतने ही लोग उपस्थित होंगे। श्रीमती देशमुख की इच्छानुसार पूरे कार्यक्रम की वीडियो टेप लिया जाएगा और प्रमुख अखबारों के प्रतिनिधि उपस्थित रहेंगे। पूरे परीक्षण का खर्चा अन्धश्रद्धा निर्मूलन समिति करेगी। परीक्षण शान्ति से और ठीक ढंग से हो इसलिए समिति जरूरत के अनुसार पुलिस की मदद लेगी। कोई उपद्रव करे तो उस पर कार्रवाई की जाएगी।

चुनौती प्रक्रिया के नियमों के मुताबिक परीक्षण का फल कभी भी आए और प्रतिपक्ष से माँग हो जाए, तो और एक अन्तिम परीक्षण देना या लेना इसका बन्धन दोनों पक्षों पर रहेगा। उस कारण दोनों पक्षों को शिकायत की गुंजाइश नहीं रहेगी। ऐसे परीक्षण में अगर भभूत पैदा हो गया तो हम जाहिर तौर पर मान लेंगे कि चमत्कार होते हैं। परन्तु अनुराधादेवी से यह सम्भव न हुआ तो वह धोखा देती है यह कबूल करें और यह मामला बन्द करें।

चुनौती को स्वीकार किया है यह बताने आए दिनकरराव शिंदे के सामने दूसरी ही अड़चन आ गई। इसलिए फैसला करने के लिए यह चुनौती श्रीमती अनुराधा देशमुख के नाम रजिस्टर्ड डाक से मसले चौधरी को भेज दी। वह उन्हें मिल गई इसकी रसीद ही गवाह है। अर्थात, उसका जवाब देने की हिम्मत वह आज तक नहीं कर पाईं।

परन्तु इसलिए यह मामला बन्द नहीं हुआ। बरकत में आया हुआ धंधा इस तरह बन्द करना किसे रास आएगा? उन्होंने होशियारी से दो चालें चलीं। देवी या उनके भक्तों के नियंत्रित परिस्थिति में चमत्कार की जाँच करनेवाले चुनौती पत्र को स्वीकार न करने के कारण 15 मई को परीक्षण होना सम्भव भी नहीं था और इष्ट भी। वैसी जाँच यानी उन्हें चाँदूर में हुई घटना की संशोधित, उनके लिए सुविधाजनक होनेवाली पुनरावृत्ति ठहर जाती। स्वाभाविक ही मैं 15 तारीख को मसले चौधरी नहीं गया। देवी जी ने उसका अच्छी तरह से फायदा उठाया। 'अन्धविश्वास उन्मूलन अखाड़े से डॉ. दाभोलकर का पलायन' ऐसी खबरें बाकायदा फैलाई गईं। फिर समाचार-पत्रों में सवाल-जवाबों का एक दौर चला। अनुराधादेवी या उनका कोई भी भक्त उनकी ओर से दस्तखत करे इसलिए चुनौती का मसौदा मैंने अखबारों को दिया। वह कई स्थानों पर छपकर भी आया।

यह मामला कुछ ठंडा हो रहा था तभी अनुराधादेवी के भक्तों ने और एक चालाकी की। 'पश्चंती विद्यालय' कोल्हापुर के सालोखेनगर की संस्था है। प्रधानाचार्य अद्वैतानन्द गलतगे, प्रो. कृष्णा गुरव, श्रीमती कमल लडकत उससे सम्बन्धित व्यक्ति हैं। एक ओर अध्यात्म साधना और दूसरी ओर 'भानामती के बारे में (?) विज्ञान का क्या कहना है?' 'विज्ञान की दृष्टि से चमत्कार कैसे सम्भव है,' ये उनके शोध के विषय थे।

उन्होंने 4 अगस्त को अपनी संस्था में अनुराधादेवी के सोमनाथ पूजा कार्यक्रम का आयोजन किया। इस मामले के सच की उन्होंने शोध बुद्धि (?) से छानबीन की। पूजा के समय महादेव का पिंड, जपमाला, बिल्वदल आदि पूजा की सामग्री पश्चंती ने दी। श्रीमती लडकत के दिए हुए वस्त्रालंकार श्रीमती अनुराधादेवी ने उनके सामने पहने। इस खबरदारी से उनकी राय के मुताबिक कार्यक्रम के बारे में प्रारम्भ से ही शक के लिए जगह नहीं रही। कार्यक्रम के समय करवीरपीठ के श्री शंकराचार्य, सासवड के महाराज कलामहर्षि श्री गणपतराव वणगेकर, प्रो. पा.ना. कुलकर्णी, डॉ. सी.बी. देसाई, गवर्नमेंट ऑडिटर श्री सदानन्द पोतदार, इंस्पेक्टर आनन्दराव कोली आदि उपस्थित थे। सभी के सामने कलश और महादेव के पिंडी की पूजा करके शिवमंत्र की दो मालाओं का जप करते ही अनुराधादेवी की देह में श्री सोमनाथ का अवतरण हो गया। सोमनाथ का संचार होते ही नमस्कार के बाद उन्होंने दोनों हथेलियाँ एक-दूसरे पर घिसीं और दो मिनट में ही दाहिनी मुट्ठी सफेद भभूत से भर गई। बायाँ हाथ पूरी तरह से खाली था।

कार्यक्रम के वक्त श्री शंकराचार्य ने श्री सोमनाथ से विनती की कि आज के विपरीत समय में डिठीयार धर्म जाग्रति का कार्य करनेवालों के पीछे पूरी ताकत से खड़े रहकर शुभाशीर्वाद दें। इसके बाद सभी उपस्थित लोगों ने अपने-अपने प्रश्न पूछकर भभूत और शुभाशीर्वाद लिए। श्रीमती अनुराधादेवी का दर्शन लिया।

इस पूरे कार्यक्रम की वीडियो फिल्म बनाई गई। इस कार्यक्रम के बहाने श्रीमती अनुराधादेवी दो दिन पश्चंती कॉलेज में रहीं। उनका आठ-नौ घंटे का विस्तृत साक्षात्कार प्रो. अद्वैतानन्द गलतगे, प्रो. गुरव और श्रीमती कमल लडकत ने लिया।

इस निष्पक्ष (!) वैज्ञानिक (!) परीक्षण के सहारे सब सिद्ध हो गया कि श्रीमती अनुराधादेवी चमत्कार करती हैं। सवाल ही खत्म हुआ कि क्या चमत्कार होते हैं? और फिर अनुराधादेवी के इस सिद्ध चमत्कार का ध्वज अखबारों में फड़कने लगा।

मैंने पश्चंती कॉलेज महाविद्यालय को पत्र लिखा :

> आपने शास्त्रीय कसौटी पर अनुराधादेवी के चमत्कार की जाँच की और वह चमत्कार सच सिद्ध हो गया। इस कारण अब हमारे सामने उन्हें वह चमत्कार कर दिखाने में हर्ज नहीं है। क्योंकि वैज्ञानिक परीक्षण की चुनौती देकर आपसे पहले ही हम मैदान में खड़े हैं। चमत्कार की जाँच करने से पहले क्या आपने उनके शरीर की अन्तर्बाह्य जाँच की थी? वैसा न करने पर आपकी जाँच निरर्थक सिद्ध हो जाती है और चमत्कार एक मामूली हाथ की सफाई या आपकी अनुमति से बनाया हुआ बनाव सिद्ध हो जाता है। वास्तविक स्थिति क्या है? कृपया स्पष्टता से सूचित करें।

मुझे जवाब नहीं मिला, क्योंकि वह उनके पास था ही नहीं। जवाब दिया गया *पैलतीर* दीपावली वार्षिक में जिसके सम्पादक प्रो. कृष्णा गुरव थे। इस अंक में प्रधानाचार्य अद्वैतानन्द गलतगे ने लेख लिखा : 'अनुराधादेवी के भभूत के चमत्कार से अन्धविश्वास उन्मूलनवाद की इतिश्री' जिसमें प्रारम्भ में ही समिति के कार्य के खिलाफ काफी जहर उगला था। अनुराधादेवी की काफी तारीफ थी। विश्वास व्यक्त किया था कि हमने चार बार यह प्रयोग देखा है और दो प्रयोगों का वीडियो चित्रण किया है। इसके साथ राय प्रस्तुत की थी कि उनकी बाँह से आगे के हाथ खुले होते हैं। उस कारण बाँह में कुछ छुपाकर रखने का सवाल ही नहीं रहता। इतना ही नहीं, गवाही थी कि संचार होने के बाद जपमाला नीचे गिरती है और हाथ खुले, खाली दिखाकर वह दोनों हाथों की मुट्ठियाँ बन्द करती हैं और उन हाथों से पूजा के सामान या अन्य किसी भी चीज को कभी भी स्पर्श नहीं करतीं।

लेख पढ़ने के बाद उसकी भेदनीति की दृष्टि पाठकों को अलग से समझाने की जरूरत ही नहीं थी। जिस पद्धति से उनका दावा था कि देवी भभूत निकालती हैं, उस पद्धति का अचूक परीक्षण देने के लिए भी उनके इनकार की असलियत छुपाकर लेख में कुछ अलग ही प्रस्तुत किया था। अनुराधादेवी के दरबार में उनके अनुग्रह के लिए जानेवाले भक्तों को आगे सालभर यह अंक खरीदने की लगभग अनिवार्यता ही थी। यही लेख आगे दो वर्ष बाद कोल्हापुर के साप्ताहिक *पुलिस टाइम्स* में सितम्बर, 1990 में छप गया।

यह सब सामने लाने का साधन हमें अचानक ही मिल गया। ज्यादा होशियारी से फँस जाते हैं, वैसा पश्चंती महाविद्यालय का हो गया।

मैं अन्धश्रद्धा निर्मूलन समिति के कोल्हापुर जिला स्तर के शिविर के लिए इचलकरंजी गया था। कोल्हापुर के कुछ कार्यकर्ता आए थे। पता चला कि उनसे पश्चंती महाविद्यालय की पूजा का वीडियो टेप मिल सकता है। हमें उत्सुकता थी ही। हमें *केसरी* के संवाददाता उदय कुलकर्णी ने कुछ दिनों बाद वह टेप सातारा में पहुँचाया।

सातारा में हम बीस-पच्चीस कार्यकर्ताओं ने मिलकर वह टेप बारीकी से देखा। दो पूजा उसमें थीं पहली पश्चंती विद्यालय की पूजा की और दूसरी कोल्हापुर के ही एक घर की। शुरू का व्यर्थ आडम्बर खत्म हो जाने पर देवी के बदन में संचार हो जाता था। दोनों हाथों की उँगलियाँ एक-दूसरे में गूँथकर हथेली एक-दूसरे पर घिसने की क्रिया चार-पाँच मिनट चलती थी। फिर देवी एक-एक भक्त को आगे बुलाती थीं और बन्द मुट्ठी से चुटकी भर भभूत उसके हाथ पर रखती थीं। भक्तों को लगता था कि वह भभूत संचार अवस्था में हथेली घिसकर अपने-आप तैयार हुई है। ताज्जुब की बात यह थी कि भभूत देनेवाली मुट्ठी कभी भी खोली नहीं जाती थी।

पश्चंती कॉलेज का दावा था यह सारा मामला अच्छी तरह से जाँचा हुआ, वैज्ञानिक है कि टेप देखते ही उसकी व्यर्थता समझ में आती थी। सच तो यह है कि ऐसे प्रयोग में कैमरा सतत 'लक्ष्य' पर केन्द्रित होना चाहिए। परन्तु यहाँ तो कैमरा आराम से इधर-उधर किसी पर भी घूम रहा था। मूलतः अनुराधादेवी का हाथ निरन्तर कैमरे के आगे था ही नहीं इस कारण उनके लिए चमत्कार करना काफी आसान हो गया था। एक बार तो बिलकुल ठीक समय पर उनके सामने से एक व्यक्ति बीच में आ गया था और उसने महत्त्वपूर्ण पल कैद करने का कैमरे का मौका भली-भाँति (या पूर्वनियोजित) गँवाया था।

किन्तु चित्र वीडियो टेप देखते समय एक अलग बात हमारे ध्यान में आ गई। पश्चंती कॉलेज की पूजा में बन्द हाथ घिसने की क्रिया जारी थी। तब उँगलियों की दराज से अन्दर पतले गुलाबी रंग के कागज में लिपटी हुई कुछ चीजें साफ दिखाई दे रही थीं। दूसरे स्थान की पूजा में तो जब भभूत देना चालू था उस वक्त अनजाने में निर्मित हुई उँगलियों की बड़ी दराज से अन्दर की राख स्पष्ट दिखाई दे रहा था। उस महत्त्वपूर्ण स्थान पर फिल्म रोककर देखने पर भभूत की राख के कण लेकर मुट्ठी बन्द करके पाँच-पाँच मिनट बाद भक्तों को थोड़ी-थोड़ी भभूत देने के अनुराधादेवी के तथाकथित चमत्कार का अपने-आप भंडा फूट रहा था। शक पैदा करनेवाली और एक जगह थी। तथाकथित संचार अवस्था में अनुराधादेवी की दोनों हथेलीयाँ नमस्कार के लिए जुड़ती थीं। उसका पिछला हिस्सा बदन की साड़ी

के आँचल की गोट को छूता था। आँचल के गोट के अन्दर कुछ छुपाये होने की काफी सम्भावना टेप देखते हुए महसूस हो रही थी।

हमें अच्छा हथियार मिल गया। हमारी समिति की दहिवडी की शाखा ने उसका प्रभावी इस्तेमाल किया। दहिवडी माण तहसील का गाँव है। उस गाँव और तहसील में अनुराधादेवी के काफी भक्त थे। कई घरों में उन्होंने सोमनाथ की पूजा की थी। संचार के बाद भभूत और शिवलिंग निकाले थे। उस कारण उनके देवघरों में भी अनुराधादेवी की तसवीर विराजमान हो गई थी। ऐसे स्थानों पर श्रीकांत निलाखे और समिति के बाकी कार्यकर्ताओं ने यह टेप सभी को दिखाना जाहिर किया। डिस्क एंटीना द्वारा गाँव के सारे टीवी जोड़े गए थे। उस कारण टीवी के जरिए अनुराधादेवी की बन्द मुट्ठी और भभूत की राख घर-घर पहुँच गया। 'राख दिखाई देते समय हम चित्र स्थिर करेंगे, चमत्कार के पीछे की ठगाई देख लो।' गाँव में स्थान-स्थान पर ऐसी सूचना के बोर्ड लगाकर दहिवडी समिति ने पहले ही घोषित किया और प्रत्यक्ष में ठीक वह हिस्सा आने पर चित्र स्थिर करके दिखाया भी। परिणाम उत्तम हो गया। भ्रमनिराश हुए भक्तों ने अनुराधादेवी की तसवीरें अपने देवघर से बाहर निकालीं।

इसी दरमियान बार्शी में अभ्यास शिविर हो गया और वहाँ का केन्द्र मजबूती से खड़ा हो गया। पा.ना. निपाणीकर और प्रो. जे.टी. जाधव वहाँ के उत्साही और जोशीले कार्यकर्ता थे। अनुराधादेवी मामले का फैसला करने के लिए उन्होंने उनकी सारी जानकारी हासिल की। अमावस को खुद मसले चौधरी होकर आए। प्रो. आर्डे ने सांगली से जाकर उनकी मदद की। मामले को प्रारम्भ करते समय उन्हें टेप से काफी मदद हो गई। सोलापुर में ली प्रेस-कॉन्फ्रेंस में उन्होंने वह टेप दिखाया।

हाथ में छुपाकर रखा हुआ भभूत की राख देखकर पत्रकार भी चकित हो गए। निपाणीकर और आर्डे सर ने घोषित किया, अनुराधादेवी चमत्कार सिद्ध करें या यह पाखंड बन्द करें। अन्यथा 22 जून, 1990 को अमावस है। यह संचार का दिन होने के कारण मसले चौधरी जाकर देवी जी के खिलाफ शान्तिपूर्ण ढंग से नारेबाजी की जाएगी। आह्वान किया जाएगा कि भक्त यह पाखंड समझ ले और उससे दूर रहे। बस। निपाणीकर ने चमत्कार सिद्ध करने का चुनौतीपत्र भी अनुराधादेवी को 17 मई को रजिस्टर्ड डाक से भेज दिया।

देवी जी को निश्चित ही धक्का लगा था। 23 मई को उन्हें पत्र मिला लेकिन उन्होंने उसे स्वीकार नहीं किया। "मालिक के स्वीकारने को तैयार न होने के कारण भेजनेवाले को वापस।" ऐसी मुहर लगाकर वह पत्र निपाणीकर को वापस आ गया। पत्र पर लिखे हुए पते का मजमून पैन की आड़ी-टेढ़ी रेखाएँ मारकर कोई पढ़ न पाए ऐसी कोशिश भी की हुई दिखाई दी। निपाणीकर ने घोषित किया कि ये रेखाएँ, पत्र पर तारीख के ठप्पे, डाकिए की टिप्पणी इन सबका मतलब हो जाता है कि

देवी जी ने चमत्कार सिद्ध करने की लड़ाई में हार मान ली। यह और बताया कि नारेबाजी का निर्णय भी पक्का है।

यह मामला अपने पर कुछ भारी हो रहा देखकर देवी जी ने और उनके भक्तों ने और एक शिगूफा बनाया। एक ओर एक-दो पत्रकारों से हाथ मिलाकर उनके नाम पर अनुराधादेवी के चमत्कार की आध्यात्मिक शक्ति की तारीफ करनेवाले विज्ञापन प्रमुख अखबारों के पहले पन्ने पर छपवाए तो दूसरी ओर उनके परम भक्त फत्तेसिंह गायकवाड़ 20 जून को निपाणीकर की ओर दौड़े। वे फिर से पहले की तरह ही खुद के लिए सुविधाजनक पद्धति से चमत्कार कर दिखाने का देवी जी का आवेदन लेकर आए थे। उसके साथ ही यह भाषा भी थी : आपकी गलतफहमी है, खर्चा निकलने के सिवा हमें ज्यादा कुछ नहीं मिलता, चुनौती-प्रतिचुनौती किसलिए? सौहार्द से सुलह करते हैं।

अर्थात, यह भाषा ही नकली थी, यह हमारे अमावस के दिन मसले चौधरी जाने के बाद स्पष्ट हो गया। निपाणीकर ने जोरदार तैयारी की थी। इस कारण बार्शी, सोलापुर, टेंभुर्णी, पंढरपुर, माढा, मोहोल, अकलुज इन सभी स्थानों से लगभग डेढ़ सौ कार्यकर्ता मसले चौधरी आए थे। बार्शी का जत्था सबसे बड़ा था। पन्नालाल सुराणा, वीणाताई सुराणा, प्रो. कुंताताई जगदाले, प्रधानाचार्य मोरे, प्रधानाचार्य इंगले की मंडली खासतौर पर आई थी। मैं और प्रो. आर्डे भी थे।

गाँव में पहुँचे तो पुलिस की गाड़ियों ने ही स्वागत किया। गाँव के प्रवेशद्वार पर ही गाँववाले और अनुराधादेवी के भक्तों का जमघट लगा था। उनकी और हमारी गाड़ियों के बीच पुलिस की कतार थी। माहौल क्षुब्ध था। एक पुलिस इंस्पेक्टर, दो सब-इंस्पेक्टर और पच्चीस पुलिस थी। तहसील के नेता भूतपूर्व विधायक बाबूराव अप्पा पाटील अनुराधादेवी के भक्त थे। उन्होंने दो दिन पहले ही गाँव में डेरा डाला था।

तहसीलदार पी.एस. परांड के निर्देश से हम प्रवेशद्वार में ही स्थित उत्तम शिरसाट की कोठी में गए। उनका इरादा समिति के प्रतिनिधि और अनुराधादेवी के प्रमुख भक्तों में चर्चा कराने का था। प्रत्यक्ष में कोठी के सायबान के आगे की लम्बी-चौड़ी जगह पर इतनी भीड़ हो गई कि चार-पाँच सौ लोग इकट्ठा हो गए। चर्चा को वाद-विवाद का स्वरूप प्राप्त हो गया।

पहले निपाणीकर सर ने बात की। उन्होंने विगत तीन साल के आन्दोलन की पृष्ठभूमि बताई। उन्होंने जताया कि चुनौती को अस्वीकार कर अन्धश्रद्धा निर्मूलन समिति को बदनाम करना अनुराधादेवी के भक्तों की उलटी चाल होने के कारण आज हम संचार के दिन ही मसले चौधरी में चुनौती लेकर आए हैं। उस पर देवी जी के भक्त सुभाष शेटे खड़े हो गए। उन्होंने टेप का विषय छेड़ दिया। उनकी राय थी कि "हाथ में राख होगी पर वह चमत्कार से ही आई है ना?" उन्होंने जोर देकर बताया कि "एक हाथ से राख पैदा नहीं होती। हथेली पर हथेली घिसकर साधना

करने पर अनुराधादेवी आज भी भभूत निकाल सकती हैं और वह सिद्ध करने को हम तैयार हैं।"

यह ऑफर काफी अच्छा था। मैंने उसको तुरन्त स्वीकार किया और बताया कि हम सिर्फ दोनों कन्धों से देवी जी के हाथों की जाँच करेंगे और उसके बाद अन्य किसी भी चीज को छुए बिना भभूत पैदा हो जाए तो हम चमत्कार मानेंगे। ऐसा कहते ही भक्त सिटपिटाए। उन्होंने कहा, "पूजा करते समय चीजों को हाथ लगाना ही पड़ेगा।" मैंने कहा, "ठीक है। हम देवी जी को पूजा के लिए कहीं भी स्पर्श करने की अनुमति देते हैं। उसके पहले केवल पूजा स्थान की और उनकी जाँच हम करेंगे। वस्त्र और पूजा का सामान अपनी तरफ से देंगे। मंजूर है?" मंडली इस पर भी तैयार नहीं हो रही थी। फिर मैंने कहा, "किसी भी चीज को हाथ लगाओ परन्तु भभूत निकलना शुरू होने पर मुट्ठी सतत बन्द क्यों? वह खुली रखो और अपने आप निरन्तर आनेवाली भभूत सभी को देखने दो। हम चमत्कार को हाथ जोड़ेंगे।" यह भी उन्हें मंजूर नहीं था। कैसे होगा?

तभी देवी जी के परम भक्त फत्तेसिंह गायकवाड़ बैठक में आ गए। उन्होंने हालत देखकर बैठक के विषय को अलग मोड़ देने की कोशिश की। "क्या आपके पास दो लाख रुपए हैं? उसका सबूत प्रस्तुत करो। आपने अब तक अनुराधादेवी की जो बदनामी की है उसकी माफी माँगो, तभी हम परीक्षण देंगे। आप अध्यात्म नहीं मानते तो यह बताओ कि स्त्री और पुरुष ये दो ही जातियाँ होने पर माँ, बहन ये रिश्ते कहाँ से आए? तब अध्यात्म मानना ही होगा और चमत्कार का परीक्षण करनेवाले आप हैं कौन? चमत्कार से पहले देवी जी की जाँच जिलाधिकारी और डी.वाई.एस.पी. की धर्मपत्नी करें।" ऐसा लम्बा-चौड़ा भाषण उन्होंने दिया।

मैंने उनका हर मुद्दा खारिज किया। चुनौती के दो लाख रुपयों की जमा-पूँजी के नम्बर बताने की तैयारी दिखाई। अनुराधादेवी के चमत्कार और उसके माध्यम से की जानेवाली ठगाई हम लोगों को बताते हैं और बताते रहेंगे। परन्तु उसके परे सुसंस्कृतता की सीमा लाँघकर हमने उनके बारे में एक शब्द भी नहीं कहा है यह स्पष्ट किया। देवी जी द्वारा अध्यात्म का चमत्कार के साथ खींचतान कर सम्बन्ध जोड़ने की विसंगति भी स्पष्ट की। जिलाधिकारी या डी.वाई.एस.पी. की धर्मपत्नी अनुराधादेवी की जाँच करते समय जरूर उपस्थित रहें परन्तु जाँच हमारी ही कार्यकर्ता करेंगी। क्योंकि चुनौती हमारी है और पैसे भी हम ही देनेवाले हैं, यह स्पष्ट जताया। पन्नालाल जी ने भी बात की। बैठक में तनाव बढ़ रहा था। उनके मुद्दे खत्म हुए, अब वे गुद्दे (घूँसे) पर आएँगे ऐसे लक्षण दिखाई देने लगे। "आप खुद को क्या समझते हैं? शंकराचार्य के सामने देवी जी ने भभूत निकाली है। क्या आप खुद को उनकी अपेक्षा श्रेष्ठ समझते हैं?" ऐसा एक आदमी जोर-जोर से पूछने लगा। "चातुर्वर्ण्य माननेवाले शंकराचार्य की अपेक्षा चातुर्वर्ण्य ठुकरानेवाले

हमारे कार्यकर्ता श्रेष्ठ हैं।" पन्नालाल जी के उस आदमी को ऐसा जवाब देते ही सभा और गरम हो गई।

तय हुआ संकेत कि उनके पक्ष से दो लोग और हमारे पक्ष से मैं और पन्नालाल जी बात करें उन्होंने साफ उड़ा दिया। पूर्व तैयारी से आए हुए भक्तों ने बार-बार व्यवधान लाना शुरू किया। 'शान्त रहो और नियम के मुताबिक चर्चा होने दो' बतानेवाले प्रधानाचार्य इंगले को भी धमकाया गया। यह मानो तय ही किया होगा कि पहले झंझट खड़ा करें और फिर सभा उड़ा दें, ऐसा कारोबार शुरू हो गया।

तहसीलदार के ध्यान में यह आ गया होगा। वे खड़े हो गए और उन्होंने घोषित किया, "सभा ऐसे ही जारी रही तो कानून और सुव्यवस्था का प्रश्न खड़ा हो जाएगा, ऐसा लग रहा है। तब यह सभा बरखास्त की जाए।" इतने में मैंने खड़े होकर कहा, "अनुराधादेवी चमत्कार दिखाते हुए पूरे महाराष्ट्र में घूमती हैं, परन्तु चुनौती देने पर उन्होंने आग्रह किया कि मसले चौधरी ही आइए, वह भी अमावस के दिन। इसलिए हम आए हैं। टेप में उनके हाथ में भभूत की राख का कण स्पष्ट दिखाई देता है और सच में तब तो चमत्कार रहता ही नहीं। फिर भी भक्तगण कहते हैं कि हाथ में राख आई यही चमत्कार है। वह चमत्कार भी सिद्ध करो ऐसी हमारी चुनौती है। चमत्कार के परीक्षण की हमारी शर्तें पिछले तीन साल से कायम हैं परन्तु उसके बारे में अनुराधादेवी और उनके भक्त बहाना बनाने के अलावा कुछ नहीं कर रहे हैं। चमत्कार करनेवाले और उसकी जाँच-पड़ताल का विरोध करनेवाले पाखंडी ही होते हैं। अनुराधादेवी पाखंड करती हैं और ऐन मोके पर बहाने बनाती हैं। कि इस कारण वह पीछे हट गईं और हम यही मानते हैं कि वे चमत्कार करने में असमर्थ हैं। इस कारण हमारी दृष्टि से यह मामला खत्म ही हुआ है। परन्तु फिर भी कभी अनुराधादेवी चमत्कार सिद्ध करने के लिए आगे आएँ तो हम चुनौती की रकम के साथ मैदान में हैं ही।"

सभा टूट गई। गुट-गुट से और काफी देर तक चर्चा हो गई। दरअसल गाँववालों से पहले ही सम्पर्क हो गया था और काफी गाँववाले हमारे पक्ष में थे परन्तु प्रत्यक्ष चर्चा में सारी मंडलियाँ चुप थीं। अनुराधादेवी और उनके समर्थकों का रौब ही वैसा था। परन्तु अपने गाँव में यह जाहिर तौर पर हुआ यह अच्छा ही हुआ, ऐसा मन ही मन में कहनेवाले काफी थे जिनमें शिवसैनिक भी थे।

इन सबसे क्या हासिल हुआ? क्या अनुराधादेवी के चमत्कार बन्द हुए? इसका उत्तर पूरी तरह से सकारात्मक नहीं है; क्योंकि मसले चौधरी में आज भी मराठवाडा, पुणे, मुम्बई से अमावस को भक्तगण आ ही रहे हैं परन्तु उनकी मात्रा काफी कम हो गई है। महाराष्ट्र के दस-ग्यारह जिलों में बोलबाला कर होनेवाले दौरे सिकुड़ गए हैं। बाहर के गाँव के चमत्कार लगभग रुक गए हैं। चुनौती को स्वीकार नहीं करने की चर्चा लोगों में फैल जाने के कारण उनका भरोसा नहीं रहा। भक्तगणों में भी सन्देह का वातावरण पैदा हुआ है। तसवीरें देवघर से बाहर निकाली गई हैं।

पाखंड के खिलाफ लड़ाई में कई बार इससे ज्यादा साध्य होना मुश्किल भी होता है। तीन वर्ष चले आन्दोलन में कार्यकर्ताओं का धैर्य तो बढ़ा ही लेकिन देवी जी चमत्कार की चुनौती स्वीकारने में आनाकानी कर रही हैं, यह अखबारों के भी ध्यान में आ गया।

23 जून के कार्यक्रम की सोलापुर जिले के अग्रेसर दैनिक *संचार* में आई चौखट बोलती है :

देवी जी का इनडायरेक्ट अनुग्रह

> *संचार* के प्रतिनिधि ने अनुराधादेवी से मुलाकात की। तब अनुराधादेवी ने हाथ से भभूत निकालकर अन्य भक्तों की तरह उन्हें भी दी। तब प्रतिनिधि ने उनसे पूछा, "आप भभूत की तरह ही लिंग (शिवलिंग) निकालकर देती हैं ऐसा आपका लौकिक है, तब मुझे भभूत के बदले लिंग दिया जाए तो अच्छा होगा।" उस पर उन्होंने जवाब दिया, "आप अन्धविश्वासी हैं। आप मेरा इम्तहान लेने के लिए लिंग माँग रहे हैं, आपको नहीं मिलेगा।"
>
> उन्होंने कुछ देर बाद पास में खड़े श्री बाबूराव पाटील जी को इशारे से बुलाया और हाथ से लिंग निकालकर *संचार* के प्रतिनिधि को देने को कहा। अनुराधादेवी हम पर ऐसे इनडायरेक्ट अनुग्रह की पहेली बेचारे प्रतिनिधि के साथ कई लोगों ने बुझाई। कहीं ऐसा तो नहीं कि लिंग निकालने के लिए उन्हें कुछ समय चाहिए था।

अचूक पद्धति से परीक्षण देने का समय आ जाए तो भले-भले पाखंडी पीछे हटते हैं ऐसा दुनिया के अन्धविश्वास उन्मूलन आन्दोलन का अनुभव है। दुनियाभर के वैज्ञानिकों को बेवकूफ बनानेवाले युरी गेलर ने सिर्फ नजरों से चीजें टेढ़ी करने के बारे में 'स्टॅंडफोर्ड इन्स्टिट्यूट' की प्रयोगशाला के परीक्षण को आध्यात्मिक वजह बताकर ऐसे ही इनकार किया था। ज्यूडी नोल्स की दुनिया में मशहूर हुई अतीन्द्रिय शक्ति की जाँच के लिए अमेरिका के मशहूर जादूगर और आन्दोलन के अध्वर्यू जेम्स रँडी खड़े हो गए तब भी जटिल जाँच के कारण मन बेचैन हो जाने का उसने बहाना बनाया था। उनकी तुलना में अनुराधादेवी चिल्लर ही हैं। फिर वह इस भागदौड़ में पीछे हटने में अपवाद कैसे होंगी?

निर्मला माता का हिंसक अध्यात्म

अध्यात्म क्या है? उसे हम पामर साधनहीन नहीं जानते। किन्तु इतना जानते हैं जो कवि पाडगाँवकर ने अपनी एक कविता में बताया है :

उनकी बूढ़ी दादी थी।

ईश्वर कैसा होता है? कहाँ होता है? कैसे प्रसन्न होता है? इन प्रश्नों के गहन, रहस्यात्मक उत्तर उस बेचारी को कहाँ पता थे।

परन्तु उसका दिल भर आता और वह कहती थी, "मंगेशा, तुमने पेटभर खाना खा लिया तो मुझसे ईश्वर प्रसन्न हो गया।"

मनुष्य को ऐसा सहज, सीधा, खुलेपन से मिलनेवाला अध्यात्म ईश्वर को या उसका सारा आडम्बर मचानेवालों को कैसे मंजूर होगा? उनकी समझ में अध्यात्म मायाजाल होता है। सुभीते से अपना चेहरा छुपाने के लिए और दूसरा मुखौटा चमकाने के लिए। आन्दोलन की थोड़ी-सी भी आँच लगी तो उनके ज्ञान के, वैराग्य के, तथाकथित अध्यात्म के सब नकली रंग छूटते हैं। अन्दर का असली दम्भपूर्ण और हिंस्र चेहरा सामने आता है।

निर्मला माता!

कुंडलिनी जाग्रत कर सहजयोग का चैतन्यमय अनुभव धरती पर देनेवाली परमपूजनीय माता निर्मलादेवी। समस्त मानव जाति को ललामभूत हुआ उनका आध्यात्मिक सन्देश। आन्दोलन की मामूली दो फटकारें मिलने पर उनका नकली अध्यात्म और हिंस्र स्वरूप सामने आ गया।

26 और 27 दिसम्बर, 1989 को निर्मलादेवी का कुंडलिनी जाग्रति और सहजयोग साधना का कार्यक्रम था। कार्यकर्ताओं ने उनके पुणे के केन्द्र से और अन्य स्थानों से भी जानकारी प्राप्त की। साथ ही कुछ लेख, कुछ कतरनें, कुछ प्रेस नोट। बड़ी मनोरंजक जानकारी और माताजी की तारीफ से लबालब भरे हुए। बिलकुल वैसे भी बुवा, बाबा के आश्रम या स्थानों में मिलते हैं।

'श्री माताजी निर्मलादेवी का सहजयोग' लेख का मजमून इस तरह था :

ईश्वर हर इनसान में आत्मा के रूप में होता है। आत्मा का यह रूप यानी कुंडलिनी शक्ति। उस शक्ति को समझने, पहचानने के लिए मनुष्य को खुद के मध्य ज्ञानतन्तु की पहचान होनी चाहिए। उस कारण प्रकाश मिलेगा, अँधेरा दूर हो जाएगा, सत्य की परख होगी। प्राचीन काल में वर्णित किया हुआ साक्षात्कार यही है। पुराने जमाने में इसके लिए कठोर परिश्रम और जिन्दगीभर की तपस्या जरूरी होती थी। महान ऋषि-मुनियों को भी पन्द्रह-बीस साल की कड़ी परीक्षा, तपस्या करके भी एकाध-दो को ही आत्मसाक्षात्कार हुआ। उसके बाद के समय में तो सभी धर्मों में साक्षात्कार की चर्चा बन्द हो गई क्योंकि साक्षात्कार दे सकनेवाले और उसे ग्रहण कर सकनेवाले दोनों अपवाद से ही मिलने लगे।

हाल के कलियुग में माता निर्मलादेवी ने यह कार्य अत्यन्त आसान और परिपूर्ण किया है। माताजी एक ही समय हजारों साधकों की कुंडलिनी जाग्रत करके उन्हें आत्मसाक्षात्कार दे सकती हैं। उसके लिए साधकों की परीक्षा नहीं ली जाती। भारत में और विदेशों में सभी जाति, धर्म, लिंग, वर्ण के लोगों को बिना किसी भी भेदभाव के यह साक्षात्कार दिया जाता है और वह अनगिनत लोगों को मिला भी है। यह कार्य सचमुच ही असाधारण और आश्चर्यजनक है। इस रूप में यह कार्य इससे पहले मानव इतिहास में कभी भी घटित नहीं हुआ। इन हजारों साधकों का मत परिवर्तन हुआ है। उनका स्वास्थ्य उत्तम हो गया है, स्वभाव बदल गया है। उनकी गृहस्थी में अध्यात्म का आनन्द संचारित हो गया है।

कुंडलिनी जन्मत: ही हर इनसान के साढ़े तीन कुंडल मनके की हड्डी के आखिरी मनके में सुप्तावस्था में होती है। माताजी निर्मलादेवी की कृपा से जाग्रत हुई यह कुंडलिनी शक्ति इन्हीं चक्रों का भेद करके आखिरी छठे चक्र (ब्रह्मरंध्र) जो सिर के तालू भाग पर है, को भेदकर बाहर जाती है और ब्रह्म शक्ति से मिलती है। सभी चक्र जाग्रत, उत्तेजित हो जाते हैं और साधकों में हर चक्र के गुणों में कमी हो जाती है। जाग्रत कुंडलिनी स्वाधिष्ठान, मणिपुर, अनाहत, विविशुधि, आज्ञा और सहस्त्रधार चक्रों का भेद करके बाहर आती है। साधक के सिर पर शीतल लहरें आती हैं। दोनों हाथों पर चैतन्य लहरों का अनुभव आता है। आदि शंकराचार्य जी ने इसे सौंदर्य लहरें, चैतन्य लहरें, सलीलम् कहा है। कुंडलिनी जाग्रति द्वारा प्राप्त होनेवाले सहजयोग में सभी धर्मों का सार, सभी सन्तों के उपदेश, सभी शास्त्रों का निचोड़ अपने-आप सिद्ध हो जाता है। सबसे बड़ा चमत्कार माताजी की तसवीरों का है। तसवीर में उनके चार हाथ दिखाई देते हैं। कुछ तसवीरों में उनके आठ हाथ दिखाई देते हैं। कुछ

तसवीरों में उनके मस्तक के चारों ओर तेजोमंडल दिखाई देता है। ऐसी माताजी निर्मलादेवी की तुलना दूसरे किसी भी गुरु या महाराज के साथ करने की कल्पना भी नहीं कर सकते।

महाराष्ट्र के दुर्गम देहातों से लेकर लंदन, न्यूयॉर्क, रोम जैसे अत्याधुनिक शहरों तक आत्मप्रतीति का एहसास देते हुए माताजी की यात्रा जारी है। 1970 से माताजी ने यह कार्य हाथ में लिया है। हाल में उनका वास्तव्य लंदन में है। यूनो के एक ख्यातनाम अधिकारी की वह पत्नी हैं और उनकी दो सन्तानें और चार पोते हैं। ईसाई धर्म में जन्म लेकर भी उन्होंने सभी धर्मों का सारतत्त्व ग्रहण किया है। बचपन में भी उन्हें डर शब्द मालूम नहीं था। वह साँपों के साथ भी खेलती थीं। उन साँपों से हमें कोई खतरा नहीं है इसका मानो उन्हें पैदाइशी एहसास था। वह कहती थीं, "यदि सभी से आपको प्यार है तो फिर डर किस बात का?" महात्मा गांधी ने काफी पहले माताजी की अलौकिक शक्ति पहचानी थी। माताजी ने बापू जी के साथ कई साल प्रेम और दया का सन्देश देने का कार्य किया है। तथाकथित बुवा, महाराज, गुरु से माताजी का तीव्र विरोध रहा है। उन्हें लगता है कि यह मंडली पैसों के लिए भक्तों को ठगती है। सहजयोग के कई साधकों को व्याधिमुक्ति के चमत्कार-सदृश्य अनुभव मिले हैं। त्वचारोग, जोड़ों का दर्द, मिरगी, कैंसर जैसे रोग सहजयोग से ठीक हो गए हैं। परन्तु माताजी को सहजयोग का यह अंग ज्यादा महत्त्वपूर्ण नहीं लगता। सहजयोग से शरीर, मन और आत्मा का एकात्म सध जाता है, इसे वह अधिक महत्त्वपूर्ण मानती हैं। नए एहसासों का परिवर्तन सारी दुनिया में फैल रहा है। फिर वह पेरिस्त्रोयका हो या बर्लिन की दीवार। परन्तु सच्चा परिवर्तन आन्तरिक होना चाहिए, बाह्य नहीं। अपने अन्त:करण में शान्ति होगी तो ही सब दुनिया में शान्ति रहेगी, यह सन्देश परमपूजनीय माता निर्मलादेवी जी ने अपने रूस के दौरे में दिया। प्रगाढ़ आधुनिक अनुभव होकर भी माताजी का बड़प्पन यह है कि उनका व्यक्तित्व अत्यन्त चैतन्यशील है। जिज्ञासा, आनन्द, दया, होशियारी जैसे अनगिनत पहलू उसमें हैं। परन्तु उन सभी पहलुओं का गर्भगृह शुद्ध प्रेम के प्रकाश से सदा भरा रहता है।

परन्तु हमें उस प्रेम की आई प्रतीति उलटी थी। निर्मला माताजी दि. 26, 27 दिसम्बर, 1989 को पुणे में आई। वह पुणे के लिए नई नहीं हैं, महाराष्ट्र के भी नहीं। माताजी के छायाचित्रों के साथ पूरे पुणे शहर में पोस्टर चमके। बात अध्यात्म की थी, फिर भी विज्ञापन तंत्र पक्का व्यवहारी था। कार्यक्रम के विज्ञापनों में 'सहजयोग से जिन्दगी का तनाव दूर करो' ऐसा आह्वान किया गया।

पुणे में अन्धश्रद्धा निर्मूलन समिति का प्रभावी केन्द्र है। विविध आयोजनों को लेकर सतत सजग रहता है। पाखंड के खिलाफ लड़ाई का अनुभव भी यहाँ के कार्यकर्ताओं को है। परन्तु तुलना से कम। उसमें तो इसके अन्तरर्राष्ट्रीय बुवाबाजी (पाखंड) (सच कहें तो औरतबाजी) होने के कारण उन्होंने नारेबाजी का निर्णय लेते समय भी वह नारेबाजी मौन रूप में करना तय किया। अच्छी तरह से रूपरेखा बनाई। सातारा से मैं और शैला दोनों गए थे।

शाम के सात बजे का समय था। निर्मलादेवी का कार्यक्रम तिलक रास्ते के न्यू इंग्लिश स्कूल के मैदान पर था। एक बड़ा मंच बनाया था। निर्मलादेवी का छायाचित्र उस पर लगाया था। बाजू में देवी (निर्मला) के लिए सजाया हुआ आसन। सामने माताजी का भक्त समुदाय। उनमें तीन-चार सौ तो गौरवर्णीय विदेशी।

सहजयोग का अनुभव लेने के लिए उत्सुकता से जमा हुई अन्य दो हजार की भीड़। माताजी के पुणे केन्द्र के संयोजक कार्यकर्ताओं की भागदौड़। मंच और आगे के भक्तगण तेज रोशनी से निखर गए थे।

मंच से माताजी का गुणगान जारी था। फिर विदेशी भक्तों के भजन गाए जाने की घोषणा हुई। तीस-चालीस गोरे लोग आगे आ गए। मंच के सामने से उन्होंने भजन शुरू किया। भजन की आदत वाले अन्य भक्तों ने तालियों से साथ देना शुरू किया। परन्तु विदेशी भक्तों के मराठी भजन की तारीफ अन्य लोगों के चेहरे पर दिखाई नहीं दी।

माहौल में तनाव था। भक्तगण माताजी को किसी भी तरह की चुनौती की कल्पना ही नहीं कर सकते थे। न्यू इंग्लिश स्कूल का मैदान काफी लम्बा-चौड़ा है। आजूबाजू में खड़े रहकर उनकी आपस में चर्चा चल रही थी। कार्यक्रम में शामिल एक आदमी के रूप में मैं सभी ओर घूम रहा था। किसी ने पहचाना भी नहीं। उस कारण कानों से चर्चा का अन्दाज लेना सम्भव हो रहा था। “अब चुप रहो। इशारा मिलते ही चोखा बन्दोबस्त करना है।” ऐसी हिदायत स्पष्ट सुनाई दी।

घोषित किया हुआ समय बीतकर घंटा हो गया मगर माताजी नहीं आईं। कब आएँगी यह भी ठीक से कोई नहीं बता रहा था। मैं बाहर आ गया।

प्रवेशद्वार की दाईं ओर फुटपाथ पर समिति के कार्यकर्ता बैठे थे। लगभग तीस युवक-युवतियों का जत्था हाथ में बोर्ड लेकर बैठा था। वह जत्था लोगों का ध्यान आकर्षित कर रहा था।

“कुंडलिनी की वैज्ञानिक दृष्टि सिद्ध करो।” “मेरे बदन में दैवी शक्ति है ऐसा कहनेवाला बदमाश होता है।” “पानी पर चलकर दिखाओ, दो लाख रुपए पाओ।” “आत्मविश्वास से जियो, धोखाधड़ी की बलि मत बनो।” यह फलक अन्दर जानेवाले लोग और रास्ते के राहगीर रुककर कौतूहल से पढ़ रहे थे। उसके साथ ही हैंडबिल भी बाँटे जा रहे थे। उसका मजमून था :

निर्मला माताजी,

1. वैद्यकीय महाविद्यालय में पढ़ाई जानेवाली मान्यता प्राप्त आधुनिक वैद्यकशास्त्र पुस्तक में आप कुंडलिनी का उल्लेख दिखा सकती हैं?
2. आपके कुंडलिनी जाग्रति द्वारा लोगों को दिये जा रहे अनुभव सम्मोहन की सकारात्मक हिदायतें ही हैं। उसमें विशेष अलौकिक क्या है?
3. अलौकिक अतीन्द्रिय शक्ति कुंडलिनी जाग्रति द्वारा प्राप्त होती है तो मशहूर वैज्ञानिकों की उपस्थिति में हम उसका परीक्षण करना चाहते हैं। आप इसे इनकार करें तो हम समझे कि आपने हार मान ली?
4. अध्यात्मिक क्षेत्र के सब लोग ज्ञानेश्वर को सिद्ध पुरुष मानते हैं। कुंडलिनी जाग्रति से कौन-सी शक्ति प्राप्त होती है इसका स्पष्ट जिक्र उन्होंने किया है। (*ज्ञानेश्वरी*, छठा अध्याय, पद क्र. 269) उसे प्रमाण मानने के बारे में आपकी क्या राय है?
5. हाथों की उँगलियों से बीमारी पहचानना, कुंडलिनी द्वारा असाध्य बीमारी ठीक करना, भूतों का अस्तित्व और देवी सवार होना ये बातें सच होती हैं, ये अपने किए हुए दावे मशहूर वैज्ञानिकों के आगे सिद्ध कर पाओगी?

माताजी के आने का समय होते ही तनाव बढ़ गया। द्वार के दोनों ओर माताजी के स्वयंसेवकों ने कतार बनाई। नारेबाजी करनेवालों के दुष्ट चेहरे और हाथों के फलक माताजी को दिखाई न दें इसलिए वह भागदौड़ थी। पुलिस का दलबल भी बाजू में था ही।

उतने में संवाददाता मेरे पास आ गए। पूछने लगे, "आपका विरोध किसलिए हैं?" मैने कहा, "निर्मलादेवी को सहजयोग का कार्यक्रम करने का पूरा हक है परन्तु वह जो कर रही हैं वह विशिष्ट अवस्था में दी हुई और व्यक्ति की स्वीकारी हुई सम्मोहन के लिए सूचनाएँ हैं। उसके सिवा ज्यादा कुछ नहीं। सम्मोहन के प्रकार को सहयोग करनेवाले और सूचनाओं का स्वीकार करनेवाले किसी को भी हाथ से हवा के झोंके का अनुभव हम भी दे सकते हैं। इस सब मामले में आध्यात्मिक अनुभूति आदि कुछ नहीं है, यह समाज को समझाने की हमारी कोशिश है। कुंडलिनी शक्ति शरीर में होना निर्मला माताजी सिद्ध करें तो उन्हें दो लाख रुपए देने के लिए समिति तैयार है। अगर यह शक्ति सिद्ध नहीं कर सकीं तो उसके जरिए होनेवाले चमत्कार भी वह करें तो भी चलेगा। परन्तु इन सभी बातों में मौन धारण करके सिर्फ कुंडलिनी जाग्रति की डींगें हाँकना हमारे खयाल से गुमराही है।"

इतने में 'निर्मला माता की जय' के नारों की आवाज उमड़ी। माता के भक्तों ने दोनों तरफ कतार बनाई। कार्यकर्ताओं ने खड़े होकर प्रतिवाद के फलक हाथों में ऊँचे पकड़े। पुलिस ने अपना-अपना स्थान लिया और माताजी की आलीशान

गाड़ी द्वार से अन्दर आ गई। गाड़ी अन्दर जाते ही पुलिस ने न्यू इंग्लिश स्कूल के बाहर का बड़ा दरवाजा बन्द किया। हमारी नारेबाजी पूरी तरह से शान्त और मौन होने से हमें अन्दर जाकर माताजी का भाषण सुनने देने की माँग ठुकराई गई। अन्त में उज्ज्वला परांजपे को अन्दर जाने दिया गया। हमने समिति का वक्तव्य लिखित और अधिकृत रूप में कार्यक्रम के संयोजक अरुण प्रधान तक पहुँचाया। उन्होंने कहा, "इस बारे में कल प्रेस-कॉन्फ्रेंस में निर्मलादेवी बात करेंगी।"

माताजी क्या बात करेंगी इसका अन्दाजा उसी दिन हो गया। सहजयोग के लिए आसीन हुई माताजी ने सब अध्यात्म बाजू में रखकर अन्धश्रद्धा निर्मलन समिति पर तूफानी हमला किया। फिर केवल पन्द्रह मिनट में कुंडलिनी जाग्रति का कार्यक्रम निबटाया।

दूसरे दिन सुबह निर्मला माताजी की प्रेस-कॉन्फ्रेंस हो गई। उसमें आध्यात्मिक माताजी काफी बेचैन थीं। चुनौती का स्वीकार नहीं कर सकतीं। क्यों स्वीकार नहीं कर सकतीं, यह बता भी नहीं सकतीं। ऐसी हालत में वह सिटपिटाई। इससे उन्होंने आक्रमण ही बचाव का सर्वोत्तम मार्ग अपनाया। "ऐसी चुनौतियों को स्वीकार करने के लिए समय नहीं है, हमें बहुत काम है। इस समिति के कार्यकर्ताओं से हमें कोई भी पत्र या पर्चा नहीं दिया गया। ऐसी चुनौती देनेवालों को क्या कुछ अक्ल है? अन्धश्रद्धा निर्मूलन समिति के नेताओं ने एक बार तीन घंटे हमसे चर्चा की पर हमें सन्देह है उन्हें दिमाग है? हमें सन्देह है। ऐसे सवाल पूछनेवाले चिकित्सक बिच्छू सिर्फ महाराष्ट्र में ही हैं। कुंडलिनी जाग्रत करने और लोगों के प्रश्न दूर करने का कार्य करनेवाले हम हैं।" उन्होंने बचाव किया।

उन्होंने बताया कि इस शक्ति के जरिए विभिन्न रुग्णों को उनकी बीमारी से मुक्त किया है। उन्होंने दावा किया, सहजयोग से बहरापन, दिल का दौरा आदि का इलाज हो सकता है। गवाह के रूप में उनके भक्तगण प्रेस-कॉन्फ्रेंस में हाजिर थे। उद्योगपति बी.आर. मल्होत्रा ने बताया कि उनके लिए 1982 में अपने हृदय की शल्यक्रिया कराना नितान्त जरूरी था परन्तु सौभाग्य से इसी समय माताजी का आशीर्वाद मिलने से शल्यक्रिया के बिना मैं ठीक हो गया। वास्तुशास्त्री श्री अरुण गोयल, आर.डी. मगदूम इंजीनियर ने तो माताजी द्वारा खून का कर्करोग (कैंसर) भी ठीक होने का प्रमाण दिया। 'सहजयोग से मैंने हजारों बीमार ठीक किए हैं। मेरे स्पर्श से अथवा सहजयोग से धान की उपज में बढ़ोतरी हो गई है। मेरे कई विदेशी शिष्यों ने इस पर अनुसन्धान किया है', ऐसा भी माताजी ने कहा। उस समय माताजी के कुछ और भक्तगणों ने उनकी अलौकिक अद्भुत शक्ति की, उन्हें आई प्रतीति के रसीले वर्णन भी किए।

परन्तु इस नाजुक प्रश्न का कि 'कुंडलिनी जाग्रति के बारे में अपना दावा सिद्ध करने की चुनौती को आप स्वीकार क्यों नहीं करतीं?' सीधा जवाब देना वह अकसर टालती रहीं।

'अन्धश्रद्धा निर्मूलन समिति के नेता यदि उचित राह से अपने पास आते तो अच्छा होता। इस बारे में समिति के साथ एक मंच पर आकर अपनी राय प्रस्तुत करने को मैं तैयार हूँ पर उससे पहले उन्हें मुझसे बात करनी होगी। हमें प्रवचन के लिए कई देशों की यात्रा करनी पड़ती है। उस कारण व्यस्त समय-सारणी से समय निकालना मुश्किल हो जाता है', ऐसी भी बात उन्होंने जोड़ दी। "कुंडलिनी सुप्तावस्था की ऊर्जा होती है। आत्मसाक्षात्कार के सिवा उसे जाग्रत नहीं कर सकते। आज का विज्ञान आगे बढ़ा हुआ नहीं कि इसे प्रयोग से सिद्ध कर दे। कुछ बातें विज्ञान से परे भी हो सकती हैं। यह बात ध्यान में लें तो मुझे चुनौती देनेवालों को क्या कुछ दिमाग है?" यह पूछना भी वह नहीं भूलीं।

किन्तु अपने विपक्ष के बारे में बोलते समय माताजी का सन्तुलन खो गया। अन्धविश्वास उन्मूलन वाले वैसे अज्ञानी ही हैं। उनके क्षेत्र के सच्चे प्रतिद्वन्द्वी यानी भावातीत ध्यानवाले महेश योगी, भगवान आचार्य रजनीश, चमत्कार अवतार श्री सत्यसाईं बाबा आदि हैं। उन पर तो माताजी बरस पड़ीं। सन्तप्त वाणी में बताने लगीं कि ये तीनों भी चंट, झूठों के बादशाह, महाचोर हैं। भोली-भाली मंडली को लूटकर वे उनका गलत फायदा उठाते हैं। 'आपके सिवा अन्य कौन खरा है?' इस प्रश्न का उन्होंने जवाब दिया, 'आज तो कोई दिखाई नहीं देता।' कुल मिलाकर इस महान मंडली में 'चोर कौन' पर निर्मलादेवी की चर्चा पत्रकारों को मसाला मुहैया करानेवाली थी।

27 दिसम्बर की रात शुभांगी शहा का फोन आया। निर्मलामाता का दौरा कल सातारा हो रहा है। मैं थोड़ा-सा चकरा गया। सातारा के हम सब लोगों से यह बात कैसे छूट गई? वर्ष-दो वर्ष बाद निर्मलादेवी के पोस्टर्स लगते थे। एक शाम को गोरे भक्तों के जत्थे बस से उतरते थे। कर्मवीर भाऊराव पाटील के समाधि स्थल परिसर में सहजयोग की साधना होती थी। मंडली आगे जाती थी। वैसे तो इस मामले की तरफ अनदेखी ही होती थी पर इस वर्ष सन्दर्भ अलग था। समय हो गया था पर टला नहीं था। लगभग पूरा दिन हाथ में था। कार्यकर्ताओं ने छुट्टी लेकर बोर्ड बनाए। शंकर सारडा ने सिर्फ आठ घंटों में हैंडबिल छापकर दिए। पुलिस थाने में नारेबाजी की खबर दी गई। सभी को संदेशा गया। बारह घंटों में माहौल तैयार हो गया।

एक बात से हमारा नैतिक साहस और बढ़ गया। उस समय रयत शिक्षा संस्था और अन्धश्रद्धा निर्मूलन समिति के संयुक्त तत्त्वावधान में 'शिक्षा से अन्धविश्वास उन्मूलन' विषय पर संगोष्ठी की तैयारी पूरे महाराष्ट्र में जोरों पर थी। रयत शिक्षा संस्था के सचिव सुभाषचन्द्र भोसले ने खुद उसमें शिरकत की थी। एक ओर रयत शिक्षा संस्था के कर्मवीर समाधि परिसर में सहजयोग साधना का आधुनिक पाखंड का कार्यक्रम होगा और दूसरी ओर अपनी संस्था शिक्षा से अन्धविश्वास उन्मूलन का कार्यक्रम लेगी, इसका खुला विरोधाभास उन्हें महसूस हुआ। कार्यालयीन स्तर पर काफी दिन पहले अनुमति दी गई थी। वह अब बदलना भी वैसे मुश्किल था। परन्तु उन्होंने

वैसी कोशिश की। वह सम्भव होता नहीं दिखते ही मुझे फोन किया, "डॉक्टर, ऐसा नहीं होना चाहिए था परन्तु अब बदल नहीं सकते। अब आगे से हम सावधानी बरतेंगे ही लेकिन इस समय की लड़ाई में हम आपके पक्ष में ही हैं, इसका यकीन करें।" बाद में निर्मलामाता के भक्तों के साथ चर्चा करते समय उन्होंने वह वादा निभाया भी।

शाम को लगभग सात बजे के दरमियान कर्मवीर समाधि परिसर सात गाड़ियों से आए हुए माताजी के गोरे भक्तों से खचाखच भर गया। सातारा शहर के लोग आए थे पर संख्या अधिक नहीं थी। शहर पुलिस थाने के इंस्पेक्टर दलबल के साथ उपस्थित थे। प्रवेशद्वार के पास संगठन का बैनर, नारों के बोर्ड हाथ में लेकर एक ओर हैंडबिल बाँटने और दूसरी ओर नारे देने का हमारा कार्यक्रम जारी था। लोग रुकते थे, पूछते थे, हैंडबिल पढ़कर चर्चा करते थे। खुद इंस्पेक्टर साहब को ही कुंडलिनी के मामले की ठीक जानकारी चाहिए थी। अन्दर के प्रांगण में विदेशी भक्तों के मराठी भजन का कार्यक्रम शुरू हो गया था।

पत्रकार संगठन के पदाधिकारी सातारा के पत्रकार बापू आफले, सुभाष देशमुख मेरे पास आए और कहा, "झगड़ा क्या है?" मैंने उन्हें सारांश में बताया, "निर्मलादेवी स्वसम्मोहन में दी जानेवाली मामूली सूचना देने के प्रयोग का काफी बड़ा आध्यात्मिक आडम्बर मचाएँ, यह हमें मंजूर नहीं है। वह जो दावे कर रही हैं उसकी जाँच करने की हमारी इच्छा है। अन्धश्रद्धा निर्मूलन समिति के लोग मुझे मिले ही नहीं, यह बहाना तो साफ झूठा है। एक मंच पर या प्रेस-कॉन्फ्रेंस में उनके साथ आमने-सामने चर्चा करने की हमारी चुनौती है।" बापू ने पूछा, "क्या हम इस चर्चा का आयोजन करें?" मैंने कहा, "जरूर।" उन्होंने पत्रकार संगठन के लैटरहैड पर निर्मला माता के लिए एक पत्र तैयार किया। मैंने भी उस पर दस्तखत किए। उसे पहुँचाने के लिए वे माताजी के अधिकृत प्रतिनिधि को ढूँढ़ने लगे। भक्त काफी थे पर अधिकृत प्रतिनिधि जल्दी मिल नहीं रहा था। आखिरकार शिवाजीराव देसाई नाम के सद्गृहस्थ आ गए। वे सातारा के स्थानीय संयोजक थे। वे उत्साह में आए पर काम मालूम हो जाने पर उन्होंने कहा, "नहीं, केंजले साहब को पूछना होगा।" केंजले साहब तो स्वयं माताजी के साथ थे। फिर आफले, देशमुख ने तय किया निर्मलादेवी के हाथ में ही निवेदन देंगे।

इसमें आठ बज गए। अन्दर भजन और बाहर नारेबाजी जोरों पर थी। कुछ समय बीत गया और माताजी की गाड़ी प्रवेशद्वार के पास आ गई। नखनिखान्त मेकअप की हुई माताजी उतरीं। बापू सामने ही थे। 'वन मिनट प्लीज' कहकर फोटो के लिए पोज माँगी। माताजी दिल खोलकर हँसीं। कैमरा 'क्लिक' हो गया। फोटो उत्तम निकला। माताजी अन्दर जाने लगीं। तभी बापू ने फुर्ती से निवेदन निकालकर उनके हाथ में रखा। उन्होंने उस पर नजर डाली और पूरा सीन ही पलट गया। उन्होंने वह निवेदन फाड़कर जमीन पर फेंक दिया और पैरों तले कुचलकर तेजी से आगे बढ़ीं।

अन्दर जाकर आसनस्थ हो गईं। अध्यात्मिक क्रोध से वह थरथरा रही थीं। सहजयोग साधना दूर ही रही। प्रथमत: अन्धश्रद्धा निर्मूलन समिति का उद्धार हो गया। उन्होंने माँग की, "अन्धविश्वास उन्मूलनवाले मूर्ख, गँवार, भाड़े के गुंडे हैं। वे ईश्वर नहीं मानते। खुद को ईश्वर के परे मानते हैं। पुलिस उन्हें गिरफ्तार करे। कुंडलिनी के कारण ज्ञान जाग्रति होती है, मतिमन्दता खत्म होती है। मैं दुनियाभर में घूमती हूँ पर ऐसा मामला कहीं नहीं देखा। दिल्ली के पत्रकार मुझे मानते हैं पर महाराष्ट्र के पैर खींचते हैं। उनके पीछे पुणे के एक बड़े दैनिक के मालिक हैं क्योंकि उन्हें अमरीका में जो फर्म खरीदना था वह मैंने ले लिया इस कारण उन्हें नहीं मिला। इसलिए उनका गुस्सा है। यह मेरा पाखंड नहीं है। मैं गरीबों को ठीक करती हूँ। बीस देशों से आए हुए साढ़े तीन सौ भक्तों का दौरा विदेश ने स्पॉन्सर किया है। वे जो महत्त्व जानते हैं, वह अपने लोगों को मालूम नहीं है। मेरे भक्त कहते हैं, 'माता, क्या तुम्हें परेशान करनेवालों को पीटें?' मैं ही मना करती हूँ। मेरे सातारा आने की वजह क्या है? मेरा नाता रामदास के साथ है इसलिए मैं आई हूँ। ये लोग क्या समझते हैं? मैंने शाम मानव से मामूली कार्बन-डाइ-ऑक्साइड की व्हेलॉसिटी पूछी वह वे बता नहीं पाए।" माताजी का यह आध्यात्मिक आविष्कार काफी देर तक जारी था। बीच-बीच में वह चाँदी के गिलास से फलों का रस लेती थीं। आखिरकार वह कुंडलिनी जाग्रति की बात पर आ गईं कि कुंडलिनी जाग्रत हो जाने पर ज्ञान प्राप्त होता है। पहले से ही 'पापी लोगों की कुंडलिनी जाग्रत नहीं होती, राक्षसगण के लोगों को यह अनुभव नहीं आता', कहकर उन्होंने सूचनाएँ देनी शुरू कीं। उसके मुताबिक भक्तों ने दोनों हाथ आगे किए। कुछ देर बाद एक हाथ सिर पर लिया। दूसरा हाथ वैसे ही फैलाकर रखा। थोड़ी देर बाद अदला-बदली की। माताजी की सूचना के अनुसार उच्चारण किया गया, "माताजी मुझे अनुभव दे दो। क्या यह ब्रह्मचैतन्य सत्य है?" फिर मंच से पृच्छा हो गई। "किस-किस के सिर पर लिए हाथ ठंडे लग रहे हैं?" विदेशी गोरे भक्तों ने झट से हाथ ऊपर किए। इतने से काम नहीं चला। मंच से तेज रोशनी की एक सर्चलाइट सभी प्रेक्षकों पर इधर से उधर घुमाई जाने लगी। जिनके हाथ ऊपर नहीं उठे थे उन पर आसपास के लोगों की नजरें ऐसे गड़ीं कि उनमें से अधिकांश लोगों के हाथ ऊपर उठे। थोड़े ही समय में कार्यक्रम पूरा हो गया।

अन्दर यह चालू था, उसी समय बाहर एक अलग ही झमेला जारी था। निवेदन पैरों तले कुचलने के कारण पत्रकार भड़क गए थे। वे केंजले और देसाई की ओर से माफी की माँग कर रहे थे। केंजले चुप थे पर देसाई जोरों पर थे। माताजी का कोई भी व्यवहार गलत होगा ही कैसे? इस कारण उन्होंने कहा, "आप जो चाहे करो, बेशक अखबार में दो।"

दूसरे दिन सातारा को प्रमुख *दैनिक ऐक्य* द्वारा पहले पन्ने पर यह वृत्तांत छायाचित्रों के साथ प्रकाशित किया गया। अन्य अखबारों में भी छापा गया। उस

दिन हम अंगापुर में होनेवाले कार्यक्रम की नारेबाजी की तैयारी में थे। उतने में रयत शिक्षा संस्था के सचिव सुभाषचन्द्र भोसले का फोन आ गया। सुबह ही केंजले और देसाई उनसे मिलकर गए थे। उन्हें भोसले साहब से चर्चा करनी थी। भोसले ने उनसे कहा, "दाभोलकर जी फुरसत से करेंगे।"

दोपहर को भोसले के कार्यालय में केंजले और देसाई मिले। मैंने कहा, "हम वैध राह से अपना एतराज जताते हैं। भाषा सभ्यता की होती है। परन्तु आपकी माताजी समिति के बारे में कुछ भी बोलती हैं। चर्चा के लिए दिया हुआ निवेदन पैरों तले कुचलती हैं। इसकी माफी माँगे बगैर चर्चा कैसे करें?" बेचारे केंजले क्या बोलेंगे? वे माताजी का आदेश लेकर चर्चा के लिए समय तय करने आए थे। उसके परे उन्हें निर्णय स्वातंत्र्य कहाँ था? उनका भोसले के पीछे एक ही तकाजा चल रहा था : समय तय करो। भोसले का समय, मेरा समय और निर्मलादेवी का दौरा इसका मेल बिठाकर अन्त में ग्यारह या पन्द्रह जनवरी की तारीख तय हो गई। हमने स्पष्ट किया चर्चा सिर्फ आपस में नहीं होगी; पत्रकार भी उपस्थित रहेंगे। फोन करके सूचित करेंगे, कहते हुए वे दोनों खड़े हो गए।

शाम के पाँच बजे उनका भोसले साहब को फोन आ गया, "चर्चा के लिए माताजी समय देंगी पर आप उनसे कहिए, आज की नारेबाजी रद्द करें।" भोसले साहब ने साफ इनकार किया। उन्होंने कहा, "मैं उस समिति का सदस्य नहीं हूँ लेकिन उनके पक्ष में हूँ। मैं यह कैसे बता सकता हूँ?" फिर विनती की गई, "कम-से-कम मौन नारेबाजी होने दो।" भोसले ने उसे भी इनकार किया और जताया, "आप अपना कुंडलिनी जाग्रति का कार्यक्रम बन्द करो, वे अपनी नारेबाजी बन्द करेंगे।"

हम तीस-पैंतीस लोग शाम के सात बजे अंगापुर पहुँचे। सातारा से पच्चीस किलोमीटर की दूरी पर का गाँव। समिति के कोषाध्यक्ष मारूतराव पांगे इसी गाँव में जिला बैंक की शाखा में मैनेजर थे। उन्होंने पहले गाँववालों से बात की। सात बजे से आठ बजे तक सभा। फिर आठ बजे माताजी का आगमन होते ही तुरन्त नारेबाजी का कार्यक्रम तय हो गया। पर माताजी उस दिन जल्दी ही पहुँच गईं। हमारे पहुँचने तक उनका जुलूस शुरू हो चुका था। सजाई हुई बैलगाड़ियों पर माताजी आसनस्थ हुई थीं। बिलकुल सामने लेझीम पथक। उनके आगे और पीछे तीन-चार सौ गौरवर्णीय भक्त 'जय माताजी', 'जय माताजी' कहते हुए बेहोशी में नाच रहे थे। भड़कीला ठाठ, गोरी चमड़ी के नाचनेवाले भक्त, माताजी के आसपास की चमचमाती रोशनी एक ओर और दूसरी ओर देहात का रास्ता, सामान्य किसान, बाकी जगह का अँधेरा; ऐसा बड़ा चमत्कारिक मिश्रण था।

जिला बैंक की अंगापुर शाखा के सामनेवाले चौक के कोने पर जुलूस आ गया। तब तक हम उस चौक में पहुँच गए थे। हाथ में बोर्ड थे, हैंडबिल थे। पाँच-छः कॉलेज कन्याएँ भी सत्याग्रहियों में थीं। दूरदर्शन के कराड के प्रतिनिधि

आनन्द परांजपे अपने साथियों के साथ आए थे। उन्हें नारेबाजी नोट करनी थी। माताजी का साक्षात्कार भी लेना था। जनता दल की नई हुकूमत मुल्क में अभी-अभी शुरू हुई थी। दूरदर्शन स्वायत्त होनेवाला था। उस कारण इस खबर को दूरदर्शन पर स्थान मिलेगा यह अन्दाज लगाकर वे शूटिंग के लिए कैमरा लेकर ही आए थे।

चौक में अँधेरा था। जुलूस कोने से चौक में आ गया। "कुंडलिनी सिद्ध करो, दो लाख रुपए पाओ" ऐसे नारों से शुरुआत हो गई। हमारी ओर आग्नेय नेत्रों से देखते हुए जुलूस के लगभग सभी लोग आगे बढ़े। माताजी की बैलगाड़ी भी गई। उसके आसपास की जगमगाहट भी आगे चले जाने से चौक में फिर अँधेरा फैल गया। जुलूस के कुछ लोग अचानक पीछे मुड़ गए और हम पर टूट पड़े। जिनके हाथ में बोर्ड थे वे पहले निशाना बन गए। अँधेरा, अपरिचित स्थान और बिखरे-खड़े हुए हम। इसका मारपीट करनेवालों ने फायदा उठाया। बीचबचाव की कोशिश हुई पर तय करके शुरू हुई मारपीट कैसे रुकेगी? नाना पवार, सुदाम यादव, धनंजय कदम, हणमंत सावंत उनके हाथों में लग गए। सबसे ज्यादा लातों-घूँसों की मार उन्हें मिली। मारपीट करनेवालों में से केंजले और देसाई साफ पहचाने गए। उनका आध्यात्मिक (!) जोश देखने लायक था। मार खाते हुए हम चौक से पीछे खिसक गए। जहाँ हमारी गाड़ियाँ खड़ी थीं, वहाँ तक आ गए। तब तक हम कुछ सँभल गए थे। गाँववाले भी मदद के लिए आ गए। मारपीट रुक गई। पुलिस बन्दोबस्त के लिए हमने पिछले दिन ही आवेदन दिया था। इस घटना के वक्त उनका कहीं भी पता नहीं था। कुल तीन गाड़ियाँ थीं। उनके साथ हम गाँव से थोड़ा बाहर आ गए। 'क्या करना होगा' इस पर चर्चा हो गई। गाँव में तनाव होने से कई गाँववाले भी हमारे आजूबाजू में उत्सुकता से सुन रहे थे। फिर से नारेबाजी करना सम्भव था, लेकिन खतरा था। साथ ही वापस लौटना भी रास नहीं रहा था। तीव्र भावना थी कि आध्यात्मिक शेखी बघारनेवाली माताजी के भक्त कार्यकताओं की पिटाई करें। सो हमने फैसला लिया कि इसका जवाब तो उनसे पूछना चाहिए और ऐसी खरीखोटी सुनानी भी चाहिए वे उन भक्तों के बरताव के बारे में माफी माँगें ऐसा फैसला हमने लिया। तनाव बढ़ न जाए इसलिए तय हुआ कि मैं और पांगे ही इस काम को अंजाम दें।

मैं और पांगे गाँव की ओर निकले; वैसे आसपास के गाँववाले भी हमारे पीछे-पीछे आए। गाँव से चलकर हम प्रवचन के मैदान पर पहुँचे तब तक सौ-सवा सौ की भीड़ जमा हो गई थी। माताजी मंच पर थीं। आगे मंडप था। उसमें भक्तगण बैठे थे। ग्रामवासी आसपास खड़े थे। भक्तों के समुदाय का चक्कर लगाकर मैं, परांजपे, उनके साथी और पांगे मंच की ओर बढ़ने लगे। गाँव की भीड़ भक्तों के समुदाय के पीछे ही रुक गई। उसने उत्स्फूर्त नारे शुरू किए, "कार्यकर्ताओं से मारपीट करनेवालों को धिक्कार हो। उनको माफी माँगनी ही होगी।" नारे सुनते ही

भक्तों का खून खौल गया। साधना छोड़कर कुछ लोग उठकर पीछे गए। उनमें से कुछ लोगों ने तो मंडप के बाजू के बाँस उठाकर हाथ में लिए। लग रहा था कि कुछ समय पहले हुई घटना की संशोधित पुनरावृत्ति होगी। भीड़ तितर-बितर हो गई। भक्त पत्थर फेंकने लगे। तब तक इधर हम मंच के पास पहुँच चुके थे। मंच से दस कदम पहले ही मुझे देसाई मिले। उनका और मेरा झगड़ा शुरू हो गया। तब तक पांगे और परांजपे मंच के पास पहुँच गए। सातारा के सहजयोग केन्द्र का दत्ता दयाल उस समय वहीं था। 'सूरज से ज्यादा रेत तपती है' के अनुसार उसने हमें देखते ही चिल्लाना शुरू किया, "कहाँ हैं दाभोलकर? उन्हें लाओ। इन्हें सबक सिखाना ही होगा। इनके घर जलाएँगे।" पांगे की चर्चा दूर ही रही और पत्थर फेंकने को उन्हें ही जिम्मेदार करार देकर किसी भक्त के मफलर से उनके हाथ-पाँव बाँध दिये गए। इधर यह सारी गड़बड़ी शुरू थी और उधर निर्मला माताजी ने आनन्द परांजपे को मंच पर बुलाया और घोषित किया कि वह उन पर कुंडलिनी जाग्रति का अनुग्रह करनेवाली हैं। (वे दूरदर्शन के प्रतिनिधि थे ना!) लगभग डेढ़ हजार अनुयायियों के आगे स्वयं माताजी पन्द्रह मिनट परांजपे की कुंडलिनी जाग्रत करने की कोशिश कर रही थीं। साथ में दो विशेष शिष्य थे। परन्तु परांजपे को कोई भी अनुभव नहीं आ रहा था। उनके वैसा जाहिर तौर पर बताते ही माताजी फिसल गईं, "कुंडलिनी जाग्रति के लिए पुण्यवान मनुष्य चाहिए। अन्धश्रद्धा निर्मूलन समिति के लोग अन्धे हैं, भला उन्हें आत्मसाक्षात्कार कैसे होगा! अपने दिव्य साक्षात्कार से मैंने एड्स जैसे रोग के रोगी ठीक किए हैं, मंच से लोगों को मुक्ति दी है। परन्तु इन लोगों की कोई संस्कृति न होने के कारण लोकोपयोगी कार्य में ये दुर्जन बाधा डालते हैं।" यह टेप उन्होंने लगाया। साथ ही ईसा, ज्ञानेश्वर को भी परेशानी से गुजरना पड़ने की तुलना और रजनीश की भर्त्सना करना वह नहीं भूलीं।

इधर मंच के नीचे भक्तों ने पांगे को घेरा डाला था। झगड़ा किनारे कर उनका जनाजा निकालने की भाषा चालू थी। मैं उन तक पहुँच नहीं पा रहा था। परांजपे ने माताजी से पूछा, "यह क्या चल रहा है? अपने भक्तों को आप रोकती क्यों नहीं?" परन्तु वैसी सलाह देना शायद माताजी की अध्यात्म साधना में नहीं बैठता होगा। वह मौन रहीं। शोरगुल बढ़ रहा था। गाँववाले बीचबचाव हेतु आगे आ गए। उन्होंने पांगे के हाथ-पाँव छुड़ाए। उन्हें बाहर निकाला। हम गाँव के बाहर आ रहे थे तभी घटना स्थल पर देर से पहुँचनेवाली हिन्दी सिनेमा की पुलिस की तरह ही पुलिस गाड़ियाँ अन्दर गईं। तब तक प्रवचन शुरू हो चुका था। पर गाँववाले क्रोधित हो गए थे। उनका मत कार्यक्रम के खिलाफ हो गया। उनकी भावना बन गई कि हमारे गाँव में अब यह चाहिए ही नहीं। पुलिस को देखते ही माताजी ने आवाज बढ़ाई, "डी.एस.पी. कहाँ हैं? जिलाधिकारी कहाँ हैं? यहाँ लोग शराब पीकर हंगामा कर रहे हैं!" इंस्पेक्टर बर्गे ठंडेपन से मंच पर चढ़े। धीर-गम्भीर आवाज में कहा, "माताजी,

गाँव क्रोधित हुआ है। मैं कार्यक्रम नहीं होने दूँगा। आप यह बन्द करें यह ठीक रहेगा। नहीं किया तो मेरी जिम्मेदारी नहीं।"

कार्यक्रम बन्द हो गया। माताजी नीचे उतर गईं। पुलिस प्रबन्ध में उनके भक्तों की सब गाड़ियाँ गाँव के बाहर निकलीं। हम सातारा पहुँच गए। लड़कियों को घर छोड़ दिया। पुलिस थाने में पहुँचा तो वहाँ पहले ही देसाई का मुकदमा दायर हुआ ही था। मेरा और पांगे का नाम था। कि हम दोनों ने पत्थरबाजी की और उस कारण दो भक्त जख्मी हो गए, शिकायत थी।

दरोगा बर्गे के साथ हमने विस्तार से बात की। बन्दोबस्त के लिए पूर्वसूचना देनेवाला उनके ऑफिस में किया हुआ आवेदन दिखाया। मारपीट किए लोगों के जवाब दर्ज किए। बीच में शनिवार, रविवार गया। अदालत के सामने हाजिर होने के लिए सोमवार को पुलिस थाने गया। तहसील पुलिस थाने के सामने ही पुलिस का जिला मुख्यालय है। वहाँ से बर्गे को सन्देश आने के कारण वे जल्दी चले गए। भक्तगणों के साथ खुद माताजी आई थीं। उन्होंने जताने की कोशिश की कि वे और उनके सहजयोगी कैसे निष्पाप हैं और अन्धविश्वास उन्मूलनवाले कैसे हिंस्र हैं। एक-दूसरे के खिलाफ दर्ज हुई शिकायतों की तहकीकात पुलिस करेगी और मुकदमा दायर करेगी। उनकी माँग थी कि उसमें उन्हें छोड़ दिया जाए। माताजी का आध्यात्मिक प्रभाव नहीं पड़ने से भी होगा या शान्तिमय उचित आन्दोलन से हमारी आज तक बनी छवि का लाभ हुआ होगा परन्तु माताजी की माँग मंजूर नहीं हो पाई।

इसी दरमियान अखबारों में और एक मनोरंजक भिडन्त छिड़ गई थी। वह थी आचार्य रजनीश और निर्मलादेवी के बीच। पुणे में 27 दिसम्बर की प्रेस-कॉन्फ्रेंस में अपने भगवान पर चंट और झूठों के बादशाह का आरोप लगने के कारण रजनीश आश्रम भड़क गया था। रजनीश के शिष्य स्वामी चैतन्य कीर्ति ने 29 दिसम्बर को एक सनसनीखेज पत्रक निकाला। उसमें निर्मलादेवी के पास किसी भी तरह की आध्यात्मिक शक्ति न होकर भी उन्हें इस क्षेत्र में गुरु पद पाने की महत्त्वाकांक्षा होने का दावा किया था। इस पत्रक में ऐसा भी स्पष्ट किया था कि निर्मलादेवी एक समय आचार्य रजनीश (ओशो) की शिष्या थीं।

पत्रक में आचार्य रजनीश के सन 1981 में दिए प्रवचन का जिक्र था। उसमें उन्होंने बताया था :

> दुनिया में मूर्खों की संख्या इतनी है कि किसी भी भारतीय को शिष्य मिल सकते हैं। आपका सिर्फ भारतीय होना जरूरी है। आप गुरु बन सकते हैं। हमने इस तरह के कई वाकये देखे हैं। मेरी एक शिष्या निर्मला श्रीवास्तव 1970 में गुजरात के नारगोल में मेरे ध्यान शिविर में आई थी। बाद में एक बार मोटर से यात्रा करते समय हम मुक्तानन्द आश्रम के पास रुके

थे। मुक्तानन्द को देखकर निर्मलादेवी ने प्रश्न किया, "यह साधारण आदमी गुरु बन सकता है तो मैं क्यों नहीं?" इस पर मैंने जवाब दिया, "आप भी बन सकती हैं।" निर्मलादेवी दस साल मेरी शिष्या थीं। उनके पास कोई भी ध्यान-धारणा नहीं है, आध्यात्मिक शक्ति नहीं है। मुक्तानन्द को देखकर उन्हें 'गुरु' बनने की प्रेरणा मिली और वह 'हर होलीनेस जगत्जननी निर्मलादेवी माताजी' बन गईं।

पत्रक में आगे अन्धश्रद्धा निर्मूलन समिति को समर्थन व्यक्त किया था। समिति निर्मलादेवी की तथाकथित आध्यात्मिक शक्ति की छानबीन जरूर करे। उससे उनका झूठ ही सिद्ध होगा। निर्मलादेवी समिति की चुनौती को स्वीकार न करते हुए क्रोध प्रकट कर रही हैं; क्योंकि वह डर गई हैं। उनका पैसा कहाँ से आता है? वह दुनियाभर की यात्रा कैसे करती हैं? ऐशोआराम में कैसे रहती हैं? ऐसे भी सवाल उस पत्रक में थे। इसके साथ ही रजनीश आश्रम में पेड़ से टेककर विमनस्क अवस्था में बैठीं निर्मलादेवी की एक तसवीर भी छाप दी थी।

इसकी प्रतिक्रिया के रूप में पुणे की सहजयोग संस्था जैसे-को-तैसा जवाब देनेवाला पत्रक न निकालती तो ही आश्चर्य! उसमें माताजी के ओशो रजनीश की शिष्या का साफ इनकार था। आचार्य रजनीश के रावण का अवतार होने से उन्हें रावण का दैव मिलने का साक्षात्कार था। माताजी की महानता का प्रचार तो था ही। उस जानकारी के मुताबिक :

> माताजी महात्मा गांधी जी के साथ आठ साल की उम्र से रही हैं। उन्होंने बचपन से सन्तों का अध्ययन किया है। उनके पति लालबहादुर शास्त्री के सचिव थे। उस वक्त रजनीश भगवान नहीं थे, वे एक मामूली प्राध्यापक थे। आगे माताजी और रजनीश की मुलाकात हो गई। रजनीश माताजी को देखते ही लोट गए और 'आप आदिशक्ति हो' कहकर उनकी तारीफ की। उस समय खुद के व्यापारी दोस्तों के लिए कई माँगें प्रधानमंत्री के पास पहुँचाने के लिए रजनीश ने विनती की जिसका माताजी ने इनकार किया। पैसों के लिए लोभी होनेवाले लोग आध्यात्मिक होने का दावा करते हैं, यह देखकर माताजी ऊब गईं। फिर भी खुद का काम करने के लिए रजनीश द्वारा दबाव लाने का माताजी ने दावा किया।
>
> मई, 1970 में नागरोले में रजनीश का शिविर भरा था। वहाँ आध्यात्मिकता के पर्दे के पीछे लोगों को ठगा जाना देखकर माताजी को धक्का लगा। माताजी की इंपाला मोटर रजनीश लेना चाहते थे। वे माताजी से किताबें उधार लाकर उस पर भाषण देते थे। भारतीय संस्कृति और कला की जानकारी तक रजनीश को नहीं है। माताजी की सिंगापुर

> से आई सहेली को रजनीश ने विवस्त्र किया तब क्रोधित होकर माताजी ने रजनीश को जताया, "वासना की लालसा रखनेवाले आप रावण ही हैं।" रजनीश की भुक्खड़ता देखकर उन्हें मधुमेह हो जाने की 1970 में माताजी द्वारा की हुई भविष्यवाणी सच हुई है। बी.बी.सी. का अश्लील सिनेमा 'गॉड हू रन अवे' रजनीश ने खरीदा है। झूठ बताकर लोगों को लूटना रजनीश का धंधा है।
>
> माताजी शालिवाहन राजघराने की हैं। वह काफी मेहनत करती हैं, इस कारण उन्हें आराम भी नहीं मिलता। फिर भी उनका स्वास्थ्य अच्छा रहता है। कहते हैं कि रजनीश माताजी से छोटे होकर भी एड्स से बीमार हैं तो माताजी ने उस बीमारी से कई लोगों को ठीक किया है और उसके प्रतिवेदन मुम्बई में होनेवाली डॉक्टरों की कॉन्फ्रेंस में प्रस्तुत किए जाएँगे।

पत्रकों की जुगलबन्दी मनोरंजन करनेवाली थी ही पर आँखें खोलनेवाली भी थी। भगवान हो या देवी सभी का अस्तित्व तब तक अबाधित होता है जब तक उनके मुखौटों पर खरोंच नहीं आती। वह एक बार आ जाए तो उनके घिनौने चेहरे दिखाई देते ही हैं। अनुयायी वर्ग का भ्रमनिराश हो न हो पर उससे आम आदमी समझदार बनता है। भगवान और देवी के आपसी दैवी (!) कीचड़ उछालने से यह घटित होने में मदद हुई ही परन्तु उसके साथ ही आन्दोलन का रेला तैयार हो जाने से नतीजा और सध गया। आन्दोलन करनेवाले हम सीधे-सादे लोग। सर्वशक्तिमान जगत्जननी माताजी हमारे बारे में तिलमिलाकर अपशब्दों का प्रयोग करने के सिवा और भक्तों से मारपीट करने के अलावा हमारा कुछ बिगाड़ नहीं सकतीं, यह समझ में आ गया। उनके मिट्टी के पाँव स्पष्टता से दिखाई दिए। ऐसे नकाबपोश अवतार के कवचकुंडल फिर अपने-आप गिरने लगते हैं और वह आन्दोलन की सफलता की निशानी होती है।

कुछ मात्रा में यह हुआ। पुणे, सातारा, अंगापुर की नारेबाजी का असर यह हुआ कि उसके बाद का सातारा जिले का घोषित कार्यक्रम माताजी को रद्द करना पड़ा। उनके दुनियाभर के दौरे में ऐसा शायद ही हुआ होगा। उसके बाद उन्होंने कोल्हापुर में कार्यक्रम लिया परन्तु अनुकूल माहौल निर्माण के लिए परिश्रम करना पड़ता है यह ध्यान में आ जाने से अखबारों में बड़े-बड़े विज्ञापन देने पड़े। कोल्हापुर में भी स्वयंस्फूर्त नारेबाजी हो गई। पुलिस ने निदर्शकों को गिरफ्तार करके छोड़ दिया। *सत्यवादी* जैसे दैनिक ने माताजी के अध्यात्म पर कड़ा अग्रलेख लिखा।

इन सबसे माताजी को काफी जलन हो गई। 29 जनवरी को वह दिल्ली में थीं। वहाँ उनके नेतृत्व में सहजयोगियों ने नारेबाजी की। प्रधानमंत्री को निवेदन दिया। निवेदन का प्रमुख आशय था, अन्धश्रद्धा निर्मूलन समिति हिंसक है। यह

नारेबाजी दूरदर्शन की राष्ट्रीय खबरों पर भी दिखाई गई। कुछ अखबारों ने उसकी तसवीरें दीं।

अन्धश्रद्धा निर्मूलन समिति उचित तरीके से शान्तिमय और वैध राह से आन्दोलन करनेवाली है। अन्धविश्वास उन्मूलन का कठिन कार्य धाँधली में करना इष्ट नहीं है, सम्भव नहीं है। दृढ़ता से, संयम से, शान्ति से, प्रखरता से वह कार्य करना चाहिए ऐसा हम मानते हैं और पिछले कुछ सालों के आन्दोलन का वह इतिहास है। ऐसा होते हुए आन्दोलन के बारे में, संगठन के बारे में ऐसे गुमराह करना कहाँ तक सही है? मैंने नानासाहब गोरे को पत्र लिखा कि आप संगठन के बारे में वास्तविक स्थिति से केन्द्र को सूचित करें। उन्होंने वित्तमंत्री मधु दंडवते को लिखा। दंडवते आचार-विचार से पूरी तरह से मानो आन्दोलन के साथी ही। उन्होंने इसकी खबर ली। इसके अलावा दूरदर्शन के मंत्री पी. उपेंद्र को एक कड़ा पत्र भी लिखा।

10 मार्च, 1990

प्रिय, श्री पी. उपेंद्र,
सूचना और प्रसारण मंत्री,
शास्त्री भवन, नई दिल्ली

आपको याद होगा कि कुछ दिनों पहले दूरदर्शन पर दिखाई गई 'होनी-अनहोनी' सीरीज पर व्यापक मात्रा में आलोचना हो गई थी। दूरदर्शन और आकाशवाणी के अपने प्रसार माध्यम अन्धविश्वास के खिलाफ लड़ाई में डर रहे हों तो वे कम-से-कम उसे खाद पानी तो न डालें, ऐसा माननेवाले लोग प्रमुखता से उसमें शामिल थे। यह सन्दर्भ आज देने की वजह है 29 जनवरी को दूरदर्शन के रात नौ बजे के समाचारों में कुंडलिनी जाग्रत करने का दावा करनेवाली श्रीमती निर्मलादेवी का हुआ समावेश।

मेरी जानकारी के मुताबिक विज्ञानवादी आन्दोलन के कुछ लोगों ने उनके दावे झूठे होना साबित किया है। उस कारण सन्तप्त प्रतिक्रियास्वरूप उन्होंने उन कार्यकर्ताओं के खिलाफ मुहिम शुरू की है। यह ध्यान में लें तो इस स्वरूप के उनके व्यवहार को दूरदर्शन द्वारा अपने प्रसारण के प्राधान्य का समय देने की कोई वजह मुझे दिखाई नहीं देती।

मुझे ऐसा लगता है कि इस बात पर ढंग से विचार किया जाए। वादग्रस्त विषय के सन्दर्भ में सभी पहलुओं से सोचकर उसका अधिक विवेकपूर्ण पक्ष प्रसार माध्यमों के जरिए सामने आ जाए तथा आपसे प्रार्थना है कि इसके लिए आप अपने सम्बन्धित अधिकारियों को सूचित करें।

आपका,
मधु दंडवते

मन्नत की बलि या ग्रामीण अन्धविश्वास का शिकंजा

अन्धविश्वास को समूह की शक्ति मिल जाए तो मामला गम्भीर बन जाता है। जनसमूह को जकड़ लेनेवाले अन्धविश्वास के बारे में बात करना भी मुश्किल हो जाता है, फिर उसके खिलाफ लड़ना तो दूर की बात। फिर तो मुख्यमंत्री को भी उस शक्ति की शरण लेकर लंगर (गुरुद्वारे) का फर्श पोंछना पड़ता है, बरतन साफ करने पड़ते हैं। लोगों के जूते साफ करने को स्वानन्द समझकर पूरा करना पड़ता है। देश के प्रधानमंत्री को देश के संविधान में परिवर्तन करना पड़ता है। मुस्लिम बहनों को कानूनी तौर पर मिलनेवाला भरणभत्ते का अधिकार एक पल में तोड़ दिया जाता है।

उसकी अपेक्षा भानामती का विरोध आसान होता है। वह एकाध घर में घटित होती है। उसे ढूँढ़ने में औरों से लड़ाई नहीं होती। भूत उतारने का स्थान बन्द करने में विरोध होता है परन्तु वह सीमित होता है। पुनर्जन्म का सच-झूठ औरों की जिज्ञासा का विषय होता है। लेकिन व्यापक जनमानस में जमी हुई रूढ़ियों का मामला अलग होता है। उस बारे में भावना का प्रभाव होता है, श्रद्धा तीव्र होती है। उन्हें अन्धविश्वास कहा जाए तो क्षोभ होता है। रूढ़िप्रिय इनसान विवेकी विचार नहीं करता और दूसरा कोई वैसी कोशिश करे तो उसे वह जँचता नहीं। फिर विषय और कहीं भटक जाता है।

उस कारण अन्धविश्वास विरोधी लड़ाई के बारे में हमारे आन्दोलन में भी दो मत प्रवाह मिलते हैं। कुछ लोगों को लगता है कि इस बारे में बात ही न करें, विशेषत: वह घटना घटित होते समय तो बिलकुल नहीं बोलना चाहिए। पहले या बाद में नवजागरण करें, वह भी अन्दाज लेकर। नहीं तो ऐसे मामलों में चुप रहना ही बेहतर है। मेरे जैसे कुछ और लोगों का मत अलग है। पहले या बाद में नवजागरण करना तो ठीक है पर जब तक उसे व्यवहार का जोड़ नहीं मिलता, तब तक सामर्थ्य नहीं आता। सर्पदंश पर प्रतिबन्धात्मक इलाज के रूप में दुआ देने के खिलाफ दुनिया को जाग्रत करना ही होगा पर उसके साथ ही जरूरत पड़ने पर उस स्थान पर उसी समय संवाद और संघर्ष को भी खड़ा रहना होगा। यह सच है कि ऐसे वक्त भावना प्रक्षुब्ध होती है। मारपीट का खतरा भी रहता है। सम्भव है कि मार भी खानी पड़ेगी। परन्तु उससे विचार और आन्दोलन पीछे हटता है, यह

मैं नहीं मानता। बल्कि स्वयं के सिद्धान्तों के लिए दृढ़ता से खड़े रहनेवाले के रूप में आपकी छवि और कार्य अधिक प्रभावी होता है, ऐसा लगता है। कई बार तो अलग सुखद अनुभव भी आते हैं।

महाराष्ट्र में अनगिनत मेलों-यात्राओं में चलनेवाली पशु बलि की प्रथा सामूहिक अन्धविश्वास का ऐसा ही एक आविष्कार!

वाशी (कोल्हापुर), आरेवाडी (सांगली), कालूबाई (सातारा), मांढरदेवी (उस्मानाबाद), चिवरी शेंद्रा (औरंगाबाद) महाराष्ट्र के कुछ बड़े मेले हैं। हर जिले के अनगिनत छोटे-बड़े मेले अलग ही हैं। इन मेलों में मुख्यत: बकरों, भेड़ों परन्तु कुछ स्थानों पर मुर्गों और भैंसों की भी बलि दी जाती है। पूरे महाराष्ट्र का हिसाब लगाए तो बलि चढ़नेवाले प्राणियों की संख्या पाँच लाख तक जाती है। वहाँ का दृश्य सिर्फ देखने या पढ़ने से कैसा महसूस होता है?

तुलजापुर तहसील में बिलकुल छोटे-से चिवरी गाँव में बड़े उत्साह से लक्ष्मी देवी का मेला लगता है। वहाँ पन्द्रह हजार से ज्यादा प्राणियों की बलि दी जाती है। लगातार दो दिन केवल खून की नालियाँ बहती दिखाई देती हैं। भक्तगण दो-दो किलोमीटर तक कतार लगाकर खड़े रहते हैं। किसी के हाथ में मुर्गा, किसी के हाथ में बकरा तो किसी के पास भैंसा, पोतराज (देवी का भक्त) की संगत में विधिवत बाजे-गाजे के साथ नाचते हुए मन्दिर तक लाए जाते हैं।

'आई राजा उदे, उदे, लक्ष्मी माता की जय हो' के घोष में भक्तों, हालगियों की कड़कड़ाहट चलती रहती है। बलि दिए गए प्राणी के खून में हाथ भिगोकर उसके निशान मन्दिर पर लगाए जाते हैं। पंच कमेटी और पुलिस मिलकर बलि दिए जानेवाले बकरों, मुर्गों, भैंसों की कर रूप में होनेवाली हजारों रुपयों की वसूली करते रहते हैं। कत्तल होकर, गरदन मरोड़कर मारे हुए पशु भक्तगणों को दिए जाते हैं। बकरों की, मुर्गों की, भैंसों की टाँगें पकड़कर भक्तगण मेले के अपने-अपने स्थान पर नैवेद्य बनाने के लिए जाते हैं। भैंसे का मांस खत्म नहीं होता तो लोगों के उसे वैसे ही फेंककर चले जाने के भी उदाहरण हैं।

औरंगाबाद से अठारह किलोमीटर के फासले पर स्थित शेंद्रा गाँव में मांगीर बाबा के मेले में मन्नत पूरी करने के लिए ऐसे ही हजारों भक्तों की भीड़ होती है। मांगीर बाबा के मन्दिर की दीवार से सटकर ही मन्नत उतारने के लिए लाए गए बकरों की कतार लगती है। मुर्गेवाले हाथ में मुर्गे लेकर खड़े रहते हैं। पशुओं को काटने के लिए बैठनेवालों के कपड़े तो पूरी तरह खून से भीगे होते हैं। मुर्गों और बकरों के खून का कीचड़ बन जाता है। माहौल में बदबू होती है। बलि देने से पहले देन की पर्ची देखी जाती है और फिर कुन्द छुरे से धीरे-धीरे गरदन काटकर बलि दी जाती है। गूँगे पशुओं का आक्रोश भक्तों के 'मांगीर बाबा की जय' के जयघोष में गुम हो जाता है। मारा हुआ बकरा या मुर्गा मैदान में जहाँ जगह मिले वहाँ पकाया जाता

है। शेंद्रा गाँव की चारों दिशाओं में मीलभर के फासले तक पन्द्रह-बीस स्त्री-पुरुषों का जमघट घेरा बनाकर बैठा नैवेद्य खाते हुए दिखाई देता है।

वाशी, जिला कोल्हापुर के मेले में टीले के मन्दिर की ओर जाने के लिए पत्थर की सीढ़ियाँ सामने आती हैं और बाजू में दिखाई देते हैं पेड़। पेड़ों पर पत्ते, फूल, फल देखने की आदत वालों को पेड़ पर स्थान-स्थान लटके हुए मांस और छीले हुए बकरे दिखाई देते हैं। आगे बढ़े तो मन्दिर के बारे में अपनी परम्परागत कल्पनाओं को भी ठोकर लगती है। 'बिरदेव दरवाजा' लिखे हुए मन्दिर के प्रवेशद्वार के बाजू में ही बकरों को काटते वक्त खून का छिड़काव होने से बना कीचड़ दिखाई देता है। ताजा, लाल-लाल, अभी भी न सूखा हुआ खून दिखाई देता है। मन्दिर के द्वार पर खून-मांस का यह वीभत्स रूप मन्दिर के अहाते में नहीं होगा यह समझ भी गलत सिद्ध होती है। करसिद नामक दरवाजे से मन्दिर के अहाते में जाएँ तो वहाँ भी ओवरियों की तरह बनाई जगह में छीले हुए बकरों के शरीर अथवा सिर दिखाई देते हैं।

मेले की प्रमुख दुकानों की बाजारपेठ छोड़कर मन्दिर के दक्षिण-उत्तर की तरफ के पीछे का मन्दिर का प्रांगण, ओवरियों में छीली हुई भेड़ों की बोटी-बोटी, मांस, खून, सिर आदि के ढेर-ही-ढेर दिखाई देते हैं। दूर-दूर से आए यात्रियों के परिवार बड़ी-बड़ी हंडियों में मांस पकाते हैं। शेष बचे मांस की बिक्री चालू रहती है। केवल प्रथा के कारण जिन्होंने बकरे काटे थे उन्होंने बकरे के मांस पर हल्दी डालकर उसे सूखने रखा होता है। कुछ मंडलियाँ बकरों के फरे, सिर सस्ते में खरीदकर शहर में ले जाकर बेचने की कोशिश में होती हैं। जिनकी मांस खरीदने की हैसियत नहीं होती ऐसे अत्यधिक गरीब लोग औरों का बेकार मानकर फेंका हुआ मांस, हड्डियाँ, आँतें जमा करके ढेर लगाने की कोशिश में होते हैं।

हल्दी लगाकर पेड़ों की टहनियों पर लटकाई हुई भेड़ों की टाँगें लेकर कुछ लोग गाँव जाते हैं। सर्वत्र बदबू छाई रहती है। वापस गाँव जाते समय यह मंडली थैले, धोती आदि में मांस लेकर जाने की कोशिश में होती है। इससे बस के कंडक्टर से तू-तू मैं-मैं होती है। फिर विनती, ईमान, घूस का मामला होता है। बदबू असह्य हो जाती है।

यह बलि प्रथा आई कहाँ से?

यह बलि प्रथा काफी प्राचीन और लगभग सार्वत्रिक है। सामान्यत: ऐसा कह सकते हैं कि अतिमानवी शक्ति को अनुकूल करने के लिए और उसकी अनुकूलता के बारे में कृतज्ञता ज्ञापित करने के लिए यह उसे अर्पण किया हुआ पदार्थ ही बलि है। बलि और अर्पण करने का प्रकार इसके यातु क्रियात्मक धर्म का एक हिस्सा माना जाता है। बलिदान पवित्र और गूढ़ शक्ति से युक्त माना जाता है। भारतीय

यज्ञों में व्यापक अर्थों में बलि अन्तर्भूत होती है फिर भी भारत में यज्ञ और बलि की संकल्पना अलग-अलग मानी गई है।

अन्य कई बातों के अनुसार बलि की प्रथा ईश्वर निर्मित है ऐसा पहले माना जाता था। उन्नीसवीं सदी के उत्तरार्ध में तुलनात्मक धर्मशास्त्र के अध्ययन का प्रारम्भ हो जाने पर बलि प्रथा के उत्पन्न होने और उसके प्रारम्भ के स्वरूप के बारे में विद्वानों ने अनेक तर्क प्रस्तुत करना प्रारम्भ किया।

ई.बी. टायलर (1862-1939) को लगता था कि "देवताओं की कृपा प्राप्त करने और उनका शत्रुत्व कम करने के लिए उन्हें दिया हुआ दान बलि का आद्य स्वरूप था।" ई.ए. वेस्टर मार्क (1832-1917) के अनुसार, "देवताओं की जरूरतें मनुष्य की तरह होती हैं ऐसा मानकर देवताओं को पदार्थ अर्पण किए जाते हैं।" मार्सेल मास ने कहा है कि "पवित्र और लौकिक विश्व को जोड़नेवाली कड़ी बलि का स्वरूप है।" उन्होंने ऐसा भी कहा है कि "तू अदायगी करे इसलिए मैं दे रहा हूँ।" विलियम स्मिथ के अनुसार, "बलि प्रथा देवक प्रथा से निर्मित हुई है।" जनसमूह के सदस्य और देवता में सम्पर्क स्थापित होना बलि देने का मूल हेतु है और विशिष्ट दिन को देवक पशु की बलि देकर किए सहभोजन से वह साध्य होता है, ऐसी भी उनकी राय है। हर्बट स्पेन्सर (1820-1903) के अनुसार, "मृत की कब्र में अन्न पदार्थ रखने की प्रथा से देवताओं को पशुओं की बलि देने की प्रथा निर्मित हुई है।" एलिअड के अनुसार, "बोआई या कटाई के समय दी जानेवाली पशु बलि समाज को शक्ति मिलने के लिए की गई नूतनीकरण की विधि है। जिसकी शक्ति क्षीण हो गई है उस राजा को मारकर उसके स्थान पर शक्तिशाली नए राजा को लाने की यात्वात्मक विधि से बलि प्रथा निर्मित हो गई।"

बलि यानी देवता को दी हुई रिश्वत है। वह देवता से किया हुआ करार है। बलि के कारण मनुष्य देवता के साथ सहभोजन कर सकता है। बलि दिया हुआ पदार्थ खुद देवता ही होने के कारण उसे खाना यानी देवता का भक्षण कर उसकी शक्ति प्राप्त करना है। बलि से पीड़ादाई देवता को अपने से दूर रख सकते हैं। बलि यानी देवता से जो मिला है वह उसे ही वापस करना आदि विचार भी बलि के सन्दर्भ में विद्वानों द्वारा प्रस्तुत किए गए हैं। विशिष्ट जनसमूह की मार्फत पुरोहित, राजा, जनजाति का मुखिया, परिवार का मुखिया आदि में से कोई तो व्यक्ति बलि देने की विधि करता है। व्यक्ति खुद की ओर से भी बलि दे सकता है जैसे आज के मेलों में सर्रास बलि दी जाती है।

बलि प्रथा से सम्बन्धित और एक छोटी लेकिन नृशंस और रोंगटे खड़े करनेवाली बात है। वह बात यानी कुछ स्थानों पर अघोरीपन से दी जानेवाली पहली सम्मान की बलि या बलि देनेवाले भक्त द्वारा मन्नत उतारने के लिए किए जा रहे अन्य अमानवी प्रकार।

चिवरी गाँव के मेले में भेड़ का मेमना ढूँढ़ने का अनोखा कार्यक्रम आँका जाता है। एक धनगर (गड़रिए) के पास मेमना छुपाने के लिए दिया जाता है। वह कम्बल ओढ़कर उसमें मेमने को छुपाता है। अन्य कुछ गड़रिए भी वैसी ही पोशाक करके बैठते हैं। पोतराज पर देवी सवार हो जाती है। वह घूमने लगता है। आँखें फाड़कर बेभान होकर नाचने लगता है। जिसके पास मेमना होता है उसे पोतराज अचूक पहचानता है। उस मेमने को लेकर जाता है। सिर दाँतों से तोड़ता है। पोतराज का पूरा बदन खून से रँग जाता है। वैसे ही वह अजीब-सा नाचते हुए मेमने की आँतें गले में डालकर लगातार घूमता रहता है। देखनेवालों के रोंगटे खड़े न हो जाएँ तो ही आश्चर्य!

वाशी में सिर्फ दाँतों से बकरा तोड़ने का प्रकार चलता है। वाशी के सेवकों में हजारे, लांडगे, पुजारी, कट्टीकरी, सिद नामक मानकरी मिलते हैं। हजारे और लांडगे को दाँतों से बकरे तोड़ने का प्रमुख सम्मान है। सेवा में तत्काल हाजिर रहनेवाला हजारे। उस कारण देवताओं के भूतों को शान्त करने का काम हजारे का होता है। लांडगा (भेड़िया) गड़रियों का अन्न देवता, भेड़-बकरियों का कर्दनकाल। लांडगे उपनाम के घराने वाशी के आसपास के गाँवों में हैं। वे गड़रियों के देवता की सेवा में हैं। इसे एक मजाकिया विरोधाभास कहना होगा।

दाँतों से बकरे तोड़ने की प्रथा में हजारे हाथ में जो आए वह भेड़ कन्धों पर लेते हैं। बकरे की पीठ गरदन की ओर होती है और दोनों ओर से उसके दो-दो पाँव लटकते रहते हैं। मन्दिर के सामने के मैदान में बलि का बकरा लेकर सम्मान का हजारे भाग जाता है। सम्मान के लांडगे उसके पीछे पड़ते हैं। हजारे को लांडगों (भेड़ियों) को चकमा देकर बकरे की रक्षा करनी होती है और देवता तक पहुँचाने से पहले बकरे को स्पर्श किए बिना दाँत निपोरकर उसकी बोटी तोड़ने का काम (मानो सचमुच के भेड़िए!) लांडगे को पूरा करना होता है। तीन पेटों (दौड़ों) में भेड़ के पेट की बोटी तोड़कर, मुँह में आँत, मांस जो भी मिलेगा वह पकड़कर खून से लथपथ अवस्था में लांडगे बिरोबा की ओर दौड़ते हैं (बिरोबा पूर्ण शाकाहारी देवता है।) मुँह का मांस-खंड देवता के सामने फेंकते हैं। लांडगे को तीन दौड़ों में बकरा काटना होता है। आसपास लाठियाँ, कुल्हाड़ियाँ लेकर अन्य भक्त खड़े ही होते हैं। वह अगर दाँतों से बकरा नहीं तोड़ पाया तो वे भक्त उस पर हमला करके उसकी बलि दें ऐसी प्रथा होती है। श्रद्धा है कि तीन पेटों (दौड़ों) में बकरा नहीं काटा गया तो देवता का कोप, रोष होता है, समाज पर बड़ा संकट आता है। मानकरी लांडगे की बलि देकर इससे छुटकारा प्राप्त कर सकते हैं।

मेले में शिव (सिद्ध) नंगी तलवार से पेट पर, गले पर, सम्भव हो तो जुबान पर आघात कर लेते हैं। लोहे की जंजीर से जुड़े सीसे के गोले से ये शिव खुद को मार लेते हैं। ऐसा माना जाता है कि इससे उन्हें कोई भी चोट, जख्म, तकलीफ हो

जाए तो भंडारा (हल्दी) कुमकुम उड़ाने से ठीक हो जाती है। लगभग सौ-सवा सौ शिव देवता सवार होकर हाथ में नंगी तलवारें लेकर नाचते हैं।

चैत्र शुद्ध पूर्णिमा के पाँच दिनों बाद शेंद्रा (औरंगाबाद) गाँव का मेला लगता है। बकरा काटने की मन्नत मनानेवाले अँकुसी भी चुभा ही लेते हैं।

मांगीर बाबा के मन्दिर से सात सौ फीट के फासले पर मारुती का मन्दिर है। वहाँ अँकुसी चुभा लेनेवाले भक्तों की कतार लगती है। मन्नत पूरी करनेवाली मंडली बैंड-ताशा के गजर में वहाँ आती है। अँकुसी चुभानेवाली विशेषज्ञ मंडली वहाँ खड़ी ही होती है। भक्तों की पीठ की चमड़ी में तीन इंच लम्बी अँगरेजी के यू आकार की धारदार लोहे की अँकुसी खून आए बिना घुसेड़ने को अँकुसी चुभाना कहते हैं। भक्त के पीठ की चमड़ी चुटकी में पकड़कर धारदार लोहे की अँकुसी आरपार धँसाई जाती है। गाल को, हथेली को, कान को भी अँकुसी चुभाई जाती है। अँकुसी हनुमान मन्दिर के पास चुभाई जाती है और मांगीर बाबा के मन्दिर के पास निकाली जाती हैं। अँकुसी देवता की होने के कारण सन्देह पूछा ही नहीं जाता। अँकुसी चुभानेवाले स्त्री-पुरुष भक्त के मांगीर बाबा के मन्दिर की ओर जाते समय उनमें से कुछ लोगों पर देवता सवार हो जाते हैं। स्त्रियाँ बाल खुले छोड़कर मुँह से चित्र-विचित्र आवाज निकालती हुई आज्ञा-जैसा सम्भाषण करते हुए देवस्थान की ओर जाती हैं। कुछ महिलाएँ चीखती हैं, अभुआती हैं, खिलखिलाकर हँसती हैं। मांगीर बाबा के मन्दिर के सामने एक ही हो-हल्ला उठता है। (यह बात अलग है कि पुलिस की डाँट से सवार हुए देवता चले जाते हैं, शान्ति आती है।)

मातृशक्ति की उपासना का आदिमानव का धर्म सारी दुनिया में मिलनेवाला धर्म है। उस यातुधर्म की इष्ट शक्ति की उपासना के लिए किया हुआ कर्मकांड बलि है। विगत तीन-चार सौ सालों में मानव संस्कृति का इतिहास देखते-देखते बदल गया। सभी ओर एक नई जाग्रति आ गई। परम्परागत गलत कल्पनाओं को मर्मान्तक तमाचे लगे। पुरानी रूढ़ियाँ हास्यास्पद हो गईं; कुछ ताश के बंगले की तरह गिर गईं। शिक्षा और विज्ञान के प्रकाश में जिन्दगी चमक गई।

महाराष्ट्र में तो कितनी उज्ज्वल परम्परा है। सन्तों के भक्तिमार्ग में भी बलि के विचार का स्थान नहीं है। बहुजनों के लिए शिक्षा के द्वार खोलनेवाले भाऊराव पाटील के विचारों में इस सोच को स्थान नहीं है। फुले, आगरकर, सावरकर, आंबेडकर आदि समाजसुधारक किसी भी विचारधारा के हों, उन्होंने ऐसे कर्मकांडों की कड़ी भर्त्सना की है। आधुनिक विज्ञान का गढ़ माने जानेवाले मुम्बई महानगर में, महाराष्ट्र में! परन्तु महाराष्ट्र में इन सभी के सीने में पैर गड़ाकर बलि प्रथा कायम है, जो हर साल चार से पाँच लाख बकरों के खून से स्नान करती है।

"इस तरह की लड़ाई में क्या हासिल होगा? समय, श्रम, पैसा व्यर्थ गँवाना। गाडगे महाराज हार गए, वह काम आप करने चले।" जैसे उद्गार हमें हमेशा ही

सुनाए गए। निश्चित सफलता का गणित लगाकर हम कभी भी आन्दोलन नहीं चलाते। समाज परिवर्तन की विशेषत: अन्धविश्वास विरोध की कठिन लड़ाई उस तरह चलाई भी नहीं जा सकती।

किन्तु बलि प्रथा के खिलाफ आन्दोलन करते समय खड़े किए जानेवाले एतराज अलग ही होते हैं। पूछा जाता है, "आप शाकाहार का, अहिंसा का प्रचार क्यों करते हैं?" ऐसा है तो फिर एकाध मेले-जितने बकरे पुणे-मुम्बई के कसाईखाने में हर रोज मारे जाते हैं, जरा उधर जाओ ना, ऐसी सलाह भी दी जाती है। सिर्फ हिन्दू धर्म पर ही यह कृपा क्यों? जरा मुसलमानों की कुर्बानी भी रोको, ऐसे ताने भी दिए जाते हैं।

अन्धश्रद्धा निर्मूलन समिति की इस विषय की भूमिका ऐसे लोगों की समझ में नहीं आती। परन्तु इस समाज के अन्धविश्वास उन्मूलन कार्य का महत्त्व भी उनकी समझ में नहीं आता। उन्हें अन्धविश्वास उन्मूलन ज्यादातर सुधारवादी विधायक कार्य लगता है। अन्धविश्वास का सांस्कृतिक, सामाजिक आयाम है ही परन्तु उतना ही या उससे भी ज्यादा महत्त्वपूर्ण, उसके आर्थिक शोषण का अंग होने को नजरअन्दाज किया जाता है।

बलि देनेवाला एक परिवार कितना खर्चा करता है? आज एक बकरे की कीमत 600-1000 रुपयों तक होती है। मेला आ जाए तो कीमतें बढ़ जाती हैं। इसके साथ ही उस बकरे को बैलगाड़ी किराए पर लेकर, और दूर से आना हो तो टेम्पो से, लाना पड़ता है। साथ में छह-सात लोग और उनका कम-से-कम तीन दिन का खर्चा। यह सब आँकड़ा डेढ़-दो हजार तक जाता है। (एक से ज्यादा बकरों की बलि देनेवालों की संख्या कम होगी पर होती ही है। उनका उतना अधिक खर्चा।)

मन्नत पूरी करनेवाले अधिकांश परिवार गरीब होते हैं। डेढ़-दो हजार उनकी दो-चार महीनों की कमाई होगी। एक यात्रा पर यह खर्च करने पर उनकी कमर ही टूट जाती है। कर्जे की गिरफ्त में गृहस्थी का चाक फँस जाता है। ग्रामीण महाराष्ट्र में अन्धविश्वास के कारण लोगों को भग्न बनानेवाला बलि प्रथा-जैसा दूसरा कारण नहीं होगा।

महाराष्ट्र के मेलों में मन्नत पूरी करने के लिए हर साल चार-पाँच लाख बकरे काटे जाते हैं। लगभग उतने ही परिवार कर्जा लेते हैं। औसतन हिसाब करें तो इस पूरे मामले में 50 से 70 करोड़ रुपए चकनाचूर हो जाते हैं। पूरण-पोली का मीठा नैवेद्य बनाया जाए तो इनमें से ज्यादातर रुपए बच सकते हैं। पूँजी की बचत होती है, कर्जा टल जाता है। मेले का मौज-मजा करने में, सांस्कृतिक आनन्द लूटने में कोई भी रोड़ा नहीं आता।

फिर भी रूढ़ि की अनजाने में हो गई अनिवार्यता, पारम्परिक पद्धति से मन्नत पूरी न की जाने पर कोप होने का डर, समूह का मनोविज्ञान इन सबसे जो बात मालूम है वही समझ में नहीं आती। अर्थात, बलि प्रथा का विरोध करने के इन

कारणों के साथ ही अन्य कारण भी हैं ही। घिन लानेवाली अस्वच्छता उनमें से एक महत्त्वपूर्ण कारण है। पंढरी (पंढरपुर) के हर वारकरी (विठ्ठल भक्त) को कॉलरा का टीका लगवाने का उचित आग्रह धरनेवाला शासन खुलेआम बकरे काटने, छीलने, लटकाकर रखने, कहीं भी सिर फेंकने पर कोई भी बन्धन क्यों नहीं डालता? बकरा छीलने के बाद जिस पानी में धोया जाता है वह पानी अन्य कोई देख ले तो उल्टी होगी। किसी भी मेले में पानी का ठीक प्रबन्ध ही नहीं होता। उस कारण जो पानी मिलेगा उसी पानी में खुले में उसे पकाया जाता है। बचा हुआ पेड़ पर लटकाकार रखा जाता है। घर ले जाकर बाद में प्रयोग किया जाता है।

कमाल की गन्दगी मेले का स्थायीभाव समझे जाने के कारण ही यह होता होगा कि इन मेलों में प्रातर्विधि के लिए टट्टर की ओट बनाकर गड्ढे का मामूली शौचालय भी निर्मित नहीं किया जाता। महिलाओं के लिए तक नहीं। स्वास्थ्य के सभी प्राथमिक नियमों को खूँटे पर टाँगकर मेला जारी रहता है और सरकार उधर 'सन दो हजार में सभी को स्वास्थ्य' के नारे लगती रहती है।

बलि देना यानी देवता को खुश करना। उस कारण मुख्यत: तगड़े भेड़-बकरों की बलि दी जानी स्वाभाविक ही है। बलि प्रथा निर्विघ्न जारी रखने के लिए भारतीय संविधान के मार्गदर्शक तत्त्व 'पशुधन वृद्धि व समृद्धि' की बलि दी जाती है। बलि देनेवालों में गड़रिया समाज की मात्रा बहुत बड़ी है। मूलत: उसकी समृद्धि का आधार भेड़-बकरियाँ हैं। परन्तु अन्धविश्वास और रूढ़ि के कारण वह खुद के पाँव पर कुल्हाड़ी मार रहा है।

खुद के ही बनाए हुए कानून पशु क्रूरता कानून, 1960 और पशु संरक्षण कानून, 1976 के बारे में भी सरकार नहीं सोचती। अन्धेपन से होनेवाला पशुधन का कत्ल कृषि प्रधान देश को जँचेगा नहीं इसलिए कानून है। लाखों की संख्या में भेड़-बकरियाँ मारी जाती हैं पर कभी नाम के लिए भी एकाध मेले में एकाध भेड़-बकरी की जाँच नहीं होती। एक-सा अन्धा कत्ल होता है। जहाँ पशु मारने के लिए अनुमति नहीं ली जाती वहाँ पशु मारने के स्थान की पूर्व जाँच होनी चाहिए, इस निर्देश का पालन करने के लिए किसके पास समय होगा?

कई स्थानों पर बलि दिए जानेवाले मेले बिरोबा देवता के हैं। अब बिरोबा सम्पूर्ण शाकाहारी देवता है। वह भी लिंगायत। उसके गले में लिंग है। ऐसा भी मानते हैं कि यह देवता यानी पंढरपुर का पांडुरंग अथवा तिरुपति का बालाजी है। यही बिरदेव पट्टन कोडोली में विठ्ठल बिरदेव के नाम से ख्यात है। ये सब देवता शाकाहारी हैं। फिर उनके आगे बकरे कैसे काटे जाते हैं? इस कारण किसी की धर्मभावना को चोट पहुँच जाए तो? पर ऐसे प्रश्न पूछने से कुछ हासिल नहीं होता। उस बारे में स्पष्टीकरण और देवता की कहानियाँ तैयार रहती हैं। बिरोबा को सृष्टि की रक्षा करते समय आसपास के भूतों को शान्त करना पड़ता है। इन शिवगणों को शान्त

करने के लिए यह बलि दी जाती है। बिरोबा का सेवक सूर्याबा। ऐसा बताया जाता है कि उसके लिए यह सब नैवेद्य बनाना पड़ता है।

मूक पशुओं की जश्न के साथ की जानेवाली सामूहिक हत्या क्या मानव संस्कृति का पालन करने जैसा अंग है? देव कल्पना भी मनुष्य के दिमाग की प्रगल्भ बढ़ोतरी के साथ ही विकसित हो गई। एकाध जान की हत्या करने से देवता प्रसन्न होते हैं यह सोच आदिमानव की कल्पना के नजदीक है या आधुनिक मानव के? इस दृष्टि से ईश्वर माननेवाले अधिकांश लोगों को इस प्रश्न का जवाब देना होगा।

प्रश्न के ऐसे कई अंग हैं, बड़े जनसमूह की जकड़ी हुई भावना है। फिर भी हमने इस प्रश्न को कुछ प्रतीकात्मक रूप में उठाया।

उसकी शुरुआत हमारे कान्हूर पठार के कार्यकर्ताओं ने की। कान्हूर पठार गाँव में अन्धश्रद्धा निर्मूलन समिति की क्रियाशील शाखा है। उस गाँव से पिपलगाँव रोठा लगभग दस किलोमीटर पर है। आगे तीन किलोमीटर पर श्री खंडेश्वर का मन्दिर।

मेले के समय वहाँ चार-पाँच सौ बकरों की बलि दी जाती थी। सन 1984 में ग्रामवासी और मुम्बई के पिंपलगाँव रोठा मंडल ने मिलकर यह प्रथा बन्द की। विरोध हुआ पर उन्होंने परवाह नहीं की। निरन्तर सूखे से प्रभावित पारनेर तहसील (जि. अहमदनगर)। वैसे तो यहाँ बारिश का अभाव ही प्राकृतिक नियम है; इस कारण आगे दो साल बारिश ने मुँह मोड़ लिया तो इसमें अलग कुछ नहीं हुआ पर बोलनेवालों को वजह मिल गई। बकरों की बलि बन्द की। देवता का कोप हो गया। उस कारण बारिश नहीं हुई ऐसा बोलबाला हो गया। बकरों की बलि फिर से शुरू हो गई।

सन 1989 में एक बार फिर से ग्रामवासी और मुम्बई के ग्राम विकास मंडल ने पहल की। मुम्बई में वकालत करनेवाले गाँव के उत्साही युवक पांडुरंग विठ्ठल गायकवाड़ को सरपंच विष्णु वालुंज, पुलिस पाटील मार्तंड धुले, साहेबराव पंडित, मोतीराव पवार आदि ने साथ देना कबूल किया। एक बात बिलकुल उचित की। बलि प्रथा फिर से शुरू हो जाने के बारे में खेद प्रकट करनेवाला और खुद से हुई लापरवाही के लिए जनता से सरेआम माफी माँगनेवाला निवेदन तैयार किया। उसके साथ ही पर्चे छाप लिए कि इस साल से बकरों की बलि प्रथा बन्द हो गई है, मेले में बकरे न लाए जाएँ। जिन गाँवों से मंडली मेले में आती थी उन सभी गाँवों में यानी लगभग ढाई सौ गाँवों के सरपंचों के नाम वे पर्चे भेजे गए। मेले के पन्द्रह दिन पहले अखबारों में इसकी जानकारी देने की कोशिश की। *दैनिक सार्वमत, समाचार, लोकमत केसरी, गाँवकरी* ने इसमें सहायता की। यह सब घटित हो रहा था उस समय एड. पां.वि. गायकवाड़ कान्हूर में आए। अन्धश्रद्धा निर्मूलन समिति के विजयानन्द सालवे, देवदत्त सालवे, अरविंद लोंढे, ज्ञानेश्वर लोंढे, महेंद्र सालवे, सुनील सालवे आदि से मुलाकात की और समिति भी अपने बीस-पच्चीस कार्यकर्ताओं

के साथ उसमें उत्साह के साथ शामिल हो गई। मांसाहार के लिए एतराज नहीं पर अन्धविश्वास से मन्नत पूरी करने के लिए, डर के कारण और सख्ती के कारण होनेवाली बकरे की बलि पर एतराज की भूमिका समिति ने ली।

समिति के कार्यकर्ता और गाँववालों ने किन्ही, करंदी, गोरेगाँव, तिसोल, कान्हूर पठार, भैरोबा की बाड़ी, इन स्थानों पर जाकर प्रचार किया। सबसे ज्यादा बकरे इसी क्षेत्र से आते थे। उस कारण 'मेले में आओ लेकिन बकरे के बिना' आह्वान पर जोर था।

माहौल बनता गया। पिंपलगाँव रोठा के गाँववालों ने ही पन्द्रह साल पहले हजार-पन्द्रह सौ रुपए खर्च करके बूचड़खाना बनाया था। उन्होंने ही उसे गिराने का निर्णय लिया।

वेल्हा क्षेत्र से भी अनेक बकरे बलि के लिए लाए जाते थे। 9 जनवरी को वेल्हा बाजार में जाकर जोरदार प्रचार किया। अब पिंपलगाँव रोठा के युवक स्वयंस्फूर्तिता से प्रचार के लिए आगे बढ़ने लगे। गाँव की दीवारें रँगाई गईं। घोषवाक्य लिखे हुए बोर्ड लगाए गए। टीन के मजबूत फलक मन्दिर के पास लगाए गए। पूरे गाँव में फलक लग गए।

तेरह तारीख से कुछ लोगों ने एक अलग ही मार्ग चुना। बकरे न काटे जाए इसलिए अखंड हरिनाम सप्ताह शुरू किया। 21 जनवरी को खंडेश्वर ग्रामविकास मंडल ने कुछ लोगों और संस्थाओं का सम्मान समारोह आयोजित किया। काफी भीड़ जमा हो गई थी। माहौल बनाने के लिए यह समय अच्छा था। अन्धश्रद्धा निर्मूलन समिति ने रात के दस बजे से एक बजे तक विज्ञान जाग्रति का कार्यक्रम किया। अन्धविश्वास पर चमत्कार के प्रयोगों के साथ व्याख्यान हुआ। कल की बलि के लिए कोई भूल से (या चकमा देकर) एक बकरा लाने की खबर कार्यक्रम के समय मिली। पहले से पता चलने से उसे रोकने का काम आसान हो गया।

मेला बाईस तारीख को था। एक ओर बूचड़खाने के स्थान पर कीर्तन शुरू था तो दूसरी ओर अन्धश्रद्धा निर्मूलन समिति के कार्यकर्ता, ग्रामवासी, छात्र जाँच कर रहे थे कि कोई बकरा तो नहीं लाया। दिन भर यह जारी था और ताज्जुब की बात यह थी कि मुहिम सौ प्रतिशत सफल हो गई। एक भी बलि नहीं दी गई। गायकवाड़ इस विचार के प्रवर्तक। उन्हें तो इतनी खुशी हुई कि मुँह से शब्द नहीं निकल रहा था।

शायद ही ऐसा अपेक्षा के अनुकूल, कम श्रम में होता है। चन्दगढ़ तहसील (जि. कोल्हापुर) के बसर्गे गाँव के मेले की बेलगाँव के दैनिक *तरुण भारत* दि. 18.2.1989 में छपी खबर :

> मंगलवार दि. 21 फरवरी को चन्दगढ़ तहसील के बसर्गे गाँव की भावेश्वरी देवी का मेला लगनेवाला है। बसर्गे की देवस्थान कमेटी और गाँववालों ने इस साल बकरे, मुर्गे आदि की हत्याएँ बन्द करने का महत्त्वपूर्ण निर्णय

लिया है। हर साल बकरे काटने से इस गाँव के लोगों को मेले के लिए बड़ी आर्थिक हानि भुगतनी पड़ती थी। बकरे न काटने का निर्णय पिछले साल भी लिया था परन्तु उसे अपेक्षित प्रतिसाद नहीं मिला था। गाँववालों ने इस साल सौ प्रतिशत हत्या रोकने का निर्णय लिया है तथा पूरणपोली और खीर से मेहमानों का स्वागत करना तय हुआ है। इस परिवर्तन से गाँववालों के हजारों रुपए बचनेवाले हैं, ऐसी सूचना देवस्थान कमेटी के रामू मेघोजी पाटील ने दी है।

इसके साथ ही बसर्गे गाँव के ग्रामवासी और देवस्थान कमेटी के आह्वान का विज्ञापन *तरुण भारत* में दिया गया है :

बसर्गे मेला—जाहिर आह्वान

बसर्गे, तहसील : चन्दगढ़ में मंगलवार दि. 21 फरवरी, 1989 को श्री भावेश्वरी देवी का मेला लगनेवाला है। इस मेले में बकरे, मुर्गे आदि की हत्याएँ बन्द की गई हैं और 'मीठा' मेला किया जानेवाला है। देव-कार्य और आरती उसी दिन होगी इसे भक्तगण नोट करें।

आपके नम्र,
देवस्थान समिति और ग्रामवासी, बसर्गे

बकरों की बलि पर पिछले दो सालों से इस तरह प्रतिवाद जताया जा रहा था। आरेवाडी के बहाने हम उसे अधिक संगठित और प्रभावी कर पाए।

आरेवाडी (तहसील : कवठे-महंकाल, जि. सांगली) के बिरोबा का मेला चैत्र सप्तमी को शुरू होता है। महाराष्ट्र के लाखों गड़रिए अपने परिवार के साथ इस मेले में आते हैं। गड़रिए समाज का यह प्राचीन आराध्य दैवत है। पहले दिन बिरोबा को पूरणपोली का भोग चढ़ाया जाता है। दूसरे दिन परम्परानुसार बिरोबा का सेवक माने जानेवाले सूर्याबा के सामने बकरों की बलि दी जाती है। मन्नत पूरी करनेवाले लोगों की बकरे लेकर कतार लगती है। बलि की संख्या कितनी इसे नोट नहीं रखा जाता। पर यह आँकड़ा दस से बीस हजार तक बताया जाता है।

इस साल (1990) इस स्थान पर क्या कर सकते हैं? एतराज कैसे जताया जा सकता है? प्रतिसाद कैसा मिलेगा? इसके लिए सांगली में बैठक का आयोजन किया गया। सांगली की अन्धश्रद्धा निर्मूलन समिति और कृषि गो सेवा संघ मालेगाँव की उसमें अगुआई थी। मेला एक और दो अप्रैल को था। हाथ में कम समय था। इससे गाँव में सम्पर्क करने का काम कठिन था। इसलिए मेला स्थल ही मुख्य लक्ष्य बनाना तय हुआ। अण्णा जाधव विनोबा के शिष्य थे। देवनार के बूचड़खाने के आगे के ऐतिहासिक सत्याग्रह के लिए प्रथम जिन चार लोगों का चुनाव विनोबा जी

ने किया था, उनमें अण्णा जाधव थे। उन्हें सूचना दी कि हम इस साल नवजागरण सत्याग्रह करेंगे। आगे हर साल जोर बढ़ाते रहेंगे।

शासन काफी सतर्क था। पुलिस विभाग ने तत्काल माँग की, पहले सत्याग्रहियों की सूची दो। अण्णा ने कहा, "भारतभर घूमा, कई सत्याग्रह में हिस्सा लिया पर सत्याग्रहियों की पहले सूची माँगनेवाली सांगली की पुलिस ही मिली।"

महाराष्ट्र स्तर पर सत्याग्रह संगठित करने का विचार था। परन्तु समय की कमी से ठीक तरह से खत भी नहीं पहुँच पाए। उस कारण सांगली, सातारा, कोल्हापुर, नासिक, सोलापुर, इन पाँच जिलों से लगभग सौ लोग आ सके। रूढ़ियों से लड़ने का कठिन मार्ग, नवजागरण का सामर्थ्य या सीमा, शासन की भूमिका, भविष्य में किए जानेवाले आयोजन की दिशा जैसी अनेक बातें इस सत्याग्रह से अधिक स्पष्टता से सामने आ गईं।

सांगली शाखा के कार्याध्यक्ष डॉ. प्रदीप पाटील सत्याग्रह की तैयारी के लिए आरेवाडी होकर आए। सत्याग्रह का मंडप कहाँ लगाएँ, इसकी पुलिस अधिकारी के साथ चर्चा हो गई। उनकी दी हुई जगह काफी बाजू में थी। मन्दिर के अहाते की बात छोड़िए परन्तु भक्तों के साथ संवाद स्थापित कर सकें इतनी तो सुविधा का स्थान मंडप लगाने के लिए मिले, इसके लिए संघर्ष करना पड़ा। मंडप में एक दल नवजागरण जारी रखें, अन्य कुछ लोग लोगों के गुट में घुसकर उनसे बातें करें, समझाएँ, समझ ले ऐसा हमारा विचार था। परन्तु मंडप के बाहर जाने से मना किया गया। मंडप में ध्वनिक्षेपक लगाने की अनुमति नहीं मिल पाई। मेले की वीडियो शूटिंग हम अपने खर्चे से करनेवाले थे। अगले साल हर गाँव में प्रचार अभियान चलाते समय उसका लाभ हो जाता परन्तु वीडियो शूटिंग करने से मना किया गया। छाया-चित्र लेने की पाबन्दी थी परन्तु समाचार-पत्रों के छायाचित्रकारों के छाया-चित्र लेने पर भी पुलिस और मेला समिति के सदस्यों से सख्त पाबन्दी थी। उसके ऊपर से, कानून और सुव्यवस्था को बाधा आ जाने जैसा, कुछ भी हम न करें, ऐसा जिला पुलिस प्रमुख का निर्देश था ही।

हम सब एक तारीख को सुबह लगभग ग्यारह बजे सांगली में जमा हो गए। इस समय सारी परिस्थिति के बारे में चर्चा हो गई। 'उद्धवा, अजब तुम्हारी सरकार! पतिव्रता के गले में पत्थर, वेश्या को मणि हार!' जैसा मामला हो रहा है, यह सभी की राय बन गई। उसके लिए कुछ लोगों का जिलाधिकारी से मिलना तय हुआ। अण्णा जाधव तो तड़के के समय ही तैयारी के लिए आरेवाडी के लिए रवाना हुए थे।

हमारे लिए एक बात अनुकूल थी। मालेगाँव के कृषि गो सेवा संघ ने मेले की पशुहत्या के सम्बन्ध में रिट अर्जी मुम्बई न्यायालय के न्यायमूर्ति जहाँगीरदार के समक्ष दाखिल की थी। महाराष्ट्र शासन और सांगली, कोल्हापुर, उस्मानाबाद, औरंगाबाद के प्रशासन को प्रतिवादी किया था। उसका फैसला हो जाता तो हमारा

फायदा हो जाता। अर्थात, हमेशा की टालमटोल के कारण तारीखें पड़ती रहीं और तब तक आरेवाडी की तारीख की पौ फटी। फिर न्यायालय ने तात्कालिक उपाय के रूप में महाराष्ट्र के गृह विभाग को सत्याग्रहियों को उचित सहायता करने के लिए निर्देश दिए। जिलाधिकारी से मिलते समय वे निर्देश हमारे पास थे ही।

एक अप्रैल। रविवार। छुट्टी का दिन। इसलिए हम जिलाधिकारी शिवाजीराव शिंदे के घर गए। मैं, डॉ. प्रदीप पाटील, सतीश गुजराथी, मारूतराव पांगे, देशपांडे, हम पाँच लोग थे। उनके सामने माँगें प्रस्तुत कीं। मेले में लोगों के साथ संवाद स्थापित करने की अनुमति नहीं होगी तो कम-से-कम फेरी निकालने को तो इजाजत मिले। हम हाथ में बैनर और फलक लेकर शान्ति से मेले से जनजागरण जुलूस निकालेंगे। अगले साल के नवजागरण के लिए इस घटना का वीडियो चित्रण करने की अनुमति मिले। ध्वनिक्षेपक का प्रयोग कर सकें। हाल के कानून पर गौर करें तो नियोजित स्थान के अलावा अन्य स्थान पर बकरे काटने के लिए मना किया जाए।

जिलाधिकारी की राय थी कि हमने उनके पास आने में काफी देर कर दी और अब उन्हें ज्यादा कुछ करना सम्भव नहीं है। कई महीने से किया हुआ अपना पत्राचार उन्हें दिखाया। चुनाव की अन्धाधुन्धी में उसमें से कुछ भी साहब तक नहीं पहुँचा था। फिर उन्होंने हमारे सत्याग्रह के खिलाफ दलील पेश करना शुरू किया परन्तु 'यह मेरा नहीं पर लोगों का कहना आपको बता रहा हूँ' ऐसा बताना वे नहीं भूले। मुद्दे हमेशा के ही थे। उनका खंडन-मंडन उस स्थान पर करना व्यर्थ था। बाकी मुद्दों पर चर्चा आगे बढ़ नहीं पा रही थी। उन्होंने पुलिस प्रमुख को फोन किया और पूछा, क्या जुलूस निकालने की इजाजत दे सकते हैं? उधर से स्पष्ट इनकार मिला। गड़रिए समाज की छवि उग्र और उजड्ड। (उसकी जाँच करने की तकलीफ कोई नहीं लेता!) उसमें डी.एस.पी. साहब की सूचना ऐसी थी कि वे कुल्हाड़ी, लाठियाँ इन परम्परागत हथियारों से लैस होकर आएँगे। उस कारण वे बिलकुल खतरा उठाना नहीं चाहते थे। छह साल पहले हमने छह लाख लोगों के सौंदत्ती के मेले में देवदासी प्रथा के खिलाफ नारेबाजी की थी। पुलिस सुरक्षा मिली थी। शान्तिभंग नहीं हुआ। इस मिसाल का कुछ भी असर नहीं हुआ। यह बताना भी व्यर्थ गया कि कुछ साल पहले मालेगाँव की यात्रा में वीडियो चित्रीकरण के लिए पुलिस ने किस प्रकार सहयोग किया था। उन्होंने बताया कि यह प्रथा बन्द हो जाने की उनकी राय है लेकिन व्यवहारिक कार्यक्रम को वे सहयोग नहीं दे सकते। उन्होंने सुझाया, अगले साल दो-तीन महीने पहले जिन गाँवों से भक्त आते हैं, वहीं से शुरुआत करें।

हम दोपहर को आरेवाडी पहुँचे। बस स्टैंड के सामने मन्दिर की ओर जानेवाला रास्ता था। भक्त उतरने पर मन्दिर जाने के लिए वहाँ से गुजरते थे। वहीं कोने पर मंडप लगाया था। जिस स्थान पर मंडप डाला था वह स्थान पहले काफी अस्वच्छ

था। साफ करने को ना झाड़ू, ना फावड़ा। अण्णा जाधव सबसे पहले गए थे। उनके पीछे पुलिस का झंझट चालू था : उनके पीछे कौन सत्याग्रही हैं? कहाँ के हैं? कैसे हैं? क्या कार्यक्रम है? परन्तु जगह साफ करने को मदद करना दूर ही रहा साधन जुटाकर देने के नाम से भी असहयोग ही था! अण्णा सफाई के काम में पगे हुए थे इसलिए निभ गया।

प्रशस्त मंडप डाला गया। सत्याग्रह के बैनर लगाए गए, हर खम्भे पर नारों के फलक लगाए गए, ध्वनिक्षेपक शुरू किया। पुलिस का डेरा पड़ोस में ही था। उनसे बुलावा आया। तहसीलदार कवठे महंकाल का लिखित आदेश हाथ में पड़ा। मंडप के बाहर मेले में घूमना, वीडियो चित्रीकरण, फोटो खींचना आदि पर पाबन्दी थी। उसके साथ ही भक्तों पर भी नियोजित स्थान के अलावा अन्यत्र बकरे काटने, छीलने आदि पर पाबन्दी थी। हमारा लगाया हुआ ध्वनिक्षेपक पुलिस को पसन्द नहीं था। मंडप में उसके बगैर बात करें, वह भी धीमी आवाज में, ऐसी हिदायतें थीं। हमने साफ इनकार किया।

एक अप्रैल एस.एम. जोशी का पहला स्मृति दिन। वैसे तो आज संकल्प मेले के लिए पुणे में होना चाहिए था। परन्तु प्रत्यक्ष में व्यवहार महत्त्वपूर्ण है और तारीख बदलना तो असम्भव था इसलिए काफी लोग आरेवाडी आए थे। उस कारण अण्णा की स्मृति को आदरांजलि अर्पण कर शुरुआत की।

भजन और गीत गाए गए। उपक्रम का हेतु बताया। सत्याग्रहियों ने खड़े होकर अपने परिचय करा दिए। भाषण शुरू हो गए। पहले से ही मंडप में भीड़ जमा होने लगी। बड़ी संख्या में गड़रिया समाज मंडप के अन्दर-बाहर खड़ा था। वह उजड्ड नहीं पर समझदार लगा। झगड़ालू नहीं पर सुननेवाला लगा। कार्यक्रम को रंग चढ़ने लगा और मेले में आए कुछ लोग भी शामिल हो गए, बताने लगे। आरेगाँव के शेंडगे गुरुजी का अनुभव कथन जबर्दस्त रहा। बलि देने से लेकर अभुआने तक के प्रकारों पर उन्होंने जोरदार हमला किया। उसे दिल खोलकर दाद मिली। उतने में कुरूँदवाड की अन्धश्रद्धा निर्मूलन समिति की शाखा की जीप आ गई। उसमें प्रो. मेटकरी थे। वे खुद गड़रिया समाज के थे। बाड़ी-बस्ती में बचपन बीता था। सुख-दुख भोगा था। उन्होंने अपने भाषण में गड़रिया समाज के अन्य प्रश्न भी लगन से प्रस्तुत किए, सुननेवाले और बोलनेवाले और पास आ गए। भाषण बीच-बीच में रुकता था। फिर मंडप में या बाहर गुट-गुट में चर्चा शुरू हो जाती। सन्ताप या चिढ़ नहीं पर रूढ़ि कैसे छोड़े? यह विवशता होती है। उनमें से कुछ लोगों को तो विचार जँचता था पर इस साल देर हो जाने का एहसास हो रहा था। माण तहसील (जि. सातारा) के पिंपरी गाँव के हणमंत राजगे जैसे कुछ लोग मिले। उन्होंने कहा, "अगले साल मेले के पहले गाँव में आइए। गाँव से ही रूढ़ि रोकते हैं। छह आना तो सफलता मिलेगी।" दो तारीख को सुबह सूर्याबा को बलि चढ़ाने का

कार्यक्रम शुरू हो गया। मेला तब तक पेड़ों का अता-पता न होनेवाली बंजर भूमि पर लम्बा-चौड़ा फैला था। प्रातर्विधि के लिए मामूली ओट भी नहीं बनाई थी। उस कारण महिलाओं को काफी परेशानी हो रही थी। थोड़ा दूर जाकर खुले में ही सब करना पड़ता था। पानी का दुर्भिक्ष्य ही था। इन सब बुनियादी बातों की ओर ध्यान न देनेवाली सरकार बलि की श्रद्धा (!) को पूरी सुरक्षा देने में तत्पर थी। हम पर पहले दिन अलग-अलग पाबन्दी हुक्म बजाते समय उसमें ही मेले में मुकर्रर की गई जगह से हटकर बकरे काटने, छीलने, चमड़ा निकालने आदि पर भी पाबन्दी लगाई थी। उस पर कहीं भी अमल दिखाई नहीं दे रहा था। इस पर हम एतराज जताने गए। अधिकारी ने कहा, "रात को नया आदेश जारी हुआ है। आरेगाँव, केरेवाडी, ढालगाँव इन तीन गाँवों के साथ मन्दिर परिसर में धारा 144 (1) लगाई गई थी। उस आदेश में सार्वजनिक जगह पर पशु की हत्या करना और उसका प्रदर्शन करने पर पाबन्दी लगाई थी। सुबह अचानक उसमें से पशु की हत्या करना और प्रदर्शन करना इतना न निकालकर केवल धारा 144 (1) जारी करनेवाला आदेश निकाला गया है।" उसकी कॉपी माँगी तो कवठे-महंकाल की तहसील कचहरी से माँगने का मसालेदार जवाब मिला।

सूर्य ऊपर चढ़ने लगा तो मेला और सत्याग्रह दोनों जोरों पर आ गए। सांगली के परिवर्तन संगठन ने बेकारी और महँगाई के प्रश्नों पर प्रभावी नुक्कड़ प्रस्तुत किया। महँगाई पर गीत भी गाए। मंडप के सामने जमा हुए लोगों के सिर धीरे-धीरे डोलने लगे। कुछ लोगों का तो बिलकुल कोरस मिल गया। श्रमिक महिला संघ की लीलाताई जाधव का जोरदार भाषण हो गया। यशवंत सेना गड़रिया समाज का हाल ही में स्थापित हुआ लड़ाकू संगठन। उस संगठन के खटाव के कार्यकर्ता एस.एम. डोंबाले ने कहा, "इस एक मेले पर हम हर साल चार-पाँच करोड़ रुपयों को चकनाचूर करते हैं पर यहाँ भक्तों को छाँव के लिए मामूली शेड या पीने का पानी नहीं है, इस बारे में नहीं सोचते। कितने दिन मूर्खता से ऐसे पैसे उड़ाते रहेंगे?"

सुननेवाले कई लोगों को दुविधा हो गई थी। हमारा कहना गले उतर रहा था पर देवता का नियम कैसे तोड़ें? इसमें बीच का मार्ग था। देवता के नाम से भेड़, बकरी छोड़ देना पर उसे न मारते हुए अपनी ही पशु संवर्धन सोसाइटी में दाखिल करना। उसकी परवरिश करना। कर्जे के बदले समृद्धि का लाभ उठाना। सोसाइटी निकालने से शासन की मदद मिलने तक सब करने को हमारे कार्यकर्ता तैयार थे। महसूस हो गया कि गाँव-गाँव में घूमे तो इसे प्रतिसाद मिलेगा। पशु संवर्धन विभाग के मंत्री खुद इस समाज की कवठे-महंकाल तहसील से चुनाव जीत कर गए थे, उनकी मदद मिलने का मुद्दा भी लोगों को जँच रहा था।

मुझे सन्देश आया, "आपको प्रान्त साहब ने बुलाया है।" जाकर देखा तो *पानीपत* उपन्यास के लेखक विश्वास पाटील। सातारा से वे अच्छे परिचित थे।

वे इस उपविभाग का प्रान्त हैं, यह मैं भूल ही गया था। कुछ देर तक सत्याग्रह भूलकर साहित्यिक बातें हो गईं। फिर गाड़ी पटरी पर आ गई। उन्होंने वादा किया, "दाभोलकर जी, अगले साल भी मैं यहीं रहूँगा। आप पहले मेरे पास आइए। मैं देख लूँगा कि आपको क्या चाहिए, क्या नहीं। सहायता करूँगा।" मंडप से बाहर निकलने के लिए पाबन्दी थी लेकिन स्वयं प्रान्त साहब ही साथ में होने के कारण सवाल नहीं था। भीड़ से रास्ता बनाकर मन्दिर के बाजू में गए। मन्दिर के थोड़ा आगे बाएँ सूर्याबा के मन्दिर के सामने तीस फीट जगह थी। इस साल वहाँ पहली बार ही कपड़ा लगाकर ओट बनाई थी। बीस मुलानी बकरों की बलि दे रहे थे। बकरों के खून, मांस का कीचड़ बन गया था। डी.वाई.एस.पी. साहब ने हमें कितने बकरे मारे गए इसका गणित बताया, हर मिनट में एक आदमी से एक बकरा मारा जाता है। इस गति से मिनट को बीस यानी घंटे को औसतन बारह सौ ऐसा उनका हिसाब था। यह आँकड़ा साधारणत: दस-ग्यारह हजार पर गया। मृत बकरे बाहर लाए जाते थे। चमड़ी निकालकर साफ करने के लिए जिस पानी में डुबोया जा रहा था वह पानी और बाद में भक्त जिस पानी में वह साफ किया हुआ गोश्त पकाते थे वह पानी भी इतना अस्वच्छ था कि वह गोश्त खाकर पेचिश न हुई तो बिरोबा की कृपा ही कहनी होगी। मेले के बाद काफी बीमारियाँ होती हैं, ऐसा बतानेवाले भक्त भी मिले। (उस बीमारी से ठीक होने के लिए फिर अगले साल बलि की मन्नत!)

इस दरमियान पत्रकार भी दाखिल हो गए। फोटो खींचने की मनाही से उन्हें धक्का लगा। फिर भी उन्होंने फोटो खींचे यह बात अलग है। पत्रकारों के साथ बात करते समय आरेवाडी के सरपंच सूर्याबा कोलेकर ने कहा, "अन्धश्रद्धा निर्मूलन समिति के आह्वान का मेले पर असर नहीं हुआ है। हमेशा की तरह डेढ़ लाख से ज्यादा भक्त आए हैं। अन्धश्रद्धा निर्मूलन समिति के कहे मुताबिक पशुहत्या बन्द कर दें तो प्रचुर मात्रा में पैदा होनेवाले पशुओं की परवरिश कौन करेगा? हम बिरोबा को देव मानते हैं वैसे सभी लोग अपने-अपने देव मानते हैं, उसकी पूजा करते हैं, क्या यह अन्धविश्वास नहीं है? शासन के स्लाटर हाउस में काटे जानेवाले बकरों की हत्या नहीं होती और यहाँ देवता के सामने बकरे काटे तो उनकी हत्या हो जाती है। यह कहाँ की दलील है?" यह सब मुझे पत्रकारों से मालूम हुआ। उस कारण मुझे इतना बोध हो गया कि हमारा आन्दोलन अपनी भूमिका ठीक तरह से पहुँचाने में नाकाम रहा है।

कुल मेला कितना लगा किसे पता पर थोड़े-बहुत प्रचार से भी कुछ मात्रा में बलि की संख्या कम हुई होगी। क्योंकि रसोई के लिए ईंधन बेचनेवाले बता रहे थे कि उनकी खपत इस साल दस-पन्द्रह प्रतिशत कम हुई है। सच में तो काटने से पहले हर पशु को नोट किया जाए तो बलि की कुल संख्या मालूम हो जाएगी। हर साल क्या होता है, इसका भी पता चलेगा।

दो दिन के सत्याग्रह से अच्छा माहौल बना हुआ था। सत्याग्रहियों में महिलाएँ भी थीं। श्रोताओं में भी कुछ माँ-बहनें आकर विचार सुन रही थीं। किसी भी कार्यक्रम में स्त्रियों से मिलनेवाला प्रतिसाद उसकी सफलता की निशानी होती है। मेले जैसे स्थान पर और परम्परागत सोच से चलनेवाले गड़रिये समाज से भी थोड़ा ही सही पर प्रतिसाद मिल रहा है यह देखकर हमें उत्साह आ गया। उस कारण हमने आह्वान किया, जिन्हें खुद लगता है कि यह रूढ़ि छोड़ देनी चाहिए वे अपने नाम दें। मंशा थी कि दो-चार लोग तो सामने आएँ। प्रत्यक्ष में पच्चीस से ज्यादा लोग आ गए। उनके सरेआम साक्षात्कार लिए गए। आपको ऐसा क्यों लगता है, यह बताइए? सभी का सुर एक ही था : पुसाता नहीं; काफी भारी पड़ता है; कर्जा चुकता नहीं होता; उसकी अपेक्षा जैसे आप कहते हैं उस तरह छोड़ देना ही अच्छा है। परन्तु एक बहादुर बोला, "बकरा मारना यानी बढ़िया मौज-मजा। काफी खाएँ। ऊपर से चाहे जितना पिएँ। पर पैसा व्यर्थ ही जाता है। उसकी बजाय छोड़ने में क्या बुराई है।"

वैसे तो नवजागरण और सत्याग्रह यह दोनों मन्द गति से उद्देश्य की ओर ले जानेवाली बातें हैं। अन्धश्रद्धा निर्मूलन समिति और मालेगाँव कृषि गो सेवा संघ ये दो आन्दोलन करनेवाली मुख्य संस्थाएँ हैं। उन्होंने तय किया कि पाँच वर्ष लगन से और प्रभावी ढंग से यह उपक्रम चलाएँगे : गड़रिया समाज के महाराष्ट्र स्तर के मेले में यह विषय उठाना। जो खुद इसमें से बाहर आए उनका सम्मान करना। महाराष्ट्र में हर साल विभिन्न मेलों, यात्राओं में होनेवाली बलि की ठीक जानकारी प्राप्त करना। मेले से पहले गाँव-गाँव में प्रचार मुहिम चलाना। यह विषय निकले तो कई बार उलटे-सीधे प्रश्नों का सामना करना पड़ता है इसलिए पत्रिका निकालना, उसमें लोगों के मन के प्रश्न, विविध राज्यों के हाल ही के कानून, अदालत के फैसले, आज की स्थिति, आन्दोलन के भविष्य की रूपरेखा आदि की सूचना देना। बहुमुखी विद्रोह करना। इक्कीसवीं सदी में कदम रखनेवाले महाराष्ट्र के पीठ पर सवार लाखों बकरों की बलि का जुआ उतारने के लिए डटकर लड़ना।

दौड़ भैरवनाथ की, तलाश भूत की

लोग मरते हैं। कोई हादसे में मरता है, कोई खुदकुशी करता है, कोई दगाबाजी से मारा जाता है तो अचानक किसी का हृदय बन्द हो जाता है।

बहुत कम खुशनशीब स्वर्ग में जाते हैं। पापी बिलकुल ही नरक में दाखिल होते हैं। बचे हुए अधिकांश लोग चौरासी लाख योनि में भटकते रहते हैं। परन्तु वासना के कारण असन्तोषी आत्माएँ वैसे ही त्रिशंकु-जैसी लटकती रहती हैं।

फिर वे पेड़ पकड़ती हैं जिनके मारफत अपनी इच्छा पूरी करती हैं। मुंजा, डायन, खबीस, ब्रह्मराक्षस, कर्णपिशाच आदि उनके नाम हैं।

पनघट और मरघट, खाली कोठियाँ, टूटे बुर्ज आदि उनके निवास स्थान।

उनकी ओर भी घर की प्रॉब्लम हो जाने के कारण फिलहाल वे बरगद-पीपल पर भी रहती हैं।

पूर्णिमा, अमावस ये उनके राज्य के उत्सव के दिन।

मुर्गा, बकरा, भेड़, पीला चावल, नीबू यह उनका मनपसन्द खाद्य।

उनके सिर नहीं होता। उनकी आँखें सीने पर होती हैं। उनकी छाया नहीं पड़ती। उनका प्रतिबिम्ब नहीं दिखाई देता। उनके पाँव उलटे होते हैं।

भूत जो ठहरे। कभी दिखाई देते हैं; कभी नहीं दिखाई देते। कभी परेशान करते हैं, कभी खामोश रहते हैं। मन में आए तो बिना सबक सिखाए कभी नहीं छोड़ते।

हमारे देश में सभी की इतनी शिक्षा बचपन में हो जाती है और वही शिक्षा अन्त तक टिकी रहती है। अन्धश्रद्धा निर्मूलन समिति की धारणा है कि इसके विपरित भूतयोनि, गूढ़शक्ति, ये सब सुनी-सुनाई रामकहानियाँ हैं। "फोटो खींच सके ऐसा भूत हाजिर करो। गूढ़शक्ति का चमत्कार सिद्ध करो और दो लाख रुपयों की बख्शीश जीत लो।" ऐसी समिति की चुनौती है।

अनुत्तरित रहनेवाली यह चुनौती गोंदेमाल के गाँववालों ने स्वीकारी। उन्होंने कहा, "आपको प्रतीति ही देते हैं।"

गोंदेमाल यह सातारा जिले की जावली तहसील का एक छोटा-सा गाँव। जावली तहसील का मुख्य स्थान मेढा से सात किलोमीटर के फासले पर सातारा-महाबलेश्वर रास्ते पर सावली गाँव के उत्तर में और बाईं ओर घंटाभर पैदल जाने पर पहाड़

की गोद में गोंदेमाल मिलता है। बस्ती केवल तीन सौ-साढ़े तीन सौ की क्योंकि अधिकांश पुरुष मंडली मुम्बई में है। पूरा गाँव पार्टे उपनाम का। गाँव में पानी की नल योजना, बिजली, चौथी तक पाठशाला।

इस गाँव में 'भैरवनाथ की दौड़' नामक प्रथा परम्परा से चली आई है। गाँववाले बताते हैं, पुरखों ने गाँव बसाया। परन्तु हर घर में एकाध ही बच्चा पैदा होता था। आगे वंश रुकता था। गाँव इकट्ठा हो गया। ग्रामदैवत कालभैरवनाथ की मन्नत माँगी, "गाँव बसाया। इजाजत के बिना तेरे दरबार में आए, पर गुस्सा मत कर। हमारी वंशबेल बढ़ने दे। तुम्हारे एहसान में रहेंगे।" कालभैरवनाथ ने पुकार सुन ली। उसकी कृपा से वंश वृद्धि हो गई। हर घर में चार-पाँच बार पालना हिला। फिर गाँववालों ने अपना वादा निभाया।

मतलब क्या किया?

कालभैरवनाथ की दौड़ शुरू की।

हर तीन साल बाद चैत्र सुदी (शुक्ल पक्ष) प्रतिपदा के तीसरे दिन कालभैरवनाथ की दौड़ शुरू होती है। सूर्यास्त में पूरा गाँव खाली हो जाता। पुरुष, महिलाएँ, बच्चे, बीमार, जच्चा इन सभी के साथ गाँव की सरहद पार कर पड़ोस के म्हाते बुद्रुक गाँव में डेरा डाला जाता है। सौ से ज्यादा ढोर-डंगर भी साथ ले जाते हैं। घरों को ताला लगाने की जरूरत ही नहीं होती क्योंकि अगले दिनों में खुद कालभैरवनाथ गाँव की रक्षा करनेवाला होता है।

सूर्योदय के बाद मंडली गाँव में वापस आती है। परन्तु कोई भी काम किए बिना खाली बैठी रहती हैं। झाड़ू नहीं लगाना या बीड़ी नहीं जलाना, फिर रसोई का चूल्हा जलाना तो दूर ही रहा। म्हाते बुद्रुक में रुके हुए घरवालों से दोपहर का खाना आता है। वह खा लेना और फिर सूर्यास्त को वापस जाना।

सात दिन खत्म होने पर देवता का शगुन माँगना। वापस आने का शगुन मिल गया तो भूत की शान्ति करने के लिए बकरा, मुर्गा मारना। फिर वापस गाँव आना।

हमारे उत्साही कार्यकर्ता पांगे, एम.एस. गोंदेमाल जाकर यह सब जानकारी ले आए। साप्ताहिक बैठक में विस्तार से चर्चा हो गई। हमने आन्दोलन की एक पद्धति इरादतन पाल रखी है। सम्बन्धितों से मिलना, चर्चा करना, संवाद स्थापित करना, लोगों को बेवकूफ बनाने पर नहीं बल्कि उनके मन परिवर्तन पर जोर देना, हमारा मुद्दा उनके गले नहीं उतरा, परिवर्तन नकारा गया तो फिर संघर्ष करना; तीव्र परन्तु शान्तिपूर्ण और वैध मार्ग से। उस कारण पहले गोंदेमाल के गाँववालों के साथ बात करना तय हो गया। वैसा पत्र भी गाँव की पाठशाला के कांबले गुरुजी को लिखा।

बीस मार्च को हम सात-आठ लोग जीप से गोंदेमाल गए। नाला पार करके उस पार म्हाते बुद्रुक की ओर जानेवाला रास्ता वाहनों की अच्छी-खासी परीक्षा लेनेवाला था। सारा गाँव बैठक में जमा हो गया। बीच के कमरे में पुरुष थे। बाहर की ड्योढी

में पाठशाला के बच्चों की भीड़ थी। अन्दर के कमरे में महिलाएँ एक-दूसरे से सटकर बैठी थीं। 'भैरवनाथ की दौड़ अन्धविश्वास है, उसे छोड़ना चाहिए', यह हमने अलग-अलग तरीके से समझाने की कोशिश की परन्तु हमारी माँग खारिज की गई। उलटे, भूत की सब सुरस और चमत्कारी कहानियाँ बड़ी रुचि से सुनाई गईं। किसी को कैसी आकृति दिखाई दी, किसी को पुकार सुनाई दी, प्रत्यक्ष में उस ओर जाने पर भूत ने कैसे परेशान किया, अचानक पत्थर कैसे आ गए इसका ब्यौरा बताया गया। खेत से जानेवाली गाय का देखते-देखते बकरी में और बाद में बिल्ली में रूपान्तर हो जाने का किस्सा सुनाया गया। दौड़ के समय एक बार एक आदमी की भैंस काफी बीमार थी। इसलिए वह रात को भैंस के साथ रहा। रात को उसे कैसा अनुभव आया और सुबह उसकी भैंस दवादारू के बगैर झट से कूदकर एकदम कैसे उठी तथा म्हाते गाँव में जाकर कैसे रुकी, इसका भी वर्णन बताया गया।

दौड़ के समय गाँव में चोरी नामुमकिन है : एक तो गाँव की चीज बाहर नहीं ले जा सकते और किसी ने वैसी कोशिश की तो छड़ी का साँप होकर उसके पीछे पड़ता है, यह जानकारी हासिल की गई। 'दौड़ के समय बच्चों की वार्षिक परीक्षा घोषित हो जाती है। कम-से-कम उनके बारे में तो सोचिए', यह विनती भी नहीं मानी। उलटे हमें ही सुनाया गया, "आप उस समय गाँव में रहकर देखो। आपको कुछ-न-कुछ अनुभव जरूर आएगा। ढोल-लेजिम की आवाज आएगी, भयानक आकृतियाँ दिखाई देंगी, भूतों की मशाल दिखाई देगी या कुछ तो अघटित हो जाएगा।" इसके साथ-साथ साफ शर्त भी रखी गई , "सीधे पाठशाला में रहना। हमारे घर में आपको नहीं रख सकते। हमसे सहयोग नहीं मिलेगा। यदि आपकी मदद की तो यूँ ही हम पर कोप हो जाएगा। ज्यादा-से-ज्यादा आपको पाठशाला के पास के घर से बिजली देंगे।"

तब तक पुजारी बैठक में आ गए थे। उन्होंने जानकारी मुहैया कराई थी भैरवनाथ कितना जाग्रत है, उससे शगुन कैसे पूछा जाता है। बोरमाला की हकीकत बताई। सोने का गहना गायब हो गया था। छानबीन की गई। पुलिस जाँच भी हो गई, कोई फायदा नहीं हुआ। फिर उस औरत ने भैरवनाथ से शगुन पूछा, "गहना खो गया है या चोरी हुआ है?" जवाब आया, "चोरी हुआ है।" सिर्फ इतना ही काफी था। भैरवनाथ का आतंक ही ऐसा था कि चोर बोरमाला लेकर नाक रगड़ते हुए हाजिर हो गया। बताया कि किसी ने टोना-टोटका किया या किसी ने ईश्वर की पीड़ा पीछे लगाई, इसका शगुन पूछते ही कैसे सही जानकारी मालूम हो जाती है।

चर्चा में काफी रंग आया। सवाल-जवाब हो गए। गाँव के युवा सरपंच सम्पत पार्टे ने उस प्रभाव के तहत कहा, "मैं आपके साथ गाँव में रहने के लिए तैयार हूँ।" गाँव ने डाँटा, "ज्यादा होशियारी मत दिखा। तुम्हारी यह गुस्ताखी सभी को आफत में डालेगी। कुछ अनहोनी हो जाए तो उसका जिम्मेदार कौन?"

कीर्तन महाविद्यालय में सालभर अध्ययन किए हुए एक युवा कीर्तनकार ने तो हमारा ही प्रतिपरीक्षण लिया।

ईश्वर मानते हो या नहीं?

भूत होते हैं या नहीं?

सन्त वाङ्मय में भूत का जिक्र है। सन्त क्या झूठ बोलते हैं? हमारी *ज्ञानेश्वरी* ग्रन्थ में सब मिलता है। आपका ग्रन्थ कौन-सा?

उन्हें सन्तुष्ट करना मुश्किल ही था। फिर हमने उन्हें फुरसत से सातारा बुलाया।

हम वापस सातारा आ गए।

चुनौती को स्वीकार करना तय हुआ। गाँव की बैठक से यह विचार और दृढ़ हो गया। सूर्यास्त को गाँववालों के गाँव छोड़ते समय मुकाम के लिए गाँव में घुसना, गाँव में रात बिताना, सूर्योदय के बाद वापस आना, गाँववालों के फिर से गाँव लौटने तक यह अभिनव सत्याग्रह करना तय हुआ।

हमारे कार्यकर्ता सीमित थे। उनमें अधिकांश छात्र थे और परीक्षा के दिन थे। इस समस्या के समाधान के लिए हमने तय किया कि हर रोज कम-से-कम पाँच लोगों की एक टुकड़ी होगी। लोगों को भी शामिल कराने के लिए गाँव में फलक लगाया, 'भूत की तलाश मुहिम। नाम दर्ज करें।' अखबारों में भी खबरें आईं। गोंदेमाल विभाग की चर्चा भी कानों पर आ रही थी, "आओ तो सही। झटका लगने पर पता चलेगा। छह-सात लोग तो मरेंगे।"

लोगों में उत्साह और कौतूहल इतना जबर्दस्त था कि नाम दर्ज करने की गति देखकर हम चकरा गए। सातारा जिले की सब तहसील और पुणे, सोलापुर, सांगली, रायगढ़, कोल्हापुर जिलों से पत्र और फोन से नाम दर्ज कराने का सिलसिला शुरू हुआ। हमारे कार्यकर्ताओं को छोड़कर हर दिन की टुकड़ी में पच्चीस तक संख्या ले जानी पड़ी। (और उन सात दिनों में कई लोग सीधे वहीं प्रत्यक्ष आकर गए। यह बात अलग ही है)।

अनुशासन का बन्धन पहले से लगाया था। सम्मति पत्र भर देना और नियम का पालन अत्यावश्यक था। घरवालों को विचार देना, खुद का खर्चा खुद करना, अपना टिफिन लेकर आना, सिगरेट पीने को मना, गुट के मुखिया के आदेशों का पालन इन सभी का नियमों में समावेश था। विशिष्ट आदत हो तो पहले ही बताने को सूचित किया। (वरना सपने में बड़बड़ाने की आदत होगी और लोग कहेंगे, भूतबाधा हो गई।) नाम दर्ज करानेवाले सभी ने नियमों का स्वीकार किया और पालन भी।

गोंदेमाल में जिला परिषद की पाठशाला की इमारत में रहना था। अत: शिक्षाधिकारी की अधिकृत अनुमति लेना ठीक होगा इसलिए उनसे मिला। उन्होंने खुशी से अनुमति दी और बताया, "बेशक रहो, इजाजत की जरूरत नहीं है।" परन्तु हमारे आग्रह के कारण लिखित अनुमति दी।

सेवा में,
प्रधानाध्यापक,
प्राथमिक पाठशाला, गोंदेमाल
तहसील : जावली, जि. सातारा।

मौजे गोंदेमाल, तहसील : जावली इस गाँव में दिनांक 8.4.1989 से दि. 14.4.1989 तक ग्रामवासी गाँव छोड़कर स्थानान्तर करनेवाले हैं। वैसा न करने पर कोप हो जाएगा ऐसा उनका विश्वास है। इस विश्वास को अन्धश्रद्धा निर्मूलन समिति, सातारा ने चुनौती दी है और उस काल में गोंदेमाल गाँव में रहने, मुकाम करने के लिए समिति तैयार है।
तब इस समिति के कार्यकर्ताओं को दि. 8.4.89 से 14.4.89 तक रहने के लिए प्राथमिक पाठशाला का कमरा दिया जाए।

शिक्षा अधिकारी, जिला परिषद, सातारा

आगे तनाव निर्मित होने पर यह लिखित अनुमति हमारे लिए उपयुक्त सिद्ध हो गई।

एक और सन्देह हमारे मन में था। भूत हमें कुछ नहीं करेगा यह सच था क्योंकि वह होता ही नहीं। परन्तु मुहिम न जँचने पर भैरवनाथ के भक्तों के मन में बदमाशी आ जाए तो वे हमें निश्चित ही मुसीबत में डाल सकते हैं। गोफन से दो-चार पत्थर फेंककर मारे तो भी भूत का चमत्कार दिखाई देने का बोलबाला हो सकता था। तब ऐसा न होना ही बेहतर, और हो गया तो उसकी खोज और समाचार तुरन्त लेना होगा। कानून हाथ में लेना आन्दोलन की नीति में नहीं बैठता। यानी पुलिस उपस्थित होना उचित और सुविधाजनक। इसलिए हमने जिलाधिकारी, सातारा को खत लिखा।

सेवा में,
मा. जिलाधिकारी साहब,
सातारा, जि. सातारा,
सप्रेम नमस्कार।

विषय : अन्धविश्वास विरोधी उपक्रम में पुलिस की उपस्थिति हेतु...

महोदय,

जावली तहसील के गोंदेमाल बुद्रुक गाँव में 'कालभैरवनाथ की दौड़' की प्रथा के अनुसार सभी गाँववालों के गाँव छोड़कर जाने का एक अन्धविश्वास प्रचलित है। हर तीन साल बाद एक बार यह गाँववाले चैत्र सुदी प्रतिपदा के तीसरे दिन सूर्यास्त के बाद गाँव छोड़ते हैं। इस साल 8.4.1989 से 14.4.1989 इन सात दिनों में वे गाँव छोड़कर म्हाते

बुद्रुक के नवलाई देवी के मन्दिर में मुकाम के लिए जानेवाले हैं। कि वैसा न करें तो भूत का कोप हो जाएगा, वंश वृद्धि रुक जाएगी, कुछ विपरीत घटित होगा। गाँववालों का कहना है कि इस काल में गाँव में रहना असम्भव है।

हमारी समिति ने इस गाँव में जाकर सब गाँववालों की बैठक लेकर उन्हें इस अन्धविश्वास से दूर करने की कोशिश की परन्तु उन्होंने कहा, "आप गाँव में रहकर अनुभव ले लो और हमें बताओ।" इसलिए हम उस गाँव में सात दिन हर रोज रात को मुकाम करनेवाले हैं। उसमें महिलाओं का भी समावेश है। ये कार्यकर्ता दिन में वापस आनेवाले हैं।

हमें मालूम है कि किसी तरह की अमानवी शक्ति अस्तित्व में ही नहीं है। उस कारण उसका हमें डर नहीं है। परन्तु बता नहीं सकते कि इस उपक्रम में हेतुत: कुछ घटित होगा या घटित किया नहीं जाएगा। इस दृष्टि से, साथ ही हमारे कार्यकर्ताओं की सुरक्षा के उपाय के रूप में पुलिस की सहायता मिलना अत्यन्त जरूरी है। अत: आपसे प्रार्थना है कि इन सात दिनों में रात में चार पुलिस हमारे साथ मुकाम के लिए रखने का प्रबन्ध करें।

भवदीय,

अन्धश्रद्धा निर्मूलन समिति, सातारा

सातारा जिला पुलिस प्रमुख और जिला शल्य चिकित्सक से भी मुलाकात हुई। अपवादात्मक परिस्थिति में मेढा पुलिस थाना, मेढा प्राथमिक स्वास्थ्य केन्द्र से मदद प्राप्त करने हेतु हमने उनसे भी सम्पर्क किया और उन्होंने भी खुशी से हामी भर दी। उपक्रम का स्वागत किया और कहा, एकाध दिन चक्कर लगाएँगे।

परन्तु गोंदेमाल की मंडली का मानस बदल रहा था। छह तारीख को सुबह हम गोंदेमाल गए तो उन्होंने बताया, 'घर से बिजली का कनेक्शन नहीं दे सकते। आपकी ऐसी मदद की तो वह देवता को पसन्द नहीं आएगी। आपकी सुविधा आप देखें। हमारा-आपका सम्बन्ध नहीं है। पाठशाला की चाबी कांबले गुरुजी के पास होगी। वे सावली में रहते हैं। उनसे वह चाबी ले लो। हमारे गाँव की सीमा पार करने के बाद ही आप गाँव में कदम रखें। हमारा-आपका सम्बन्ध ही नहीं रहना चाहिए।'

रातभर पेट्रोमैक्स या लालटेन जलाते हुए रखना कई तरह से असुविधाजनक था। मतलब एक ही उपाय बचा, पाठशाला के पास के महाराष्ट्र विद्युत मंडल के खम्बे से अस्थायी कनेक्शन लेना। दो दिनों में यह होना कठिन था परन्तु कोई उपाय न था। जिला कार्यकारी अभियन्ता श्री राव से मिले। उन्होंने मेढा सब स्टेशन के भुंजे को फोन किया। फिर दोपहर को मेढा पहुँचे। उन्होंने जूनियर इंजीनियर

मेटे पर काम सौंप दिया। मेटे अपवादात्मक अधिकारी थे। उन्होंने शौक से जावली घाटी में नौकरी माँग ली थी। पहाड़-खाई पैदल घूमनेवाले। इसके साथ ही उन्हें आन्दोलन से प्यार भी था ही। उन्हें लेकर तुरन्त गोंदेमाल के लिए निकल पड़े। जाते समय आप्पा वायरमैन को बुलाया परन्तु उसे डर था कि यह काम करने पर कहीं भैरवनाथ का कोप तो नहीं होगा? फिर दूसरा वायरमैन देखा गया। गोंदेमाल जाकर नापतौल की। अब फिर सुबह मीटर, वायर सब लाकर पहुँचाना होगा पर मेटे जी ने प्रश्न हल किया। सरकारी स्टॉक का ही सामान प्रयोग में लाने का विधिवत आदेश दिया। फिर मेढा आ गए। कल शाम को हम मुकाम के लिए आनेवाले हैं इसलिए कल सुबह ही कनेक्शन लेना जरूरी था। परन्तु उससे पहले आज उसकी अमानत रकम भरनी होगी। पाँच बज गए थे। आज का कैश तो कब का बन्द हो चुका था। कल ग्यारह बजे के बाद काम शुरू करना यानी फिर से देर होगी। इस पर उन्होंने ही उपाय निकाला, "आप ऐसा कीजिए, पाँच सौ रुपए मुझे दीजिए। मैं सब देख लूँगा।" मेरे पास उतने पैसे भी नहीं थे। जितने थे उतने उन्हें दिए। "अब बचे हुए कल दे दूँगा," ऐसा बताकर अलविदा किया। जाते समय मेटे ने जताया, "पहाड़ी इलाका है। बिजली चली जाती है। कभी भी आदमी को बुलाओ। उसका बन्दोबस्त करके रखता हूँ। मैं कल मीटिंग के लिए कोल्हापुर जानेवाला हूँ पर मीटिंग खत्म होते ही जल्दी आऊँगा। रात के बारह बजे तक गोंदेमाल में हूँ ही, यह पक्का है।"

ऐसे अधिकारी मिल जाएँ तो मानो आन्दोलन को कार्यकर्ता मिलने की खुशी होती है।

मेटे के कोल्हापुर जाने के लिए मेढा छोड़ने से पहले उनसे प्यार करनेवाले कुसुम्बी, भालदारवाडी के उनके चहेते हाजिर हो गए। बार-बार विनती करने लगे, "साहब, परीक्षा मत लो। भैरवनाथ का कोप भयानक है। बिजली दी तो शाप लगेगा, निर्वंश हो जाओगे।" मेटे सिर्फ मुस्कराए और निकले। वायरमैन को भी सलाह दी गई, "क्यों व्यर्थ तकलीफ उठाते हो। बल्ब लगाओगे पर वे थोड़े ही जलनेवाले हैं।"

प्रत्यक्ष कनेक्शन जोड़ते समय भी सुनने को मिला ही। गाँव के पिछवाड़े के खेत में एक आदमी कैसे दिखाई दिया, वह बूढ़ा कैसे बन गया और वह बूढ़ा गायब कैसे हुआ, इसकी हकीकत बताई गई। एक किस्सा भी बताया गया कि इस साल के ज्ञानेश्वरी पारायण में पूरी दियासलाई खत्म हो गई पर एक भी तीली नहीं जली। और फिर भी अपने-आप चावल कैसे पक गया। "उस डाक्टर को कुछ काम नहीं है। पेशेंट जाँचना छोड़कर ये धंधे करता है। यह तो हमारे दिमाग को बेकार की परेशानी!" जैसी आलोचना भी की गई।

खास तौर पर सत्याग्रहियों को अलविदा कहने का समारोह आयोजित किया था। उस समारोह में जिलाधिकारी आए थे। दूसरे दिन पाडवा त्योहार था। यानी अलविदा कहने का अमावस का दिन आ गया। अन्धश्रद्धा निर्मूलन समिति की मुहिम को

अलविदा कहने के लिए यह दिन उचित ही है, बताकर जिलाधिकारी कुलकर्णी साहब ने तहेदिल से शुभकामनाएँ दीं। कहा, भविष्य में यह मुहिम कोंकण में ले जाइए।

सातारा से गोंदेमाल के लिए 8 अप्रैल को दोपहर के चार बजे प्रस्थान किया। रास्ते में मेढा में बुद्ध विकास मंडल, कांग्रेस, सेवादल आदि ने हमारा सम्मान कर विदा किया। गोंदेमाल की सीमा पर पहुँचने तक तकरीबन सात बज गए। पूरा गाँव बाहर निकलने तक गाँव में कदम न रखने का गाँववालों का सख्त आदेश था। इसकी जानकारी न होने से दूरदर्शन के प्रतिनिधि आनन्द परांजपे जी ने गाड़ी सीधी गाँव में पहुँचाई। उसके साथ उनका प्रतिपरीक्षण हो गया। वे दूरदर्शन से हैं यह मालूम हो जाने पर 'आप क्यों इस झमेले में पड़ रहे हैं?' ऐसी सलाह भी दी गई।

गोंदेमाल की सीमा पर नाले के उस पार हम तीस-पैंतीस लोग, चार महिलाएँ, दो लड़के आदि खड़े थे। हमारी आँखों के सामने गाँव खाली हो गया। बच्चे, जवान, बूढ़े, इनके साथ सात दिनों का रसोई का सामान-असबाब लेकर महिलाएँ बाहर निकलीं। जचगी होकर पाँच-बारह दिन होनेवाली दो महिलाएँ भी उनमें थीं। गाँववालों ने जाते समय सीमा पर फलक लिख रखा था, 'सिर्फ अन्धश्रद्धा निर्मूलन समिति के सदस्य ही प्रवेश करें, औरों का प्रवेश नहीं होगा। अपनी जिम्मेदारी पर अन्दर जाएँ, इस पर गौर करें।'

हमने पाठशाला की इमारत में सामान रखा। बाहर के मैदान में बैठक लगाई। समय काफी था। पूरी रात जागनी थी। उस कारण आराम से गपशप, परिचय शुरू किया। सभी तरह के सत्याग्रही मौजूद थे। गाँव के बाहर रखा हुआ भूत के चढ़ावे का मुर्गा और चावल डटकर खानेवाले लोग थे तो भूतों का नाच और बैताल की पालकी देखने को मिलने के थ्रिल को अनुभव करने के लिए भी कुछ लोग आए थे। दलवी म्हाते गाँव के प्रधानाध्यापक थे। हमारे सत्याग्रह में इलाके के युवक भी शामिल हों इसलिए उन्होंने कोशिश की। कोशिश करके भी पंचक्रोशी के पाँच-छह हजार युवाओं में से सिर्फ पाँच-छह ही आने का उन्होंने खेद जताया। दस बजे टिफिन खोले। पहली टुकड़ी पच्चीस पर सीमित रखने की हमारी कोशिश थी। फिर भी आते समय ही संख्या पैंतीस से आगे बढ़ चुकी थी और सीधे आकर दाखिल होनेवालों की संख्या से वह आँकड़ा बढ़ता ही जा रहा था। साइकिल, मोटरसाइकिल, जीप, टेम्पो, स्कूटर से दूर-दूर से लोग आ रहे थे। बारह बजे संख्या सौ तक पहुँच गई और नोटबुक पर उस दिन का आखिरी आँकड़ा 142 हो गया।

पाठशाला के अहाते में भी इतने लोगों का आराम से बैठना सम्भव नहीं था। परिणामस्वरूप गाँव में चक्कर लगाना शुरू हो गया। गाँव की रक्षा भैरवनाथ कर रहा था फिर भी लोगों ने ताले लगाए ही थे। पूरा गाँव खाली था। भूत या किसी भी अनहोनी का अता-पता नहीं था। हमें बाद में पता चला कि आसपास के गाँव की मंडली भी जिज्ञासावश उस रात जागती ही रही थी। रात के बारह बजने के बाद कुछ

तो घटित होने की आसपास के इलाके के काफी लोगों की अटकल थी। मुकाम के लिए म्हाते बुद्रुक को जानेवालों को तो पक्का यकीन ही था।

आधी रात के बाद युवकों का एक दल घूमते-घूमते गोंदेमाल से म्हाते बुद्रुक गया। गाँववाले तुरन्त उनके इर्द-गिर्द जमा हो गए। उन्हें यकीन था कि कोप का अनुभव लेकर ही मंडली वापस आई होगी। कोई अनुभव नहीं, बिलकुल कालभैरवनाथ के मन्दिर के पास भी नहीं, यह उन्हें सच नहीं लग रहा था। गपशप चालू थी। तभी धोंडीबा भाऊ पार्टे नामक बुजुर्ग गृहस्थ ने गोंदेमाल के पहाड़ की ओर सभी का ध्यान आकर्षित किया। एक ज्योत दिखाई दे रही थी। पार्टे ने कहा, "देखो, भूतों का पलीता जला है, अब देखते-देखते एक के दो, दो के चार हो जाएँगे।" पहाड़ पर कुछ तो जल रहा था और वह साफ दिखाई दे रहा था। वहाँ जाकर जाँच करने की आवश्यकता थी। अनजान पहाड़। रास्ता भी मालूम नहीं। रात का समय। ऊपर चढ़ते समय किसी का पैर फिसल जाए तो भूत की फटकार मिलना ही समझा जाएगा। मान लीजिए पहाड़ में भट्ठी लगाई गई हो तो उनके गुंडे पत्थर मारेंगे और भूत का प्रसाद मिलने का बोलबाला हो जाएगा। क्या पता, इरादतन कुछ बनाव होगा तो और भी कुछ हो सकता है। लेकिन पहाड़ में भट्ठी का सन्देह बन्दोबस्त के लिए आए पुलिस सिपाही ने तत्परता से मिटाया। जानकारी दी की कि यह भट्ठी नहीं है, वह सामनेवाले पहाड़ में लगाई जाती है।

पहाड़ पर जाएँ या नहीं? इसका निर्णय लेते समय मैं उलझन में पड़ गया। भूतों का पलीता पहाड़ में घूमा इससे हमारा क्या वास्ता? हमें सबक सिखाने के लिए भूत गोंदेमाल गाँव में आ जाए तो हमारी लड़ाई तय है। व्यर्थ ही भूत का पीछा करके जानबूझकर बनाए गए जाल में फँसना नहीं चाहिए, ऐसा मेरा विचार था पर मेढा से आए और उस इलाके के पहाड़ से परिचित जवान सत्याग्रहियों को मेरा विचार ज्यादा रास नहीं आया। फिर मैंने भी ज्यादा विरोध नहीं किया।

युवकों ने गाँववालों से पूछा, "कोई आएगा हमारे साथ?" सम्पत पार्टे और विश्वास कांबले तैयार हो गए। परन्तु गाँववालों ने उन्हें धमकाकर चुप कराया। उत्साह के जोश में कालभैरवनाथ का कोप मोल लेना ठीक नहीं था। परन्तु म्हाते बुद्रुक के केलघर के कुछ युवक तैयार हो गए। अन्धश्रद्धा निर्मूलन समिति के कार्यकर्ता भी उनके साथ निकल पड़े। पलीते के पास जाकर वहाँ से हमें बैटरी की रोशनी दिखाना तय हुआ।

दो घंटे पहाड़ चढ़कर मंडली जल रही हिलती चित्ती के पास पहुँची। देखा तो एक सूखा हुआ पेड़ गर्मी के मौसम के कारण घर्षण से जल रहा था। उसकी छोटी-बड़ी जलती टहनियाँ बीच-बीच में नीचे गिरती थीं जिसके कारण आजूबाजू की, इधर-उधर की घास जल रही थी। यही कारण था कि पलीता हिलने, भूत का पलीता नाचने का भ्रम हो रहा था। तय किए मुताबिक बैटरी का इशारा किया गया।

भोर तक मंडली पाठशाला में दाखिल हो गई। पौ फटने पर कार्यकर्ताओं ने गाँव छोड़ा। म्हाते गाँव में धोंडीबा पार्टे के पूछने से पहले ही युवकों ने बताया, "दादा जी, पलीता नहीं जल रहा था। जल रहा था, सूखा पेड़।" किन्तु दादा जी मानने को तैयार नहीं थे। बैटरी की रोशनी देखने की बात वे कबूल कर रहे थे पर भूत नहीं होना उनके मन को जँच नहीं रहा था। परन्तु सम्पत पार्टे और विश्वास कांबले को यह पूरी तरह से जँच गया था। अब उन दोनों ने बूढ़ी मंडली के सो जाने पर गाँव आने की तैयारी दिखाई।

सातारा शहर में भी काफी जिज्ञासा थी। 'भूत दिखाई दिया? क्या कुछ मिला?' गाँव में घूमते समय लोग अकसर ऐसे सवाल पूछते थे। और दो दिन ऐसे ही मजे में गए। कुछ घटित नहीं हुआ। तीसरे दिन गोंदेमाल की ओर आते समय पांगे की गाँववालों के साथ मुलाकात हुई। गोंदेमाल वाले स्वस्थ थे। उन्होंने पांगे को लगभग चुनौती ही दी, "अगर हिम्मत है तो गाँव के मन्दिर की घंटी गाँव से बाहर लाकर दिखाओ। घंटी निकालने जाओगे तो हाथ ही चिपकेंगे। वह इतनी भारी बन जाएगी कि उसे मन्दिर से बाहर लाना असम्भव हो जाएगा।" घंटी सार्वजनिक सम्पत्ति। फिर वह देवस्थान से सम्बद्ध। उस कारण पुलिस की साक्षी में पांगे ने उसे निकाला। बजाते हुए म्हाते बुद्रुक में ले जाकर दिखाई। फिर लाकर मन्दिर में लगा दी।

फिर "चूल्हा जलाकर दिखाओ" की चुनौती आगे आई । केलघर के सरपंच बालासाहब पार्टे ने पहल की। ईंटों का चूल्हा बनाया और आग जलाई। गोंदेमाल के महिला वर्ग को यकीन था, 'आग नहीं जलेगी और गलती से जल भी गई तो उस पर पानी गर्म नहीं होगा'। इसलिए पतीली भर पानी गर्म कर दिखाया। गाँववालों की समझ में नहीं आ रहा था कि क्या हो रहा है। उन्हें पक्का यकीन था कि दौड़ के दरमियान रात को वहाँ खाना खानेवाले को कै शुरू हो जाएगी लेकिन हमारी पंगत ढंग से जारी थी। हमारा कार्यकर्ता नाना पवार गाँव में रह रहा था। दिन में वापस आए हुए लोग उससे मिलते थे। उन्होंने हमारी सफलता का राज ढूँढ़ निकाला। उन्होंने कहा, "आपने गाँव के बाहर अभिमंत्रित भभूत फेंकी है। इसलिए आपको कुछ नहीं हो रहा है।" भूत के हमें दर्शन नहीं देने की भी वजह उन्होंने ढूँढ़ निकाली : हम भूत की पोथी साथ में रखते हैं और रातभर उसका पाठ करते हैं, फिर भूत हमें सताएगा कैसे? इससे भी गम्भीर आरोप लगाया कि हमने उनके देवता को ही बन्द किया है वरना घंटी को हाथ लगाया तो वह चिपकनी चाहिए थी। सिर्फ बातों पर ही मामला नहीं रुका तो क्या भभूत, पानी आदि चीजें मिलती हैं, यह देखने के लिए नाना पवार के थैले की जाँच हो गई और कुछ नहीं मिला इसलिए उसे फटकारें भी खानी पड़ी। वह परेशानी और तनाव बढ़ जाने की पूर्वसूचना ही थी। मन्दिर की घंटी मन्दिर के बाहर ले गए; क्या यह हमारे देवता का अवमान नहीं है? ऐसे भी बहाने तलाशने की कोशिश कुछ लोगों ने की।

पुलिस बन्दोबस्त बढ़ाया गया। सरकारी अधिकारियों के रात में चक्कर शुरू हो गए। हिदायतें-सलाह हो गई।

अब कालभैरवनाथ की दौड़ के दो दिन बाकी थे। बदलते माहौल में सावधानी बरतना जरूरी था। गाँव में आनेवाले मिट्टी के कच्चे रास्ते पर एकाध वाहन फिसल जाता, किसी को बिच्छू काट लेता, रात के मुकाम में एकाध को कै हो जाती या बुखार आ जाता, अँधेरे में कोई लडखड़ाता तो वह भैरवनाथ के कोप की प्रतीति सिद्ध हो जाती। हमने सत्याग्रहियों में और अनुशासन किया। शाम के सात बजे बाद प्रवेश बन्द किया। कहीं-कहीं से रात में कभी भी लोग आ रहे थे। अजनबी, अधिक उत्साही सत्याग्रही लेने में खतरा था। उस कारण बुराई स्वीकार कर उन्हें वापस भेज दिया। रात में पाठशाला की इमारत और अहाते के बाहर न जाना तय हुआ। पूरी रात जागना कठिन था इसलिए रात के दस से पाँच बजे तक दो-दो घंटे भूत की प्रतीक्षा में क्रमश: जागनेवाले दल बनाए गए। सातवें दिन का दल महिलाओं का था। बड़ी संख्या में युवतियाँ थीं। वह दल तो उत्साह से पूरी रात जागता रहा।

सात दिन खत्म हुए। वह दिन शुक्रवार का था। सात दिन खत्म हो जाने के बाद कालभैरवनाथ से शगुन पूछकर तथा वह मिलने पर दूसरे दिन भूत को बकरा और मुर्गा देकर गाँववाले वापस आते थे, यह रिवाज था। परन्तु शनिवार और सोमवार को बलि नहीं दी जाती और रविवार को एकादशी आई थी। इसलिए भूत की शान्ति का कार्यक्रम चार दिन पश्चात होना सम्भव था और चार दिन मुकाम बढ़ाने की हमारी भी पूरी तरह तैयारी थी।

परन्तु अब गाँववाले नाराज थे। कुछ बौखला गए। उन्होंने भूमिका ली कि हमारे गाँव से बाहर गए बगैर भैरवनाथ से शगुन नहीं पूछा जाएगा और शगुन पूछा गया तो देवता को पसन्द नहीं आएगा।

कुछ लोगों ने शिकायत भरे स्वर में कहा, "आप हमारे देवता का मजाक उड़ाते हो?" आपको पाठशाला की इजाजत सिर्फ सात दिन की ही है, ऐसा कानूनी इशारा भी दिया गया।

सच में तो इन सभी सवालों के जवाब थे पर वह देना और तनाव बढ़ाना कितना उचित होता? आन्दोलन शुरू करने जितना ही उसका उचित समय पर उचित तरह से समापन करना जरूरी भी होता है। सात दिन पूरे हो चुके थे। 14 अप्रैल की पौ फटी थी। बाबासाहब आंबेडकर का जन्मदिन। उस कारण हमने भूत की तलाश की सात दिन की मुहिम रोकने का निर्णय लिया। हमने पाठशाला में गोंदेमाल वालों के प्रति कृतज्ञता ज्ञापित करनेवाला और भूत होता ही नहीं, यह सत्य बतानेवाला फलक लिखा और गाँव छोड़ दिया। परन्तु अगले चार दिनों के लिए नाम दर्ज करानेवालों को निराशा हो गई।

गोंदेमाल की 'भैरवनाथ की दौड़' प्रथा कहाँ खत्म हुई? इसका उत्तर सकारात्मक नहीं है फिर भी जो हुआ वह काफी मूल्यवान है। पहाड़ी, दुर्गम जावली इलाके की बाड़ी-बस्तियों में यह सत्याग्रह पहुँच गया। माहौल बन गया। कालभैरवनाथ का कोप और वंशबेल का न बढ़ना, पशुओं की बीमारी, मनुष्य की बीमारी के लिए शगुन पूछना, भूत के लिए ओझा या मांत्रिक को बुलाना, इसमें सच क्या, झूठ क्या, इसपर चर्चा शुरू हो गई। प्रश्न पूछे जाने लगे। कार्य-कारण सम्बन्ध ढूँढ़े गए, लोग सोचने-विचारने लगे, यही बड़ी सफलता माननी होगी।

छोटे बच्चे से लेकर मनोवैज्ञानिक तक, नौकरानी से लेकर प्राध्यापिका तक और नौकरदार से लेकर किसान तक सभी को इस विषय में जबर्दस्त उत्सुकता थी। पूरे महाराष्ट्र से खत और तार आए; प्रशंसा और गालियाँ देनेवाले दोनों प्रकार के। उनमें से कुछ उदाहरण इस तरह हैं :

बी. एम. पाटील
क्वालिटी अकाउंट्स ब्यूरो,
उरण इस्लामपुर,
तहसील : वालवा, जि. सांगली।

सेवा में,
सरपंच गोंदेमाल
तहसील : जावली, जि. सातारा

विषय : भैरवनाथ की दौड़ जारी रखें

महोदय,

सरपंच गोंदेमाल, तहसील : जावली को प्रणाम।

आपसे विनती है कि पहले से चला आ रहा प्रस्तुत मामला श्रीयुत नरेन्द्र दाभोलकर की धमकी से डरकर बन्द न करें। अतिसूक्ष्म आवाज, आकस्मिक मृत्यु, हादसे (बस दोष, ड्राइवर दोष के सिवा) भूत-पिशाच शक्ति (Evil Spirit) से घटित होते हैं, यह सौ प्रतिशत सच है। मैंने पिछले दो वर्षों से नरेन्द्र दाभोलकर को चुनौती दी है। जवाब नहीं मिला। कृपया प्रस्तुत मामला जारी रखें।

भवदीय,
बी.एम. पाटील

प्रति, जानकारी के लिए :
डॉ. नरेन्द्र दाभोलकर

(इसमें चुनौती का जिक्र साफ झूठा है : लेखक)

श्री. मुकुंद ज्ञा. कानडे
431, चिंचवड गाँव,
पुणे, 331

मा. डॉ. नरेन्द्र दाभोलकर,

प्रणाम।

गोंदेमाल (तहसील : जावली) के भैरवनाथ की दौड़ मुहिम के खिलाफ नवजागरण सत्याग्रह के लिए आपका और कार्यकर्ताओं का अभिनन्दन। गाँववालों की भावना का आदर करते हुए सत्याग्रह रोकने का निर्णय आपके संयम का द्योतक ही है। भविष्य में ऐसी ही मुहिम हाथ में लेकर उसे आप सफल बनाएँगे, यह विश्वास है।

व्यक्तिगत रूप से मेरा हिन्दू धर्म पर विश्वास है और गर्व भी। फिर भी मुझे अपने धर्म के अन्धविश्वासों का परिमार्जन जरूरी लगता है। आपके सभी साथी कार्यकर्ताओं का अभिनन्दन।

आपका,
मुकुंद कानडे

आन्दोलन की दृष्टि से भूत की प्रतीति की चुनौती को स्वीकार कर अपराजित रही बात (हमें पूरी उम्मीद थी, फिर भी) जनमानस में आन्दोलन की छवि ऊँचा उठानेवाली सिद्ध हो गई। भूत, भानामती, करणी, गूढ़शक्ति के बारे में लोगों के मन के डर को सीधे जवाब मिल गया। सत्याग्रह को लोगों का प्रतिसाद बहुत ही आश्वासक सिद्ध हुआ। विवेक और निर्भयता इन दो पहियों पर चलनेवाली अन्धविश्वास उन्मूलन आन्दोलन की गाड़ी इस मुहिम में जनसामान्य से संवाद स्थापित हो जाने से अधिक रफ्तार से आगे बढ़ने लगी।

जटा उन्मूलन की कथा और व्यथा

वाई में प्रज्ञा पाठशाला और अरुण लिमये ट्रस्ट के सहयोग से अन्धविश्वास उन्मूलन अध्ययन शिविर लिया था। सात दिनों का पाठ्यक्रम था। विश्वास, अन्धविश्वास, धर्मश्रद्धा, पाखंड और चमत्कार, भूत बाधा, अभुआना, टोना-टोटका, भविष्यफल, परामनोविज्ञान, रूढ़ि, परम्परा, कर्मकांड आदि अनेक विषयों पर गहन चर्चा हो गई। उसमें मैंने देवदासी प्रथा और जटा उन्मूलन पर बात की थी।

अनाड़ी अभिभावक स्वार्थपूर्ति के लिए या बीमारी से ठीक होने के लिए यल्लमाँ देवी से मन्नत मानते हैं। मन्नत पूरी हो जाए तो अपनी बेटी चढ़ावे के रूप में देवी को अर्पण करने का वादा होता है। देवता से ही उसकी शादी हो जाती है। फिर और कुछ करने का सवाल ही कहाँ आता है? देवता की गृहस्थी में लड़की उपस्थित हो जाती है। अर्थात, प्रत्यक्ष में वह गाँव के मुस्टंडों की सम्पत्ति बन जाती है; नहीं तो वेश्याओं के दलालों को बेची जाती है और मुम्बई की बस्ती में दाखिल हो जाती है। ऐसा नहीं है कि हर लड़की के नसीब में यह दासीपन अटल रूप में आता ही है। कुछ लड़कियाँ सिर्फ देवी की सेवा करते हुए, खुद को सँभालते हुए एक उपेक्षित, अपमानित, जोगन की जिन्दगी जीती हैं। उनके सुखी संसार के सपने मिट्टी में मिल जाते हैं। यह देवदासी की दशा जटा के कारण भी आ सकती है।

जटा यानी क्या है?

कई बार लड़कियों के बालों की ढंग से सफाई नहीं होती, कंघी-चोटी नहीं होती। देहातों में अनाड़ी समाज में स्वच्छता को लेकर लापरवाही ही होती है। फिर बालों में गुत्थी हो जाती है। हर रोज बाल सँवारने, तेल लगाने, गुत्थी सुलझाने की आदत ही नहीं होती। होनेवाली आदत भी बीमारी के कारण छूट जाती है। गुत्थी बढ़ जाती है। बाल उलझे रहते हैं, उसमें डाली हुई कंघी फँस जाती है। फिर उसकी वजह ढूँढ़ी जाती है। कभी-कभी कंघी डालने से पहले ही कानाफूसी शुरू हो जाती है, "छोकरी की जटा निकली है, देखा?" बोलनेवाले लोग अन्धविश्वासी होते हैं। कुछ लोग यल्लमाँ के भक्त होते हैं तो कुछ दरिद्रता से हैरान होते हैं। परन्तु सुन्दर

दिखनेवाली लड़की को कब जटा निकलती है, इस ताक में बैठे गाँव के मुस्टंडे और वेश्याओं के दलाल होते ही हैं।

यह कानाफूसी बढ़ जाती है। लड़की के माँ-बाप के कानों पर पड़ती है। बालों में कंघी नहीं घुसती इसकी वजह उन्हें मालूम हो जाती है, बालों की गुत्थी का राज खुलता है। यल्लमाँ का बुलावा आने का एहसास हो जाता है। फिर ओझा, भगत, जोगी को बुलाया जाता है। वह निदान पक्का करता है। यल्लमाँ देवी की महिमा बताता है। उनका गुस्सा कितना भयानक होता है, इसका सरस वर्णन करता है। लड़की को यल्लमाँ की जटा आने की घोषणा करता है।

वह यल्लमाँ भी कैसी माँ है? लड़की की जटा निकालती है, उसकी खुशी छीन लेती है। क्या देवी ऐसी होती है? क्या माँ ऐसी होती है? ऐसे उलटे-सीधे सवाल कोई नहीं पूछता। पूछा जाए तो वह किसी को भी पसन्द नहीं आता। ना यल्लमाँ को, ना उसके भक्तों को। महाकोपिष्ट के रूप में प्रसिद्ध होनेवाली माँ के बारे में शक क्यों, कौन और कैसे करे?

इसकी अपेक्षा जटा की पूजा करना ठीक है। जटा पर हर रोज हल्दी-कुमकुम चढ़ाना, बरगद का लासा लगाना, उसे कंघी नहीं लगाना, मंगलवार और शुक्रवार का उपवास रखना। कुछ लोगों के बारे में मामला आगे बढ़ जाता है। उनकी जिन्दगी या गृहस्थी (शादीशुदा महिलाओं को भी जटा निकलती है) और यल्लमाँ की साधना दोनों एक साथ चालू रहती है। परन्तु कुछ मामले आगे बढ़ते हैं। शुक्रवार को देवी सवार होने लगती है। अभुआना और सवालों के जवाब देना शुरू हो जाता है। सिर पर टोकरी लेकर भिक्षा माँगी जाती है। उसमें भी अन्य भक्तों का आग्रह बढ़ जाए तो सौंदत्ती की यल्लमाँ देवी का मेला होता है। कुछ लड़कियों की देवता के साथ शादी हो जाती है और एक दुष्टचक्र शुरू हो जाता है।

इन सभी अनर्थ का मूल जटा है। जटा आनेवाली हर महिला देवदासी नहीं बनती। परन्तु अन्धविश्वास के घातक फिसलन भरे रास्ते पर वह निश्चित ही एक कदम बढ़ाती है। बाद में कभी भी उसके लुढ़कने का खतरा कायम रहता है।

यह दुष्टचक्र जड़ से उखाड़ना हो तो महिलाओं को जटा से मुक्त करना होगा। गारगोटी (जि. कोल्हापुर) में डॉ. आनन्द वास्कर, उनकी पत्नी और राजन गवस आदि की मंडली यह कार्य कई सालों से दृढ़ता, निष्ठा और प्रभावी ढंग से कर रही है। मैंने इसकी सूचना भी वाई के शिविर में दी।

शिविर खत्म हुए दो महीने हो गए। सायगाँव के शिविरार्थी प्रमोद चाफेकर मेरे पास आए। उन्होंने गाँव की एक महिला को जटा उन्मूलन के लिए तैयार किया था।

श्रीमती मंगला हागीर, यह अठारह साल की युवती। शादी के बाद उसकी जटा निकल आई। उसकी पक्की धारणा बनाई गई कि यल्लमाँ देवी के कारण जटा आई है कि जटा को कंघी नहीं लगानी थी। कैंची तो बिलकुल नहीं। वैसा करें तो

करनेवाले के हाथ झड़ जाएँगे, ऐसी लोगों की धारणा! जटा पर बरगद का लासा और हल्दी-कुमकुम चढ़ाना शुरू हो गया था। जटा काफी सख्त हो गई थी। मंगल का सिर भारी बन रहा था। उसका मानसिक स्वास्थ्य भी बिगड़ गया था।

मंगल यह जटा सुलझाए, उसे कुछ नहीं होगा, इसके लिए चाफेकर लगातार दो महीने से कोशिश कर रहे थे। आखिरकार मंगल और उसके घरवाले, ग्रामवासी तैयार हो गए।

जटा निकालने का हमारा अनुभव शून्य था। गारगोटी को, डॉ. आनन्द वास्कर को खत लिखा। सूचना मँगवाई गई और इस पहली कोशिश के लिए खुद आने की विनती भी की। उनकी सूचना के मुताबिक पहले दिन मैं, शैला, डॉ. चिंडक सायगाँव गए। जटा सुलझाने से पहले वह नरम हो जाए इसलिए उस पर तेल डाला गया। पावसेर से ज्यादा तेल उसमें रिस गया। जूँ नाशक औषधि की एक बोतल बालों पर उँडेल दी और फिर बाल बाँधे।

यह सब करते समय मंगल की माँ हमारे बाजू में ही थी। उसे सन्देह था कि हमारे इस झंझट से क्या हासिल होगा। यल्लमाँ देवी को यह पसन्द नहीं आएगा, कुछ दूसरा ही अघटित हो जाएगा, इसका उसे डर था। उसके साथ बात करने पर हमारे मन में दूसरी ही आशंका निर्मित हुई। उसके कहे मुताबिक उसे काफी हाँफा था, रक्तचाप भी था, दिल की बीमारी के लक्षण भी। इन बीमारियों पर उसका इलाज सुविधा-फुरसत से कभी चालू तो कभी बन्द था। बेटी की जटा सुलझाने का तनाव उसे था ही। इस तनाव और बन्द इलाज के कारण कुछ होना नामुमकिन नहीं था और हुआ तो हमारे कारण यल्लमाँ का कोप हो जाने के गाली-शाप से हमें छुटकारा नहीं था। उतने पर ही बात नहीं बनती तो जटा उन्मूलन के भविष्य के सारे कार्यों को हमेशा के लिए रोड़ा लगनेवाला था। उस कारण हमने प्यार से उसे जाँच के लिए तैयार किया और जेब के पैसों से दूसरे दिन उसकी सब जाँच कर इलाज भी शुरू किया।

दूसरे दिन दोपहर को चार बजे डॉ. आनन्द वास्कर, राजन गवस, प्रो. प.रा. आर्डे के साथ हम सायगाँव पहुँचे। मंगला को स्टूल पर बिठाया। वास्कर और गवस ने जटा सुलझाना शुरू किया। वे कंघी से बालों की गुत्थी को सुलझाकर बाल खुले कर रहे थे। जटा काफी लम्बी थी। पर एकसंध लम्बी दिखाई देनेवाली वह जटा टूटे हुए बालों का गोला थी। हर रोज बाल न सँवारने, गुत्थी न निकालने के कारण एक-दूसरे में फँसकर उसकी काफी बड़ी जटा बन गई थी। बरगद के लासे ने मानो सीमेंट का काम किया था। उस कारण जटा सुलझाने का काम पसीना निकालनेवाला हो गया।

बाल सुलझाते समय औषधि से न मरे जुएँ हाथों पर चढ़ते थे वह अलग ही। हम कार्यकर्ता भी यथासम्भव मदद कर रहे थे। कई बार शक्ति का प्रयोग करके भी

हाथों से बाल दूर करना और उनकी गुत्थी निकालना सम्भव नहीं था। वास्कर सर को इसका अनुभव था। वह खास तौर पर बनाई हुई तेज धारवाली कैंचियाँ साथ लाए थे। उनका प्रयोग बीच-बीच में अनिवार्य हो गया था।

यह जारी था, उस समय पूरा गाँव देखने के लिए आया था। महिलाओं की संख्या बहुत बड़ी थी। वास्कर जी फोटो एल्बम लाए थे। उसमें सुलझाई हुई अनेक जटाओं के फोटो थे। कि ऐसी कई जटाएँ थीं कि हम आज जो सुलझा रहे थे वह जटा साधारण लगे।

तीन घंटे में पसीने से तरबतर हो जाने पर जटा पूरी तरह से निकाली गई। फिर उसे नहलाकर पूर्ववत करने के लिए श्रीमती चाफेकर को सौंप दिया। गाँव के मन्दिर में सभा के लिए लोग जमा हो गए थे। वास्कर सर ने अपने अनुभव बताए। "तुम्हारे हाथ झड़ जाएँगे, तू हिजड़ा बन जाएगा।" यह शाप उन्हें और उनकी पत्नी को सुनाए गए थे। बूढ़ी और अनाड़ी माँ को डराकर कि वह तो बेटे को इस गलत काम से रोके ऐसी कोशिश भी हो गई थी। घर में सूई चुभाए हुए नीबू फेंके गए पर वास्कर सर ने इन धमकियों की परवाह किए बिना अपना कार्य जारी ही रखा था।

लेखक राजन गवस ने भी भाषण किया। उनका भाषण खत्म हो जाने तक श्रीमती चाफेकर मंगला को लेकर आ गईं। स्नान कर, तेल लगाकर, बाल बढ़िया सँवारकर, चोटी बनाकर, हँसते हुए आई मंगला गाँववालों को बिलकुल अलग ही लगी। सायगाँव जैसे पहाड़ी, पिछड़े इलाके में इस कार्य की शुरुआत की इसलिए गाँववालों ने समिति के प्रति आभार व्यक्त किए। सुझाया कि सरकार इस कार्य को सहयोग दे। मैंने भी भाषण दिया। इस बात पर जोर दिया कि लोगों के मन का दैवी कोप का आतंक दूर होना चाहिए। एक दिये से दूसरा दिया जलाने की तरह यह सोच सभी जिलों में व्यवहार से पहुँचने की आशा जताई।

वैसा ही हुआ। सातारा जिले के *दैनिक ऐक्य* ने जटा उन्मूलन को व्यापक कवरेज दिया। अन्य अखबारों ने भी सहायता की। देखते-देखते मुहिम जिले में ही नहीं तो जिले के बाहर भी पहुँच गई :

प्रदीप महामुनी की बेटी स्नेहल। वे वल्कन लावल कम्पनी में ऑपरेटर का काम करते थे। स्नेहल की माँ श्रीमती निर्मला 23.1.1989 को जाँच के लिए शैला के पास आई । उस वक्त जटा निकालने के बारे में हमारी आपस में हुई चर्चा उसने सुन ली। श्रीमती निर्मला की शिक्षा दसवीं तक हुई थी। फिर उसने अपना दिल खोल दिया। अपने दो साल की बेटी को जटा आने की बात बताई। शैला ने श्रीमती निर्मला को समझाया कि जटा क्यों आती है। यल्लमाँ के कोप का जटा आने से कोई वास्ता नहीं होना उसके गले उतारा गया। देवी के नाम से जटा आ जाए तो आगे की जिन्दगी के खतरे समझाए। निर्मला ने यह सब अपने पति को बताया।

उन्हें समझाने में उसने ही पहल की। उन्हें लेकर वह हमारे पास आ गई। हम स्नेहल की जटा सुलझाएँगे, ऐसा आश्वासन देकर पति-पत्नी वापस गए।

प्रदीप की माँ विमल पर यल्लमाँ देवी सवार होती थी। मंगलवार, शुक्रवार, पूर्णिमा देवी सवार होने के दिन होते थे। प्रदीप ने उसे सायगाँव की जटा उन्मूलन की खबर पढ़कर सुनाई। श्रीमती मंगला को कोई तकलीफ नहीं हुई, यह उसके घरवालों ने उसे समझाया। माँ-बाप दोनों की स्वीकृति प्राप्त करने में प्रदीप सफल हो गया। अट्ठाईस जनवरी को प्रदीप ने खुद ही स्नेहल की जटा सुलझाई। गिरने के कारण स्नेहल के सर में चोट आई थी। जख्म से निकले खून की बूँदों की बालों में सूखकर कठोर गुत्थी बन गई थी। वह गुत्थी बालों में जमकर जटा बन गई थी। उस गुत्थी को निकालने पर जटा खुल गई। महामुनि पति-पत्नी बड़ी खुशी से स्नेहल को दिखाने आए थे।

किसाबाई शंकर बेडेकर। उम्र पैंतीस साल। पति मिल में नौकरी करते थे। वे छह साल पहले गुजर गए। अब टुटपुँजिया खेती करके किसी तरह अपना पेट पाल रही है। चार साल पहले उसे जटा निकली थी। नहाते समय उसके ध्यान में आ गया। अन्य स्त्रियों को दिखाया। उन्होंने कहा, "जटा है, कंघी मत लगाओ।" ओझा ने कहा, "यह पानी की सात अप्सराओं की जटा है। सात सुहागिन को खाना खिलाओ। उनकी कोंछ भरो।" उसके लिए किसाबाई के तीन-चार सौ रुपए खर्च हो गए। फायदा नहीं हुआ। पूर्णिमा, अमावस और सोमवार को उसे लगता था, देहभान भूलकर निश्चेष्ट पड़े रहो।

कोंडिराम जगताप कुली का काम करनेवाला आदमी। उसकी दस साल की बेटी संगीता। उसने स्कूल छोड़ दिया था। वह छह साल की थी तब उसकी जटा निकल आई थी। ओझा ने कहा, "प्रेतबाधा है।" पालकों को लगा, वह देवता का कोप है। दो जोगियों को दिखाया। उनके कहने से कराड को मामा नामक जोगी के पास ले गए। उसने कहा,"यह तो हमारी माँ का है।" फिर उसने डेढ़ सौ रुपए लेकर दही, दूध, घी, पानी से जटा पर अभिषेक किया। फिर मंगलवार, शुक्रवार को लड़की पर देवी सवार होने लगी।

प्रेमला राजाराम गुजर। अनपढ़ महिला। दो लड़कियों और एक लड़के की माँ। सर्दी-बुखार से बीमार हो जाने पर दवाई ली। फायदा नहीं हुआ इसलिए टोने-टोटके की आशंका से सोचने लगी। तभी पता चला कि छोटी-सी जटा है। उसकी माँ ने वह सुलझाई पर कुछ दिनों बाद उसे और उसकी माँ दोनों को बुखार चढ़ गया। फिर जटा आ गई। फिर उस पर नियम से हल्दी-कुमकुम चढ़ाना शुरू हो गया। तुलजा भवानी देवी के दर्शन हेतु नियमित तीर्थयात्रा होने लगी। अमावस, पूर्णिमा को बदन सुन्न होने लगा। जम्हाइयाँ आती थीं और फिर देवी सवार होती थी। घर में ही भक्तों के सवालों के जवाब देती थी।

चन्द्रभागा तुकाराम बनसोडे। शादीशुदा थी, बच्चे भी थे। शौहर बजाज कारखाने में नौकरी करता था, वह खुद नगरनिगम में सफाई का काम करती थी। आठ साल पहले सबसे छोटी बेटी की जचगी में सात छोटी जटाएँ आईं। जोगी से पूछा। उसने कहा, "यल्लमाँ है।" फिर सौंदत्ती को दो बार गई। दर्शन बाँधा। घर में देवी का देवघर बनाया। शर्म के कारण भिक्षा माँगने नहीं जाती थी। किसी बाजे की आवाज सुने तो बदन भारी हो जाता था।

रत्नाकर जंगम की बेटी प्रतिमा। रत्नाकर प्रतापगढ़ की अफजलखान दरगाह में नौकरी करता था। प्रतिमा को जन्म से ही एक बड़ी जटा थी। कुछ महीने पहले और दो जटाएँ निकल आईं; बेटी उन्हें खुजलाकर खून निकालने लगी। रात को नींद में खुजाना अकसर जारी रहता था। ओझा ने बताया, "यह महादेव की जटा है।"

प्रल्हाद शंकर गोताड। रत्नागिरी जिले के हातखम्बे का सातवीं में पढ़नेवाला लड़का। उसके बाल जन्म से काटे ही नहीं क्योंकि दादा जी का मानना था कि जटा है। उसके बारे में स्कूल के लड़कों ने या गुरु जी ने भी उसे उसके बारे में न कभी पूछा, न कभी बताया। परन्तु जूँएँ उसकी जटा से उसके बदन पर गिरते रहे।

जयश्री मेहता, जि. रायगढ़। उम्र अठारह साल। नहाने गई तो बालों की गुत्थी दिखाई दी। माँ-बाप को बताया। वे उसे ब्राह्मण के पास ले गए। उसने बताया, "यह जटा अच्छी है। शीतलादेवी अम्बामाता की है। मंगलवार करो।" उसके महीने भर बाद नवरात्रि का पर्व था। पहले दिन से लगातार नौ दिन उस पर देवी सवार हो गई। रात के नौ बजे से डेढ़ बजे तक अभुआना शुरू हो गया। आगे सिर्फ मंगलवार को देवी सवार होने लगी। नये घर का शिलान्यास हो गया। उस समय होम-हवन आदि हो गया। ब्राह्मण के बताने से देवी का सवार होना बन्द हो गया। जटा खुलेगी, ऐसा भी उन्होंने कहा। जटा पीछे गई पर खुली नहीं। मुम्बई में भांडूप के डॉक्टर के पास ले गए। उन्होंने सुलझाने की कोशिश की पर सुलझी नहीं। फिर जटा पर लगाने के लिए दवाई दी और कहा, दो महीने बाद सुलझा देंगे।

सुमन सीताराम जाधव। सिर में बहुत जुँएँ हो गए थे। दवाई मसल दी। नदी में जाकर बाल धोए। बाल धोकर वापस आई तो बालों में कंघी नहीं जा पाई। ओझा को दिखाया। उसने कहा, "अच्छा है। पालन करो। जटा यल्लमाँ देवी की है।" जटा में बहुत जुएँ हो गए। सिर में फफोले आकर जख्म होने लगे। बदबू आने लगी। महीनाभर सर्दी-बुखार हो गया। सुमन की भाषा में "उबाले गए पके टमाटर की तरह सर हो जाता था" परन्तु जटा को हाथ कैसे लगाए? देवता मार डालेंगे का डर पैदा किया गया था। परन्तु आखिरकार तकलीफ इतनी बढ़ गई कि ऐसे या वैसे मरना तो है ही। उसके बदले जटा निकालना तय हो गया। दस साल पति पागल हो गया था। फिर ठीक हो गया। अब फिर से पागलपन के दौरे आते हैं।

दो मामले तो बिलकुल नमूनेदार थे : पहली, एक औरत बिलकुल परेशान होकर आई थी। काफी बड़ी जटा के कारण गरदन में लगातार खुजली हो रही थी। जटा के वजन से सर में लगातार खिंचाव होता था। सोते वक्त ठीक तरह से सर जमीन पर टिका नहीं पाती थी। जिन्दगी से परेशान हो गई थी। उसने कहा, "डॉक्टर इससे छुटकारा नहीं है। सच में जान दे दूँगी। बेटे की परीक्षा हो रही है इसलिए रुकी हूँ।"

मैंने पूछा, "कैसी परीक्षा?"

"एम.डी. की।"

मेरे होश उड़ गए। पर वह सच था।

एक महीने बाद एम.डी. बननेवाले डॉक्टर की वह माँ थी। देवता का डर इतना भयानक था कि जटा सुलझाकर घर की बरबादी हो जाने की अपेक्षा अपनी जान देना उसे ठीक लग रहा था।

दूसरी, महाड से एक लड़की का फोन आया, "हमें जटा सुलझानी है। पुणे में हम अनिल अवचट के पास गए थे। उन्होंने आपका नाम बताया।"

लड़की आ गई। बी.एस. प्रथम वर्ष उत्तीर्ण। दो वर्ष स्कूल में विज्ञान पढ़ा था। अब एक प्रतियोगी परीक्षा के साक्षात्कार के लिए जाने में जटा की अड़चन हो रही थी, इसलिए आई थी।

मैंने कहा, "हमसे सुलझवा रही हो इसके बदले तुमने खुद ही क्यों नहीं काटी?"

"डर लगता है। हाथ झड़ जाएगा। आपका क्या? आपका तो यह हमेशा का काम है।"

सच है, कि आन्दोलन में दो-तीन साल से यह हमेशा का ही काम हो गया है। अखबारों की खबरों से, मौखिक प्रचार से, जटा सुलझाकर जो लोग गए उनकी सूचना से, जटा से परेशान होकर या सब जिम्मेदारी हमारे लेने जैसे विभिन्न कारणों से आकर जटा सुलझाकर गए हुए लोगों की संख्या ने सौ का आँकड़ा कब का पार कर लिया था। जिले के बाहर से भी औरतें आने लगीं। कुछ जटाओं में जूँएँ नहीं होते थे। हल्दी-कुमकुम, बरगद का लासा नहीं होता था। अधिकांश जटाओं में घिन आ जाए इतने जुएँ बिलबिलाते थे। वह उस औरत के बदन पर गिरते थे, जटा सुलझाते समय हमारे बदन पर भी चढ़ते थे। कई बार खटमलों के अंडे और कभी-कभी कीड़े भी होते थे।

जटा सुलझाना पसीना निकालनेवाला और काफी कठिन कार्य था। काफी तेल डाले हुए बालों से गुत्थी निकालते समय हाथ चिपचिपे हो जाते, फिसलते थे। तेल न डालें तो जटा सीमेंट-जैसी चुस्त हुई होती थी, सुलझाते नहीं सुलझती थी। आखिरकार हमने मार्ग ढूँढ़ लिया। शुरू में थोड़ी-सी गुत्थी निकालना, औरत को दिखाना, उसके गले उतारना कि जटा यानी ऐसे सभी टूटे हुए, गुत्थी बने बाल हैं। उन्हें निकालने में समय लगेगा, इसके अलावा दर्द भी होगा। उसकी अपेक्षा काटना

ही ठीक रहेगा और सोचने को ज्यादा समय न देते हुए जटा के लिए अलग बनाई हुई तेज धारवाली कैंची लगाकर काम निबटाते थे। तब तक गरम पानी तैयार ही होता था। जटा कटने के बाद शैम्पू की पूरी बोतल सिर पर उँडेलकर उसे नहलाया जाता था। फिर तेल लगाकर माँग के साथ अच्छे से सँवारे हुए स्वच्छ बालों का अपना रूप देखकर वह और उसके साथ की महिलाएँ भी खुश हो जाती थीं। जटा को कैंची लगाने की बात वह भूल जाती थी। बस उसे विलक्षण हल्का महसूस होता था। यह भावना काफी सुखद होती थी।

यह सब कार्य हमारे अस्पताल की नर्सेस और आया भी अस्पताल में काफी कुशलता से करने लगी थीं। उसकी खास विशेषज्ञता ही उन्होंने प्राप्त की। मानसिक तनाव न हो, मन शान्त रहे इसके लिए कुछ गोलियाँ, साथ ही जटावाली महिलाओं की खुद के स्वास्थ्य के बारे में काफी लापरवाही होने के कारण शैला उन्हें टॉनिक भी देती थी। एक महीने बाद वे फिर से दिखाने आती थीं। तब तक उनका रंगरूप अन्तर्बाह्य उनकी पहचान न हो पाने जितना बदल जाता।

जटा आनेवाले लड़के कम ही होते हैं। हम उनकी जटा काटते हैं परन्तु बाद में नाई से उसके पूरे बाल मुँडवाते हैं। इस कारण फिर से जटा आने की सम्भावना ही खत्म हो जाती थी।

जटा आने के बाद कुछ महिलाओं पर देवी सवार होने लगती है। इस बात से वे डरती हैं कि जटा निकालने के बाद देवी सवार होगी तो वह क्या कहेगी? केवल बोलने से समझ में आ जाना यह जरूरी नहीं। इस पर शैला ने एक उपाय ढूँढ़ लिया। जैसे को तैसा। वह कहती, "आपको धागा अभिमंत्रित करके देती हूँ। सिरहाने रखकर सो जाओ। देवी नहीं सवारेगी।" वह सादा पुड़ियों का धागा कागज की घड़ी को बाँधकर देती थी। औरतें उसे भक्ति भाव से सिरहाने रखतीं और ऐसी एक भी औरत पर आज तक देवी सवार नहीं हुई है। कुछ दिनों बाद वह धागा गुम हो जाता पर उससे पहले ही वह देवी का सवार होना भूल जाती।

जटा काटने के बाद जटा नदी में छोड़ने को कहनेवाले भी कुछ लोग मिलते हैं। पर प्रमुख अड़चन आती है जिनके गले में देवी का दर्शन होता है उनकी दर्शन यानी मणि में पिरोई काली माला। जटा आने के बाद वह पहनाई जाती है। उसे वैसे निकाल फेंक नहीं सकते। दूसरे किसी व्यक्ति के गले में पहनाना पड़ता है। उस कारण हममें से कोई भी उसे गले में पहन लेता है। कुछ दिन अस्पताल में लटकाकर रखते हैं (उस कारण चर्चा होकर जटा आनेवाली और कोई आती है) और यथावकाश उसे फेंक देते हैं। अर्थात, यह सब करते समय मन मजबूत होना चाहिए। हमारी एक सिस्टर को थोड़ा डर लगा। "हम करते हैं यह सच है पर परिणाम गलत ही हो गया तो?" ऐसी आशंका होने लगी। हमने तत्काल उसे इस कार्य से मुक्त किया। कुछ महीने बाद उसने निर्णय लिया और वह खुद वापस आ गई।

जटा सुलझाने के बाद लोग हँसते-हँसते वापस जाते हैं। कुछ लोग बताते हैं, "अब अभिषेक करेंगे। देवता से प्रार्थना करेंगे। फिर से जटा न निकलने की सावधानी बरतेंगे।" एक बार काटी हुई जटा फिर से आने की मिसाल नहीं है।

यह सब बिना मूल्य चलता है। सब खर्चा हमारा ही। पैसे कितने देने होंगे? ऐसा सवाल पूछा जाए तो शैला कहती है, "कुछ नहीं। खुशी से अन्धश्रद्धा निर्मूलन समिति की रसीद काटो।" अधिकांश हाथ पीछे हटते हैं। तीन अंकों की एक भी रसीद अब तक काटी नहीं गई।

जटा उन्मूलन का यह अभियान फिर सातारा जिले में फैल गया। शेणोली के कार्यकर्ता सम्पत गायकवाड़ ने कुछ जटाएँ सुलझाईं। पिंट्या (शंकर) अवघडे, पोतराज का सात साल का बेटा। माँ परित्यक्ता। मामा ने परवरिश की थी। मामा सरकारी नौकरी में था। सम्पत ने विनती की, "काटिए।" मगर दादा जी ने कहा, "काटना नहीं। बाप पोतराज है। तब किसी एक को तो देवता की सेवा के लिए छोड़ना ही होगा। यह छोड़कर दूसरी बात करो।" सम्पत ने दादा को किसी तरह मना लिया। उसने कहा, "कुछ बुरा हो गया तो आपकी जिम्मेदारी।" सम्पत ने बात मान ली। जटा काटी। पुरस्कार के रूप में घर की दो गालियाँ मिलीं।

ताराबाई मोहिते विद्यालय में आठवीं में पढ़नेवाला बालू जाधव। कई सालों की जटा। प्रधानाध्यापक ने कहा, "आप जटा सुलझाने ले गए तो मैं पुलिस को खबर दूँगा। उसकी अपेक्षा हम अभिभावकों से पूछ लेते हैं।" सम्पत ने कहा, "पिताजी जटा निकालने नहीं देंगे। पिताजी ने 'हाँ' कहा तो समाज 'ना' कहेगा।" बालू जाधव तैयार था। प्रधानाध्यापक ने बताया, "माँ-बाप को सोमवार को बुलाओ।" स्टाफरूम में इस विषय पर चर्चा हो गई। कुछ लोगों ने सन्देह प्रकट किया, "जटा सुलझाकर स्कूल में कुछ झमेला हो गया तो?" सम्पत ने कहा, "जटा सुलझाने का और झमेले का क्या सम्बन्ध?"

एक अध्यापक लड़के को बाहर निकालने के लिए तैयार हो गया। सम्पत सोमवार तक नहीं रुका। शनीचर को ही विलास गायकवाड़, सुभाष शिवदास की मदद से अध्यापकों को इशारा करके बालू को कक्षा के बाहर निकाला। आठ मील दूर नदी पर ले गए। जटा काटी। फिर उसे नाई के पास ले गए। एक नाई ने जटा के बालों को उस्तरा लगाने से इनकार कर दिया। लेकिन दूसरे नाई ने पूरे बाल काटे।

सोमवार को उसके माँ-बाप तनतनाते हुए स्कूल आ गए। "यह क्या नाइयों का स्कूल है? घर की बरबादी हो गई तो उसका जिम्मेदार कौन?" पर आखिरकार जैसे-तैसे बात उनके गले उतार दी।

कराड तहसील के एन.बी. शेख। सवादे में कार्य करनेवाले संगठन के उत्साही कार्यकर्ता और स्कूल के अध्यापक थे। उन्होंने अपने अन्य साथी देसाई, जाधव, वीर, माने जी के सहयोग से जटा-उन्मूलन की जोरदार मुहिम चलाई।

उन्होंने इस बारे में कराड तहसील में सर्वेक्षण किया। शुरुआत में पाँच महिलाओं को तैयार किया। हम सातारा से गए। ऐन वक्त पर तीनों मुकर गईं परन्तु आठ साल की उज्ज्वला शेलके और बीस साल की युवती मंगला अशोक पोल का निश्चय पक्का था। पूरा स्कूल और ग्रामवासी जटा उन्मूलन देखने के लिए इकट्ठा हो गए थे। शेख सर ने अन्धविश्वास उन्मूलन के लिए पाखंड के चमत्कार प्रस्तुत करनेवाला अच्छा कला पथक बनाया है। उसका प्रयोग हो गया। फिर मैंने जटा मुक्ति विषय पर भाषण किया। यह होने तक जटा साफ होकर, नहलाकर बढ़िया बाल सँवारकर दोनों सामने आ गईं। तालियों की गूँज उठी।

जटा कैसे सुलझाते हैं, कब और कैसे काटते हैं? यह शेख सर ने देखा ही पर उस कारण उनकी समझ में आ गया कि ग्रामीण इलाके में यह कार्य महिलाओं को ही करना होगा। अत: उन्होंने खुद की पत्नी श्रीमती सुरैया शेख, देसाई सर की पत्नी श्रीमती शकुन्तला देसाई को तैयार किया और उसके बाद कराड, पाटण, खानापुर इलाके में जटा सुलझाने का कार्य शुरू किया। विशेष बात यह कि उन्होंने जटा तो सुलझाई ही पर उसके साथ ही जटा आने के कारण पति की छोड़ी हुई महिलाओं की गृहस्थी जटा सुलझाकर ठीक करना, जटा आने से सगाई होकर भी शादी टूट जानेवालों की शादी तय करना आदि कार्य भी किया।

जटा उन्मूलन के कार्य का यही असली तत्त्व है। बालों की गुत्थी तो सुलझानी ही है पर उसके साथ मन के अन्धविश्वास की गुत्थी भी दूर करनी है। बालों की अस्वच्छता और दिमाग के अन्धविश्वास की दोनों जटाएँ सुलझानी हैं।

टक्कर खत्म करने की मुहिम

जाँघिया और लंगोट कसे हुए लोगों का जत्था शान से आ गया। उनके गले में फूलों की माला डाली गई, माथे पर गुलाल लगाया गया। जयघोष और ढोल के निनाद में जुलूस निकला। जुलूस मन्दिर के पास आ गया। ये कोई मैदान मारकर आए हुए पहलवान नहीं थे। ये थे टक्कर लेनेवाले (पत्थर से सिर टकरानेवाले)।

मन्दिर के सामने मैदान में मन्दिर के पत्थर के चबूतरे से चालीस फीट के फासले पर वे खड़े रहे। फिर एक बार बदन पर गुलाल गिरा। "सिद्धनाथ की जय हो" की आवाज गूँजी। एक के बाद दूसरा दौड़ते हुए आकर मन्दिर के सामने के चबूतरे पर धड़ से अपना सिर टकराने लगा। दौड़ते जाना, नीचे झुकना, सिर चबूतरे के निश्चित पत्थर पर जोर से टकराना। कोई सिर चकराकर गिर जाता था। किसी के सिर से खून बहने लगता था। ना डॉक्टर, ना इलाज। सिर्फ जख्म पर थोड़ा-सा गुलाल, मुँह पर छिटका पानी और फिर टक्कर। एक-एक को तीन बार टक्कर लेनी थी। छोटे बच्चों से लेकर सत्तर साल के बूढ़े तक दो सौ से ढाई सौ जनों का टक्कर लेनेवालों का समुदाय और इस लोमहर्षक (!) प्रकार को प्रोत्साहन देनेवाली मेले में जमा हुई हजारों की भीड़।

यह दृश्य किस प्रान्त का है? कौन-सी सदी का है? किस समाज का है?

यकीन नहीं होगा पर यह चित्र प्रगतिशील महाराष्ट्र का है। फुले और कर्मवीर भाऊराव पाटील की विरासत बतानेवाले सातारा जिले का, मई, 1989 का और टक्कर लेनेवाले सब धर्मान्तरित नवबौद्ध।

फलटण तहसील के गुणवरे और जावली गाँव में सिर की टक्कर होती है, यह मालूम था। टक्कर लेनेवाली पूरी मंडली उसी गाँव की थी तो जावली को फलटण तहसील के विढणी गाँव से और माण तहसील के वारूगढ़, पालवण के गाँवों से मंडली टक्कर लेने के लिए आती हैं। गुणवरे आढावों का गाँव तो विढणी, वारूगढ़, पालवण गाँव की मंडली जगताप। गुणवरे में टक्कर लेनेवालों की संख्या दो सौ तो जावली की लगभग साढ़े तीन सौ।

जावली गाँव में चैत्र वदी दशमी के दिन सिद्धनाथ का मेला लगता है। 3 मई, 1986 को चैत की चिलचिलाती धूप में हम जावली पहुँचे। समिति के कार्यकर्ता प्रो. प.रा. आर्डे, फलटण के मुस्लिम सत्यशोधक आन्दोलन के कार्यकर्ता प्रधानाचार्य विलायत शेख और मैं हम तीन लोग थे। सिद्धनाथ मन्दिर के आसपास मेला लगा था। ट्रैक्टर, मालगाड़ी, बैलगाड़ियाँ, टेम्पो आजू-बाजू में खड़े थे। मेले में सुबह से लगभग हजार बकरों की बलि दी गई थी। काटे हुए बकरों का गिरा हुआ खून दिखाई दे रहा था। छाँव में चूल्हे बनाए थे। उस पर खदबदाते हुए गोश्त पक रहा था। सिद्धनाथ मन्दिर के प्रमुख द्वार के सामने डंडे को लटकाकर मन्नत उतारना चालू था। मन्नत उतारने के लिए तीन-चार सौ स्त्री-पुरुषों की कतार लगी थी। मन्नत के नम्बर लगे हुए थे।

मन्नत उतारनेवालों को पहले नम्बर निकालने के लिए पैसे देने पड़ते हैं। फिर मन्नत उतारनेवाले के गले में सफेद चम्पा के फूलों की साधारण माला पहनाई जाती है। माला के लिए दो रुपए देने पड़ते हैं। पिछले साल एक रुपया था, इस साल जबरन दो रुपए ले रहे हैं, एक महिला गुस्से से बता रही थी। बगाड को बाँधनेवाले को और उसे खींचनेवालों को फिर से दो रुपए। कतार में खड़े कुछ मन्नत उतारनेवालों से बातचीत की। एक महिला ने गाय ली थी। उसने सिद्धनाथ से मन्नत मानी थी, "गाय को बछिया होने दे। तुम्हारा बगाड लूँगी।" एक भक्त की सास ने मन्नत मानी थी, "दामाद को बच्चा होने दें।" यह मन्नत पूरी कैसे करें? एक लकड़ी का खड़ा मजबूत खम्भा। उसे अड़ा उत्तोलक-जैसा बाँधा हुआ मोटा बाँस। एक छोर पर मन्नत उतारनेवाले को बाँधा जाता है। दूसरे छोर पर रस्सी बाँधी जाती है। रस्सी खींचकर अड़ा बाँस गोल घुमाया जाता है। मन्नत उतारनेवाले का चक्कर पूरा हो जाए तो मन्नत उतारी गई।

सफेद चीथड़े में पेट पर नन्हे बच्चे को बाँधकर बगाड पर टाँगी जानेवाली औरत को देखा। दस फीट ऊँचाई पर हाथ टाँगे हुई अवस्था में उसे एक घेरे में घुमाया गया। (शायद इसी बच्चे के लिए उसने मन्नत मानी होगी।) उसे घुमाते हुए देखकर रोंगटे खड़े हो गए। बच्चा चीथड़े से उछल पड़ा तो?

मन्नत उतारनेवाले को बगाड से बाँधनेवाले गडरिये, बगाड खिंचनेवाले मातंग, टक्कर लेनेवाले महार, सिद्धनाथ के गीत गानेवाले पोतराज। पूरी मंडली कैसे विधिवत जकड़ी हुई, वह भी अपनी मर्जी से।

ऊपर चिलचिलाती धूप। दिमाग में सवालों का शोरगुल। टक्कर पाँच बजे शुरू हो जाएगी। तब तक मैं जानकारी लेने गाँववालों से मिला। उन्होंने बताया, "टक्कर लेने का सम्मान विढणी गाँव के दलितों (नवबौद्धों) को है।" पूरी मंडली जगताप उपनाम की है। वारूगढ़ और पालवण इन गाँवों के उनके रिश्तेदार भी टक्कर लेते हैं। उनमें से कुछ लोगों ने एक वर्ष टक्कर लेना छोड़ दिया तो उनके घर में साँप निकले। उन्होंने फिर से टक्कर लेना शुरू किया।

टक्कर शुरू होने का समय आ गया। उसे देखने के लिए मन्दिर के अहाते में भारी भीड़ हो गई थी। सिद्धनाथ देवस्थान के ट्रस्टी निरगुडकर और फलटण के राजा रघुनाथ निंबालकर प्रमुख गर्भगृह के पास की इमारत के ऑफिस में बैठे थे। निरगुडकर ने बताया कि सिद्धनाथ मन्दिर की देवस्थान समिति ने मेले की टक्कर प्रथा बन्द करने की कोशिश की पर दलित मानते नहीं। कुछ साल पहले टक्कर लेनेवाले एक की मौत हो गई। दौड़ते हुए आकर सिर टकराना यानी जान पर खेलना। अनेक घायल होते हैं। सिर खून से लथपथ हो जाता है। 1960 के दरमियान इस इलाके के प्रतिनिधि नामदार गणपतराव तपासे ने यह प्रथा बन्द करने की कोशिश की पर सफल नहीं हुए।

तभी शहनाई बजने लगी। "सिद्धनाथ की जय हो" की आवाज गूँजी। कमर में धोती या चड्ढी, नंगे बदन, गले में सिद्धनाथ की टीन की मूर्ति, फूलों की माला के भेस में सिद्धनाथ के अहाते में दलितों ने कतार लगाई। मन्दिर का गर्भागार खचाखच भर गया था। पहले छोटे लड़कों का सिर टकराना; चार साल के लड़के भी टक्कर ले रहे थे। वह देखकर दिल धक-सा रह गया। जीने की शक्ति किससे मिलती है? बुद्धि सामर्थ्य से या पत्थर पर सिर पटकने से? छोटे लड़कों का टक्कर लेना खत्म हो जाने पर युवा मंडली आगे बढ़ी। पन्द्रह फीट से दौड़ते हुए आकर टक्कर लगाने पर 'टण्ण' ऐसी आवाज आती थी। बयाजी जगताप सातारा जिला परिषद के समाज कल्याण विभाग के सभापति, शिवाजी विश्वविद्यालय के विधिसभा के सदस्य। वे इस कार्यक्रम में अग्रस्थान पर थे।

गुणवरे गाँव की टक्कर अठारह मई को थी। 14 मई को मैं, आर्डे और शेख सर गुणवरे गए। ग्रामपंचायत के ऑफिस में ग्रामपंचायत सदस्य, पुलिस पाटील, गाँववालों आदि के साथ चर्चा शुरू हो गई। उसमें धीरे-धीरे दलित मंडली भी शामिल हो गई। गाँववालों की भीड़ भी बढ़ती गई। टक्कर क्यों बन्द करें, यह हम उनके गले उतारने की कोशिश कर रहे थे। गाँववाले उसे गले उतार लेने के मूड में नहीं थे। सवाल-जवाब होते गए। उतने में दलित युवक युवराज आढाव ने गुस्से से कहा, "केवल एक बोरी ज्वार और एक बकरी के बदले में गाँववालों ने हमें टक्कर लेने पर मजबूर किया। सौ साल से यह जारी है।"

"फिर तुम छोड़ते क्यों नहीं?" हमने सवाल किया।

इस पर उसने बताया कि खुद उसने और बस्ती के कुछ युवकों ने टक्कर बन्द की है। हमें रास्ता दिखाई दिया। हम सीधे बौद्ध बस्ती में गए। बस्ती के बाबूराव आढाव ने तिलमिलाकर कहा, "हम दलित ही क्यों टक्कर लें? एक वर्ष मराठा, माली लें। मेले के समय गाँववाले रथ खींचते हैं, बारह गाड़ियाँ खींचते हैं। एक बार उलट-पुलट करते हैं; हम बारह गाड़ियाँ खींचते हैं, वे टक्कर लें।" बाबूराव के बोलने से हमारा काम आसान हो गया। उन्हें लेकर

हम आंबेडकर चौक में आ गए। दलित बस्ती के सामने से जो रास्ता गाँव में जाता है, उस रास्ते के बाजू में एक पेड़ है। उस पेड़ के नीचे बैठक जम गई। धीरे-धीरे उस बैठक में पूरी बस्ती ही आ गई। चर्चा में इस प्रथा के आने की जानकारी मिली।

तकरीबन नब्बे साल पहले से जावली गाँव के मेले में भैरवनाथ के मन्दिर की पत्थर की दीवार पर विढणी, वारूगढ़, पालवण गाँवों के सिर्फ महार लोग टक्कर लेने लगे, वह आज तक जारी है। उस समय फलटण संस्थान के राजा थे बापूसाहब नाईक-निंबालकर। वे जावली गाँव के भैरवनाथ के मेले का खर्चा उठाते थे। टक्कर लेने का मामला देखने के लिए दूर-दूर से लोग आते थे। चालीस-पचास गाँव के लोग जमा हो जाते थे। गुणवरे गाँव के रहनेवाले गावडे-पाटील भी इस मेले में जाते थे। उनके मन में आ गया, अपने गाँव में भी यह मेला लगाना चाहिए। बापूसाहब नाईक-निंबालकर ने मेले को सम्मति दी। मेले का बारह आने (75 प्रतिशत) खर्चा देना कबूल किया। तीन-चार साल केवल देवता की पालकी का जुलूस निकालकर मेला सम्पन्न किया गया। इसके बाद एक बार मेले के प्रमुखों ने गाँव के समस्त समाज के लोगों की बैठक ली। प्रस्ताव रखा कि यहाँ से आगे गुणवरे गाँव के मेले में जावली की तरह ही टक्कर लेने का कार्यक्रम होगा। हम गाँववाले चन्दा जमा करके लेनेवाले टक्कर और महार लोगों को बकरा और ज्वार देंगे। लगभग सभी महार लोगों ने इनकार किया। परन्तु आबा बाबा महार ने गाँववालों को बताया कि आबा, नबा और मंसू बाबा इन तीनों के घर में जितने पुरुष पैदा होंगे वे सब देवता के मन्दिर में टक्कर लेंगे और शुरू में इन घरों के सात लोगों ने टक्कर ली। वे वंश-परम्परागत सम्मान से टक्कर लेनेवाले बन गए। टक्कर लेनेवालों को फूलों की माला पहनाने का सम्मान मिला। नैवेद्य देवता की ओर बाजा बजाते हुए ले जाने का सम्मान मातंग जाति के लोगों को मिला।

आगे गाँव के लोगों का दिया हुआ बकरा खाने की आशा से समाज के कुछ मुफ्तखोर लोग मेले के समय अपने-आप टक्कर लेने के लिए जाने लगे। टक्कर लेनेवालों की संख्या पौने दो सौ से ऊपर पहुँच गई। गाँववालों का दिया हुआ बकरा इन लोगों के लिए पर्याप्त नहीं हो रहा था। खाने के समय पक्षपात होने लगा। टक्कर लेनेवाले सम्मानित पन्द्रह-बीस लोगों को बकरे के गोश्त के चार कलछी मिलीं तो मन्नत की टक्कर लेनेवालों के हिस्से में आधा-एक कलछी ही आने लगी। मन्नत की टक्कर लेनेवाले चिढ़ गए। खाते समय पंगत में मारपीट हो गई। फिर गाँववालों ने बकरा देना ही बन्द कर दिया। फिर टक्कर लेनेवाले लोग खुद बकरा लाकर टक्कर लेने लगे। सन 80-82 में टक्कर लेनेवालों की संख्या 300-350 हो गई। बकरा लाने के लिए कर्जा होने की बात अलग ही है।

डॉ. बाबासाहेब आंबेडकर के विचारों से द्रोह नहीं करना हो, बुद्ध के धर्म का पालन करना हो तो टक्कर मारना छोड़ना होगा। ऐसे विचार मैंने और आर्डे ने प्रस्तुत किए। उसका असर अच्छा हो गया। दलित युवक टक्कर बन्द करने का निश्चय बताने लगे। हमने आवेदन तैयार किया। साहेब नथू आढाव, आनन्दराव आढाव और अन्य प्रमुख मंडली ने आवेदन पर दस्तखत किए।

नवजागरण की मुहिम को ऐसे झट से सफलता मिलने से हम खुश थे। टक्कर बन्द होने की खबरें अखबारों में चमकीं और उसके पीछे-पीछे ही गुणवरे गाँव के ग्रामवासियों और कुछ दलितों की मंडली का आवेदन अखबार में चमक गया, "टक्कर लेना यानी ईश्वर के आगे नतमस्तक होना। टक्कर लेने की प्रथा जारी ही रहेगी।" अर्थ सीधा था। गाँव के मेले का यह बड़ा आकर्षण बन्द होना गाँववालों को पसन्द आनेवाला था ही नहीं। उन्होंने कुछ दलित मंडली को फुसलाया था।

18 मई, 1986 को मैं, आर्डे, शेख सर, रवीन्द्र बेडकिहाल और रणसिंग सब लोग दोपहर के दो बजे गुणवरे पहुँचे। आंबेडकर चौक में ही बैठक जम गई। कुछ लोगों ने टक्कर लेने की पक्की तैयारी की थी। वे समझने को तैयार ही नहीं थे। उप-सरपंच और कुछ बुजुर्ग मंडली ने नरमी का अपराधी सुर लगाया कि इस साल टक्कर लेंगे पर अगले साल देख लेंगे, बन्द करेंगे। परन्तु युवकों का टक्कर न लेने का फैसला कायम था।

'दैवी कोप का डर लगता है' साहेब आढव के बताते ही कुछ युवकों ने सन्तप्त जवाब दिया, जोर देकर बताया, "हमने टक्कर बन्द की, हमारे घर में साँप नहीं निकला या कुछ भी बुरा अनुभव नहीं आया।" इस कारण सभा का रंग बदल गया। कुछ लोगों ने आश्वासन दिया, 'इस साल से हम टक्कर छोड़ देते हैं'।

सदाशिव आढाव, बाबासाहब आढाव ने बताया कि हमारे बेटे आज से टक्कर लेना बन्द करेंगे। दलित महिला कलावती आढाव ने तालियों की गूँज में घोषित किया कि उसका सोलह साल का भतीजा शरद आढाव आज से टक्कर लेना छोड़ देगा।

नई पीढ़ी नया विचार कर रही है, ऐसे चिह्न दिखाई देने लगे। अगले साल यह प्रथा पूरी तरह से बन्द करने की उम्मीद लेकर हम वापस आ गए।

इसके बाद दो वर्ष कोशिश करने पर भी ज्यादा कुछ नहीं हो पाया।

गुणवरे गाँव के भारतीय दलित पैंथर के अध्यक्ष, लड़ाकू कार्यकर्ता श्री महादेव गेनू आढाव ने फिर शासन को आमरण अनशन का आवेदन दिया :

सेवा में,
मा. प्रान्त ऑफिसर साहब,
तहसील : फलटण, जि. सातारा।

आवेदक,
श्री. महादू गेनू आढाव
अध्यक्ष, भारतीय दलित पैंथर,
शाखा गुणवरे, तहसील : फलटण, जि. सातारा।

विषय : टक्कर लेने के अन्धविश्वास का अनिष्ट प्रकार तुरन्त बन्द हो...

हर साल की तरह बैसाख सुदी नवमी दि. 7.5.87 को मौजे गुणवरे तहसील फलटण, जि. सातारा के गाँव में मेले के बहाने भैरवनाथ के मन्दिर के सामने की पत्थर की दीवार को टक्कर लेनेवाला हर आदमी 30-35 फीट पीछे हटकर पत्थर की दीवार से तीन टक्कर लेता है। सिर्फ अस्पृश्य समाज के 160-165 लोग ही टक्कर लेते हैं। टक्कर लेने का यह मामला काफी दिनों से चलता आया है।

सन 1978 से प्रस्तुत टक्कर बन्द होने के बारे में समय-समय पर प्रान्त ऑफिसर साहब को लिखित आवेदन प्रस्तुत करने पर भी आज तक प्रस्तुत टक्कर लेने का मामला बन्द नहीं हुआ। इस बारे में लग रहा है कि गम्भीर विचार करना होगा। अपना देश स्वतंत्र हुए 40 साल हो रहे हैं, फिर भी प्रस्तुत मामले की तरफ सरकार आज तक ध्यान नहीं दे रही है, यह एक गम्भीर बात है।

पत्थर से टक्कर लेना अन्धविश्वास से युक्त आत्महत्या करने का मामला है, इस बात से कोई इनकार नहीं कर सकता। परन्तु यह बात सरकार के ध्यान में नहीं आई है। प्रस्तुत टक्कर लेने का मामला तुरन्त बन्द होना चाहिए। इसके लिए प्रान्त ऑफिसर, तहसील : फलटण के कार्यालय के सामने दि. 16.4.1987 से श्महदू गेनू आढाव, गाँव गुणवरे, तहसील : फलटण, जि. सातारा आमरण अनशन शुरू करनेवाले हैं।

भवदीय,
महादू आढाव

महादू आढाव वैसे लड़ाकू कार्यकर्ता। उसके आन्दोलित स्वभाव का एक किस्सा ऐसा है : महादू ने एक बार पुजारी से कहा, “मन्दिर खोलो...नारियल चढ़ाना है।” दलितों ने बौद्ध धर्म को स्वीकार किया है...वे मन्दिर में नहीं जाते यह बात

सुविधाजनक थी। पर महादू के माँग करने पर अड़चन आ गई। महादू ने नारियल चढ़ाया। किसी ने कुछ नहीं कहा पर सात किलोमीटर दूर की गोखली की नदी से पानी लाकर मन्दिर धोया गया। कहते थे कि पुजारी को ईश्वर ने सपने में बताया, "छूत हो गई है। मन्दिर धो लो।"

अनशन शुरू हो गया

महादू का चार दिन में चार पौंड वजन कम हो गया। दैठणकर मिलने आ गए। अनशन छोड़ने को कहा। प्रान्त साहब का सन्देश आया। वादा किया, "इस साल जरूर कार्रवाई करेंगे। टक्कर नहीं होगी। अनशन पीछे लो। यह विनती।"

आढाव ने अनशन खत्म किया परन्तु गुणवरे की टक्कर प्रथा खत्म नहीं हो पाई।

सन 1989 में फिर अच्छी तरह से कोशिश की गई। गोंदेमाल के भूत की तलाश की मुहिम की भागदौड़ खत्म हो गई और मई के शुरू में हम सातारा के जिलाधिकारी श्री सुधाकर कुलकर्णी जी से मिले। कुलकर्णी साहब अकसर आन्दोलन के पक्ष में मदद करनेवाले परन्तु मेला नजदीक आ गया था। इस थोड़ी अवधि में क्या कर सकते हैं, इसके बारे में वे सशंक थे। उन्हें लगा कि कुछ मात्रा में बन्द हो गई लेकिन गुणवरे की टक्कर के बारे में ज्यादा कोशिश करनी चाहिए। वैसा उन्होंने फलटण विभाग के उपजिलाधिकारी अविनाश धर्माधिकारी को सूचित भी किया। धार्माधिकारी युवा आई.ए.एस. ऑफिसर। प्रारम्भ के अनुभव के लिए फलटण में नियुक्त हुए, उत्साही, लगन से, लीक से अलग सोचनेवाले। उनका उनके स्तर पर और हमारा अपने स्तर पर जोर लगाना तय हुआ। विगत तीन सालों में टक्कर लेनेवालों की संख्या क्रमशः 100, 47, 27 कम हो गई थी ही परन्तु सम्मान के लिए टक्कर लेनेवाले तक किसन गणपत आढाव, शंकर किसन आढाव, बाबू नबा आढाव, गौतम नथू आढाव और रगबाजी कांबले अब भी सम्मान के लिए अड़े थे और बस्ती उन पर क्रोधित थी।

बहिष्कार का प्रयोग भी हुआ था। सम्मान के लिए टक्कर लेनेवालों को मय्यत को हाथ लगाने नहीं दिया था। फिर भी टक्कर लेनेवाली मंडली मानने को तैयार नहीं थी। मेले में बारह गाड़ियाँ खींची जाने के बाद गाजे-बाजे के साथ गाँव बस्ती में आता था। गुलाल लगाकर, गले में हार डालकर उन्हें टक्कर के लिए ले जाता था। युवा मंडली तिलमिलाते हुए यह देखने के सिवा कुछ नहीं कर पाती थी।

मैंने गुणवरे की बस्ती में बैठक ली, उस समय यह बात खुल गई। टक्कर लेनेवाले जाना चाहते हैं तो खुद चलकर जाएँ। गाँव को हमारी बस्ती में निमंत्रण देने को आने की वजह क्या है? ऐसा गुस्सैला सुर था। निमंत्रण देने गाँव नहीं आया तो सम्मान की टक्कर ही नहीं लेने की अटकल थी। इसलिए प्रान्त साहब

को आवेदन देना तय किया। आनन्दा आढाव उत्साही शिक्षक। उसकी पढ़ी-लिखी पत्नी भी उसे मन से साथ देनेवाली। वह शुरू से ही इस लड़ाई में मोर्चे पर था। उसने आवेदन तैयार किया :

मा. जिलाधिकारी,
सातारा, जि. सातारा,

महोदय,

हम गुणवरे गाँव के सब बौद्ध जन एक गम्भीर मामले की ओर आपका ध्यान आकर्षित कर रहे हैं।

हमारे गाँव के मेले में बौद्ध समाज के लोग मन्दिर के पत्थर की दीवार पर टक्कर लेते हैं, यह नब्बे साल की परम्परा है। यह रूढ़ि अमानवीय, भयानक और इनसानियत को शर्मिन्दा करनेवाली है। यह बन्द हो जाए इसलिए पिछले तीन सालों से अन्धश्रद्धा निर्मूलन समिति की मदद से हम कोशिश कर रहे हैं। उस कारण टक्कर लेनेवाले लगभग दो सौ लोगों में से अब सात-आठ लोग ही टक्कर लेते हैं। परन्तु वे लोग किसी भी तरह से मानने को तैयार नहीं हैं इसलिए शासन का सहयोग जरूरी है।

इन टक्कर लेनेवालों को बुलाने गाँववाले बड़ी संख्या में जुलूस में आते हैं। इस कारण ये लोग टक्कर लेने के लिए उद्यत हो जाते हैं। परन्तु यह बात पूर्णत: अनुचित है। हमारी धारणा है कि टक्कर जैसे जानलेवा मामले के लिए निमंत्रण देना खुदकुशी के लिए प्रेरित करना है। अत: गाँववालों को उन्हें निमंत्रण देने नहीं आना चाहिए। ये लोग खुद जाना चाहते हों तो उन्हें जाने दिया जाए।

गाँव का मेला गाँव के सभी गाँववालों का है। उससे हमारा किसी भी प्रकार का एतराज नहीं है। हम भी उसमें शामिल हो जाते हैं। आपसे प्रार्थना है कि इस गम्भीर मामले के विषय में आप कार्रवाई का आदेश दें।

हमारी माँग है कि इस वर्ष सरकार दखल देकर टक्कर के लिए निमंत्रण देने का यह मामला पूरी तरह से रोक दे। यह बात हमारे बौद्ध धर्म की नसीहत से पूरी तरह से असंगत है। यह सब ध्यान में लेकर आप इस बारे में 13 मई, 1989 के पहले आदेश दें यह विनती है। (इस वर्ष का मेला 14 मई को है।)

बस्ती के 87 लोगों ने उस पर दस्तखत किए। आवेदन जिलाधिकारी को दिया।

हमने विढणी गाँव में बैठक ली। इसी गाँव के रामचन्द्र जगताप की टक्कर लेने के बाद मृत्यु हो गई थी। परन्तु उनकी मृत्यु टक्कर लेने से हुई मानने को विढणी के

दलित बिलकुल तैयार नहीं थे। उनकी धारणा थी कि उन्होंने नियम तोड़ा। इसकी सजा उन्हें भुगतनी पड़ी। एक तो उसने शराब पीकर टक्कर ली। फिर खून निकले या बेहोश हो जाए, टक्कर लेनेवाले को मन्दिर से बाहर न ले जाए। सिर्फ गुलाल फेंककर 'सिद्धनाथ की जय हो' कहे। परन्तु बेहोश हो गए रामचन्द्र जगताप को फलटण ले जाने के लिए गाड़ी में बिठाया। देवता का कोप होना स्वाभाविक है। उनकी गाड़ी में ही मृत्यु हो गई। इसका टक्कर लेने से क्या वास्ता? यह सब पथ्य तोड़ने की सजा। उनका बेटा बालासाहब रामचन्द्र जगताप अच्छा इंजीनियर है। पर हर साल वह मेले में आता है; भक्ति भाव से सब करता है।

अब इस पर क्या बोले? हाथ-पाँव में हथकड़ियाँ डाले मनुष्य को विद्रोह की नसीहत देना आसान होता है। क्योंकि उसे वह हथकड़ियाँ चुभती हैं, परेशान करती हैं, अपमानित करती हैं पर अन्धविश्वास मूलत: हाथ-पाँव की जंजीरों को फूलों के गजरे समझने की ही मानसिकता बनाता है। फिर विद्रोह कैसा? और बगावत कहाँ?

बैठक में पचास-साठ जन उपस्थित थे। सातारा जिला परिषद के समाज कल्याण विभाग के सभापति बयाजी जगताप इस गाँव के थे पर उस दिन वे गाँव में नहीं थे। बैठक शुरू हो जाने पर तयशुदा जबाब सामने आ गए :

"मेला करीब आ गया है। बकरे खरीदे हैं। अब इस वर्ष टक्कर बन्द करना कैसे सम्भव होगा? अगले साल देख लेंगे।"

"बाहर के लोगों को यहाँ आकर हमें होशियारी सिखाने की जरूरत क्या है? हम सब जानते हैं!"

"बाजीराव कहाँ हैं? उनसे पूछे बगैर तय नहीं होगा।"

कुल निचोड़ : तय होगा ही नहीं।

ज्यादा समय गँवाना ठीक नहीं था। बैठक समेट ली। युवक हमारे पक्ष में थे पर बोल नहीं रहे थे। बैठक खत्म हो जाने पर उन्होंने मिलकर कहा, "यह टक्कर की प्रथा हमें बिलकुल नहीं जँचती पर बड़ों का दबाव है।" परन्तु इस समय तो उनकी विद्रोह करने की तैयारी नहीं थी।

जिलाधिकारी की सूचना के मुताबिक धर्माधिकारी साहब गुणवरे गए। सरपंच, पुलिस पाटील, देवस्थान कमेटी के विश्वस्त जमा हो गए। अधिकांश दलित मंडली काम के लिए बाहर गई थी। उस कारण उन्हें अवसर मिला। उन्होंने शुरू किया, "यह ग्रामशासन का कार्य है कि क्या रूढ़ि, परम्परा चलाए। टक्कर लेना गाँव की परम्परा, श्रद्धा का सवाल है। इससे सरकार का क्या वास्ता?"

गोविंद शंकर आढाव दसवीं में पढ़नेवाला युवक। बस्ती का कोई बुजुर्ग वहाँ नहीं है, यह उसकी समझ में आ गया। बैठक का रंग उसे बेचैन करने लगा। छोटा मुँह बड़ी बात करते हुए उसने उछलकर कहा, "हर कोई खुशी से अन्धविश्वास पालता हूँ कहने लगेगा तो वह कैसे बन्द होगा? रूढ़ि, परम्परा अच्छी है या बुरी

है देखोगे या नहीं?" प्रान्त साहब ने भी यह बात उठाई। उन्होंने सवाल किया, "हर रूढ़ि अच्छी ही है ऐसा मानें तो कैसे चलेगा?"

गाँव ने मासूमियत से कहा, "रिवाज ऐसा है कि पहले गाँव को बताते हैं कि हमें लेने आओ। निमंत्रण आता है इसलिए हम जाते हैं। एक टक्कर लेनेवाला भी हमसे कहे कि "आओ" तो हमें जाना ही पड़ता है। क्या उनकी भावना का आदर नहीं करना चाहिए?"

दरोगा बैठक में थे। उनकी दृष्टि में सब सवाल कानून और सुव्यवस्था के थे। उन्होंने पूछा, "साहब, क्या करें?"

प्रान्त साहब बरस पड़े, "दो सौ लोग मना करते हैं। दो लोग बुलाते हैं। तब ध्यान में रखो, निमंत्रण दें तो उसको स्वीकार मत करना।" सिर्फ वे बात करके नहीं रुके, उन्होंने देवस्थान कमेटी के विश्वस्तों से लिखित रूप में बयान ले लिया।

चौदह मई को मेला लगा। हम सुबह से बौद्ध बस्ती में थे। माहौल में कुछ उत्साह, कुछ तनाव, कुछ सशंकता थी। क्या होगा? टक्कर बन्द हो जाए इसलिए हर तरह से कोशिश जारी थी। सत्तर साल के बुजुर्ग बापू नबी आढाव, आनन्दा नागू आढाव और सुनील पानसरे इन युवकों ने घोषित किया कि हम आज टक्कर लेनेवाले थे पर वह छोड़ रहे हैं। परन्तु सम्मान के लिए टक्कर लेनेवाले सम्मान जताने की जिद कर बैठे थे। जिस मन्दिर की दीवार पर टक्कर ली जाती है, उस मन्दिर में उन्हीं को आज भी प्रवेश नहीं मिलता यह वास्तव भी उन्हें परावृत्त नहीं कर पाया। परन्तु उन्हें लेने कोई नहीं आया तो वे नहीं जाएँगे, टक्कर रुकेगी, ऐसी एक धुँधली उम्मीद युवकों को महसूस हो रही थी।

दोपहर के चार बज गए। बच्चे, बुजुर्ग, महिलाएँ, लगभग सारी बौद्ध बस्ती ही आंबेडकर चौक के पेड़ के नीचे इकट्ठा हो गई। उधर बारह गाड़ियाँ खिंचने का कार्यक्रम खत्म हुआ। अब ध्यान टक्कर की ओर था। ग्रामपंचायत की इमारत में इकट्ठा हुए गाँववालों ने अड़ियल भूमिका ली, "रास्ता क्या किसी की मिल्कियत है? हम गाजे-बाजे के साथ जाएँगे और लेकर आएँगे।"

"परन्तु फिर प्रान्त साहब को लिखित रूप में हामी दी है उसका क्या?" "जिसने लिखित रूप में दिया है उन्हें बुलाओ। हम नहीं जानते।" लिखकर देनेवाले चार विश्वस्त इरादतन अनुपस्थित थे। टक्कर के लिए लेने आएँगे ही यह गाँववालों का दुराग्रह और बुलाने आ गए तो हम जाएँगे ही, यह मुट्ठीभर टक्कर लेनेवालों का अड़ियल स्वभाव। फिर इनके खिलाफ सत्याग्रह का विकल्प ही नहीं बचा। हमने बस्ती की ओर जानेवाला रास्ता रोकने का फैसला किया।

बाल-बच्चों के साथ डेढ़ सौ महिलाएँ और चार-पाँच सौ पुरुष रास्ते पर बैठक मारकर बैठ गए। हमारा फैसला था, किसी भी परिस्थिति में गाँव को निमंत्रण के

लिए बस्ती में जाने नहीं देना। "सिद्धनाथ की जय हो" का जयघोष करते हुए चार-पाँच हजार का जमाव आंबेडकर चौक की ओर बढ़ गया। माहौल में काफी तनाव आ गया। पुलिस ने बीच में कतार बनाई। बहुत शान्ति से, संयम से पर फैसले से हम बैठे हुए थे। बच्चों, औरतों के चेहरे पर भय की कोई लकीर भी नहीं थी। प्रान्त धर्माधिकारी के किसी तात्कालिक कार्य के लिए पुणे जाने से तहसीलदार माने बन्दोबस्त देख रहे थे। अब क्या करें? इसलिए उनकी भागदौड़ शुरू हो गई। उन्होंने गाँववालों से बातचीत की और हमारे पास आ गए। उन्होंने उपाय बताया, "सभी को नहीं; सिर्फ पुजारी और चार विश्वस्तों को जाने दो।"

हमारा कड़ा विरोध था। मैंने भूमिका ली, "सभी को गिरफ्तार किया घोषित करो, शान्ति से बाजू में हटेंगे पर तब तक रत्तीभर भी नहीं हिलेंगे।" सभी सत्याग्रहियों ने उसे "बाबासाहब आंबेडकर की जय हो; टक्कर बन्द होनी ही चाहिए" के नारे से समर्थन दिया। आखिरकार तहसीलदार पीछे मुड़ गए।

अन्त में पुलिस ने अपना खास दिमाग लड़ाया। निमंत्रण देने का काम उन्होंने अपने जिम्मे लिया। टक्कर लेने की प्रथा परम्परा का पवित्र हक बन गई। पुलिस ने अपनी भूमिका तय की कि उस विश्वास को सुरक्षा देनी है। दूसरी ओर से पुलिस सुरक्षा में बस्ती से टक्करों को लाया गया और गाँववालों के हवाले किया गया। टक्कर लेनेवालों को गले में माला डालकर गाजेबाजे के साथ, गुलाल लगाकर, जुलूस के साथ मन्दिर के सामने लाया गया।

सत्याग्रही क्षुब्ध हो गए थे। प्रान्ताधिकारी के गाँववालों से लिखित रूप में लिए हुए वादे को पहले गाँववालों ने और अब तो खुद शासन ने ही तिलांजलि दी थी। परन्तु मैंने पहले पक्का कर दिया था कि सत्याग्रह शान्ति से और लिए हुए निर्णय के मुताबिक ही करना है। उस कारण हमने पुलिस को रोकना टाल दिया। सन्तप्त महिलाओं ने, बुजुर्गों ने और युवकों ने भी मुट्ठियाँ कसकर बाबासाहब के नाम का जयघोष करते हुए और 'अगले वर्ष टक्कर बन्द' की पुकार करते हुए अपना क्रोध प्रकट किया। पुलिस बन्दोबस्त में ही आंबेडकर चौक में फौरन सभा हो गई उसमें पुलिस की कड़ी आलोचना की गई।

अप्रैल, 1990 के पहले सप्ताह में सातारा के जिलाधिकारी से फिर से मुलाकात की। आवेदन स्पष्ट था। इस वर्ष डॉ. आंबेडकर का जन्म शताब्दी वर्ष है, तब टक्कर बन्द करने का हमारा निश्चय है। शासन भूमिका ले तो सुविधाजनक होगा अन्यथा हमारी भूमिका स्पष्ट है। टक्कर लेने के स्थान पर सत्याग्रहियों की दीवार खड़ी करेंगे। टक्कर लेनेवालों का रास्ता रोकेंगे। हमें बेशक गिरफ्तार करें पर हम टक्कर नहीं होने देंगे।

उसके साथ ही सातारा जिला परिषद, समाज कल्याण विभाग के सभापति बयाजीराव जगताप से भी मुलाकात की। उन्होंने फिर मुद्दा उपस्थित किया कि

'बकरे खरीदे हैं।' हमने कहा, "वैसे तो आप बाबासाहब से प्रेरणा लिए हुए लोग, उस कारण देवता को बलि देना गलत ही है। परन्तु इस साल विवाद की बात हम नहीं कर रहे हैं। परन्तु टक्कर लेना बन्द होना चाहिए। टक्कर का सम्मान आपके विढणी गाँव के जगतापों का; आपके रिश्तेदार होने से वारूगढ़, पालवण के लोग भी टक्कर लेते हैं। आप सभी के नेता एक बार तय करें कि इस वर्ष टक्कर बन्द यानी बन्द।"

जगताप हँसे, कहा, "गाँव में बैठक लेता हूँ। कोशिश करता हूँ। क्या हुआ यह सूचित करता हूँ।

9 अप्रैल को जिला दक्षता समिति की बैठक थी। शासन स्तर पर हर महीने इस बैठक में दलितों पर होनेवाले अन्याय का जायजा लिया जाता है। उसमें खुद जिलाधिकारी साहब ने टक्कर का विषय निकाला। सभापति के रूप में बयाजीराव जगताप थे ही। उन्होंने अलग ही सुर अलापा, "पहले भी यह कोशिश हो चुकी है पर सफल नहीं हुए। एक बार देशी नरेश नाईक-निंबालकर ने खुद बन्द करने का हुक्म निकला। उनकी दृष्टि ही चली गई। फिर आदेश वापस लिया और क्या आश्चर्य! दृष्टि वापस आ गई। उससे भी भयानक बात यानी कुछ साल पहले ऐसे ही एक इंस्पेक्टर ने अपनी ही शान में फरमाया, 'टक्कर नहीं होने देंगे।' मेले के समय अघटित ही घटित हुआ। उसकी पैंट में साँप निकला। दरोगा हड़बड़ाया। मेरे पैर पकड़े और कहा, 'बयाजीराव, मुझे बचाओ, टक्कर ले लो।' और फिर से टक्कर शुरू हो गई। तब अच्छी तरह सोचकर फैसला लेना होगा।"

परन्तु धर्माधिकारी साहब ने निर्णय लिया था, इस वर्ष फैसला करना ही है। उन्होंने अपने अधिकार का कुशलता से प्रयोग किया। सभी गाँवों के मुखियों को फलटण के ऑफिस में बुलाया। आस्था से विनती की। परन्तु उसके साथ ही यह भी बताया कि टक्कर हो जाए तो बाम्बे पुलिस एक्ट लगाएँगे। बाबासाहब के शताब्दी वर्ष का आह्वान किया। "परन्तु टक्कर के स्थान पर सत्याग्रह हो गया तो सुरक्षा सत्याग्रहियों को मिलेगी, आपको नहीं।" यह जोर देकर बताना वे नहीं भूले। बैठक में मंडली सिर हिलाती है, फिर वही करती है, यह अनुभव होने के कारण सारे कार्यक्रम की वीडियो रिकॉर्डिंग सरकारी खर्चे से करने का प्रावधान किया गया। फिर प्रत्यक्ष में गाँव जाकर दलित बस्ती में बैठकें हो गईं। बस्ती ने कुछ समय टेढ़े सवाल किए।

"आज टक्कर बन्द करते हो, कल ज्ञानदेव माऊली की जानेवाली पालखी बन्द करोगे।" परन्तु हम उन्हें समझाने में सफल हो गए। अब खुद बयाजी जगताप भी बन्द के पक्ष में थे। उस कारण काम आसान हो गया। लोगों की ओर से निर्णय आ गया : "अब टक्कर नहीं लेंगे।"

खूँटा हिलाकर मजबूती देखने के लिए हम मेले से दो दिन पहले विढणी गए। बयाजीराव घर में ही थे। उन्होंने वादा किया, "गाजेबाजे के साथ जाएँगे, कपड़े

उतारेंगे पर टक्कर नहीं लेंगे। सिर्फ गुलाल उड़ाएँगे। आप देखने आओ। हमने पक्का कर दिया है।" आजूबाजू के लोगों ने भी सिर हिलाए। बाद में गुणवरे पहुँच गए। वहाँ का मेला तीन मई को था। जो सम्मान के लिए टक्कर लेनेवाला था उसको बस्ती ने समझाया था पर उसने शर्त रखी थी, "पहले जावली की टक्कर बन्द करो, फिर मैं भी रुक जाऊँगा।" उस कारण लोगों को खूब उत्सुकता थी कि दूर से दौड़ते हुए नहीं बल्कि चलते हुए आकर आगे घुटने टेककर टक्कर के पत्थर पर सिर टेके तो क्या समझ लें? धोखाधड़ी या रूढ़ि को तलाक? हर आदमी सिर्फ सिर टेकने लगा तो फिर सत्याग्रह करें या नहीं? सन्देह की ऐसी मधुमक्खियाँ भिनभिनाने लगीं। बीस तारीख को समय पर ही इसका फैसला करना तय हुआ। आते समय फलटण में धर्माधिकारी से मुलाकात की। क्या होगा यह वे भी नहीं बता सकते थे। शब्द लिखित थे पर बतानेवाले बताते थे, "ऐसा अब तक तीन-चार बार हुआ है पर ऐन मौके पर यह मंडली मुकर जाती है।"

बीस तारीख को दोपहर चार बजे फलटण से जावली पहुँच गए। रास्ता अत्यन्त खराब था। साथ में पांगे, खुटाले, नाना पवार, सुदाम यादव, माने गुरुजी, नजीर बागवान आदि थे। जावली में गुणवरे के लड़के राह देख ही रहे थे। हम समय पर आते हैं या नहीं इसी फिक्र में थे। विढणी, वारूगढ़, पालवण की जगताप मंडली का जुलूस शुरू हो चुका था।

कुछ लोग धोती, गंजीफ्रॉक तो कुछ लोग सिर्फ धोती लपेटकर, तो बाकी के सिर्फ चड्ढी पर थे। माथे पर गुलाल था। 'सिद्धनाथ की जय हो' की जोरदार पुकार गूँज रही थी। आगे बजनिया थे ही। सबसे आगे बयाजी जगताप चल रहे थे। जुलूस के मेले में घूमकर मन्दिर आने तक आधा घंटा तो लगनेवाला था। उससे पहले हम मन्दिर पहुँचे। गर्भागार से बाहर के द्वार तक भक्तों की काफी बड़ी कतार लगी थी। घंटा बजाते हुए भक्त गर्भागार की ओर बढ़ रहे थे। जहाँ गर्भागार खत्म होकर मंडप शुरू हो जाता है उस स्थान पर दोनों ओर चबूतरे थे। दाहिने बाजू के चबूतरे पर खम्बा था, उस पर 'कुलस्वामी प्रसन्न' के अक्षर थे। चबूतरे के सामने की बाजू के दो वर्ग फीट के पत्थर को सिन्दूर पोता था। वह टक्कर लेने की जगह थी। उस पत्थर पर गुलाल गिर रहा था। ऊपर चबूतरे पर नारियल चढ़ाए जा रहे थे। गुलाल फेंकनेवाले, नारियल चढ़ानेवाले लोग अलग थे। उनकी बाजू से गर्भागार की ओर बढ़नेवाली काफी लम्बी कतार अलग थी।

हम टक्कर लेने के पत्थर के आगे खड़े हो गए। कुछ चर्चा हुई। हममें मतभेद थे : भक्त आया, बैठा, उसने पत्थर पर सिर टेका तो टक्कर हो गई कहें या उसमें से दौड़ते हुए आकर टक्कर लेने का अघोरी हिस्सा बन्द हो गया इस पर आनन्द मनाएँ। उसने सिर्फ गुलाल फेंका और बिना सिर टेके हुए बाजू हट गया तो सोलह आना काम हो जाना सभी को लग रहा था। परन्तु वैसा नहीं हुआ तो? यह सन्देह

भी था। उसकी वजह भी थी। सहायक जिलाधिकारी ने दि. 11.4.90 को हुई बैठक का विवरण हमें लिखित रूप में दिया था। उसमें स्पष्ट लिखा था कि 'आज के बाद यह प्रथा बन्द करना और मन्दिर के सामने की दीवार पर दौड़ते हुए आकर टक्कर नहीं लेंगे, सिर टिकाकर नमस्कार किया जाएगा यह उन्होंने कबूल किया है।'

सिर टिकाने जानेवाला भक्त पास से ही सही पर जोर से सिर ही नहीं पटक लेगा इसका भरोसा क्या है? एक बार टिकाया गया सिर (अर्थात, सिर तो पटक गया) फिर दो बार टिकाया। वहीं के वहीं ऊपर उठाकर और दो बार टिकाया (याने पटका) तो टक्कर ली इसलिए वे खुश होंगे ही और टक्कर छोड़ दी इसलिए हम खुश हो जाएँ या पास से ही सही पर टक्कर देने पर सत्याग्रह करें? वह करें तो हमेशा का मुद्दा निकाला जाएगा, "देव माननेवालों ने देवता के आगे सिर टिकाया तो आपका विरोध क्यों? टक्कर बन्द कर दी फिर भी देवता के आगे खाली सिर टेकने भी क्यों नहीं देते? यह हमारी श्रद्धा का अपमान है।" और विरोध न करें तो 'टक्कर हुई या नहीं? कैसी कूटनीति की!' की शेखी बघारना। कुल मिलाकर ऐसा पेच था। गुणवरे की टक्कर बन्द होने के लिए जावली की टक्कर पूरी तरह से बन्द होनी चाहिए थी। नहीं तो यह सिर टेकने का मामला वहाँ तो यकीनन सिर ऊपर उठा लेता। इने-गिने टक्करों को सहारा मिल जाता।

पर यह होगा कैसे?

टक्कर लेने का समय आ गया था। मन्दिर के पूरब की ओर से जुलूस की आवाज साफ सुनाई दे रही थी। मन्दिर के परिसर में भीड़ उमड़ी। गर्भागार भक्तों से खचाखच भर गया। ऐसा समय काफी नाजुक होता है और खतरनाक भी। लोगों की श्रद्धा का सवाल होता है। संवाद, चर्चा की बातें अर्थहीन होती हैं। भीड़ का एक मानसशास्त्र होता है। भावना उद्दीप्त होती है। 'जो होना है होने ही दो' की उग्र भाषा आती है। चिनगारी के दावानल हो जाने में समय नहीं लगता।

अब मन्दिर के पूरब में टक्कर लेनेवालों की कतार लगी थी। माहौल में जिज्ञासा और तनाव दोनों महसूस हो रहे थे। धर्माधिकारी साहब खुद वहाँ उपस्थित थे। स्वाभाविक ही दरोगा, तहसीलदार, सर्कल यह उनका पूरा दलबल था ही। हम सब लोग टक्कर के पत्थर के सामने खड़े थे। दरोगा मोरे आए और कहा, "डॉक्टर क्या करनेवाले हो?" मैंने हँसते हुए कहा, "हम कुछ नहीं करेंगे, यहीं खड़े रहेंगे। टक्कर होगी ही नहीं। इस कारण हमारी बाधा हो जाने का सवाल ही नहीं है। पर टक्कर लेने की जिद की तो हम यहीं खड़े रहेंगे। आप गिरफ्तार करके ले जाइए। परन्तु हमारे यहाँ होते हुए टक्कर नहीं।" धर्माधिकारी साहब बाजू में ही थे। उन्होंने शरारत से कहा, "कल की बड़ी सुर्खी 'सरकार की अन्धविश्वास को

सुरक्षा' का प्रावधान डॉक्टर कर रहे हैं। लेकिन डॉक्टर, पिछले वर्ष जैसा मौका हम आपको नहीं देंगे।"

धर्माधिकारी का कहना सच था। उन्होंने एक निश्चय किया था और जरूरत पड़ने पर कठोर होने की तैयारी भी। जगताप ने किया हुआ वादा तोड़ दिया तो इसका आँखों देखा हाल होना चाहिए इसलिए वीडियो शूटिंग का प्रावधान भी किया था। उसकी शुरुआत हो गई।

टक्कर लेनेवाले मन्दिर के मंडप में आ गए। सम्मान के लिए टक्कर लेनेवाला आगे आया। टक्कर लेने के चबूतरे की एक ओर पांगे और दूसरी ओर डॉ. खुटाले और नजीर बागवान खड़े थे। सामने कागज पर गुलाल का काफी बड़ा ढेर रखा था। टक्कर लेनेवाला नीचे झुक गया। उसने चबूतरे के टक्कर ली जानेवाले पत्थर पर गुलाल फेंका और वह झट से सिर चबूतरे की तरफ लाया। वह सिर टिकानेवाला ही था इतने में बयाजीराव के भाई फुलसिंगराव जगताप ने उसके दोनों कन्धे पकड़े और मजबूती से पीछे खींच लिया। "क्या तय हुआ है? गुलाल फेंको ना।" ऐसा कहकर उन्होंने उसे उठाया। आगे का नम्बर तैयार ही था।

हम सभी ने राहत की साँस ली। खुद नेतृत्व कर बयाजीराव जी ने हमारी फतेह की थी। फिर कतार तेजी से आगे बढ़ने लगी। पाँच साल के बच्चे से लेकर पचहत्तर साल के बूढ़े तक सभी लोग उसमें थे। कुल माहौल पारम्परिक श्रद्धा का था, लोगों को हर साल की आदत थी। हमेशा की आदत के कारण कुछ लोग धुन में होने-जैसे आते और जोर से सिर पत्थर की तरफ ले जाते थे पर अब हम सब तैयारी में थे।

परन्तु अन्त में आए हुए एक-दो लोगों ने परीक्षा ली। वे नंगे बदन, पूरी तरह से बेहोश होकर देवता सवार होने-जैसे अभुआते हुए मंडप में आए। जाने या अनजाने पर उनका इरादा साफ दिखाई दे रहा था।

बयाजीराव ने उन्हें दूर ही रखा। दूर से ही उन्होंने सिर टिकाया। वापस मुड़ गए। लगभग दो सौ टक्कर लेनेवालों की कतार खत्म हो गई और उसके साथ ही जावली के मेले की टक्कर लेने की प्रथा भी खत्म हो गई।

धर्माधिकारी साहब ने छोटा-सा भाषण दिया। दलित बन्धुओं की आंबेडकर शताब्दी वर्ष अलग तरीके से मनाए जाने के लिए उनकी तारीफ की। सभापति और उनके भाई फुलसिंग के गले में माला डाली।

मन्दिर के बाहर इस वर्ष टक्कर क्यों छोड़ दी? इसके साक्षात्कार चालू थे।

'बाबासाहब का शताब्दी वर्ष है ना?'

'कहते हैं सरकार ने कानून बनाया है, टक्कर नहीं लेना। टक्कर ली तो गिरफ्तारी।'

'अब गाँव ने ही बन्द करना तय किया है। हम क्या गाँव के आगे हैं?'

कुल अर्थ एक ही :

गाँव और राव दोनों करार करें तो मुश्किल क्या है?

घंटेभर बाद हमने जावली छोड़ी। यह शर्मनाक प्रथा एक झटके में खत्म हो गई इसलिए गुणवरे की जवान मंडली काफी खुश थी। उनका धर्माधिकारी साहब से बार-बार अनुरोध जारी था, "अब हमारे यहाँ आना है।"

परन्तु उस बारे में साहब ने पहले ही सोच रखा था। पहले फलटण के तहसीलदार, देवस्थान के विश्वस्तों को बुलाएँगे, फिर जरूरत पड़ी तो गुणवरे जाकर दोनों पक्षों से बात करेंगे। अगर नहीं मान लिया तो फिर प्रान्त ऑफिस में सभी को बुलाएँगे और जरूरत पड़ी तो फिर प्रान्त साहब गुणवरे जाएँगे। इस दरमियान सत्ताईस तारीख को डॉ. बाबासाहब आंबेडकर की जयन्ती को मैं भी गुणवरे जानेवाला था ही।

चौबीस तारीख को धर्माधिकारी साहब ने सभी को अपने ऑफिस में बुलाया। सरपंच ज्ञानेश्वर द्वारकानाथ गौड़, देवस्थान कमेटी के अध्यक्ष, उनके भाई बनाजी गौड़, कमेटी के अन्य सदस्य, पुलिस पाटील आनन्दराव गौड़ इनके साथ ही गणपत आढाव, शंकर किसन आढाव, जगू सखाराम आढाव, गौतम नथू आढाव, उत्तम नथू आढाव ये सम्मान के टक्कर लेनेवाले भी उपस्थित थे। प्रान्त साहब ने कहा, "जावली में सौ साल की रूढ़ि छूट गई। गुणवरे में भी परिवर्तन कीजिए। इस वर्ष सौ प्रतिशत टक्कर बन्द करें।" सरपंच ने हामी भर दी। कहा, "हम बुलाने नहीं जाएँगे, उन्होंने पहले बुलाने आओ की विनती की तो भी नहीं जाएँगे।" टक्कर लेनेवालों ने कबूल किया, "देवता का दर्शन लेंगे। गुलाल फेंकेंगे और वापस आएँगे। बकरे खरीदे हैं पर उन्हें बेच देंगे।" रंभाजी कांबले बारामती तहसील का टक्कर लेनेवाला था। उसने कहा, "गाँव के ही टक्कर लेनेवाले रुक गए तो मैं कैसे टक्कर ले सकता हूँ।"

मैं 27 अप्रैल को बाबासाहब की जयन्ती को प्रमुख अतिथि के रूप में गुणवरे गया। साथ में दिनकर झिंब्रे, शिवाजी राऊत और माने गुरुजी थे। समाज मन्दिर में प्रान्तसाहब के दफ्तर का वृत्तान्त मालूम हो गया। खुशी थी पर आशंका भी। वादा किया है पर पालन नहीं किया तो? क्या करेंगे? का भी एक सुर था। सभा जयन्ती की थी फिर भी भाषण टक्कर के विषय पर ही हो गए। दिनकर ने बताया, "अरे अनाड़ी टक्कर छोड़ दो और अज्ञान के खिलाफ, गरीबी के खिलाफ टक्कर लो।" मैंने कहा, "आप बौद्ध बन गए। बुद्ध की नसीहत यानी प्रज्ञा और करुणा। प्रज्ञा यानी निर्मल बुद्धि, उसमें किसी भी तरह के अन्धविश्वास को स्थान नहीं है। इसके अलावा इस वर्ष तो बाबासाहब का जन्म शताब्दी वर्ष। इन सब बातों के बारे मे सोचो।" 'तीन तारीख को जल्दी आना' की अनुरोध-भरी विदा लेकर हम सातारा वापस आए।

तीन तारीख को धर्माधिकारी साहब का फोन आया। एक तारीख को वे गाँव में गए थे। उन्होंने जावली का वीडियो गाँव को दिखाया था। इस वर्ष टक्कर लेनेवालों को पुलिस सुरक्षा नहीं मिलना भी स्पष्ट किया। सब लिखित रूप में लिया। तय हुए मुताबिक सब हो जाना देखने के लिए उन्होंने एक दक्षता समिति नियुक्त की थी।

उस समिति में सरपंच, स्थानीय शिवसेना प्रमुख सदाशिव गावडे, श्रीराम सहकारी चीनी मिल के संचालक आदि मंडली थी। उन्होंने बताया कि जिलाधिकारी का विदाई समारोह तीन तारीख को ही होने के कारण उस दिन उनका आना मुमकिन नहीं है।

हम तीन तारीख को दोपहर दो बजे गुणवरे पहुँचे। जावली की तरह ही चर्चा हो गई : टक्कर लेनेवाले जाएँगे, गुलाल फेंकेंगे, नमस्कार करेंगे; टक्कर लेनेवाले पत्थर पर तीन बार सिर टिकाएँ तो उसका क्या अर्थ लें? कुछ लोगों की भावना तीव्र। उन्हें यह सिर टिकाना भी मंजूर नहीं था। वैसा किया तो उन्हें रोकने का उनका अनुरोध था। हमें (समिति को) यह मंजूर नहीं था। जिस मन्दिर में प्रवेश नहीं है उसके चबूतरे के पत्थर पर दलित सिर टिकाए यह हमें जँचनेवाला नहीं था। परन्तु सवाल हमारी पसन्द-नापसन्द का कहाँ था? दौड़ते हुए आकर टक्कर लेने पर हमारा विरोध था। सिर टिकाना यह प्रत्येक का व्यक्तिगत धार्मिक अधिकार। उसके खिलाफ सत्याग्रह करना उचित नहीं था। उस कारण हमने इस मुद्दे पर जोर दिया; मंजूरी ले ली।

जावली में यह आसान हो गया था। क्योंकि उनके नेता ने ही उनके कन्धे पकड़कर उन्हें पीछे खींचा था। यहाँ बस्ती टक्कर लेनेवालों के खिलाफ थी। इसी कारण बस्तीवालों के टक्कर लेनेवालों को हाथ लगाने पर भी गाँव का विरोध था। हम बाहर के थे और लग रहा था कि दक्षता समिति नजरअन्दाज करेगी।

मेले का एक आकर्षण होनेवाला बारह गाड़ियाँ खींचने का कार्यक्रम सम्पन्न हो गया। उसके सम्मानवाले गाड़ियाँ खींचकर लक्ष्मी माता के मन्दिर जाकर, गाजेबाजे के साथ भैरवनाथ के मन्दिर आ जाने तक मन्दिर के सामने टक्कर देखने के लिए काफी भीड़ जमा हो गई थी। बड़ी मात्रा में महिलाएँ आई थीं। दूसरी ओर पुरुष थे। टक्कर के बारे में क्या तय हुआ है इसकी उन्हें कल्पना नहीं थी। इतने में गाड़ियाँ खींचनेवाले मन्दिर में आ गए। उनके पीछे-पीछे 'सिद्धनाथ की जय हो' का घोष करते हुए दो-चार सौ युवकों का जमाव आया। वह बेहोशी में था। मैं बेचैन हो गया। टक्कर देखने के लिए दोनों ओर चार-पाँच हजार लोग थे ही। उसमें इन तीन चार सौ युवकों ने मन्दिर के सामने मैदान में अड्डा जमाकर 'टक्कर होनी ही चाहिए' ऐसी ताल ठोकी तो? क्या खलबली मचेगी, इसका सन्देह मेरे मन में आया। परन्तु वैसा कुछ नहीं हुआ। नारे देते हुए, गुलाल उड़ाते हुए जमाव वापस मुड़ा। टक्कर का मैदान खाली हो गया।

सम्मान के लिए टक्कर लेनेवाले आ गए। उन्हें बस्ती से नंगे बदन गाजेबाजे के साथ आना था। उसके लिए उन्हें पुलिस सुरक्षा चाहिए थी। उन्हें बस्ती के गुस्से का डर लग रहा था। पुलिस ने साफ इनकार किया। पहले जो तय हुआ है उसकी याद दिलाई। धार्मिक बात पर हमें सुरक्षा कैसे नहीं मिलती? यह अड़ियल दलील शुरू हुई पर पुलिस डटी रही। अन्त में वह खयाल छोड़ दिया। उन्होंने गाँव में ही कपड़े उतारे। गुलाल लगाया। माला पहनी। ढोल-ताशे गाँववालों ने मुहैया

कराए और सिद्धनाथ के जयघोष में मन्दिर के सामने की दीपमाला के पास टक्कर लेनेवाले पहुँच गए।

टक्कर लेने के पत्थर की एक ओर ग्रामपंचायत सदस्य और देवस्थान कमेटी के कुछ लोग खड़े हो गए। दूसरी ओर शासकीय अधिकारियों के साथ हम थे। पहला टक्कर लेनेवाला आया। चबूतरे के सामने आलथी-पालथी मारकर बैठा। गुलाल फेंका। तीन बार नमस्कार किया। माणिकराव गावडे ने उसके सिर पर गुलाल डाला। अब क्या होगा? क्या सिर टिकाया जाएगा? इसका तनाव अनजाने में हमारे चेहरे पर उभरा परन्तु ताज्जुब हुआ, माणिकराव ने और निवृत्तिराव ने खुद ही उसे पीछे खींचा। सिर आगे बढ़ाने ही नहीं दिया। फिर कतार तेजी से हटने लगी। छोटे बच्चे, युवक, बुजुर्ग मिलकर लगभग बीस लोग थे। उन सभी लोगों ने पहले आदमी का ही अनुकरण किया। अन्त में एक युवक काफी बेहोशी में आया। वह नमस्कार के लिए झुका तो मिट्टी पर ही औंधा ही लेट गया। अभुआने वाले लोग जैसे बेहोशी में घूमकर निश्चेष्ट पड़ जाते हैं वैसे ही उसका हो गया। उसे उठाकर बाजू में लाना पड़ा। टक्कर की विधि खत्म हो जाने पर फिर कुछ देर बाद अँगड़ाई लेते हुए वह जग गया। देखते-देखते लोग जमा हो गए। उसे होश में लाकर घर भेजना पड़ा। तब तक उसका नशा उतर चुका था। टक्कर लेने नहीं दी इसलिए उसने आंबेडकर चौक में गाली-गलौज की। माहौल गर्म हो चुका था। तब तक हम कार्यकर्ता वहाँ पहुँच गए।

गुणवरे के दलित बन्धुओं की जितनी तारीफ करें उतनी कम ही है। पिछले वर्ष उन्होंने अत्यन्त शान्ति से सत्याग्रह किया तो इस वर्ष टक्कर के समय तनाव बढ़ न पाए इसलिए हम पर सब सौंपकर वे इकट्ठा होकर दूर आंबेडकर चौक में बैठे रहे। क्या हुआ इसके बारे में उन्हें खूब उत्सुकता थी। "टक्कर लेने की प्रथा पूरी तरह से खत्म हो गई। एक भी टक्कर लेनेवाले ने पत्थर को सिर भी नहीं लगाया।" यह बताते ही बच्चों, औरतों के साथ सभी लोग अत्यधिक प्रसन्न हो गए।

हमने इरादतन दरोगा बी.एस. मोरे, सी.ए. सांगले, नायब तहसीलदार शिवाजीराव जगताप आदि को बुलाया। सरपंच भी आ गए। उन सभी के प्रति तहेदिल से कृतज्ञता ज्ञापित की। उन्होंने भी छोटा-सा भाषण किया।

मैंने लोगों से एक बात का वचन लिया। टक्कर रुक जाने का आनन्द मनाते हुए आज वहाँ जानेवाले लोगों को चिढ़ाना नहीं, उनके साथ झगड़ा नहीं करना, गाँव के बाहर तनाव नहीं बढ़ाना। बाबासाहब ने बताया है : 'सीखो, संगठित हो जाओ और संघर्ष करो।' आपने नई दृष्टि सीखी है। संघर्ष भी किया है। अब संगठन में रहने के लिए आपस में और गाँव के साथ एका, समझदारी की भूमिका लें। लोगों के सिर तो हिले ही बल्कि उन्होंने कहा, "यह हमें बताने की भी जरूरत नहीं है। हम बुद्ध के अनुयायी हैं।"